◆ 教育部人文社会科学项目 " 布鲁门贝格的诗学与解释
（批准号：09YJC751067）

布鲁门贝格的
诗学与解释学研究

——以《神话研究》为中心

李包靖　著

ZHEJIANG UNIVERSITY PRESS
浙江大学出版社

图书在版编目(CIP)数据

布鲁门贝格的诗学与解释学研究:以《神话研究》
为中心 / 李包靖著. —杭州:浙江大学出版社,2017.5
ISBN 978-7-308-16678-2

Ⅰ.①布… Ⅱ.①李… Ⅲ.①神话－诗学－研究
②神话－阐释学－研究 Ⅳ.①B932

中国版本图书馆 CIP 数据核字(2017)第 025980 号

布鲁门贝格的诗学与解释学研究
————以《神话研究》为中心

李包靖 著

责任编辑	宋旭华
文字编辑	唐妙琴
责任校对	周晓竹 张小苹
封面设计	周 灵
出版发行	浙江大学出版社
	(杭州市天目山路 148 号 邮政编码 310007)
	(网址:http://www.zjupress.com)
排 版	浙江时代出版服务有限公司
印 刷	杭州杭新印务有限公司
开 本	710mm×1000mm 1/16
印 张	22.75
字 数	316 千
版 印 次	2017 年 5 月第 1 版 2017 年 5 月第 1 次印刷
书 号	ISBN 978-7-308-16678-2
定 价	62.00 元

目　录

第一章 我们时代隐匿的思想家

第一节 生平简介

汉斯·布鲁门贝格（Hans Blumenberg，一译为布卢门贝格，1920—1996）是德国战后成长起来的一位思想巨匠。在德国群星闪耀的知识界，他是这样一颗恒星，因距离我们过于遥远，其璀璨的星光掩敛于群星的荣光之中。在世人皆息、万籁俱寂、良夜悠悠之时，他却如孤星闪耀，独照寒秋。这位与哈贝马斯同时代的著名哲学家、思想史家，生前没有享受与其成就相符的赫赫声名，只是默默地在学院里度过他授业、著述的一生。

在当年接受美学的热潮中，我们通过接受美学领袖人物汉斯·罗伯特·尧斯（Hans Robert Jauss）的自叙①初步了解到，布鲁门贝格是搞文艺出身的，是德国吉森大学"诗学和解释学"研究小组的执牛耳人物。尧斯就是从这个"过去二十年中最令人愉快的学术事业"②中汲取了足够的理论营养，为他开创"康斯坦茨"学派奠定了基础。尧斯的接受美学理论如日中天，闪闪照耀全球，人们称之实现了一场"文学理论研究范式"的转变。那么，布鲁门贝格干吗去了呢？原来这位思想大家不习惯于学术明星秀，有意无意地与现代媒体保持距离。

翻开布鲁门贝格的简历，是简单而平静的一生。1920 年 7 月 13 日，

①②　汉斯·罗伯特·尧斯：《我的祸福史或：文学研究中的一场范例变化》，林必果译，拉尔夫·科恩主编，《文学理论的未来》，中国社会科学出版社 1993 年版，第 150 页。

他出生于吕贝克。最初,他在帕德博恩和圣·格奥艮等地学习哲学和神学。后来,由于纳粹上台被迫中断学业。纳粹垮台后,他先后在汉堡和基尔等地继续完成学业。1947 年,布鲁门贝格获博士学位,1950 年,他完成教授资格论文,先后在汉堡、吉森和波鸿等地从教。1963 年,布鲁门贝格当选为美因茨科学和文学研究院院士。1970 年起,他在明斯特大学担任教授职位,1996 年终老于此地。

编年体式人生履历并不意味着人生的孤寂和思想的沉闷。相反,布鲁门贝格的学术成就可以概括为"究天人之际,通古今之变,成一家之言"。这和他独特的生活方式、思想方式有很大的关系。他隐居高等学府,一生淡泊名利。生前,布鲁门贝格曾获两项荣誉:一次是海德堡大学颁发的"库诺·菲舍尔奖"(1974),另一次为德国语言与文学研究院授予的"弗洛伊德奖"(1980)。此外,为了表彰他杰出的学术成就,吉森大学授予他荣誉博士学位(1982)。与当今知识分子热衷于媒体作秀的姿态相比,布鲁门贝格无疑有他独到的学术批判立场。这种学术人生的选择有益于现代知识分子自我形象的重新塑造。

布鲁门贝格的学术气象万千,构思宏大。他一生敏于思索,勤于著述。生前生后共发表了各类文章近 200 篇,论著达 20 种之多,且不乏卷帙浩繁的巨著。下面所列的布鲁门贝格主要著作的年表体现了其不间断的沉思,其思想风格亦可见一斑:

1.《哥白尼转折》(*Die Kopernikanische Wende*,Suhrkamp,1965);

2.《现代的正当性》(*Legitimitaet der Neuzeit*,Suhrkamp,1966);

3.《哥白尼世界的起源》(*Die Geneses der Kopernikanischen Welt*,Suhrkamp,1975);

4.《神话研究》(*Arbeit am Mythos*,Suhrkamp,1979);

5.《世界的解释》(一译为《世界的可读性》)(*Die Lesbarkeit der Welt*,Suhrkamp,1981);

6.《生命时间与世界时间》(*Lebenzeit und Weltszeit*，Suhrkamp，1986）；

7.《马太受难曲》(*Matthaeuspassion*，Suhrkamp，1988）；

8.《走近洞穴》(*Höhlensangänge*，Suhrkamp，1989）；

9.《天上的星星》(*Die Vollzaehligkeit der Sterne*，Suhrkamp，1997）；

10.《从历史中生成的概念》(*Begriffe in Geschichten*，Suhrkamp，1998）；

11.《以歌德为例》(*Goethe zum Beispiel*，Suhrkamp，1999）；

12.《容易上当的哲学家》(*Die Verfuehrbarkeit des Philosophen*，Suhrkamp，2000）；

13.《雄狮们》(*Loewen*，Suhrkamp，2001）；

14.《美学与隐喻文集》(*Aesthetische und metaphorologische Schriften*，Suhrkamp，2001）；

15.《面向事情与回避事情》(*Zu den Sacher und zurueck*，Suhrkamp，2002）。①

从上述列举的书目可以看出，布鲁门贝格的思想踪迹抵达人类文化创造的方方面面，从哲学到历史学，从人类学到神学，从音乐学到美学，等等。此外，布鲁门贝格曾参与撰写德国著名的神学百科全书 RGG 词条，在神学方面造诣颇深，且不说《现代的正当性》的神学部分，后来的《马太受难曲》无论在思想还是审美风格方面，均堪称神学的"凌云健笔"。人们交口称誉他的隐喻式写作风格："将来我们说到国内杰出作家时，不可能不提到布卢门贝格的名字。他的创作集杂文、笔记、哲学叙事于一体，一

---

① 曹卫东：《布卢门贝格：人类此在关系的解释者》，《国外理论动态》2003 年第 11 期，第 43—44 页。（以上有关布鲁门贝格的生平和著作资料采自《布卢门贝格：人类此在关系的解释者》一文，特此致谢。）

言以蔽之,他所创作的是绵延不绝的世界历史幻灭的故事。其中最精彩的部分足以与博尔赫斯的讽刺散文媲美。"①大名鼎鼎的意大利作家卡尔维诺称布鲁门贝格的《世界的可读性》(或译为《世界的解释》)为"一本奇妙的书"②,并不吝溢美之词。

近年来,随着国内学界对德国思想的重新引介和再度思考,布鲁门贝格与著名的政治哲学家卡尔·施米特(Carl Schmitt)关于现代合法性的争论重新浮出水面。凭着这些零星文章的介绍,我们得以管窥布鲁门贝格的现代性理论。《现代的正当性》一书是布鲁门贝格的成名作,现已成为西方现代性理论的经典。若干年后推出的《神话研究》,一举澄清了他那迥异于接受美学的学术旨趣。反观汉语学界或是欧美学界,他们热烈地拥抱"康斯坦茨"学派,冷落了布鲁门贝格的神话解释学。这种颇成问题的"接受"对于布鲁门贝格来说是不公平的。不过,这没有什么好奇怪,学术界毕竟不是人来人往的浮华之地。

据统计,2000 年德国著名的苏卡普(Suhkamp)出版社旗下出版的12711 种图书中,思想家布鲁门贝格的著作已被译为 12 种外语之多。③由此观之,汉语学界对于布鲁门贝格思想著作的"接受"显然准备不足。因此,介绍和引入布鲁门贝格别具一格的诗学和解释学,有利于校正早先在汉语学界流行的接受美学的薄弱之处。

第二节　主要著作的思想概貌

在漫长而充满激变的西方思想史上,布鲁门贝格是一位坚韧不拔、长途跋涉的旅人。每一段漫长的路程,都是一方波澜壮阔的风景,那是对旅

---

① [德]希尔马赫:《最后的词语面前的笑:论汉斯·布卢门贝格〈无尽的忧〉》,转引自哈贝马斯《后形而上学思想》,曹卫东译,译林出版社 2001 年版,第 222 页。

② [意]卡尔维诺:《新千年文学备忘录》,黄灿然译,译林出版社 2009 年版,第112 页。

③ 曹卫东:《苏卡普和他的出版文化》;《雪落美因河》,鹭江出版社 2002 年版,第 93—95 页。

人最好的报答和馈赠。以下拟从三种不同的思想形象和理论角色来勾勒这位永远在路上跋涉的思想家素描。

一、现代正当性之奠基者

综观西方现代性理论著述,真正试图从根本上澄清现代与中世纪乃至整个前现代关系,进而为现代奠定正当性之基础者,应当首推布鲁门贝格的成名作《现代的正当性》。

布鲁门贝格从批判韦伯主义和马克思主义共同的经典命题着手,即所谓现代的正当性在于它的世俗化。自17世纪以来,人们变得如此专注于安全和生存,对匮乏有如此强烈的意识,对一切满足自身需要的手段(包括资本、技术等因素)有如此强烈的兴趣。总之,人们变得越来越"世俗",而对一种宇宙秩序、一种神意与来世得到拯救的应许却日渐淡漠,乃至遗忘。大多数专家据此认为现代是在世俗化的进程中形成的。布鲁门贝格却认为这样的"世俗化"(säkularisierung)是一项"历史的非法范畴",因为推崇世俗化论者否认了现代的正当性,他们认为世俗化使前现代神圣概念向世俗概念发生了转换,变成前现代的衍生物。其实,现代正当性并非求助于世俗化的充分合理性。原因可能是,尽管现代正当性概念彻底摆脱了上帝,摆脱了神圣,是一种"去魅"的意识形态,但是,现代自由意识的自我立法行为,却非法地挪用了中世纪神学体系"无中生有"(creatio ex nihilo)的叙事图式,以一种关注人自身的目的和需要来替代或占据宗教的神圣的目的和需要。因此,布鲁门贝格把世俗化说成是一个历史的非法概念。

在"新时代"(die Neuzeit,现代)的本质属性和正当性问题的论述中,布鲁门贝格归纳出一种"人的自我捍卫"(humanne selbstbehauptung)的"生存筹划"——作为一种特定历史性自我保存的肯定功能,它却不是一种自我授权(selbstermätigung),"这种划时代的合理性只不过以一种自己并不理解的方式侵犯了神学;事实上,这种侵犯隐秘地从神学获得了一切。就理性所实现的东西而言,理性出于何种动机来完成这些,根本无关紧要;但就理性所实现的东西而言,需要和挑战、争议和疑问的彻底性则不容忽视。自我捍卫(又译自我宣称)决定了理性的彻底性,而非理性的逻辑"①。布鲁门贝格对自我捍卫的理性含义的诊断轰然回响着中世纪后期唯名论(nominalismus)的"神学绝对主义"(theologischer absolutismus)余音。人的自我捍卫与神圣的"彻底性"保持紧密联系,足以见出它的"根正苗红"。但历史往往充满着反讽的力量。卡尔·施米特(Carl Schmitt)就是把它概括为一种"自我肯定、自我伸张"的"理性系统的意志统一体"。② 因为在他看来,人的自我捍卫导致其坚固的意志,把自身的各种意识聚集为化合状态,从而产生了现代社会原子式的个体。之后,它不幸地踏上了"理性被滥用为意志"之路,在现代思想史上掀起了一场自我捍卫的轩然大波。理性的彻底性虽不是理性的逻辑也不等于非理性的意志逻辑。如果像施米特那样把自我捍卫的现代理性误断为"意志的统一体",简直是一笔抹杀了现代理性身上中世纪经院哲学的理性遗产。

中世纪后期唯名论的"神学绝对主义"如何孕育出"人的自我捍卫"的反叛因素,而人的自我捍卫又是如何把"神学绝对主义"的神圣能量转化为自己的反抗动力呢?"神学绝对主义"把上帝置于至高无上的地位,并以一个全称的量词——"全能",赋予上帝无可限量的绝对权威和行动力量。但是,"神学绝对主义在人性意义上绝对是不可承受的"③,也是我们不能以任何方式去理解的,因而对人构成了一种挑战和压迫。上帝意味着一切,那人就是一种虚无。此话怎讲? 第一,因为按照奥卡姆(Ockham)的唯名论,上帝的全能表现在他拥有创造或毁灭他所意愿任何东西的绝对而无限的权力,而任何东西的是否存在的理由最终取决于上

---

① [德]布鲁门贝格:《〈政治的神学〉及其续编》,吴增定译,刘小枫主编,《施米特与政治法学》,上海三联出版社 2002 年版,第 137 页。

② [德]施米特:《政治的神学续篇》,吴增定译,刘小枫主编,《政治的概念》,上海人民出版社 2003 年版,第 534 页。

③ [德]布鲁门贝格:《〈政治的神学〉及其续编》,吴增定译,刘小枫主编,《施米特与政治法学》,第 128 页。

帝的意愿——如果因为他愿意(Quia voluit),那么,我们的事实上存在的有限世界就是彻底偶然性了,这种彻底偶然对人的存在来说就是一种虚无感。第二,如果把上帝推崇到绝对不可知的地步,实际上人在绝望中把上帝当成不可信任的存在,因而这样的上帝成为一位"隐匿的上帝"。人既然无法把握和接近上帝,那么,人必然就对上帝的存在表示怀疑和挑衅。这显然是人类生存的自然的、正常的和理性的态度,因此人们诚心实意逃离神学绝对主义中人的自我牺牲,并决定在没有上帝的世界中实现"人的自我捍卫"。被"神学绝对主义"逼入如此险境的现代人,在极端程度上,从挑衅超验绝对者的"启蒙者"突然反转为揭示内在绝对者(人)自身的"浪漫人"。现代历史上人与上帝的对峙,大大颠覆了中世纪神学世界观。奇怪的是,自我捍卫的理性却因此具有了一种吊诡的历史意义:这种指向个体利益的启蒙会荡涤一切总体性神话,从而把自身逆转为一种具有历史意义的神话。于是,人对神的"哗变"由此导演了一出中世纪"秩序的丧失"的戏剧。

中世纪"秩序的丧失"标志着中世纪的衰落和现代的正式登场。现代的自我捍卫通过把人置于神的地位来建构一种能够对抗神学的唯意志论立场,因此,"人的自我捍卫"仿佛既是人对上帝的一种挑衅行动,又好像是人重新模仿上帝建立起一种与人自身息息相关的秩序。布鲁门贝格是这样解释"神学绝对主义"与"人的自我捍卫"之间的内在逻辑的:现代性挪用全知、全能、全在的唯名论上帝,把人置于一个处处皆冷漠的世界,从而使人陷于一种形而上学的不安之中,人不得不"反求诸己",并决心捍卫自我的存在。因此,现代性是中世纪理性的合法嫡传,并非生来就是"解构神话化过程"。

自我捍卫的唯名论气息在现代自然科学的兴起过程中表露无遗。通常的科学观念认为,科学是一种自给自足的、自主性的独立过程,是现代人自我捍卫过程的一种典型表征。人的自我捍卫在反对上帝的整个过程中,凭借科学、进步等信念鼓动人认知外部世界,乃是面临"神学绝对主义"压迫的一项核心的生存筹划。推动人起而自我捍卫的动力正是布鲁门贝格所谓的"理论的欲望"（theoretische neugierde，一译为理论好奇心）。作为求知欲的"理论的欲望"，它"根本不需要辩护"，而且它更是"自我辩护"，并"以自己的明证性为根据"①。论战对手施米特为布鲁门贝格的"理论的欲望"提供了一个语源学上绝佳的"自己的明证性"："在这种问题的状况中，拉丁词 curiositas（新奇）作为求知欲的表达，希腊词 tolma 或许更准确些，因为它表达了因勇敢以及危险感到愉快，从而隐含着不需要辩护。"②从奥古斯丁开始，中世纪基督教怀疑理论欲望会分散灵魂对上帝和拯救的首要兴趣。在布鲁门贝格看来，从古代到中世纪的历史就是"理论的欲望"兴起并逐步遭到压制的历史过程，但在中世纪后期人们对理论的欲望之看法又出现了物极必反的现象。在《观念史》（*Ideangeschichte*）中，他反复强调由晚期经院哲学所造成的概念僵化，不可避免地要激发对"理论欲望的解放"。

从某种程度上说，现代人在死灰复燃的"理论的欲望"身上找到了关注自我和捍卫自我的基点。在培根指点下，人们开始关注外部世界（自然）。征服自然和捍卫自我的文化表征直接刺激了现代科学技术的诞生并在短时期内有了长足的进步。"理论的欲望"所造成的现代性恶果当然不能由"理论"负责。由此看来，自我捍卫的现代理性异常驳杂，并且光怪陆离，既掺和了容易被人误解为非理性的唯名论绝对主义，也确实含有非理性的"理论欲望"。

仅指出中世纪和现代千丝万缕的联系，从而论证现代从中世纪发展出的合法性，这经不起韦伯主义和马克思主义现代性理解的质疑与驳斥。况且，接下来的问题更为致命：既然现代与中世纪互为因果关系，可以作为一个整体予以考察，那么，它与古代具有怎样的关系呢？再进一步，如果把两者贯穿起来，又会是怎样的一种历史哲学的演化逻辑呢？

回答这个问题是布鲁门贝格思想最为卓越的一次发挥。他从雄浑的

---

①②　［德］施米特：《政治的神学续篇》，吴增定译，刘小枫主编，《施米特与政治法学》，第 532 页。

神学知识背景出发,来审视西方中世纪基督教文化和另一秘传文化灵知主义(gnosticism,又译为诺斯替教)①之间的张力。他认为,如果把中世纪和现代合观为一个整体以区别于古代,灵知主义的命运就能很好地说明这个"非完全"的范式。

"一切事物都充满了神!"古希腊哲学家泰勒斯(Thales)的观点颇能代表古代精神。那么,"恶会从哪里来呢?"古代遗留下来尚未解决的问题之一,就是对世间恶之根源的追问。发端于古代后期的灵知主义用一种神学的二元论来回答古希腊泛灵论思想遗产。回答者的思想并非天外来客,它完全可以在柏拉图以及新柏拉图主义那里找到胚芽。柏拉图的巨匠造物神相对于理念来说不是全能的,他所创造的世界隐含了恶的潜因。新柏拉图主义认为世界呈现为理念模式的巨大过失,因此,理念的神学化必然伴随着物质的妖魔化。柏拉图的理念与造物神、新柏拉图主义的理念与物质的世界观诱发了一种全新类型的灵知主义形而上学:"它利用新柏拉图体系时,确实并非是该体系的结果,而是新柏拉图体系重新占据其位置。造物神成了恶事原则,成了只超越但并不参与世界创造的拯救神玩对手游戏的对手。"②

在否定世界的基础上,灵知主义神学的二元论认为世界有此岸和彼岸之分,主宰它们的分别是创世之神和拯救之神。一位异在于此世、爱之上帝成为救世主,率先反对公义的上帝这个恶世的主人和造物主。这两个上帝即使并非处于相互激烈斗争的敌对关系,也难以回避一种不可化解的陌生关系和一种危险的冷战状态。在这种思想观念支配下,作为世间的存在物,人的精神和灵魂注定只能在这两个世界中轮回。由于是一

---

① 诺斯替主义(Gnosticism)又译为灵知主义,是一个现代术语,来源于希腊词gnostikosm(即knower,指一个拥有诺斯或秘密知识的人),长期以来用于表示2、3世纪的教父所批判的基督教的异端。到了18、19世纪,被认为是希腊化晚期世俗文化向宗教文化转化过程中的一场大范围宗教运动。

② [德]布鲁门贝格:《克服灵知派的失败使其再生成为可能》,张宪译,刘小枫主编,《施米特与政治法学》,第145页。根据原文略有改动,后文不再说明。

种否定性的世界观,灵知主义遭到了中世纪以奥古斯丁为首的正统神学对其第一次克服。在布鲁门贝格看来,第一次克服灵知派(尤其奥古斯丁的克服)失败之后,现代不得不进行对灵知派的第二次克服。至于第二次克服的成果如何,让我们拭目以待。"如果说,灵知主义通过提供异在上帝的拯救的方式,有利于改善人在恶世之中的现实性地位的话,那么,现代的自我捍卫只是'被改写'的灵知派遗产。"①由此看来,基督教的中世纪及现代的自我捍卫"理性系统的统一体",就可以理解成灵知派的对立立场的胜利。

"时代的变迁"是布鲁门贝格历史哲学的一个核心概念。通过透视世代之际春秋代易,我们不仅可以观察不同历史范式之间的辩证关系,而且还能把握不同时代之间的精神变迁。但是,在历史纪元的变迁之下隐藏着一连串的连续性问题,库恩关于科学内部范式转换忽视了"认识过程本身"背后的连续性,因而时代变迁与库恩的范式转换是不同的。因此,我们不能老盯着"学说"或"观念",把它们看作是我们传统的填充物,而应学会把这些问题和人类的探索活动、提问活动关联在一起,并赋予他们相关性和具体意义。历史哲学作为一种关于整体世界的历史模式和意义问题,它表现为一个系统,在"一个系统性语境中存在诸多位置间的归属关系,这些位置就是共同拥有全称量词'全能……'②"这里的"位置(立场)"凭借历史的整体叙述因而具有全称量词"全能"的特征,秉有了"绝对主义"的能量。于是,这些系统语境中不同的全称量词的"位置"展开了"话语达尔文主义"(Darwinismus der Wörter)竞争。布鲁门贝格称这种历史哲学模式为一种功能化解释学模型,用以表述不同时代在精神价值变迁上的起承转合。他通过隐喻学(metaphorologie)形象地来说明这种解释模式:一个系统的原有观念之"位置"被后起观念"占据"(和"重新占据")。

---

① [德]布鲁门贝格:《克服灵知派的失败使其再生成为可能》,张宪译,刘小枫主编,《施米特与政治法学》,第154页。

② [德]布鲁门贝格:《〈政治的神学〉及其续编》,吴增定译,刘小枫主编,《施米特与政治法学》,第134页。

历史是一个由各种功能载体构成的隐喻系统,其中蕴藏着不同的问答的功能载体,一部分问答的功能载体消失了,空出了"位置",随即便有新的问答的功能载体来填空和占据。所以,历史就是这样一个充满遁隐和显现的动态过程。至于哪种观念占据这个位置,是由"所处的境况本身的需要来决定"。在这里,我们可以见出布鲁门贝格时代变迁的功能化解释学的雄心壮志:从整体的西方思想意识史出发,在这一巨大的不连续性背后寻找连续性,这样一个作为整体的理解过程势必把自笛卡儿以来被科学理性主义斥为非理性的东西(需要)包括进来。但是,他异常警惕这样相对主义的极端化思考方式:如果以需要的假设而不是以真理的论证来诠释时代变迁的精神价值时,这往往会在许多历史选择的关口,造成解释学上的悲剧现象。因此,布鲁门贝格要求我们在分析诸多历史个案①时,应该承担更多的解释学"责任意识",方可不会对问题进行派生化和程式化的处理。

按照此种历史哲学模式,我们还可以进一步解释浪漫派和启蒙主义之间的"战争状态"。这里可以用唯名论和实在论之间的哲学关系来描述这种"重新占据"的功能化解释模式。由于唯名论坚持"语言而非独立的实在,成为已知相似性的基础",所以,它可以借助于共相的普遍性或绝对主义形成一种机制化的表述:事物的殊相被虚无化了。这个时候,唯名论语言之"名"——语言程式——倒不失为一种准确的观察方式。布鲁门贝格顺理成章地以此楔入他的历史哲学的架构之中。《圣经》解经学中有两条语言程式格外受布鲁门贝格青睐:一条是"Creatio ex nihilo",一般把它翻译为"虚无的创造",布鲁门贝格别出心裁地翻译为"从虚无中创造";一条是"Peccator videbit,et irascetur",通常译为"智慧始自敬畏主",他出人意料地颠覆成"智慧始自主的敬畏"(此条的语言程式在《马太受难曲》

---

① 例如,这些历史个案包括:早期的灵知主义二元论对古代泛神论的占据,中经奥古斯丁和大公教义对灵知主义的克服,至中世纪晚期现代理性在唯名论的神学绝对主义面前起而"自我捍卫",等等。

中有详细的讨论）。

唯名论的语言之"名"在成为观察历史个案之精密仪器的同时，也容易沦为语言程式化的"机制"统治。实在论就是以真实的存在攻击唯名论这种殊相虚无化的"机制"统治。启蒙理性坚持一种进步的历史观，它大踏步地奔向各种乌托邦方案。一方面，启蒙的乐观主义乌托邦方案既是对基督教末世论（Eschatologie）"拯救故事"（从创世到末日审判）的"重新占据"；另一方面，启蒙的乌托邦方案是一种贫困的进步观念，它容易蜕变为一种类似于"社会达尔文主义"抽象的"理性机制"。因此，"在启蒙的宏大批判之后，留下了某种所谓的设计，这种设计本身极度贫乏，从而为浪漫派留下了从虚无中创造的大好机遇"①。问题是，浪漫派以什么样具体的实在论反对抽象的启蒙理性主义呢？当启蒙向前看的眼光转为浪漫派向后看时，浪漫派就"焦虑地替过去的精神招魂"，以"原初的启示"来反对启蒙的进步方案。于是，浪漫派一笔再笔地以"文化记忆"或传统来占据启蒙理性主义空缺的位置。在往昔，"虚无的创造"是基督教上帝的人身行动，现在浪漫派能够虚构地利用这一姿态，以"从虚无中创造"确立历史的连续性。"因此，对语言世俗化现象来说，关键并非在于以可以广泛证明的方式返回到诸如此类的神学，而是根据一种基于背景和激情的实际需要对诸多要素进行选择。"②从"虚无的创造"到"从虚无中创造"，目的无非是为历史观念和历史的解释开启诸多可能性条件，这个时候我们揭示的不是内容和观念，而是"使用隐喻的处境的特征"。③ 布鲁门贝格据此批评施米特的"历史概念的意涵不是从虚无中创造，而是虚无的创造，

---

① ［德］布鲁门贝格：《〈政治的神学〉及其续编》，吴增定译，刘小枫主编，《施米特与政治法学》，第139页。

② ［德］布鲁门贝格：《〈政治的神学〉及其续编》，吴增定译，刘小枫主编，《施米特与政治法学》，第133页。

③ ［德］布鲁门贝格：《〈政治的神学〉及其续编》，吴增定译，刘小枫主编，《施米特与政治法学》，第134页。

这成了不断更新的世间性自我—创造的可能条件"①。可谓一语中的。

布鲁门贝格通过对历史范式之间的辩证关系和精神变迁着手,阐释了不同范式之间的挑战和回应关系。这种高屋建瓴的历史哲学视野,包揽一切宇宙史、自然史、社会史、宗教史等材料,纵横捭阖地游刃于哲学解释学和人类学,重新勘定现代性之正当性基础。

二、现代基本焦虑之安慰者

读过布鲁门贝格《神话研究》一书的读者总会对其隐喻化书写留有深刻的印象。这与我们阅读哲学著作的感觉大相径庭。布鲁门贝格以哲学家名世,但其著述首先不是通过抽象概念来认识和理解,而是借助隐喻和想象进行论证。这样有可能冒西方意义上哲学之大不韪,因为西方理性主义哲学始终把隐喻当作危险的敌人。在《神话研究》中,思想始终借助隐喻表达自己真实的想法:隐喻化书写并没有把现实事物推向一个虚构的文学空间,而是借助一般的比喻和象征把现实呈现在人们眼前。全书充满自由不羁、想落天外的艺术的想象,用直观、神话和思想原型等隐喻学的力量,进行自我把握,进而把握我们的世界,并试图揭示世界的秘密:"拥有世界,通常是一种艺术的结果……"②隐喻反而构成理性言谈本身的"基本要素",这是哲学著作风格史上的一大奇观。

在人类的生命历史和世界进程中,作为人的存在基础而被提出来的问题在原则上无法回答,而且更为致命的是,这些问题在我们的生存境遇中是无法被消除的,它们不是等着我们来发现和理解的问题,而是一道思想闪电,用形象和隐喻、象征和故事等修辞力量,照亮我们严峻急迫的生存情境。据布克哈特的《希腊文化史》记载,古希腊智者阿波洛多罗斯曾讲述过一个"无与伦比的美妙故事"。忒拜的狐狸命中注定不会被捕捉,

---

① ［德］布鲁门贝格:《〈政治的神学〉及其续编》,吴增定译,刘小枫主编,《施米特与政治法学》,第 139 页。

② Hans Blumenberg, *Arbeit am Mythos*（AM）, Suhrkamp Verlag, Frankfurt am Main, 2001, S. 13.

雅典的猎狗命中注定能够捕捉到一切它所追猎的动物。倘若可能存在这样一个世界,这两只动物哪天机缘凑巧相遇在一起,这个典型的悖论对于任何世俗的意义来说,显然是最咄咄逼人的挑战和最令人困惑的境遇,它非得需要布鲁门贝格的"神话思维"来解决问题不可。宙斯的处理方法非常高明,他大手一挥,手指一点,两个动物立马化为无言、静止的石头,从而摆脱这个困境。这里并非是解释学超出作者赋予文本的东西而丰富文本,而是隐喻学无法预料地涌入文本的创造中。

我们需要注意的是,在人类的自我理解和理解世界的进程中,重要的不是隐喻的意义问题,而是其功能问题。因此,布鲁门贝格把书名"Arbeit am Mythos"定为动态的词组而不是名词性词组。神话研究的功能性思维提醒我们重要的不是解释学理论的构建和阐释,而是隐喻技巧的运用和展示。莱辛曾计划写作"浮士德",原想与歌德打擂台。不承想,创作手稿不知什么原因在旅途中丢失了,留下来若干的断章残简,但已足见不同凡响。兹举一例。当地狱里的七个精灵出现在莱辛笔下的浮士德面前时,他问他们中谁速度最快?众人叽叽喳喳抢着回答世上各种速度很快的现象,唯有第七个精灵回答他说:"世上最快的速度是从好变坏的速度!"这个答案让浮士德很满意。神话思维的连环拓扑突变为某种完全不同的东西,它需要我们转换理解的技巧。当我们对莎士比亚的《麦克白》比起其他剧本来它的情节发展最为迅速、篇幅最短的现象曾迷惑不解时,布鲁门贝格神话研究的拓扑思维及时更新为另一种视野的理解。麦克白从一个原为国立下功勋的大将堕落为众叛亲离的罪人,此乃莱辛所理解的堕落的最快速度。此时,我们唯有对莎翁戏剧艺术拍案称绝,大师乃洞悉文体修辞和艺术感知之间的秘密。布鲁门贝格有理由把哲学称为"专注的训练"(Disziplin der Aufmerksamkeit),其任务是"磨砺感知能力"。①

文化上的总体性及其理解是不可穷尽的,也是理性无能为力的地方,

---

① 英格博格·布罗伊尔等:《从历史到故事》,张荣译,《德国哲学家圆桌》,华夏出版社2003年版,第64页。

但是,想象总是包含比它们所表达的东西更为丰富的内涵。隐喻学作为无法还原的幻想之奇异产物,触及不可言说的言说,构成不可理解的理解的怪圈,受到总体性思想思维奴役的大师们尽管无法放弃隐喻学怪圈,但无法转换成任何客观化的语言。圣经的乐园神话的寓意解释曾是我们一言难尽众说纷纭的学术公案。我们且不说灵知主义对乐园神话的解构,单只说路德维希·费尔巴哈和乔治·西美尔与此相关的变形和颠覆,足以说明乐园神话是一个总体性神话,是所有时代人类认识的基本范式。

费尔巴哈曾用一个冗长的句子表达圣经乐园神话意蕴:"勿用争辩的是,就是在亚当摘取善恶知识果实,并以丧失生命为代价的同一棵树上,他也摘下掩饰自己赤裸身体的树叶,只有领悟这一意蕴的人才成为《创世纪》唯一的解释者。"[1]费尔巴哈在禁果和遮羞叶之间——它们都来自于知识树——建立了小小的联系,引发它的道德关联和由这种关联所唤醒的必然性之间深刻的含混性,因为这种联系几乎不能回答任何由人们所提出来的严肃问题。含混性不是我们清晰地看到的事情的真相,而是震撼于一声巨响,从存在迷雾中重新回到港湾。布鲁门贝格从西美尔身后发表的日记中找到一个简洁的句子,做一次大胆的思想上跳跃,又一次实现乐园神话的变体:"从知识树上摘下的果实尚未成熟。"[2]这里所展示的技巧犹如体操鞍马跳跃动作惊险复杂的翻转,但稳稳落地。它只做小小的改动,却收到最大的变形效果。从整个传统来看,我们相信这个文本指涉一枚苹果,然而,从这些图景来看,很少头脑曾对准这枚水果本身。一种不期而至的突然顿悟之光照亮灵魂的黑暗渊面,形象化的联想正在心灵中冉冉升起逐渐明亮灿烂的朝霞。按费尔巴哈的说法,遮羞叶发挥的作用只是使人们更多地联想到知识树结出的果实很可能是无花果。西美尔用这样的事实转移我们的视线:"天堂里的果实代价只能以天堂来偿还;除了禁止和诱惑之外,他想知道这枚果实还有什么价值? 它没有腐

---

①②　Hans Blumenberg,*Arbeit am Mythos*(AM),S. 234.

烂,但比腐烂更糟的是:它还没有成熟。"①

乐园神话中同一形象的每一次再度利用,都改变了叙事的细节,突出曾是次要的东西,或者缩减从前被认为是重要的内容,直至生成神话研究中一种全新的东西,赋予人类境遇以一个完全不同的阐释。比腐烂更糟?它意味着这种罪行中正确的因素被打发走了。

> 成熟是一种品质,它既不是诸神也不是人类所能强行占有的品质,因为它只被认为是时间的恩赐——这枚成熟的果实——但它偏偏被忽略了思考。这里的一切事物都依靠于这种论旨的如何使用:它既不是从天堂的堕落,也不是死亡对自由的惩罚,或者与仁慈的花园主人的争吵,这些都曾使后来的思想家沮丧不已;毋宁是这种苦恼是由这个事实导致的,这也是所有时代人类所具有的范式:这枚果实从知识树上摘得太快了,太仓促了,因而对丧失了天堂的补偿也被没收了。②

"果实的腐烂"的寓意解释会让人们明白它是一种分辨善恶的道德判断,"未成熟"意味着人们还未曾知道什么是善恶,因此,"从知识树上摘下的果实太快了",使我们连从错误中学习经验教训的机会都被剥夺了。尽管人们认识到乐园神话是一种整体神话,但它对于人类经验来说,我们作为个体还没有成熟到来完整地认识和理解它,西美尔悲伤地"看到这枚唯一的果实非成熟性值得人类付出的痛苦"③。西美尔生前没有将这句精粹的话公布于众,而是将之沉默于日记里,而我们这些后学则以一种笨拙而难堪的好奇心看到了一个既有效又私密状态下神话研究的视角。布鲁门贝格既没有为乐园神话设计一个连续系列的隐喻释义,也不是相反,在重大的思想转折和断裂中踽踽前行,而是以一种戛戛独造的神话研究把连续性和非连续性融合为一种持续进行的神话研究过程。

---

①②③ Hans Blumenberg, *Arbeit am Mythos*(*AM*), S. 235.

布鲁门贝格的隐喻化书写是个人风格化的结果，还是文化创造的内在选择？相信读者们和笔者一样认为，两者兼而有之。首先，除了早期几本关于现象学的著作以外，隐喻化书写贯彻他著述的一生。隐喻化书写作为个人化的风格，使他获得德国学术界 1980 年度"弗洛伊德散文奖"即是证明。据说此奖的初衷是为改善德国学界那种枯涩无趣、单调乏味的康德式文风而设立的。其次，隐喻式的书写反映了布鲁门贝格一种深刻的神话研究的意蕴——在修辞学领域展开一种人类学的"自我捍卫"行动。在布鲁门贝格看来，人这种生物相对于别的生物来说，是一种非法性存在。柏拉图曾在《普罗塔戈拉篇》中言及，人无法拥有其他生物谋生的一技之长，又有最漫长的受保护的成长期（包括哺乳期），但人又高居食物链的最高端，统治整个世界。布鲁门贝格着重强调，人的无能表现在：人缺乏一个对他而言是陌生的环境的特定适应性。因此，从法理上来讲，人在世界上生存是一种非法存在。生存的困境使人焕发出创造的热情，修辞学就地取材于生活世界的直接经验，以修辞学的主要命题——不充足理由律，提出"存在理由问题"的"生存动机"和"生活图景"，作为人这个匮乏生物的必要补充，帮助人类改善人的意向性生活的无能状况。而我们这个匮乏生物利用这一原则的创造力学会弥补其尴尬的缺点，练习在这种状态下生存下来，这一切作为"绝对隐喻"，在《神话研究》中，在西方审美思想史上绵延不绝的普罗米修斯神话研究中可见其特质。

当现代启蒙理性在最伟大的成就——科学的武装下，理性进步神话一路高歌时，我们不无颟顸地把儿时祖辈们流传下来的神话扔进了历史旮旯。可是，神话却一次又一次地改头换面潜入我们的意识和心灵。譬如，进步神话就是一个现身说法的"最后神话"之典型。我们无法摆脱的事实是，神话创作（Arbeit am Mythos）至今绵延不绝。那么，我们为何需要神话创作？

Arbeit am Mythos（work on myth）的中译颇为棘手，布鲁门贝格寓两种含义于这一词语之中：当它表述神话创作之意时，泛指一切历史语境下同一故事材料的反复书写变形，这形成一种文化的叙事形态，译为"神话创作"；当它蕴含各种意义内涵为各个历史语境所理解时，这表现为一种神话解释学，译为"神话研究"。综合两者意义，就是哈贝马斯所划定的"哲学叙事"文类。①

对于神话，现代人有一种轻视古典智慧、自以为是的傲慢态度。现代人最大的错误莫过于，以认知性的方式来解释神话意向的可能性。殊不知，神话的功能性描绘能够将我们的焦虑转化为一种可以驾驭恐惧的好处。正如我们时代教父笛卡儿把"最后的妖怪"——现代主义式的怀疑意识——引入现代世界后，导致新颖"绝对主义"威胁乘虚而入的局面。"要将这个最后的妖怪驱逐出这个世界，对认知性的主体来说，唯一的办法就是使主体自身成为权威。"②如今有关神话论争的矛头指向之处便是人类对上帝地位的公然挑战，其最锐利的武器便是德国观念论"把自我提升为神"这个最后神话。谁能说科学已经把神话扔进了历史的角落呢？在现代自我意识的发展过程中，神话功能性描绘依然能够确定主体在全部经验中起构造作用的那种必要性论证，所以，它永远是凄风苦雨中人类命运的庇护神。在伦理和审美视野中，在布鲁门贝格所谓"怀疑向安慰突变"的地方，人自由地走向意义的筹划。因为，"在上帝体验到自身能力界限的地方，人的怀疑终止了"③。

唯名论的"神学绝对主义"终于被现代人的"自我捍卫"有效吸收之后，它转眼之间把恩主驱逐出了形而上学的畛域。当现代人弹冠相庆"自我捍

---

① 哈贝马斯：《论哲学、科学与文学的关系》，曹卫东译，《后形而上学思想》，译林出版社2001年版，第241页。

② Hans Blumenberg, *Arbeit am Mythos* (AM)，Suhrkamp Verlag Frankfurt am Main，2001，S. 295.

③ ［德］伯伦贝格：《神义论失败后的审美神话》，吴增定译，刘小枫编，《墙上的书写》，华夏出版社2004年版，第181页。

卫"之造神运动的"伟大功绩"时，"现实绝对主义"（der Absolutismus der Wirklichkeit）①依然潜藏着"神学绝对主义"的幽灵。以实在论（realismus）反对唯名论，历史的反讽力量使之无可救药地走向了"绝对主义"的不归之路。人的自主意识依然为找不到宇宙位置而焦虑、狂躁。没有了中世纪绝对统一的独断论上帝，启蒙后的多神论无法向我们指明路向，安慰现代人疲倦而苍老了的心灵。多神论神话仍然还是我们痛苦的根源，它激发了与众不同的焦虑形式。无论弗洛伊德的精神分析治疗，还是现代人在某些类型上征服统治所产生的自豪感，终究难以根除自我捍卫的绝对意志所造成的整个原子般碎裂的社会难题。

针对启蒙之后的诸神之争的痛苦根源，神话创作会是一种"心理的补偿功能"吗？比如像弗洛伊德的精神分析治疗。无可否认，神话创作就是为了讲述故事，消磨时光，消除人在夜晚里没有"光照"的恐惧。由于神话的叙事与真实、自然、神圣等观念的生存筹划形成了鲜明的对照，从而为我们拯救出另一种不同"现实"。但是，这种"现实"萦绕着悖论、矛盾和荒诞的审美光晕。重要的是，我们如何拥有这种"现实"？

神话功能所发挥的作用依赖于神话的叙事，并发生于神话创作中。一种古老的宇宙图式叙事构成了神话功能的叙事原型，尽管布鲁门贝格有意地与原型这个概念保持距离。如果说，"地球漂于海洋之上，或者地球从海洋之中突起"的神话叙事是西方海洋文明的结构背景和叙事图式，那么，奥德修斯的漂泊寓言无疑是西方人在文明史上第一次阐释这个宇宙图式。"地球漂于海洋之上"意味着人类恒在地处于种种海神式变幻无常的破坏威胁之下。人类这种根本上属于未来型的受造物，老是受到生存焦虑的困扰。人性过于具有可塑性和适应性，人类的想象力过于丰饶，

---

①　现实绝对主义指一种人自认为缺乏应对办法来控制自身生存的情境。虽然我们永远无法完全认知它，但可以像数学的极限概念那样外推出它的存在。如精神分析学家所说，它是一种"缺少明确原因或特定威胁的强烈恐惧或忧虑"。因此，现实绝对主义是一种潜伏于我们的生物本能之中的生存性威胁，在我们的生存能力和自然环境的互动关系中表现出来。我们必须发展文化或者在布鲁门贝格意义上展开神话研究来克服现实绝对主义威胁。

因此人对环境的适应性易于受到困扰……因此,我们人类的预言能力常常迷失在诸般可能性的幻想之中。世界绝不会湮没消失,人类的苦难亦没有尽头。布鲁门贝格冷酷无情地宣称,就人类经验而言,这种恐惧与焦虑是无法回避的。值得庆幸的是,世界也根本不存在令人恐惧的唯一而绝对的力量,因为《神话研究》总结出了一条权力分立的规律,我们以此应对现实绝对主义对我们生存的压迫。在此过程中,我们在某种标准叙事框架中所采纳、运用、改变和扩展的内容,总是表征着对各个历史时期的特定恐惧和焦虑形式的应对和"筹划"。因此,追问何种叙事框架或形式具有意义,它决定了我们对意义问题的态度应该采纳语用学的解释立场,因为林林总总神话故事的"变形记"总是作为相关者,或者作为被吁求者而被人援引。尽管神话并不解释什么;神话并不使隐晦者变得明朗,使难以理喻者变得可以理解……神话纵然有千般的不是,万般的无奈,但神话唯一的好处能使人"确信无疑",具有这一点就够了。神话的意蕴在于"某种类型的熟悉与亲近,或某种可靠的预期,它的意义紧紧围绕着权力以及权力的限度问题"①。在援引和阐释神话创作的过程中,神话思维的"不充足理由原理"(principium rationis insufficientis)与宽容和自由而不是偏见这些可能性联系起来。

就现代自我理解所走过的历程而言,诗歌和神话有助于消除我们命运中邪恶的偶在性恐惧,有利于我们对自身命运的掌握。传说中的奥维德(Ovid)的《变形记》(*Metamorphose*)在现代世界看来仿佛是宣扬被启蒙了的多神论,因此,用文学取代宗教是现代思想进程中一个正当性的目的。布鲁门贝格"神话思维"的功能观为我们进入自身的存在而开辟了一条道路。在诗学参与"理论欲望"的历史进程中,诗人的想象就像上帝的意志一样,发出了现代诗学史上最为响亮的"自我断言"("自我捍卫")。由于神话想象起着"使人远离不可思议的神秘性质的功能",这种历史演

---

　　①　[美]皮普平:《现代的神话意义》,黄炎平译,刘小枫等编,《尼采在西方》,上海三联书店 2002 年版,第 537 页。

化中神话意义的生成过程,成就了人类生命的一次又一次的生存筹划。神话这种生存意义上筹划,可以为我们在布鲁门贝格后来名著《马太受难曲》所感觉到:"唯有在审美地意义上,在欠负与罪经验的彼岸,这种生命才能获得成功。"①据此,他认为神话功能的安慰作用发生在:审美体验的沉醉和伦理情感的感恩中,一种有限的不朽经验的降临。

综上所述,神话的功能能够起到消除恐惧、给人慰藉和指明路向的作用,这对于人类来说万万不可缺少的,也是无法被外在权力所剥夺的。恰如普罗米修斯(Prometheus)窃取火种为人类开创文明的行为,它指明了这样的神话意蕴:走向文明的生活也许是对上帝权力的公然违抗,因而充满了无限风险;它也许必定要由此遭受巨大的苦痛。但是,这种苦痛可以通过赫拉克勒斯(Heracles)的救赎行为而告终。人类受这一神话故事的鼓舞而持续不断地进行"神话创作"。布鲁门贝格把普罗米修斯的故事纳入了考察全部人类事务的"神话研究",因而他成了一位消除现代基本焦虑的时代安慰者。

三、此在人类学(人义论)之解释者

在教授资格论文《本体论的距离:论胡塞尔现象学的危机》中,布鲁门贝格在历史哲学的视域之下思考和追问存在的问题,并由此实现他对现代本体论思想的批判。现代思想以笛卡儿方法论为发端发展到胡塞尔意识现象学,基本上是悬搁了存在历史性的哲学。"所谓现代性,就是'理性的自我捍卫',一种无视历史的自我捍卫。当世界被剥夺了历史性之后,就变成了科学和技术把握的对象,或者说,世界与主体直接照面了。"②于是,后形而上学的现代理性发生了微妙而重大的变化。同样是主体与世界打交道,出现了海德格尔式世界主体化和布鲁门贝格式主体世界化的

---

① ［德］伯伦贝格:《神义论失败后的审美神话》,吴增定译,刘小枫编,《墙上的书写》,第154页。
② 曹卫东:《布鲁门贝格:人类此在关系的解释者》,《国外理论动态》2003年第11期,第45页。

现代理性分野。

"理性的自我捍卫"是一种无视历史的世界主体化行动，是一种沉沦的存在。乍看之下，布鲁门贝格和海德格尔两人好像同在批判由科技理性武装起来的工具性物化世界，两人好像在存在的历史观方面达成一种默契。其实，布鲁门贝格暗中颠倒了海德格尔此在和世界的关系，重新把海德格尔所解构的形而上学赋予现代的正当性。为了理解这个问题，我们不妨从两人共同关注人的存在——此在的操心结构着手，并以《马太受难曲》作为分析个案。

中世纪基督教神学唯名论把人的存在误认为一种在上帝的全知全能全在的绝对意志威慑下的虚无存在。觉醒了的现代人要求从"人的自我捍卫"中索回实在论的生存赋义。因此，我们要对布鲁门贝格的现实（实在）概念有所把握，这样方能进入这个概念的理解视野。这是他以实在论思想来调校中世纪唯名论遗产的一种姿态。

在布鲁门贝格看来，记忆是文学实在论思想的一个主要概念。记忆的实在性体现为它作为"曾在者"。职是之故，"文化记忆"使我们大为怀疑文学灵感论的福音说教。布鲁门贝格的"文化记忆"来自于尼采的"文化与受苦"关系的启示。尼采认为文化具有反对人的深度。这种"文化反对人的深度"潜在地为审美神话种下暴力的种子。布鲁门贝格曾在《神话研究》中讨论过，审美神话是一个具有自我逆反性之暴力产物的观点：审美构成物的核心是一个暴力世界。倘使我们以审美神话来观照基督教神学的话，作为上帝的罪性事实，创世致使人子受难，父也在受难中同时降临，那么，我们不难发现，受难就是基督教的审美现实，就像受苦是尼采的文化记忆。此外，受难的现实概念还有灵知主义思想的佐证。按照灵知主义的意识还原模式，《旧约》的上帝不仅"愚拙""极其卑下"，而且对偷吃智慧果的后果没有预知能力，亦即对世界的进程一无所知。灵知主义正好利用这种无知反对上帝自身。"上帝概念本身都建构性地包含了暴力和拯救的某种相互介入。"①因此,我们无法从上帝的概念推导出一种和谐的基督教神学,得到的却是一种具有自我逆反的审美神话。历史上曾有过种种生存筹划,都致力于扬弃这种分裂的上帝概念。尼采就是以超人来谋杀上帝,他开了反主体形而上学者重蹈主体形而上学怪圈之先河。布鲁门贝格则以主体的世界化来解构西方形而上学,其论证的全部秘密在于:"上帝之死是世界剧场的一个事件。"②于是,世界剧场搭建在这样一个基础上:"世界的基础是一个无法隐瞒、不可扬弃的二律背反,尽管世界希望通过制造美的幻相、通过虚构来掩盖自己的破碎。"③在这里,我们还需要理解这个世界剧场究竟由何种美学来导演的? 可以肯定的是,绝不是由主体性的审美幻相来导演这个世界剧场中上演的历史戏剧。所以,只有抛开主体性思想,才会促使我们对"另类现实"有所预感;只有用现代思想谋杀或解构一切形形色色的上帝论,方能进入这个上帝之死的"世界剧场"。

　　人对上帝的真正诘难是从解读伊甸园神话开始的,或者说,布鲁门贝格以文学的方式进入基督教的神学研究领域。他的路径是,把语言程式"智慧始自主的敬畏(Peccator videbit,et irascetur)"解读为属格的主语:"主的畏惧是自己对一种不同东西的畏惧,被畏惧的东西恰恰成为他的智慧之开始。"④布鲁门贝格通过"解构"这种上帝之畏的主题,进而把上帝的害怕与"人的终有一死"联系起来。吃了知识树果实的人开始关注生命树的果实。人吃了生命树上果实的事件一旦发生,人不但是不朽的,而且还拥有了真理和自由的知识。这显然是审美神话对人的形象的一种重新

---

　　① ［德］伯伦贝格:《神义论失败后的审美神话》,吴增定译,刘小枫编,《墙上的书写》,第 144 页。

　　② Blumenberg,*Matthaeuspassion*,P. 90,转引［德］伯伦贝格:《神义论失败后的审美神话》,吴增定译,刘小枫编,《墙上的书写》,第 163 页。

　　③ ［德］伯伦贝格:《神义论失败后的审美神话》,吴增定译,刘小枫编,《墙上的书写》,第 168—169 页。

　　④ Blumenberg,*Matthaeuspassion*,P. 29,转引［德］伯伦贝格:《神义论失败后的审美神话》,吴增定译,刘小枫编,《墙上的书写》,第 175 页。

塑造。因此,通过审美神话建构出来的人,或许有可能凭借真理和自由的知识认识上帝,从而成为上帝。这种人既拥有必死人的自由和真理,又拥有不朽上帝的知识。但是,基督教神学的上帝对这必死的人的知识是相当陌生的。无限而永恒的上帝终究不能理解生命的终有一死。因此,死于爱因斯坦意义上①的"自己的能力"的上帝要想重新获得不朽的存在,他"必须真正和真诚地赢得人的'直观',成为一位类似全能者之死亡的痛苦上帝"②,唯有如此,上帝才能对被驱逐出伊甸园的人有活生生的感受。这时,人必然会成为上帝的对手。于是,上帝分有了人类学结构,这种分有的含义无非是,上帝在历史的彼岸同人一道作为操心而存在。这个上帝的人类学结构因而具有两方面的含义:一方面,"上帝的操心"说明了上帝对世界的依赖是不可避免的,若不如此,作为世界剧场之死亡事件的上帝的不朽无从谈起。另一方面,"历史的彼岸"意识要求一种区别于胡塞尔、海德格尔等人意向性结构的阐述。上帝的绝对性无疑是一种主体性,亦即他必须为人所意识到,否则就没有上帝这一回事。布鲁门贝格必得寻找一种新型的意向性对上帝的绝对性进行意识还原。他重新恢复"上帝的操心"这个意向性结构来说明它被赋予意向生成与世界的原初相关性——上帝无法摆脱操心结构。让上帝承担起为人操心的重负,这毕竟是人把人之"操心"的生存状态附加于上帝。但是,这个人所赋予上帝为人的操心结构相比于海德格尔的操心结构,发生了微妙而重大的变迁:人拥有世界,是把人的有限性仅仅规定为一种使命,这样才能为人拥有世界做好准备。在《存在与时间》中,海德格尔对海基努斯的库拉(Cura)寓言的解读是,操心之神因为发现了人而占有人。我们由此不难发现,海氏向时间源头追问的历史化道路恰恰是没有历史的道路,正如浪漫派追寻无历史的"原初启示"一样,从这个意义上说,海德格尔是浪漫派的最大的后

---

① 相传爱因斯坦用现代科学的智慧反驳上帝的万能论:请万能的上帝做一件他不能做的事情。

② Blumenberg, *Matthaeuspassion*, P.126,转引[德]伯伦贝格:《神义论失败后的审美神话》,吴增定译,刘小枫编,《墙上的书写》,第175页。

裔。因此海德格尔的此在是世界主体化表现。但布鲁门贝格认为人的本质是世界中形成的,亦即主体必须世界化。因此,布鲁门贝格和海德格尔的哲学分野,不是对原初时间的追问,而是对一切暂时性的认识;意向的结构不仅是一种体验的结构,而且还是一种反思结构。

一般来说,人们把死亡理解为原罪导致的结果。但是,创世的失败已经说明了人的无辜。与此相反,唯独终有一死凸现了原罪,原罪伴随着死亡来到世界。这是操心的意向性结构末世论反思的体现,而它的体验结构却面临着一种生存困境:"无开端性是最初碰到的东西,正如无限性是不可追问的期待——无限性的反面即有限性,是被体验物、叙述、对从生到死认识。"①"死亡凸现出来原罪"无疑是一种生存的有限性,这种反思性的结果通过人的操心结构之"体验、叙述和由生到死的认识"生发转化,一种生存使命——畏——不可避免地形成了,人有尊严地活下去。置言之,一种生命通过畏,亦即是通过对死亡的认识拥有了破碎的世界。死是不可理解的,从原罪中推导出来的死亡就是一种神话的解读,这种解读必然抗拒以非神话的方式理解有限性。有死才有生,死亡已不是海德格尔意义上"作为已经敞开的死亡,本身就已经是安慰",而是人之生命的肉中刺;此刻,也仅仅在此刻,被"认识了"的死亡才被迫独自采取一种态度,承担死亡的责任,并持久地操心自己对幸福的理解:以此利用陌生的生命筹划——"后基督教的理性要敢于同世界和自身较量"——重铸"现代的世界剧场"。

当世界主体化建构(或解构)发生了重大的"秩序衰落"之后,明明灭灭的解释学幽灵打着各类旗号,以"生存筹划"的名义,"你方唱罢,我登场"。它们挤挤挨挨地汇成一条解释学的河流。布鲁门贝格主体世界化的"操心"穿过了这条解释学河流。对他来说,"操心"抑或"有限性的时间压力"需要在一种无限变化的历史样式中遭到扬弃和辩证生成。这种最

---

① Blumenberg, *Matthaeuspassion*, P. 133,转引[德]伯伦贝格:《神义论失败后的审美神话》,吴增定译,刘小枫编,《墙上的书写》,第 177 页。

好的历史样式无非就是神话素材,因为它总是得以重新叙述和重新发现,没有任何文献类型能与之媲美。在神话叙事的无限多样性中,海德格尔世界主体化哲学的后裔们,以犬儒的方式,逃离了有限的时间的压力,逃离了使个别此在彻底面对自身和世界。逃避是解决不了问题的。人必须从神学绝对主义的唯名论虚无存在中赢回自己实在论的生存赋义,为此,布鲁门贝格"发明"了"想象的"(imaginäre Anekdote),但这一"发明"的早期文学先驱恰恰是《变形记》的作者奥维德。想象的佚失是布鲁门贝格"历史现象学"的一件"独门暗器"。把实在逆转为关于实在的确实言说,这恰恰是构成言说佚失的特征和能力。在"理论欲望"的激发下,想象的佚失是一种暴力行为的文学显现,正是借助这一暴力行为,布鲁门贝格从无名的世界时间之中夺取意义:"在那些没有遗留物、没有扬弃物地方,投射了某种可解读性。"①

在布鲁门贝格看来,历史是一种在无尽的隐喻和神话指引下,不断重新筹划和具体化的思想史。在所谓历史的稳定性和一贯性的地方,必将存在更多的断裂。想象的佚失能够描述这种已经成了碎片的历史清单,也能够适应这种意义的无场所状态,而不至于使主体自身也在这种"隐喻的晕眩"中破碎。在历史本身不为人所知或遭受排斥的地方,想象的佚失通过"随后形成的确定性",能够建构起使整体获得必然性的意义,足以保证主体能够世界化。

接踵而来的问题是,想象的佚失会以何种审美根据来承负自身的必然性呢?布鲁门贝格超越了普罗米修斯神话的接受史,并把复杂性的思想形象放在巴赫《马太受难曲》的音乐框架中。只有音乐才能使这样一种接受成为可能,也就是说,这种接受能够建立文本世界的同一性。"文本中看起来不能吻合的地方,都被音乐同质化了,因为音乐不会有违反自身

---

① ［德］伯伦贝格:《神义论失败后的审美神话》,吴增定译,刘小枫编,《墙上的书写》,第 160 页。

的逻辑。"①《马太受难曲》恰恰隐藏着这样一种和解和同一性的建构。音乐的同一性之所以能够收拾"主体的统一性崩溃"的场面,是因为:①音乐具有人类学的意义。"音乐使人们忍受了不可忍受的东西,而且那些睡眠者用自己对音乐之美那无法企及的偏爱取代了睡眠的恩赐。"②音乐的人类学意义具有战胜死亡的力量,或者说使死亡意识具有恢复和更新生命能力的功能,正如睡眠使生命得到觉醒和修养。②"音乐有限性的原则"③能够让人拥有文本的世界。个中的道理与上帝的操心结构能够把人的有限性规定为一种使命相仿佛。尼采提醒我们"想到的是与和音的观念性相对的不和谐音的实在性"④时,就很好地说明了这个问题。"音乐有限性原则"指向"听觉艺术的不和谐",维护对个体听众所要求的"对受难之美的偏好",亦即保证听众对基督教受难实在的"感染力"。"正是'音乐有限性原则'促使受难曲的后基督教听者正视耶稣之死的完整现实,让听者知道:一旦能够以文学的方式介入福音书,祈祷剧的最后一幕就确保了以另一种方式摆脱那个残酷的现实。巴赫的音乐形式假定:必须保证文本的统一性作为受难之现实概念的统一性,但却没有中断接近受难事件的多种渠道。"⑤③音乐美学能够建构文本世界同一性的因素,或者说,它能够实现福音宣道与文化的辩证法,甚至消弭了词语和音乐的差异,使整个文本趋向音乐。原因在于,其一,"因为音乐才能产生不和谐,同时却能使人忍受听觉艺术的不和谐。"⑥音乐文本能够吸纳痛苦的

---

①　Blumenberg, *Matthaeus passion*, P. 46,转引[德]伯伦贝格:《神义论失败后的审美神话》,吴增定译,刘小枫编,《墙上的书写》,第 161 页。

②　Blumenberg, *Matthaeus passion*, P. 50,转引[德]伯伦贝格:《神义论失败后的审美神话》,吴增定译,刘小枫编,《墙上的书写》,第 149 页。

③　Blumenberg, *Matthaeus passion*, P. 248,转引[德]伯伦贝格:《神义论失败后的审美神话》,吴增定译,刘小枫编,《墙上的书写》,第 163 页。

④　[德]伯伦贝格:《神义论失败后的审美神话》,吴增定译,刘小枫编,《墙上的书写》,第 169 页。

⑤　同上,第 163 页。

⑥　[德]伯伦贝格:《神义论失败后的审美神话》,吴增定译,刘小枫编,《墙上的书写》,第 170 页。

实在,把实在的不和谐转化为艺术上的和谐。其二,"在这个瞬间,在这个呼喊中,一个世界被吸引过来。"①音乐文本通过有限性主体创造的艺术瞬间,呈现一个包含喜悦泪水的欢乐世界。

如果我们把上述三种音乐的人类学意义综合起来,就能保证主体世界化的哲学,亦即是,这种受难音乐促成听众对"规范"而非对自身的注意力,使神话的福音文本向音乐转换,布鲁门贝格无非是强有力地把音乐说成象征。因为象征的表达意向是"宽宏大量"的,它意味着,面对文本中实际呈现的断裂和张力,读者、听者和欣赏者仍然能够保持它们与自身有限的相关性。后福音的主体能够以自身有限性的操心结构来感应文化受苦的记忆、基督教受难的实在、音乐的不和谐音……在音乐或象征的表达意向中,想象的佚失开始进入这个美学和伦理相结合的、无限可能性的游戏空间,并开启了解释学的问答功能:不仅世界的彼岸性成为在场的到来,而且,令人不快的安排也就随着有限性事实的重力,消融在愉悦之中。

有限性事实和"有限时间的压力"在审美中消融,并不会意味着它会消失。布鲁门贝格在上帝的操心结构中,反而把它规定为一种使命,以此突入有限主体不朽的生存境域之中。

---

① Blumenberg,*Matthaeuspassion*,P. 13,转引〔德〕伯伦贝格:《神义论失败后的审美神话》,吴增定译,刘小枫编,《墙上的书写》,第 170 页。

第二章 "神话创作"的诗学研究

众所周知,诗学是指一种主体关于享受(按布鲁门贝格的说法是神话的安慰功能)感知的形而上学。《纯粹理性批判》第二编第二卷第一章中,康德批判了将主体当作一种可能永存的观念,从而扬弃了此前的"实体形而上学",为《实践理性批判》的价值形而上学埋下契机。本文以此为根据,将诗学理解为一种主体形而上学,但抛弃主体是一种永存的实体观念,而将之理解为一种价值存在。① 同时,布鲁门贝格借歌德的艺术指出了美学的形而上学性质:"只要神圣出现在语言维度上,一种多神论的背景就永远存在,我们不妨把它理解为一种'分角色的泛神论'。这种形而上学在美学上享有特权,是因为它赋予自然审美的正当性,是因为它没有为人性留下游戏空间因而使人性成为多余的。"②因此,诗学是一种审美神话,但是,这个审美神话不是平常人们所认为的"纯粹审美"的观念。本章内容从两个角度来聚焦审美神话。第一节至第三节的论述是从神话的角度来观察审美神话,考察了神话和逻各斯之间相互包容的和解(和同)力量。它具体表现在,审美既肯定又否定的特征和"整体特定化"的功能铸就了审美的神魔性质,从而使审美上升为神话。同时,审美神话也面临一个自身的正当性问题,因此,本文从修辞的不充足理由原理和尼采的"审美能够承受真理的恐怖"的文化价值来证明审美文化的正当性。在欧洲审美思想史上,这体现为欧洲文明之寓言或象征——普罗米修斯神话

---

① 康德:《纯粹理性批判》,邓晓芒译,杨祖陶校,人民出版社 2004 年版,第 288—347 页。
② Hans Blumenberg, *Arbeit am Mythos*(*AM*), S. 520.

创作生生不息的历史。第四节至第六节的论述是从审美的角度来观察审美神话,分别讨论了命名和建立在命名基础上的距离神话,以及怀疑意识所形成的权力分立的神话程序。在审美神话的叙事中,话语达尔文主义、神话叙事便展示了审美神话的共时性与历时性之间的辩证关系。在这个方面,近代浮士德神话创作尤能说明和解释审美主体的形而上学或唯心主义性质。

第一节　逻各斯和神话关系

人们一般认为,逻各斯是神话进一步发展的历史结果。事实上,从某种程度上说,逻各斯也是一种神话创作。在各种文化活动中,有一种神话与本书的话题相关:理性无法抵达其创作内核,人们也不想让非理性"鸠占鹊巢"。由此,该创作内核形成了一种既肯定又否定的神魔特征,指向审美创造的中间领域。这种审美神话是诗学的一种核心内涵,区别于平常人们所认为的"纯粹审美"观念。审美神话通过"整体的特定化"功能,达成一种权力分立的均衡状态,包孕着各种异质因素,并通过"诸神嬉戏"的方式馈赠人类以艺术美好的生活。

首先,审美神话体现出一种动态的神话研究,无论是美学领域还是知识领域都可见出活跃的逻各斯身影。其次,这种神话观具有歌德所定义的神魔特征,是各种文化活动中享有理性与非理性之间的中间领域的审美特征。最后,这种神话观区别于亚里士多德的"相识的产生相似"的知识观,它建立在歌德"相似的对抗相似"的知识论基础上,它对人类生活处于困苦阶段比丰裕阶段更容易发挥艺术功能的神话作用。因此,布鲁门贝格的神话观最奇特的地方在于他把逻各斯作为神话创作的核心内涵。

一、逻各斯和神话的关系

"从神话到逻各斯"是一个危险的误构。这为人们带来了进步神话的错觉。进步并非从神话向逻各斯演进。逻各斯和神话之间的关系本身就是神话关系。据说,地球悬于海洋或从海洋中突起,这是一种神话叙事,如果把它苍白地改写为"一切万物出自于水"这个代表逻各斯的普遍公式,那么,你能说历史的发展存在着一条从神话向逻各斯飞跃的规律吗?神话和逻各斯之间的边界本是子虚乌有,但神话从不回避这样的要求,它力争从现实绝对主义中解脱出来,并从中探寻神话的逻各斯。诗比理性更古老!这同样是一个危险的误构。由此看来,神话和逻各斯的关系不是父子的继承关系,很有可能是"你中有我、我中有你"的关系,正如卡西尔所言:"任何一种伟大的文化无一不被神话原理支配着、渗透着。"①但是,是什么力量让两者相安无事和平共处呢?或者说,神话和逻各斯是否本是同根生,相煎何太急?

但是,某些偏见由来已久并且根深蒂固。整整一个世纪以来,历史编纂学对现象的分析、描述和阐释,都不可能容忍神话的性质。作为一种抵制理论把握的遗留物,神话留下了诗人至少可以命名的某些类型的事物。科学自身不乐于接受神话,也不可能为人们接受神话做好准备,因为科学自身具有先天的狭窄性。科学的抱负是征服自然,让人类成为世界的主宰者,但是,科学对人的价值和幸福不关心,它不可能安慰人。因此,为了化解科学这种在心灵上的偏失,我们只能求助于某种神话叙事的安慰功能。

神话和哲学本是同根生。古希腊哲学家在静观世界时,他们的理论所预设的闲暇和冷静,往往是神话自己几千年来积累的工作效果。我们可以从亚里士多德那里看出,哲学家如何以一种神话的模式来实现逻各斯。亚里士多德有一个著名的假设:哲学起源于惊奇。而后,他进一步通过类比"智慧之爱"②,自铸了"神话之爱"新词,这样方便哲学家能够把他对神奇之物的偏好与神话之爱连接起来。神话毕竟是由神奇之物组成的,那么,"哲学起源于惊奇"即可纳入这种神话对神奇之物的生产的模

---

① 恩斯特·卡西尔:《国家的神话》,范进、杨君游等译,华夏出版社1990年版,第5页。

② "哲学"的古希腊词表示"爱智慧"之义。

式。此外,神话除了从起源方面外,还可从效果方面参与为哲学的"造神运动":"神话几乎不是确定哲学家的目标,但它是可以确定哲学家成就的必不可少的标准。"①神话之所以能够收编哲学,是通过确定哲学的成就标准而实现的。由此观之,伟大哲学家头上神圣的光环即是神话传说让它戴上去的。

可以这么说,希腊的哲学是一种"看"的哲学,或者说,理论讲究看的方式,但是,借助神话的方式,它可以"听到"众声喧哗的问题答案。因此,希腊哲学在某种程度上向神话开放使自身避免任何教义的气息。

理论或许是一种更好的调适模式,它和神话一样应用于片断性地宰制由恐怖引发的世界事件。理论模式的神话化使神话有机会冠冕堂皇地参与了哲学众声喧哗的讨论。

> 虽然理论认为神话曾被压抑或被再度吸收,但神话悄然而至:在这个未被打上日戳的"典型"提纲中,这种卓异非凡之处不可能一下子得以澄清,但至少失去了它的陌生感。熟悉感不解说任何一切,但它有可能处理这个事实。历史从来与仪式形同陌路。凡历史理论的失败之处、凡建立理解联系的失语之处,乃至最终蔑视神话之处,都变成了一种机制,神话化的提议似乎总是已经在场。抑或,理论合理性自身不是运行了一种神话的基本模式么?不是运行了同一反复的基本模式么?在这个案例中,这当然不是这个概念(begriff)使然,但确实是这个典型(typus)使然。②

从上文可见,理论、历史曾认为自己用概念方式取得了合理性的成就,但是,用熟悉感来克服陌生感及处理现实的卓异非凡之处,非神话莫属。理论的合理性本身或者规律的同一反复出现模式就是借用神话、仪式等发

---

① Hans Blumenberg, *Arbeit am Mythos*(AM), S. 34.
② Hans Blumenberg, *Arbeit am Mythos*(AM), S. 559.

挥"典型"方式的结果。神话创作要做的事情是,如果不是解释就是讨论,这样它至少能够挖空陌生的、不可思议现象的权力。"谁要问'为什么?'他就搞错了,如果他为这个问题而苦恼的话,他已违反了神话世界的游戏规则。没有什么东西对他有所要求;相反,他被赠予了某种事物,当他面临惊奇事物时,这件事物就是一件'自由的礼物'。"①当人们面临惊奇事物时,神话使人们不会为"为什么"这个问题产生苦恼。真好! 神话是一件"自由的礼物"。希腊哲学在神话这个"自由礼物"的滋养下没有发展为教义,这是希腊文化的大幸。"神话允许人们看到,没有什么比它该说的说得更多,也无须再说——这事儿理论不敢说。"②这事儿在教义那里压根儿不曾出现过。教义和神话的区别恰恰在于这两个方面:一是教义要求保留和建制那些等于"永恒事实"的东西;二是教义结构要求严酷的一致性。"永恒事实"永远不会使教义与神话撇清关系。教义结构的一致性有时候需要借助神话的逻各斯来达成自身的目的。在教义与神话之间的纠葛还无法理清的情况下,何况我们还面临神话、教义和哲学之间纠结的三角关系。

为了搞清楚神话、教义和哲学之间的三角关系,我们既要合理地估计它们之间的相同关系,也要区分它们之间的独立关系:

> 哲学与神话对立,首先,它对这个世界进行无止境的探索,并宣告它的"合理性"在于,它不会在进一步的追问或在任何具有逻辑结果的回答面前退缩。教义约束自己,要求停止以质问的越界方式为乐,而且划出那不可消亡事物的最小限度;…………神话让"哲思"在它的图像和故事的壁垒面前碰壁:你可以要求下一个故事——即,如果会有下一步的故事,那就让它发生。否则它得从头开始。③

---

① Hans Blumenberg, *Arbeit am Mythos*(AM), S. 287.
② Hans Blumenberg, *Arbeit am Mythos*(AM), S. 195.
③ Hans Blumenberg, *Arbeit am Mythos*(AM), S. 286.

总起来说,理论的两种形态分别为教义和哲学,它们总体上表达了逻各斯与神话之间的对立性立场。同时,逻各斯与神话之间又互相借劲发力打力:哲学的无止境的探索和神话连绵不绝的"下一步故事"创作本身具有相似性,它们对事物的惊叹力量本身就是神话赋予的;教义高高在上的成就、典律化地位不是借用了神话又怎么能够具有如此的威力呢?在整个人类文化活动中,你哪里分得清孰为神话,孰为逻各斯?在这里又出现谢林关于神话作用的全新观念的影子,这个观念综合了哲学、历史、神话与诗歌,此类综合是前无古人,①但有后来者如布鲁门贝格。

二、神魔:神话的多神论或泛神论

神话看起来是原始野蛮思维的遗留,人们总是以非理性的标签给神话打上印记。启蒙运动把宗教斥为迷信,企图永远把宗教驱逐出公共领域,神话在他们眼里简直连偏见也不是。其实,神话中的逻各斯永远不会使神话陷入一种荒谬和蒙昧的境地。理性不能抵达之处,但人们又不想让非理性来统治。对盘踞于此处的经验剩余物,人们束手无策又徒呼奈何。神话既不是理性的,也不是非理性,歌德对这种经验剩余物冠以"神魔"(das Dämonisch)称号。古希腊人认为这种类型的神魔位列"半神"之间。"神魔界定了一种潜能,而它不能以历史学方式得以充分地分析,这不是解说,也许只是赋予命名吧。"②歌德把"神魔"这个命名用作神话的一种替换标尺。他如此频繁地命名其他事物,标识其他人物的命运,并以此与自己建立联系。这是一种以神话观物方式进入生活世界的体现。他进一步说,这"神魔"不仅会出现在人身上,尤其会出现在当今诸多事件之中,并且,我们难以借助于理智或理性来理解这些事件。"神魔"其实在歌德这里是描述神话的另一种称号。

歌德的神魔是神话的守护神。但是它的概念不是从常理的肯定方面

---

① 恩斯特·卡西尔:《国家的神话》,范进、杨君游等译,华夏出版社1990年版,第6页。

② Hans Blumenberg, *Arbeit am Mythos*(*AM*), S. 559.

来定义,而是突出它的否定方面来标明自身。它的否定方面在于,"它完全以否定来定义的:'它不是神性的,因为它似乎是非理性的;它不是人性的,因为它不可理解的;它不是魔鬼的,因为它是有益的;它不是天使的,因为它经常流露出一种邪恶的兴奋……它似乎在不可能之物中寻找快乐,尽管它轻蔑地拒绝了可能之物'"①。由此看来,这个"从不可能性中寻找快乐"的神魔难以用苏格拉底的知性思想方式来描述。如果说苏格拉底的神魔以"可能性"的"逻辑"为庇护所的话,那么,歌德的神魔却以藏匿于"意象的背面"作为自己的居所。

> 关于自己的本性,歌德否认其包含神魔因素;但是,他"不得不屈服于"它。另一方面,拿破仑具有神魔的本性,实际上,"在最高程度上,几乎无人因此与他匹敌……"这时,爱克曼提出问题,靡非斯陀匪勒司(Mephisto)是不是也具有神魔性质?很明显,歌德立即拒绝了靡非斯陀,他的理由是:"不……靡非斯陀是一个具有太多否定性的造物。"②

显然,歌德的这些说法完全不是一种关于神魔的尝试性定义,而是一种关于它的阻力特征的描述。

"有太多的否定性"也不是神魔的内在本质,这个神魔还在一种完全肯定性的潜能中显示自己。那就是以"似神(Göttlichkeit)"为参数释放自己肯定方面的权力效能。由于歌德和斯宾诺莎主义渊源颇深,故他吸收了泛神论的菁华。"似神"作为显著的特征,它属于一切绝对的事物,也就是说,"似神"就不再是例外的事物。所以,神魔并非是反神性的。神性在某种程度上说是一种普遍性。神魔的形成过程与普遍性息息相关。神魔在被普遍性打败之前,它与普遍性展开竞争。竞争的结果是,"似神"的

---

① Hans Blumenberg, *Arbeit am Mythos* (AM), S. 437.
② Hans Blumenberg, *Arbeit am Mythos* (AM), S. 519.

神魔并没有完全获得神的普遍性,但它收取另外一种效果:神魔的性质在泛神论中总比它在一神论中,无论如何都具有更多的乌托邦色彩。然而,在语言应用上,它似乎更多地出现在一种多神论的背景中,所以人们可以把它理解为一种"分角色的泛神论"(pantheistischer mit verteilten rollen)。神魔正是凭借着泛神论、多神论的形而上学之力获得了审美的通行证,因为它证成了(rechtfertigen)一种独一无二的"自然神论美学"。

毋庸置疑,只有在艺术和形而上学领域中,泛神论肯定执行了多神论那"倍受怀疑的真理"。但是,在道德上,这里丝毫没有神魔的回旋余地。道德的外延空间要么是神要么是恶魔,因为一切事物不可能要么支持神要么反对神,也就是说,一切事物不可能既存在于神之内又可存在于神之外。这里我们可以见出,有关这个神魔范畴的定义一半是朦胧一半是透明,其原因在于它指向中间领域。揭开神魔范畴的面纱,我们就可以看到卓越的审美创造性特征所享有的中间领域。审美领域不是道德那非此即彼的极端领域。歌德曾说过:"神魔在早期的历史时代更强健有力,但他好像在一个散文化的世纪找不到一显身手的机会。"①歌德的一声叹息,为他那个散文化的世纪召唤诗意是他念兹在兹的神魔。

这个世界和生命难以道说之谜即在于"神魔"的权力。它一切尽在歌德用拉丁文说出的"诙诡之论"(ungeheuren spruch)②当中。"在这里,这个'诙诡之论'既不是(所描写为幻觉的一种对立观点,即反对神)一神论,也不是独断的(诸神战争的)多神论,毋宁具有一种泛神论的含义:只有这个完整的普遍性才能凌驾于一种神魔本性之上,在这个普遍性之内,这个神魔本性又可压倒每一个个体的全能。这个普遍性就是这个绝对性,在权力上,它无可动摇,但一切又发生在它的范围之内。"③歌德借用了斯宾诺莎式绝对性赋予这个神魔以一种普遍性维度,由此进入了一种既非个

---

① Hans Blumenberg, *Arbeit am Mythos*(AM), S. 523.
② 歌德用拉丁文来表达这个"诙诡之论":"Nemo contra deum nisi dues ipse."意思是"只有神反对神"。这是歌德研究中一项核心命题、一桩学术公案。
③ Hans Blumenberg, *Arbeit am Mythos*(AM), S. 569.

体化也非纯粹的审美神话,形成了一种既非一神论又非多神论的泛神论的神魔哲学。

神魔的全部特征既不是肯定的,也不是否定的。它既肯定又否定,指向审美创造所享有的中间领域。这种神魔神话庶几近于卢克莱修笔下的原子运动:"原子生成各种物体后又把它们溶解的运动。"①审美这个中间领域所具有的普遍性既滤去了道德普遍性的分裂性,也涤除了多神论普遍性的独断性。因此,我们称审美神话的这种绝对性为整体性是较为恰切的。

三、均衡:神话的和同力量

我们了解到神话的守护神——神魔辩证地综合了多神论和泛神论,这种综合是以和解而不是以模糊的冲突为目标的。神话的和同力量指的是神话的和解力量。歌德曾从狂飙突进时期普罗米修斯审美神话创造中走出来,沉潜于古典时期。这样一种创作姿态在布鲁门贝格看来,是神话的多神论特征转化为一种泛神论修辞的标志。这不是走向一种一神论的神秘主义道路:"反对神,只有神自己。"其实,这暗示了一种诸神之间的纷争,一种神圣源头上的分离,即多神论②。歌德宣告,神反对神。因此,谈论自己限制自己的权力是荒唐的,因为它指出了这种已被规定的悖论性限度。特定的存在是不可能凭一己之力限制自己;相反,一种"既肯定又否定"的审美神话的"'整体既使自己特定化,也使自己限制自己。它正是如此实现自身——而个体存在则不然。'如果我们假定,这里所表达的事物正是歌德所寻找的一条较为包孕性(prägnant)——或者最为包孕性的——公式,那么这个思想成果的终极解释形式就跃然纸上了,而这篇与现实之神紧密相连的不明确文章主导了这种解释形式。"③"整体的特定

---

① 列奥·施特劳斯:《古今自由主义》,马志娟译,江苏人民出版社 2010 年版,第 110 页。

② 这里的多神论具有神圣的源头,不是一般泛指的多神论。

③ Hans Blumenberg, *Arbeit am Mythos*(AM), S. 573.

化"(Spezifikation des Ganzen)功能展现了神话在更深层面上超越了多神论的"杂多"原则,并体现了它的包孕性(和同)力量。

歌德用"均衡"一词来概括"整体的特定化"神话功能:

> 在《潘多拉》中,泰坦们代表了新的"均衡"原则(prinzip der balance)、深沉的多神论的基本观念,即,反控制作用力往往是一种不同的权力。这是权力分立的原则(prinzip der gewaltenteilung)。但是,这也是泛神论和解的可能性,它把个体的一切事物和每一种特定权力按其本来面目看作是一种整体的特定化,它在实现自我的过程中自己限制自己。斯宾诺莎主义没有被多神论所取代,而是作为审美和历史的自我再现的方式与它结合在一起。①

整体的特定功能造成了权力分立的原则,使一切具有整体性的事物在实现自我的过程中自己限制自己。当它参与"历史和审美的自我再现方式"时,往往使神话中所包容的各种权力处于均衡状态。这个均衡观念又一次体现在布鲁门贝格对歌德的"诙诡之论"的解读上:"神总是自我对质;人身上的神也与人身上的自我对质。"②"诙诡之论"在一神论、泛神论和多神论的"三一"范围之内形成了"星丛"(Konstellationen)的现象。在理解和使用这个"诙诡之论"时,我们仍要保留歌德早期的斯宾诺莎主义和他的审美多神论之间和谐的秘密。只要旗帜鲜明地跨越了二元论和一元论神秘主义之间的裂缝,这个"诙诡之论"就变得生机勃勃,它置身于一种更为广泛的、包括泛神论和多神论的参照系统之中。"'诙诡之论'的含混意义能够令人满意地概括歌德在任何情况下的自我体验。"③笔者认为,这种自我体验融摄了权力分立原则和整体特定化功能,从而保证它是一

---

① 　Hans Blumenberg, *Arbeit am Mythos*(*AM*), S. 574.
② 　Hans Blumenberg, *Arbeit am Mythos*(*AM*), S. s. 574-575.
③ 　Hans Blumenberg, *Arbeit am Mythos*(*AM*), S. 577.

种真实的自我体验,从而对唯美主义美学的"为自我而自我"的私人体验有所纠缠。歌德终生被这个范畴纠缠着。对他来说,为了防止在拿破仑的凝视之下丧失身份认同,这个辩护元素是必不可少的。

在笔者看来,歌德以一种极端的虔诚主义和自然宗教的态度抵达了这种超感性的均衡境界。"这个神话的结构原则、适洽性原则和权力分立原则,(在于'诙诡之论'方面)都非常适合于他对这个世界权力均衡的评论,也符合从这个事实显出的均衡的临界状态——神魔只有被普遍性自身征服。然而,神话对这个临界状态不具有任何观念,因为它已经预设了多神论和泛神论的结合。"①因此,歌德神话原则中的神魔区别于斯宾诺莎的上帝。神魔被普遍性征服以及与预设的多神论的结合,开启了歌德意义上的一种新型的知识论,它不同于亚里士多德的知识论。

歌德的知识理论恰恰是亚里士多德有关普遍世界相等原则的知识理论的一种例外情境。亚里士多德知识理论告知我们,相似的产生相似的。但我们大体上可以说,相似事物可以形成任何类型的关系,除了相等原则外还包括它们之间的对峙与敌对关系。歌德知识理论的古老前提不仅在于只有相似的才能被相似的理解,而且还在于,只有相似的反对另一相似的。这是一条"神话世界的原则":

> 在这里,这个世界不是借助于相似原则连接起来的,如果是,那么它就是纯粹的不动心世界。歌德总结出一条神话世界的原则:它的肯定性公式表现为,只有相似的与相似的相关;它的否定性的表达就是,只有相似的反抗相似的。对这个神圣来说,这个古代世界扩张为这样的论题:灵魂了解天堂或天上的事物,只因为它自己是产生于天堂的神圣事物。②

---

① Hans Blumenberg, *Arbeit am Mythos*(AM), S. 584.
② Hans Blumenberg, *Arbeit am Mythos*(AM), S. 591.

神话世界的建构原则不仅包括相似相等原则,还应包括相似对抗相似的原则。亚里士多德相似相等的原则普遍适用于天堂的事物、神圣的灵魂,因此,它的"纯粹的不动心世界"排斥了神话多情世界的包孕性力量。在这里,歌德那别出机杼的知识理论呼应了神魔哲学既肯定又否定的公式。

　　斯宾诺莎曾说过"上帝不可能偿还我们人类之爱"。"我们爱上帝,反过来上帝爱我们"这个相等原则剥夺了它道德上严肃的不顺服特征,因为道德的性质不在于以寻求报偿为目的。因此,斯宾诺莎的上帝概念背后隐藏着形而上学的概念,是不动的动者。然而,对歌德来说,可以触摸、可以体验的"分裂源头"上神圣就是复数的神。"它与斯宾诺莎的概念发生了严重的冲突:'我崇拜诸神,但是,我仍有足够的勇气永远憎恨他们,如果他们以他们的形象作用于人类的方式并与我们发生关系的话。'"①在亚里士多德的"相似的产生相似的"这一知识理论之外,还存在着歌德的"相似的对抗相似"的知识理论。同理,在斯宾诺莎上帝的严肃道德生活之外,还应当存在着诸神的嬉戏,毕竟我们生活的全部不会都是严肃的道德生活。因此,歌德以诸神与我们嬉戏的方式对此做了改造。他以一个坚持自己立场的孩子的口吻向上帝祈求:"'但愿上帝原谅诸神以此方式与我们游戏。'"②更为重要的是,道德总是在我们丰裕生活中发挥着比我们处于贫困状态更为重要的作用。当人类生活转入一种贫困状态时,"……毕竟,在我们处于危苦时,我们的诸神向我们走来。"歌德如是说。"多神论在审美上使一切事物成为可能——这个纯粹的变形原则——以权力分立方式、以持续不断地召唤神反对神的方式,取代斯宾诺莎主义的不动心。如果这个'诙诡之论'不再以斯宾诺莎主义的方式,解读为一种'反事实'建构的话,那么,它现在就是神话形象塑造的基本公式。"③由此观之,歌德的多神论其实是一种泛神论的视角、一种人类整体特定化的表

---

①　Hans Blumenberg, *Arbeit am Mythos*(*AM*), S. 591.

②　Hans Blumenberg, *Arbeit am Mythos*(*AM*), S. 592.

③　Hans Blumenberg, *Arbeit am Mythos*(*AM*), S. 597.

达方式,因此,它很可能是一种泛神论修辞的标志。

从上文看出,在歌德的愿景中,诸神以艺术的美好生活、以缪斯和哲学馈赠人类。只要人类同意诸神来统治,人类就会幸福并且一直幸福下去。其实,愿景并非一厢情愿的臆想,"神话隐藏着一种现实概念。在它的故事和人物形象方面,它作为有效的现实所模仿的事物就是无可指责的诸神。在这个程序上,他们有意呈现为:他们无可置疑地显现为那个他们意欲呈现的人——这些继往开来的诸神既不是任何事物,也不会招惹怀疑。"①神话的思维模式几乎是一种以"万神殿"的名义,天马行空地把异质的因素联结起来,并作为一种"诸神嬉戏"的现实出现于人们面前。

第二节　证成审美神话

当代德国哲学家汉斯·布鲁门贝格是一位法学造诣遥深兼具文化情怀的审美思想史家。著于 20 世纪 60 年代的《现代的正当性》已成为现代性理论的经典著作,大为公法学家卡尔·施米特称美:"它(《现代的正当性》)的神学、人类学和宇宙论知识开启了一个令人惊异的全新视域,其学识令我获益匪浅。"②除去一般浮泛的恭维话,为施米特所青睐的这部"大作"(施米特原话)着实卓异不凡。当年,两人就"政治的神学"中"合法性"(Legalität)、"正当性"(Legitimismus)与现代性的关系展开了"一场 20 世纪思想史上的大哲人之间的对话"。③

随后,布鲁门贝格又推出一部同样厚重的大作《神话研究》。在该书中,他把有关正当性的法哲学研究推进到证成性(Rechtfertigung)④文化

---

① Hans Blumenberg, *Arbeit am Mythos*(*AM*), S. 261.

② [德]卡尔·施米特:《政治的神学续篇》,吴增定译,刘小枫编,《政治的概念》,上海人民出版社 2003 年版,第 532 页。

③ 刘小枫:《编者前言》,刘小枫选编,《施米特与政治法学》,第 55 页。

④ Rechtfertigung 语义广博复杂,一般的中译义有动词性的用法证成、称义、辩护等义;有名词性的用法公义、正义等义。本书根据语境酌情使用。

意识领域,变尖锐雄辩的"哲学论证"为气势磅礴的"神话创作研究",进而通盘思考西方文化中普罗米修斯审美神话的文化证成问题。

一、正当性与证成性

研究政治哲学的学者皆知,没有比"正当性"这个概念的含义更为根本也更为混乱的了。汉娜·阿伦特一针见血地指出,人们常常以同义词的形式误用"正当性"和"证成性"这两个概念。在她看来:"正当性受到挑战时,便诉求于过去以作为自身的基础;而证成性则和未来的某个目标相连接。"①可见,阿伦特指出了两个概念在时间维度上的差异:前者是回溯性概念,而后者则是前瞻性概念。对照布鲁门贝格两部巨著的整体思维轨迹,我们不难发现,《现代的正当性》体现了布鲁门贝格风格的"现象学还原",它回溯近代的伟大开端,并奠定了现代之正当性;而《神话研究》则把运思更多地投向末世论(Eschatologie),以末世论视野来开启审美神话研究的证成性问题。

除了时间维度,我们还有必要进一步考证正当性与证成性在概念和方法层面上的意义分疏。"根据大卫·施密茨(David Schmidtz)的观点,当代政治哲学中有两种证成国家的方法,一种是'目的的证成'(teleological justification),一种是'发生的证成'(emergent justification)。前者根据制度所实现的东西去证成,后者则从制度产生过程的发生性质证成。"②从发生的进路评价权力和国家,这种证成性关注的是权力来源和谱系,根据阿伦特的划分,体现为回溯性;从目的的进路评价权力和国家,关注的是权力的效用和达成的目的,体现为阿伦特所说的前瞻性。

施密茨所区分的这两种证成性概念及方法遭到了西蒙斯的批评:

---

① 汉娜·阿伦特:《共和危机》,台北时报文化出版社 1996 年版,第 104 页。

② David Schmidtz,"*Justifying the state*" in *For and Against the State*, edited by John T. Sanders & Jan Narveson, 1996, p. 82.

> 我相信施密茨对两种类型的证成性的解释,至少就其表述而言,并未穷尽所有可能的区分。他的目的证成性的概念不够宽广,……而发生的证成概念在我看来又太过狭隘,……我的替代建议是,在政治哲学中我们可以根据是否诉诸国家与作为整体理解的臣民的普遍关系,抑或诉诸国家与个体臣民的特殊关系来区分对制度的评价。①

在西蒙斯看来,正当性反映了个体和国家之间的特殊关系,而证成性则体现了个体与国家之间的普遍关系。

若把施密茨和西蒙斯思想交锋作为"思想信子"来看,它似乎可以引出三方面的内容:其一,施密茨对于正当性和证成性的区分是由政治哲学的论题框架所决定的,只能为我们理解政治哲学提供方便。而任何术语和分类都不是尽善尽美的,所以我们不应对正当性/证成性的政治哲学框架寄予过高的理论期望。这是否提示我们,正当性/证成性的思想效能可以逸出政治哲学的狭窄视野,投身到更为阔大的文化空间?施特劳斯对两种犹太复国主义可以给我们提供足够的借鉴:"这仍然没有解决犹太人的问题,因为政治犹太复国主义的原义无论多么高贵,却是十分狭隘的。文化犹太复国主义最有力地指出了这一点……"②其二,无论正当性还是证成性思维,或许不局限于个体与国家之间的关系,还可以是个体与社会,甚至人与世界之间的关系,这三种关系分别对应于三种领域:政治哲学、社会哲学与文化哲学。布鲁门贝格的普罗米修斯神话研究正体现了在人与世界的文化价值上证成审美神话的理论诉求。其三,既然证成性特指个体和国家之间的普遍关系,正当性体现为个体和国家之间的特殊关系,而普遍性与特殊性的关系又不是简单的包含与被包含的关系,那么,说普遍性的证成性整合了特殊性的正当性或许是恰当的,而证成性与

---

① A. John Simmons, "Justification and Legitimacy" in *Ethics*, 1999, p. 740. 转引自周濂:《现代政治的正当性基础》,生活·读书·新知三联书店 2008 年版,第 36 页。

② 列奥·施特劳斯:《古今自由主义》,马志娟译,江苏人民出版社 2010 年版,第 266 页。

正当性之间的整合之所以是可能的,是因为文化为它们在人与世界关系问题上提供了一种价值参照体系。

至此,我们在正当性/证成性理论框架上,使用了阿伦特时间维度上的区分、施密茨方法上的区分和西蒙斯概念上的区分,但哲学的区分思维或许会导致破碎的局面。针对这个问题,布鲁门贝格提议我们应该走得更远些:在区分的同时将它们整合为一种理论表述,它表述不再是传统的形而上学表述,而是一种哈贝马斯的"哲学叙事"①或布鲁门贝格自己的"神话研究"。换言之,布鲁门贝格以神话研究来整合正当性和证成性,体现了他伟大的文化抱负。

最后,在语义层面,正当性关注的是文化价值的谱系及其来源,这一点我们可以在它发生进路的历史语境中去评价和阐释。证成性考察的是文化价值生成的可能性,因此它的语义方面由文化目的论来引导,通过目的进路证成自身。当然,在关注和衡量一种文化价值的内涵和功能时,发生进路和目的进路是不能截然分开的,其中一种或可作为主导类型,以选择或解释自身的谱系和来源,或辩护自身价值和目的效用。在人与世界的关系中,语言最能体现文化价值的普遍关系,而修辞则最能体现语言的实际运作状况,其透露出来的文化活动具有整体的相关性,因此是我们透视人与世界关系的最佳视角。在布鲁门贝格看来,从古典到现在,修辞的文化人性意义经历了微妙而深刻的转型,这在普罗米修斯神话创作过程中一再显示出来。

二、古典修辞文化论的正当性

"通过指涉原初状态,文化才可得以批判,得以正当化,这样的建构不容忽视。"②布鲁门贝格对神话创作的考察,是从正当性进路开始的。作

---

①　哈贝马斯:《论哲学、科学与文学的关系》,曹卫东译,《后形而上学思想》,译林出版社2001年版,第 241 页。

②　Hans Blumenberg, *Arbeit am Mythos*(AM), S. 492.

为审美神话总体叙事的文化技艺之一,修辞也不例外。他特别指出了修辞的权力来源:"修辞作为一项技巧,是那些没有权力但仍在寻找权力的人所追逐的。"①他着重从发生进路(但不偏废目的进路)来考察普罗米修斯神话创作的历史谱系中所呈现出来的不同修辞形象。

1. 文化的人性价值引导修辞的正当性

布鲁门贝格对修辞方面的正当性勘定,是从普罗米修斯这个神话形象入手的:

> 在文学中,在菲力蒙和米南德的喜剧中,尽管普罗米修斯第一次被证实为人类的典范,然而,作为美好生命事物的赠予者,他被强调为造人的角色,这是智者的逻辑思路。人们尊敬这位泰坦(Titan)的形象,倾向于尊重文化理论和人类学。对智者来说,在自然和技艺的关系中,人的生成和发展过程中自然份额减少,而人在这个世界上创立的艺术和人工实践却相应地增加。这被认为是一条规范原则:预先设定了以规范和技艺来装备修辞行为和政治行为,要把自然中建立起来的各种责任,降低到纯粹是约定权威的水平。②

可见,修辞是人为的产物,伴随着人性的发展而发展。因此,它作为一种人类行为,自鸿蒙开初就参与了人类的神话创作活动。正如神话创作是为了减弱现实绝对主义的威胁,修辞把自然的权威地位降低到一种约定俗成水平。毋庸讳言,修辞这一文化目的论隐含着特定的政治含义——为化自然为人工而寻找一种文化权力。在笔者看来,这一论述隐含着布鲁门贝格以政治眼光打量修辞的正当性意向。

柏拉图曾借智者普罗塔戈拉之口讲述过普罗米修斯的故事。布鲁门贝格认为,该故事在逻辑上说明了城邦是可以证成的,但只能通过宙斯的

---

① Hans Blumenberg, *Arbeit am Mythos*(AM), S. 234.
② Hans Blumenberg, *Arbeit am Mythos*(AM), S. 359.

权力和意志来表达。因为，证成城邦的荣誉和正义以及人类对它们的需要，不是普罗米修斯能够随便挪用和传递的。易言之，他无法偷窃这些本属于宙斯的神义论（Theodizee）的东西。但是，"在城邦里，没有人被允许通过声称自己占有真理来打击修辞的正当性"①。

由此看来，修辞的人类学和城邦的神义论的关系颇为奇特。首先，拘泥于修辞的政治性含义是不能解决这个问题的。布鲁门贝格认为修辞的政治性含义仅仅是导向文化目的论的一种手段，任何手段必得由目的来引导。当年，布鲁门贝格和施米特对话时，曾对后者的政治性含义主导一切（即政治的绝对主义论调）颇为不满，"政治无处不在的空疏论断清楚表明：政治的首要性已经终结。因为，所谓政治的首要性并非意味着一切都是政治性的，而是意味着可以把政治的全能理解为对如下问题做出规定：什么东西可以被看成非政治性的"②。在布鲁门贝格看来，这个问题只能通过审美神话所体现出来的文化包孕力量以及人性的宽宏气度来解决，只有这样才可以占有真理而不打击修辞的正当性。

其次，虽然修辞的正当性在某种程度上通过自身的政治性含义而占有真理，但一味地强调政治无处不在，无疑夸大了正当性概念的语义支配权力，等于把修辞的正当性概念逼入政治性含义的狭窄空间。事实上，修辞发挥着降低自然权威，进而通过神话创作减弱现实绝对主义威胁的文化效用，已不限于政治空间。

布鲁门贝格还看到，修辞作为一项演说技艺参与城邦的政治生活，实际上是神送给人类的礼物。据说这位神就是普罗米修斯。根据布鲁门贝格在《现代的正当性》中提出的观点，修辞的正当性文化功能来源于人对其非法性存在的自我捍卫。因此，修辞和真理皆为城邦所需。起初，在政治庞大身影的遮蔽下，修辞的正当性功能显得过于渺小和模糊；只有当修

---

① Hans Blumenberg, *Arbeit am Mythos*（AM）, S. 360.

② ［德］布鲁门贝格：《〈政治的神学〉及其续编》，吴增定译，刘小枫主编，《施米特与政治法学》，第 130 页。

辞的装饰功能颇为发达时，人们才清晰地看到："新的智者派知道如何以言说装饰一切事情，并且他们需要更多的人类学正义而非神话正义，因为艺术第一次把自己呈现为正义，他们游戏对待普罗塔戈拉虚构的神话的理想人物，如同对待其他一切事物。"①因此，修辞作为文化人义论（Anthropolodizee）②的一种内在的表现，普罗米修斯对它的运用完全正当。

2.修辞属性是丰富的而不是奢侈的

柏拉图以回忆或内在的概念，摒弃了智者派"人性原初上是贫乏的"的观念。他认为人不需要高于他的教育者，只需要自我发现（回忆）就可以了。但事实是，自我发现即使不需要外在的教育者，也需要自我说服，这就说明了理性是通过说服使必然性置于其支配之下。③ 说服不是说理，智者派和柏拉图形成了潜在的对抗。从西方神话创作史来看，相对于文化原型来说，一切后来的神话创作表现为对其原型的改写或变形，因此，柏拉图的上述观点是对的。但是从另一方面来说，智者派的观点也是对的。智者派不仅把修辞艺术的对象看作是一种可塑性的造物，而且还使用修辞训练使它们有所改观。这为神话带来了多样化形态和饱满的故事情节以及连绵不绝的创作。修辞发展到极致："普罗米修斯可能不相信真理的力量，但完全相信文辞的力量。"④这决定了智者派必然采取一种属人的（人类学）修辞技巧来实现这一过程。据智者派讲，实现这个目的的修辞手段是代表人类利益的普罗米修斯对代表诸神的宙斯之祭祀欺骗。

正是由于人性原初的贫乏，也正由于说服不是说理，修辞与欺骗脱不

① Hans Blumenberg, *Arbeit am Mythos*（AM），S. s. 373-374.
② 人义论是相对于神义论而言的，但布鲁门贝格几乎不用人义论一词，在更多的情况下，他以人类学的正义取代人义论。
③ Hans Blumenberg, *The Legitimacy of the Modern*,（Trans.）Robert M. Wallace, The MTT Press，1985 P. 127.
④ Hans Blumenberg, *Arbeit am Mythos*（AM），S. 361.

了干系。由于修辞只是实现目的的一种手段,因而人们指责智者派有点不择手段。但智者派实际上并没有滥用修辞技巧:

> 这有助于智者派使用修辞技巧获得一种人类学框架,而这个框架只在一种特定情况下生效,即通过运用唯一可取的手段把它(按:指普罗米修斯的形象)放在适当的位置上,正如人的原初处境使泰坦的祭祀欺骗和盗火正当化。①

该受谴责的是修辞的滥用而不是修辞本身。尽管有修辞参与的神话创作是一种丰富的创作,但人的原初处境担保了它的原初产品是一种必需品,而不是桑巴特(Werne Sombart)意义上的奢侈品。况且,只要把修辞"放在适当的位置上",欺骗和盗窃亦可正当化,又何须谴责修辞之奢侈呢? 我们可以综合上述双方的观点来稍作总结。人在原初贫乏处境中孤立无援,在修辞乃至文化的帮助下实现了自立,这本身就是一项伟大成就和胜利。尽管如此,修辞也没有理由妄自尊大。智者派自我抑制的态度使他们谨慎地把修辞放到适当的人类学正义的位置上。因此,修辞正当性的基础在于人类学正义,普罗米修斯是人类学而非神学中一个至关重要的形象。

3. 以喜剧的方式介入失序的修辞

至此,我们还需要处理文学中创造和制作的关系,因为这个问题关联着个体和神话世界之间特殊的审美关系。

在布鲁门贝格看来,造人陶匠普罗米修斯和文学创作者之间的联系,已经在卢西安(Lucian)的作品中建立起来了。卢西安笔下的创造者和制作者是合为一体的,因而具有无与伦比的优越性。"他说,作为一个文辞制作者(写手),原创性不是他孜孜以求的价值,而且除制作性之外别无他求;他的创新之处在于结合了哲学的对话录和喜剧元素,并且该创新之处

---

① Hans Blumenberg, *Arbeit am Mythos*(AM), S. 361.

只能由取悦于人的事实证成的。"①卢西安坦承,文辞制作的优越性在于它所带来的愉悦性和喜剧性。

在卢西安讲述的故事中,修辞性力量为普罗米修斯形象打上了印记:以火烹饪,很大程度上是向神奉上美味的祭品。这里,"无中生有"(Creatio ex nihilo)的原创性不见了,唯留"从虚无中创造"的愉悦制作,可能还以欺骗为条件。布鲁门贝格从卢西安的故事解读出,普罗米修斯第一次把人放在取悦诸神的位置上,他的泰坦主义自行呈现为一种人义论:唯有借助于人,这个世界才值得存在。其原因在于,人和世界的关系从祭祀欺骗转变为"美味烹饪",普罗米修斯的例子所展示的自我理解随之由神义论判定的祭祀欺骗变成了人义论的审美愉悦。但在《诸神的对话》中,卢西安写到普罗米修斯时发现了一个绝妙的论证——无论是创造还是制作,都深藏着对立性:"我们这里拥有一种新的、安全的、奠基于火之本性之上的论证,但在你们那里点亮自己的火把时,别人的火把因你们而黯淡。"②"美味修辞"是以两种形式的对立性为代价的:"过火"的修辞易使泰坦主义的人义论引火烧身,此其一;"这种修辞是可逆反的:一件事情可以成为另一件事物的一种隐喻"③,此其二。我们可以从这个例子中发现,这里关于主体与世界之间实质性关系的探究已转化为一种功能性条件的考察:祭祀欺诈所暗示的一切根本不是捍卫人的利益——对普罗米修斯来说,重要的是特定条件下的诡计、玩笑和愚弄。于是,大呼上当的是众神之神的朱庇特(Jupiter)④。如此看来,我们可以得出结论,卢西安以降关于审美愉悦的看法是令人沮丧的。诡计、玩笑和愚弄可以成为审美,而且这还是一个上下颠倒的世界:人类比诸神更明智。卢西安以一种失序方式创立了修辞的新权力:他的修辞定位颇符合于不充足理由原理。同时,布鲁门贝格的这一定位开启了在不同历史语境中对不同修辞

---

① Hans Blumenberg, *Arbeit am Mythos*(AM), S. s. 374-375.

② Hans Blumenberg, *Arbeit am Mythos*(AM), S. 376.

③ Hans Blumenberg, *Arbeit am Mythos*(AM), S. 485.

④ 朱庇特是宙斯的拉丁名称。

形象接受功能的考察。

"把礼物描绘成神圣的而没有道明它的偷窃来源,这是不充分的;毋宁是,一切事物有待于自身与普遍性的统一。普罗米修斯能够赋予人类以演说这一礼物——由火表现出来——但无须去偷窃;然而,对人类的福祉来说,它并非具有不可或缺的公民美德。"[1]普罗米修斯的礼物以修辞的技艺掩盖了其偷窃来源,因此,布鲁门贝格的分析表明,修辞的不充分性完全充分地说明了礼物的神圣只是一种神话:既暗示了修辞烹饪在根本上不是谋求福祉的公民美德,又泄露了其与整体性缺乏关联的秘密。布鲁门贝格的神话研究赞同智者派关于文化帮助人类实现自立的观念,而读者的思维惯性总是期待他继续高扬人的主体性力量。但是,经由他对卢西安普罗米修斯神话创作的考察,制作中所深藏的对立性似乎让一切倒转过来——主体与世界之间的实质性关系的功能化、条件化,促使"智者派要求逆反"(Umkehrforderung)[2],这种逆反基于喜剧的非审美性质。我们知道,喜剧美学的讽刺功能建立在自我反讽(自我解嘲)的基础上,只有这样,诡计、玩笑和愚弄作为审美才是正当的,因为喜剧的审美元素本身就是对人的主体性最好的贬抑。据此,我们得以进一步理解布鲁门贝格研究卢西安结合哲学对话录和喜剧元素的创新之处。

制作和创造行为易于混同,由于它们都披着不充足理由原理的外衣,修辞获得了与逻辑相提并论的地位。在《没有缚牢的普罗米修斯》中,纪德(André Gide)借助一种自由非理性行为(acte gratuity),通过对普罗米修斯寓言的戏拟,使不充足理由原理成为审美的核心观念,随之使审美成为神话,与卢西安的神话创作遥相呼应。可以说,用于捆绑普罗米修斯的"自身和普遍性的统一"关系的不充足理由原理这条锁链,在卢西安这里是以喜剧的方式打造的。在纪德那里,在自由非理性行为的消解作用下,这条锁链断开了,普罗米修斯解缚了。

---

[1]　Hans Blumenberg, *Arbeit am Mythos*(*AM*), S. 400.

[2]　Hans Blumenberg, *Arbeit am Mythos*(*AM*), S. 377.

在古典世界中,卢西安的普罗米修斯神话创作潜藏着的对立性和逆反性有力地抑制了人的主体性,他把诡计、玩笑和愚弄等材料烹饪成美味向宙斯献祭,以其特有的喜剧方式介入审美神话的正当化。尽管态度荒诞不经,卢西安依然用审美神话向神义论献祭;而到了当代世界,纪德不仅彻底解除了对普罗米修斯的监禁,而且还让他在巴黎大街上逍遥散步,甚至连啄食他的兀鹰也被烹饪成烤肉。在这漫长的历史中间,神话创作究竟为何发生了这样的变化? 回答这个问题是困难的。卢西安和纪德的修辞文化理论共同分享的喜剧旨趣似乎又在提示我们,其神话创作之间或许具有历史演进的相似性。即它们兼有从悲剧向喜剧演进的轨迹。那么,纪德的喜剧又是从谁的悲剧脱衍而来?

三、证成艺术神话的尼采方案

在现代世界中,修辞继续承担神话创作中表现主体的任务:"修辞,无论它如何饱受歧视,无论它如何远离辩证的检验任务,它却认可了这样一种期待:你应该再现或表征自己,你应该以'人相学式'(physiognomisch)地呈现自己。"[1]主体表现在审美神话创作过程中的这种发生性质,拆解了主体与世界之间的目的进路,但单纯靠主体力量无法承载文化世界的目的论的重负。证成性的目的性进路要求以目的和效用的逻辑承担检验真理的重任,而现代的普罗米修斯人相学式的自我表征使人类学正义僭越了神义论的治权。尼采的普罗米修斯神话创作在两个向度上展开:一是真理的修辞化转向,这是笔者的补充内容;二是审美神话具有形而上学的安慰,这是布鲁门贝格考察的重心。不幸的是,这两者之间的矛盾关系恰好是尼采形象的写照——集修辞学教师和立法者于一身。

1. 修辞与真理

人是受造物,依其自然本性,他处于水深火热的生存困境之中。如果不能发明技艺帮助自己,也没有可靠的真理偎依,那么,人在这个世界上

---

① Hans Blumenberg, *Arbeit am Mythos* (AM), S. 649.

就像一个弃儿。保护人类免受即将到来的死亡的注视和吸纳，并以盲目的希望振奋他们，这是智者派关于修辞效果最为动听的诉说。普罗米修斯是一位修辞学欺骗大师，因为他禁止生命具有死亡意识。对智者派来说，文化乃是大自然本身之必然性要求。如果说文化是人的非法生存图景中一种自我保存的需要，那么，作为文化内在表达形式的修辞在现代世界依然正当。

在智者派对文化和修辞的辩护声中，"所有审美自我奠基的某种逻辑就可以想见了：这些形象首先与真理建立类似关系（或它们是有可能的），然后从被人诋毁的谎言中得以救渡自己，它们就是如此迂回地为自己攫取了这个真理的'灵韵'（Die Aura），并要求成为它唯一的占有者"①。修辞通过建立与真理的类似性来证成自己，并以灵韵来装扮自己，其情形犹同古典世界的主体与世界之间实质性关系的功能化和条件化。

尼采不是智者，但他对真理与修辞关系的看法比起智者更为极端："（真理是）一支运动着的隐喻、转喻和拟人法的大军，简言之，（是）人类关系的总汇，它们在修辞学上被诗性地崇高化了、变化了、美化了，经过长期的重复使用之后，一个民族又把它们看成是固定不变的、经典的、无法避免的了。"②真理是什么？这是哲学形而上学化之后特有的提问方式。形而上学终结论者尼采机智地把真理何为的问题转化为真理是如何存在的问题。如果真理是修辞学上的一种诗学隐喻，那么，我们离真理修辞化也就不远了。

如果说，文化的积淀形式以及它的构成手段不是由先在逻辑的技巧力量所决定的，那么，后天的修辞为反对原初的自然权力，就会造成自然日衰、文化日盛的局面。形象与真理建立类似关系，允诺了真理可以形象化、修辞化。为了避免真理和修辞之间循环论证，我们必须说明修辞如何

---

① Hans Blumenberg, *Arbeit am Mythos*（AM）, S. 359.
② ［美］保罗·德曼：《论尼采的转义修辞学》，李自修译，中国社会科学出版社 1998 年版，第 152 页。

获得一种人类学的框架。既然古代世界对这个问题已经做出了回答,现代的世界更无理由回避这个问题。

2.艺术是谎言乎

尼采"真理修辞化"的论调引起了后现代主义者莫名其妙的兴奋。如果说真理可以是一种隐喻,那么,言说真理更是痴人说梦——这是一种典型的后现代主义置换。尼采从来没有否定真理的权力,他只是把真理的形而上学问题转化为存在问题。布鲁门贝格认为,在这个转换过程中,尼采似乎遗忘了某些重要的东西,即作为现实绝对主义而无法明证的事物,因美丽的表象可以轻易地容许"所有事件背后的艺术意义"。"作为一种艺术的总体性作品,这个世界可以得到辩护。这种曾经必定与现实之物紧密结合的终极严肃性可能被忽视了。在上帝死去之前,这是神义论的最后形式。"①无论表象的美丽让人沉醉还是终极严肃性被人忽视,都不能否定作为现实绝对主义的艺术意义和现实之物的存在。

由于修辞背负不充足理由原理,艺术不是神义论的表达形式,那它是否是一种谎言呢?

从笛卡儿无法克服那至广至深的怀疑意识来看,所有知识都变为一位更加强有力欺骗者的牺牲品,尼采得出了一个新结论:如果这欺骗者上帝(Dieu trompeur)不可能被驳斥的话,那么,他有可能成为一种艺术的形而上学上帝。如果这个世界的真正根基可以得到救护的话,艺术将依然或确定无疑是一个谎言。关于知识理论的失误,笛卡儿及其后继者允许人们根据它与真理缺乏联系,把它重估为这个世界的一种美学,因为它首次获得了审美愉悦。甚至在这幅悲剧或其他场景之前,旁观者的态度有可能兴奋起来。

然而,这位上帝不再是一位欺骗者,而是一位不思考的艺术家,它应该得到"诸神的曙光"这种瓦格纳式的命运。结果呢,尼采的惊

---

① Hans Blumenberg, *Arbeit am Mythos*(AM), S. 654.

世之语"上帝死了"恰恰是悲剧的一个事件，是历史本身使然。①

怀疑意识，这个笛卡儿的邪恶精神已成了现代世界的一种终极权威、"艺术形而上学的上帝"，原因在于"它不可能被论证消除，并且只能借助于一种与真理观念的终极分离来克服它"②。神话创作中像荒草般疯长的怀疑意识，把"艺术是谎言"的帽子扣在了艺术头上，这对艺术的人类学正义是不公正的。艺术与真理观念由于怀疑意识造成的终极分离，促使主体对世界采取一种旁观者的态度。尼采确实说过艺术是谎言，但不是唯美主义意义上的谎言。尼采要求在艺术谎言和真理之间重新建立一种关系：艺术如果是谎言，那它必定是真理的谎言。真理的谎言是什么样的谎言？在布鲁门贝格看来，只有尼采"这幅悲剧或其他场景"才能抑制"旁观者"的"兴奋"，因而艺术神话只能靠悲剧（或音乐）来救赎自己。

尼采颂扬那永远无法抉择、犹疑不定和无可救药的悲剧情境或狄奥尼索斯式的深渊。因为狄奥尼索斯悲剧凸显了对人生正当性真正的证明：失去了真理价值的艺术形而上学的谎言能够提供安慰。

综观尼采的著述，他的神话创作从狄奥尼索斯与阿波罗的对抗，发展为普罗米修斯—宙斯的竞争，前者用人的"痛苦深渊"实现了对后者的"具有绝对主义性质的世界"的"篡位"（Umbesetzung）：

> 首先，关于神话的观点，尼采引人瞩目之处在于，宙斯和普罗米修斯之间的竞争不是一个王朝的事件。宙斯受到了致命的挑衅。这是因为，要是宙斯的世界得到扶助的话，它就得作为一种艺术总体性作品的成功面目出现。尼采对这个神话的兴趣与任何道德化倾向无关；他只顾眼前两个总体性艺术家的竞赛，两位"欺骗者"的竞赛。③

---

① Hans Blumenberg, *Arbeit am Mythos*(AM), S. s. 654-655.

② Hans Blumenberg, *Arbeit am Mythos*(AM), S. 196.

③ Hans Blumenberg, *Arbeit am Mythos*(AM), S. 656.

据此,我们可以说,虽然"尼采超越了将世界视为审美现象的理解"①,但是人与世界的关系在他这里再次统一于艺术的人性方面,而非神义论的世界(宙斯的世界),虽然尼采清楚两者的实质差别。

艺术从来不是神义论的表达形式。既然尼采能把狄奥尼索斯—阿波罗篡改为普罗米修斯—宙斯的戏码,当然有能力也有办法来修正这个观点,他让宙斯穿上本属于普罗米修斯的衣服。于是,读者看到了真理的谎言。问题随之而来:谁是宙斯,谁是普罗米修斯? 读者眼花缭乱,一头雾水。真理的谎言仍是谎言,尼采干脆称他们为欺骗者。尼采真是现代读者们的好作者,因为尼采式的现代艺术既替他的大部分读者省去了辨认(哲学上的区分和检验)宙斯和普罗米修斯的麻烦,又可以观赏宙斯和普罗米修斯同台竞赛。

3. 审美神话承负文化的悲剧性存在

尼采早已预感到怀疑意识和修辞的不充足理由原理联手造成的虚无主义生存困境,故高扬超人的权力意志,重返希腊的悲剧时代,为的是克服一种文化困境:"悲剧诞生的理论建基于一种更为普遍的、有关文化本质的论题,据此,文化成就深深地预设了文化潜在反对人的深度。"②因为普罗米修斯偷来了文明之火,他造就了人类创作的前提,同时也造就了掌握文明的人对没有掌握文明的人的奴役形式,因为文明使大多数人屈服于为少数人服务的生命形式。

从自然中来、到自然中去的人类发展了反对自然的文化,以求得自身的生存,因此文化是自然进一步发展的必然要求。但是,作为自然造物的人类创造反对自然的文化,这岂不是人类上演自己反对自己的惨烈悲剧吗? 狄奥尼索斯的自毁冲动其来有自。这也很好地说明了普罗米修斯的苦难是与他受罚的事迹结合在一起的:兀鹰不停地啄食普罗米修斯的肝脏。因为它受命于宙斯,代表着难以规避的权力,即自然。第二天,普罗

---

① 伯纳德·威廉斯:《羞耻与必然性》,吴天岳译,北京大学出版社 2014 年版,第 10 页。
② Hans Blumenberg, *Arbeit am Mythos*(AM) S. 656.

米修斯的肝脏又会完好如初,日复一日,一方面正如尼采所说,"那只咬啮普罗米修斯肝脏的兀鹰进一步推进了文化";另一方面,它又把普罗米修斯逼入"文化反对人"的生存绝境。

柏拉图乞援于超验理念来"拯救"那衰落了的事物,正是它一手造成了城邦衰落的恶果。城邦(政治)衰落了,文化兴起了,文化中反对人的意识跟着文化水涨船高。如果笛卡儿的邪恶精神不可能被驳倒,那么,唯一可做的事情就是摇身一变,凭借权力意志变身为这个邪恶精神。尼采不无痛苦地说:"在它努力创造至为美丽事物的地方,也即是最为可怕的事物。"[1]布鲁门贝格深知尼采痛苦的原因:尼采"借《伊利亚特》的主题框架,描述了这种情况:因为海伦的美丽,所有的人愿意在特洛伊战争中献出生命。美不是真理,但它在规避真理的恐怖时成全了人,这样,人至少愿意承担那些有价值意义事物的痛苦。"[2]尼采式艺术的现代读者都被尼采所描述的人的文化命运吓坏了;尼采式现代作者企图用审美文化的"海伦的美丽"、"奥林匹斯神梦幻般的光辉(尼采语)"和悲剧(或音乐)来救赎自己,使人在生存的修辞中完善自身。

生存能不能修辞化? 真理能不能采用谎言的形式来言说? 布鲁门贝格认为:"尼采不能用这种理论回答这个问题:为什么轻视文化和'以精神的贫困为荣耀'不可能取得胜利呢? 他含糊地诉求于'无法规避的权力……它们之于个体是一种规律和一种限度',因而它们拥有豁免权来保护文化的特权。"[3]因此,尼采证成艺术神话的神话创作最终功亏一篑。在笔者看来,原因有二:其一,他设计了这两个欺骗者的竞赛。宙斯穿上普罗米修斯的衣裳,掩盖了由文化反对自然所带来的自然惩罚文化的命运真相。看到宙斯穿上自己的衣服的普罗米修斯误认为自己的对手不过尔尔,恍然间以宙斯自居。被赋予权力意志的超人就作如是想。其二,在

---

① Hans Blumenberg, *Arbeit am Mythos*(AM), S. 659.

② Hans Blumenberg, *Arbeit am Mythos*(AM), S. 659.

③ Hans Blumenberg, *Arbeit am Mythos*(AM), S. s. 657-658.

尼采的神话创作中,狄奥尼索斯和普罗米修斯之间的形象可以互换,使得普罗米修斯以狄奥尼索斯悲剧的方式介入证成艺术神话的方案。尼采证成艺术神话的方案并不是全无价值或无足轻重的,它几乎预示了"诸神的曙光"的到来。

> 普罗米修斯也许是对这些难以规避权力的一种命名,因为他不仅象征了那内在于文化,并处于文化的伟大和文化的人性之间那内在的比例失调,而且还象征了文化的担保人:只要他仍然还被锁在高加索岩石上,围绕这个神圣区域的围栏就不会被暴风雨摧垮。同时,他还体现那种文化含义的意识——他让我们难以忘怀:古希腊人是如何保持这种生存必然性的压力,以及如何应对它们的压力,并使之与自身保持一种距离。①

如上所述,布鲁门贝格指出了尼采证成艺术神话的内在症结,还指出尼采式艺术神话作为一种知识类型与理性幸福(Eudämonia)断开了联系的困境。尼采认为苏格拉底主义与悲剧之间的冲突是古希腊关于知识的一个中心主题,但他没有考虑到以苏格拉底主义反对普罗米修斯。

> 尼采没有从古代的自我理解中吸取的东西是:知识和理性幸福之间的联系。他称之为自己的"信仰的告白"——"每一件至为深沉的知识事件都是可怕的。"任何自身体现为令人愉悦的事物都不可能符合它可以彻底检审的精确性标准;知识只有在它产生恐怖和痛苦时,才引起人们的注意。②

在尼采的"信仰的告白"中,我们才恍然大悟:他苦心孤诣地发明"真

---

① Hans Blumenberg，*Arbeit am Mythos*（AM），S. 658.
② Hans Blumenberg，*Arbeit am Mythos*（AM），S. s. 658-659.

理的谎言"之说,目的是实施"存在之修辞化"的文化大计——让宙斯穿上普罗米修斯的衣裳①,以此为世人提供艺术形而上学的安慰。正是此项文化行动让他不幸地中了智者派的诡计——"智者派的逆反"。现代的普罗米修斯们②看到宙斯穿上了自己的衣服以后,不知何故就把自己误认为宙斯。不过,尼采毕竟是尼采,他指出的"知识和理性幸福之间的联系"又一次让我们回顾古代世界智者派的思想资源。曾有学者称布鲁门贝格为现代世界最为著名、最为强劲的新智者派。古代世界的智者派思想曾经声名狼藉,这位新智者派学术大师几乎凭一己之力恢复了智者派思想的荣耀。

四、委以重任的反讽叙事:以证成性整合正当性

审美神话证成性的目的论一再梦回普罗米修斯神话创作的"集体无意识",并借尸返魂。易言之,目的性的证成必须通过发生性的进路使自身正当化:审美神话因修辞的不充足理由原理获得了人类学正义的框架;艺术由于"奥林匹斯神梦幻般的光辉",审美神话由于存在的修辞化,它们提供了形而上学安慰,使人愿意承受有价值意义事物的痛苦。这是艺术神话在生存意义上对自身正当的辩护:证成性生成了正当性,正当性担保了证成性。

特别强调一下,得到辩护的审美神话并不意味着它是绝对正确的,同样,绝对正确的神义论绝不会是美轮美奂的。此老子之谓:"信言不美,美言不信。"审美神话只有在神义论的法官面前,在世界的法庭上为自身辩护。毋庸讳言,古代世界和现代世界关于审美神话的辩护词是不同的,但是布鲁门贝格笔下的古人和今人都把主体与世界之间的关系落实到修辞的人类学框架上起而抗辩。卢西安以喜剧方式——不充足理由原理——

---

① 这个比喻来自于布鲁门贝格的启发:"他(莱辛)所悉心关注的,不是让狂飙突进时代的自我意识穿上'古代泰坦诸神的衣裳,而是古代悲剧的基本情调'。"(*AM*) S. 456.

② 参《神话研究》(*AM*)的最后一章《泰坦们的世纪》(*Der Titan in Seinem Jahrhundert*)。布鲁门贝格认为,整个现代就是"泰坦的世纪"。

介入了审美神话的证成:通过文化降低自然权威的文辞制作活动,他贬抑了人的主体性;尼采则以悲剧的方式介入审美神话的证成,用文化反对自然权威的绝唱(悲剧或音乐),高扬了人的主体性。

令人颇为惊讶的是,布鲁门贝格的这份辩护词居然是用那早已被现代哲人抛弃"神话叙事"——神话创作(研究)方式写成的。这似乎证实了"苏格拉底通过求助'神话'而承认论证在这方面的局限性"①。在文化修辞领域中,如果审美神话能够证成自身的话,那么,它非得从正当性的发生进路来叙述修辞行动的来源和谱系以及不充足理由原理的限制性条件不可,它非得从证成性的目的进路来辩护修辞的效用和目的以及形而上学的安慰不可。这已在上文得到详细的论证和描述。在布鲁门贝格的普罗米修斯的神话研究中,有一种现象值得我们重视,卢西安和尼采最终都不经意间遭遇"智者派的逆反"的古典智慧,用神话创作中的反讽叙事书写了普罗米修斯神话研究的寓言。

智者派为何能够赋予反讽叙事如此重大的神话创作重任呢?因为,这种反讽的书写风格最为明显的特征就是因果逻辑不一致:各种事情不仅相继出现,而且可以从对方中相互出现,容许与普遍性缺乏联系。以"差异和矛盾来建构"②的反讽具有一种裹挟一切、无与伦比的魅力,它超越了哲学的因果逻辑和普遍联系。因此,它们只能被看作是对"不充足理由原理"的服从,而这个原则却非常适合于修辞运作的各种关系。尼采神话创作中反讽书写"先抑后扬"地逆转了主体在审美神话中的地位,卢西安"先扬后抑"地嘲讽了主体地位在审美神话中的沉浮,两者在神话创作(研究)中辉映成趣,这为布鲁门贝格的神话研究提供了一种理论上的决断:以文化的证成性整合政治的正当性,以神话创作的反讽叙事化解哲学论证的铺张扬厉之气。正是这种二元张力,给西方文化的生长注入了生生不息的活力。

---

① 列奥·施特劳斯:《古典政治理性主义的重生》,华夏出版社 2011 年版,第 109 页。

② Hans Blumenberg, *Arbeit am Mythos*(AM), S. 377.

第三节　人类文明①审美化道路之寓言

——以普罗米修斯"神话创作"为例的述评

从布鲁门贝格的《神话研究》一书中,我们可以归纳爬梳出一条普罗米修斯神话创作的线索来,这对应于本书中另一条浮士德神话创作的线索。这一条线索深刻地折射了布鲁门贝格通盘重构西方审美思想史的雄心。有鉴于汉语传统文化高度发达的审美思想材料,这条思路对我们重新考量汉语的审美思想史具有重要的借鉴意义。

一、古典世界的普罗米修斯神话创作

在人类起源神话中,普罗米修斯占有令人难以忘怀的位置。

人和世界的解释系统是从火开始的。"'火种是从诸神处窃取并带给人类。'神话用这样的观念触及这个界限——现实绝对主义的一个幽暗的层面。"②最终,"这都是用一场世界大火的燃烧终结了每一个世界的纪元。这个循环也可以用一种背景性的有机隐喻来看:火具有自己生长的周期,世界性的季节。火的更新仪式遍及世界范围,人们因此对火的自我创造留有深刻的印象"③。火种的循环是一种轮回神话。在世界的轮回中,火的自我创作神话一方面是人类应对现实绝对主义压迫的内在需要,另一方面"火的更新仪式"具有世界的性质。因此,有关它的神话创作延展着人类文明的道路。而这个神话的主人公呢? 在智者派看来,普罗米修斯最先踏入了寓言或象征的领地。这必将是他未来的宿命之一。④ 人类文明的道路或许是曲曲折折、坑坑洼洼,因为上帝和宙斯不想让自己的

---

①　文明和文化在其他地方有严格的区分,笔者综合了两方面的意思,但在具体的行文时,文明和文化有时相互指代。

②　Hans Blumenberg,*Arbeit am Mythos*(AM), S. 329.

③　Hans Blumenberg,*Arbeit am Mythos*(AM), S. 330.

④　Hans Blumenberg,*Arbeit am Mythos*(AM), S. 360.

非法对手即他的子民们过上好日子。但是,普罗米修斯神话证明了限制宙斯统治人类的可能性,他就是神话"权力分立"的著名人物形象。这可见证于他挑战宙斯并从其惩罚中活下来,表现在西方文化史上一笔再笔地创作这个神话故事。伴随着人类文明发展的道路,神话的寓言成分铭刻了人类真实的生活,神话的童话成分曾经抚慰了自我的心灵。

在进入这个神话的历史之前,我们必须对这个神话的历史具备四种视野:(1)文明之火的光的隐喻;(2)神话中各种形象之间的关系;(3)祭祀的欺诈;(4)潘多拉的故事。

这个审美神话是从盗窃火种开始的。"陶工之神普罗米修斯保证了整个人类的生命形式——借助文化,他们走出自然的裸露状态——以及,在根本上保证了他们的'理论',即在光之隐喻功能方面,某些事物的保存需要火光。普罗米修斯神话以它纯粹形式再现了古老的权力分立。"①文明之火的光的隐喻使我们人类第一次受到启蒙,萌发了以文明对抗自然的意识,于是便有了普罗米修斯与宙斯之间对立的故事。如果我们把盗窃火种看成是提供生火技艺的话,尽管宙斯百般阻挠和曲意报复,但普罗米修斯借火造人的行为必定成功,我们必会看到人类永久地拥有文化,因而文化的发展是不可阻挡的。接着,我们必须注意神话中普罗米修斯的祭祀欺诈。祭祀欺诈据说是神话本身拥有的诡计:故事隐秘地反映了人类妄自扩大他们对自然产品的份额,要求缩减实际祭祀的欲望。这个欲望日益膨胀,已超过了人们所能维持的水平,这是普罗米修斯神话最为古老的背景。普罗米修斯的祭祀欺诈同时也创造了一种"文化象征"——因为他用一种图像、替代品或符号来代替用以祭祀的真实牲品,开创了文化创造中影像生产之先河。最后,潘多拉的故事毫无疑问地与这种文化理论有关,它对古希腊文化理论中以柏拉图主义为代表的丰富和过剩的起源说产生了怀疑,与此相关,神派来的女人最为显著的特征是新奇的奢侈物——她被描述为打打杀杀男性世界的困惑。这个新奇的奢侈物逐渐沉

---

① Hans Blumenberg, *Arbeit am Mythos*(AM), S. 331.

淀为一种"理论的好奇心（又译为'理论欲望'）"，为推动人类文明的发展做出了巨大的贡献。

普罗米修斯神话创作史所呈现的一切重要变形，都含有关键的文化含义。这个神话报告了我们的文化确实含有自我保存的明证性，同时也暗示了"这个由火铸成的文化在源头上是建立在不公平的收获上，建立在非法的欲望上"①。

现在，我们来看这个神话的演化史，为什么它会像故事中的火种一样，有时留下灰烬中文化的火星，有时又燃起冲天大火的种种审美文化的含义。

1. 悲剧创造生存幻觉

埃斯库罗斯（Aeschylus）在"普罗米修斯"三部曲中，以最为纯粹的神话形式，展开悲剧的主题：人最好不要生存。这是古老悲剧的教诲。人在本性上是不值得生存的。人作为必死者，他的命运是悲惨的，一如他一无所有的诞生。为了这必死者，这位普罗米修斯使不可能的成为可能。通过一种神话形式，使人的生命与他的命运真相拉开一定距离，从而使生命进入一种免受命运追击的生存幻觉之中，来保护生命。因此，如果他能使人类走出完全无意义的状态，他必得先保护和证成（rechtfertigen）生命。宙斯本来想要使人类陷入绝望以致他们自行从宇宙消失，但普罗米修斯或者埃斯库罗斯凭借人类的主体力量——生存意志——创造了悲剧。据说希腊悲剧创造了一种生存的幻觉，它"给予人类的生存以一种现实、火种和幻觉或'盲目的希望'来挫败这个想法。这种幻觉因素指出了这个事实：它是一个不可能让人类感到幸福的问题；人被他的自然状态欺骗了，这也许是一种不幸"②。悲剧作家第一次借助"盲目的希望"充实了这种生存情境，但留下了悲剧家们始料未及的文化后遗症：人类感受不到幸福。"盲目的希望"促使普罗米修斯采取最为激进的诡计，它防备人类知

---

① Hans Blumenberg, *Arbeit am Mythos*(*AM*), S. 338.
② Hans Blumenberg, *Arbeit am Mythos*(*AM*), S. 340.

晓他们无根的生存状态。人在希望的引诱下产生了强烈的主观生存意志,欲以悲剧的姿态抵抗客观的生存状态。由此看来,文明有可能是一种幻觉,因为实施这个诡计欺骗的始作俑者不是上帝而是人类。因此,布鲁门贝格告诫我们,人类必须承负起悲剧合唱队所揭示的生存真相:"合唱队做了适合各种情境的事情:它安慰,但它不饶恕。"①人类可能从文明的神话创作获取安慰,但这种神话创作的非法性始终得不到作为现实的命运的饶恕。

2."智者和犬儒:普罗米修斯材料的对立性"

既然人类的生活不会全部是悲剧,普罗米修斯有可能走进喜剧。喜剧的特征展示了与悲剧的修辞——生存诡计——相似的特征,两者在人类的无价值性和为他们创造生命的可能性之间构成了对立和互补。

在文学中,在菲勒蒙(Philemon)和米南德(Menander)喜剧的中,普罗米修斯第一次被证实为人类的典范,因此,作为美好生命事物的赠予者角色,他被强调为造人的角色,这是智者思维的逻辑:

> 人们尊敬这位泰坦的形象,倾向于尊重文化理论和人类学。对智者派来说,在自然和技艺的关系中,在人的生成和发展过程中,自然份额减少,而人在这个世界上创立的艺术和人工实践却相应地增加。这被认为是一条规范原则:预先设定了以规范和技艺来装备修辞行为和政治行为,要把自然中建立起来的各种责任降低到纯粹是既定权威的水平。②

因此,文化是大自然本身之必然性要求,这是智者派的文化纲领,也是他们未来的宿命,但是,文化来自于自然的事实告诉我们,由修辞技艺和政治行为装备起来的文化创造离不开"自然—规范"的调整作用。不幸的

---

① Hans Blumenberg, *Arbeit am Mythos*(AM), S. 341.
② Hans Blumenberg, *Arbeit am Mythos*(AM), S. 359.

是,喜剧性的普罗米修斯赠予他的造物们以修辞技艺,因此背弃了这种生存教诲。

智者派对起源的丰富说保留了一种谨慎的观点,而犬儒派对起源说陷入了一种苦修的狂热。通过对赫尔库勒斯(Hercules)事迹的一种"寓意解经",普罗米修斯又变成了犬儒形象的神话模型。"苏格拉底主义者"和犬儒主义者(亚里士多德也无甚差别)都反对这个假设:人的原初状态是一种无价值的状态并且无力谋生。第欧根尼甚至抱怨:人何必要接受火这一奢侈品呢?接受了火,人只得依附于无助的"人为"文化。普罗米修斯就是导致人类腐败的"罪魁祸首",后来卢梭(Rousseau)在"返回自然"吟唱中重新发现了他的这一罪行。

在斯多亚派智者和犬儒思想因素的影响下,自然被非自然的东西弄得狼狈不堪,并且,无论在何种情况下,文化反对"自然"的敏感性暴露了它的脆弱性。反对普罗米修斯的推理证明了有关人类事业的"现实主义":人类即使没有泰坦之火也能存在,而这火不是别的,正是导致人们忽视现实的盲目希望。

智者派对主体的抑止和犬儒派的自我剥夺使那高扬主体力量的思想有所反弹。朱利安(Julian)不仅把整个大自然的生机勃勃、温暖如春与理性的复苏调和在一起,而且还调和了神话和形而上学、诸神和哲学的信仰。对失去了宇宙的还乡,他的有关主体的理性复苏神话成了慰藉人的阐释。主体理性的复苏重新拥有了这个宇宙,朱利安使普罗米修斯摇身一变为宙斯,贵为罗马皇帝的朱利安哪知盗火事业的艰辛和甘苦。因此,普罗米修斯不是盗火者,他成为最高的、最为慈善的神明,发挥着太阳的功能作用。

朱利安的主体的"太阳"照亮了卢西安的文学事业,不过太阳的慈善和宇宙品格却怅然若失。卢西安建立了造人陶匠和文学创作者之间的联系。于是,发明者和制作者合而为一,并开始发挥巨大的作用。这位泰坦的"主义"自发地显现为一种人义论:它唯有依赖于人,这个世界才值得存在。卢西安的普罗米修斯是修辞大师,他使人成为诸神兴趣的中心。如果没有这种反转,诸神无法比较自己并感到自己更好的优越性。普罗米修斯已经产生了价值符号上的蜕变,他成为这个世界的审美创造者。

神话呈现为一个综括人神纠缠的过程,并且,借助于这个普罗米修斯的修辞,智者派给人类提供了机会,从而穿越以前的无价值状态,走进了一种对诸神自身而言是必要的生存状态。这不仅出于一种修辞的诡计,而且还"根据神的形象造人"证成了人类这种造物。

尽管悲剧的创造耸动了生存幻觉,合唱队"不可饶恕"的教诲似乎难为普罗米修斯的造物所接受。智者和犬儒者们对人的贬抑又在斯多亚主义内部有所反弹,审美创造中修辞的出场以及修辞的诡计的使用使人们重新反观主体的力量,而这个思考的基点就在于人和世界的关系。

3.普罗米修斯和世界的关系

文学在奥维德(Ovid)手里,顿时由希腊气质转为罗马乃至欧洲气质。奥维德的《变形记》(*Metamorphoses*)创造了一种历史情境:"这种历史情境为重新占据一种长期以来由希腊材料所遮蔽的传统位置铺平了道路。"①

普罗米修斯现在是 Iapetus 的儿子,奥维德以统治之神的形象来塑造他。于是,他把地球变形为与神相似,这先于一切把神变形为特定的人类形式。这个神话已经按照这个作品的公式有所发挥了:如果神话重心不是落在造人的陶匠身上,那就会落在原初的物质身上。"造人"的材料转移到物质,"地球"转移到"星空"。但是,把已转化的地球添加于这幅图景还是不够的,因为,"这还必须给出普罗米修斯的律令:人举首仰望星空。这条律令的程式在后来接受奥维德的文献中成为一条标准的引证。它既允许内在地崇敬这个世界,也允许超越这个世界……这样,既引入了人的形态,又引入了世界的形态,这更具诺斯替主义的气息了。"②当然,在奥维德那里依然保留着宝贵的半句诗——"人是被制作的"。"人是被制作

① Hans Blumenberg, *Arbeit am Mythos*(*AM*), S. 384.
② Hans Blumenberg, *Arbeit am Mythos*(*AM*), S. 385.

的"和"人举首仰望星空"焊接在一起,奥维德双管齐下,为后世的知识图景奠定了主体与世界的二元论基础。

有关世界的开端的神话创作不是确证普罗米修斯和亚当的身份,而是确证泰坦和创世主的创世。执行创世命令的人应该把人和自然连接起来。但是,普罗米修斯神话中宇宙(世界)和人的位置是错开的。并且,正是这个原因,曾经占据了希腊传统的《变形记》又给基督教作家"重新占据"这种解释功能有机可乘。于是,一个小小的误会潜入了这个神话:艺术的发明者被提升为自然的创造者。早期的基督徒循此把泰坦的形象转化为审美意识的原型,也由此拉开了西方文学史上声势浩大的灵知主义文学潮流的序幕。①

二、"现代亲自扮演普罗米修斯形象"②

按布鲁门贝格时代之间"占据"的历史范式,在古典向中世的转移过程中,早期的灵知主义二元论思想赓续着古典思想,对正统基督教神学思想提出了严峻的挑战。基督教接管了古典资源"人被创造"的思想,实行了对灵知主义思想的第一次克服,由于只是部分的成功,而给它的后继者现代留下了重新克服诺斯替主义的思想任务。③

现代第二次对诺斯替主义的克服首先发生在普罗米修斯神话当中,借助于它,人成功地篡夺了上帝的地位。不过,在早期的人文主义运动中,父亲神和人类之子的冲突是晦涩的,有时两者竟然是重叠的。后世的普罗米修斯神话创作正是奠基在这个思想的原点上。

1.人文主义者送来了根本不是礼物的科学理性

文艺复兴带来了一条既新鲜又令人惊讶的等式:普罗米修斯等于亚

---

① 参张新樟的出色研究。张新樟:《现代文学中的灵知主义》,《国外文学(季刊)》2004 年第 1 期(总第 93 期)。

② Hans Blumenberg, *Arbeit am Mythos*(AM), S. 396.

③ Hans Blumenberg, *The Legitimacy of the Modern*, (Trans.) Robert M. Wallace, The MTT Press, 1983.

当。布鲁诺(Giordano Bruno)"把这条等式建立在他们与被禁止事物的相关事实上:一方是禁食知识果;一方被禁止以火点燃理性。因此,尽管人类的天性失去了纯真的天堂,但他获得了知识。为了那被剥夺的成了历史不相容的东西,为了实现各种被颠倒的善,孤掷一注的自我保存是不充分的;狡计和邪恶被允许了——一种根本不是礼物的科学精神的前奏开始了。"①人被逐出天堂之后,他只得把自己的处境降低到一种自我保存的水平。理性不在于他们占有火的事实,而在于他们能够自己生火的事实:这位泰坦送来礼物的终极性质就是这些作为礼物的理性,但它们是不充分的,因为理性允许包含狡计和邪恶等毒汁。而且我们不要忘记,人文主义者送来的现代理性的务实性把人的生存水平降低为自我保存。

薄伽丘(Boccaccio)的灵感来自于奥维德的文本,实行了对人的第二次创造。普罗米修斯第二就是智者的形象,他来自于人类,他无须预想与普罗米修斯第一竞争,也无须征得他同意。上帝是普罗米修斯第一,创造者是普罗米修斯第二。"由于区分了上帝和创造者,人文主义展现了人类获取文化的历史进程。结果是,这种寓言式解释用高加索泰坦的案例实现了最为剧烈的变形。"②于是,人文主义者以人类(人性)的创造者——普罗米修斯的形象登上历史舞台。

现代的普罗米修斯形象不仅站在降低了水平的基础上,而且理性又是不充分的。更为重要的是,人的"两次创造"给现代主体造成了分裂的内在窘境。人文主义者送来的理性可能不是一种礼物。后来的事实果然如此:费奇诺(Marsilio Ficino)就是以破坏性的理性之火烧向理性的传播者。这种理性反对自己、理性的不确定性反对它的完善处境,似乎从这个不幸的普罗米修斯典型得到肯定。何耶? 亚里士多德的运动的概念告诉我们:世界作为一个整体,以它运动的统一形式,把自己整合为"普遍性"(universe)。这种形而上学警示了认知运动无休止的喧嚣,也警示了没完

---

① Hans Blumenberg, *Arbeit am Mythos* (AM), S. s. 393-394.

② Hans Blumenberg, *Arbeit am Mythos* (AM), S. 396.

没了的人的自我实现和无限意志的一切历史形式。康德的纯粹理性的辩证法应验了费奇诺的理性命运,它就是现代理性的一个症候:

> 正是理性为了实现自己而第一次必须剥夺自己。这无须任何外在引诱、任何牺牲、任何堕落,但只需这种理性屈服于自己的内在性。普罗米修斯自己就是这些低级神明之一,他们参加了这种创造,他们体现了这样的方法,当他们的工具和成就作为独立于整体而建立起来时,这种方法是危险的。①

现代的普罗米修斯承受"理性自己剥夺自己"的命运,他痛苦地在这个世界上徘徊,踏上"上穷碧落下黄泉"的探索道路。由此看来,这个基础神话的内在构型是与一种形而上学历史方案融合在一起的。

由人文主义理性所打造的科学精神可能不依赖于道德,并允许弱者使用狡计达到工具理性的目的。这种最为内在的精神筹划是由伊拉斯谟(Erasmus)和培根策划的。

伊拉斯谟用寓言解释了另一种版本的普罗米修斯故事。这个普罗米修斯现在就叫该隐(Cain),他展示了巧舌如簧的演说才能,打动了忠于职守的看护天使。这个技艺神话无疑体现了修辞的力量。该隐打动天使的演说堪比普罗米修斯的盗火。伊拉斯谟的故事告诉我们,修辞不依赖于这种事业的道德性质。16世纪的开端清晰地表达了一个即将到来的世界景观,他以此代表人类征服了这位忠于职守的天使。用普罗米修斯来强调该隐不外乎这样的意图:恢复天堂的努力变成了一桩丑闻。但是,它触及了一项精神筹划,然而这项筹划揭示了其自身的魅力。

培根非常卓越地解释了普罗米修斯故事的祭祀欺诈。用理论语言来说,牛肉、内在部分、实质内容是因果联系,但它们可以在弱者的祭祀活动中被调包。因此,狡计站在弱势一方:一个像他们祭品公牛一样的人工世

---

① Hans Blumenberg, *Arbeit am Mythos*(AM), S. 400.

界迎合诸神的需要,即使它与自然的真实事态无涉。培根看到了人与神之间、自然的可知性与人的实际知识状况之间缺乏对等关系,于是,他以伟大的寓言(象征)解释了古典神话智慧语境中普罗米修斯故事,因为,在他看来,普罗米修斯所表征的人的地位通过工具理性的效用,重获了基督教天恩(providence)笼罩下世界的优势中心地位。

2.浪漫主义打翻了启蒙理性的魔瓶

在历史哲学方面,你不得不提到普罗米修斯,尽管人们对他的存在不无怀疑,这产生了对各种神话创作的宣称进行检验的要求。启蒙要求按照自然理性铸造一个新开端。这种同一性的理性强烈地要求把各种事物汇聚一流,集于一身。因此,我们需要一种迥异的历史视角切入这个神话。

法国大百科全书的伟大之处即在于使普罗米修斯成为一种审美创造的寓言。"这里不再是一种多神教的诱因,毋宁是规避每一种对形而上学的冒犯,转而支持最纯粹的洛可可之风。取代造人和确保人类的命运,普罗米修斯只是抟土塑造了第一个人的塑像,并且教人如何创造自己的艺术作品。"①话虽如此,普罗米修斯不尽然是一种审美构型,在"规避每一种对形而上学的冒犯"的同时,他还执行了时代意识的检验功能。启蒙运动时期是一个批评的时代。"作为文化的信使和启蒙者,普罗米修斯甚至在他被逐或隐居的地方执行了时代的批评功能,他想方设法教化那些无法无天的、粗鲁的高加索居民,使他们过一种更为人性化的生活。"②但是,大百科全书派最终厌倦了旅居生涯的教化工作,因为,以诸神的审美来改造史前文化的高加索居民的自然,是知其不可为而为之的工作,这终究令人厌倦。这种令人厌倦的工作有可能使讲究同一性的启蒙理性成为一件形式空洞的理性主义。是谁打翻了启蒙理性这个魔瓶,为浪漫主义留下了再创造的大好机会?据布鲁门贝格讲,他就是歌德。

---

① Hans Blumenberg, *Arbeit am Mythos*(AM), S. 429.

② Hans Blumenberg, *Arbeit am Mythos*(AM), S. 430.

歌德拉响了普罗米修斯神话的"火药爆炸的导火线"。他有关普罗米修斯的颂诗和戏剧片断表明了：①这位陶匠在作坊中造人的意象；②把普罗米修斯的故事转换成一个父子冲突的故事。他以"意象背后的飞舞"来表现这种被删改的图像（Ikon），保留了有关普罗米修斯戏剧的因素：塑造者和他的小屋。工作坊的意象（Ikon）与审美天才相关，自我意识渗透了这个意象。打翻了这个启蒙理性魔瓶，从中跳出来了自我意识这个魔鬼，它有"审美天才"通天的本领，因为"'创建我的独立性事物'是'最可靠的基础，即我的创造才能。'"①当这位审美天才发挥自我创造才能时，重铸生活世界需要"大破即是大立"。"歌德的普罗米修斯就是诸神公然违抗和浪漫主义对上帝超越性认同之间的纽带。"②启蒙运动无可奈何地衰落了。狂飙突进时期歌德们穿着自我创造意识的"泰坦旧衣服"，获得一种世人从未瞻仰过"上帝的超越性"。

1814 年，审美反抗的神话形象完全被转换成一种努力获取那种难以撼动的基础的姿态。花岗岩就是歌德对这个基础的隐喻。审美除了受道德调校之外，也要受自然调校。通过与莎士比亚建立联系，歌德企图熔狂傲的创造性与自然的明证性为一炉。在埃尔富特（Erfurt）时，他以普罗米修斯表征自己早期审美方面的诠释。耶拿会战后，他明确结束了以普罗米修斯自居的观念——"只有一个神反对另一个神"。"政治即命运"，他坚持自己迎接皇帝拿破仑的凝视就是对这种情况的检验。从根本上说，既不是形而上学也不是道德，毋宁是，几乎在审美这个中间领域中，歌德树立了拿破仑。但是，"回归自然"或者回归"宙斯的世界"，不管是卢梭式还是反卢梭式的，它们执行了这个公式：歌德就是一个欧洲人的事件，他有"一个伟大的抱负，企图征服 18 世纪，这借助于回归自然，登上文艺复兴的自然的高峰——一种那个世纪所有的自我征服"③。同时，"回归

---

① Hans Blumenberg, *Arbeit am Mythos*（*AM*）, S. 478.

② Hans Blumenberg, *Arbeit am Mythos*（*AM*）, S. 451.

③ Hans Blumenberg, *Arbeit am Mythos*（*AM*）, S. 525.

自然"、拿破仑所带来的"政治即命运"的现实与普罗米修斯的审美创造的非现实,现在构成了一种平衡的对比,这种表现无疑反映了歌德是一个伟大的"现实主义者"。

毋庸置疑,启蒙理性的空洞形式以洛可可风为代表。一方面,它的理性要求普罗米修斯仍然是一个审美创造的形象,另一方面,理性并不就此罢休,启蒙的批评要求它执行时代意识的检验功能,要求打开启蒙理性的魔瓶去容纳自然理性所涵盖的一切。但是,空洞形式难以兜住这只从启蒙理性魔瓶里跑出来的"浪漫主义人之自然——情感",对此,同时代的欧洲,只有歌德、莱辛等人看得清楚这场欧洲精神气质深刻的变故。

3.19 世纪以来泰坦们的创造窘境

19 世纪的时代意识以这位泰坦来理解自己。正是因为这个时代的自我意识如此坚定地与普罗米修斯的材料连接在一起,所以,每一次在它身上都可以感到意义的增殖。狄德罗看中历史上普罗米修斯身上两个特征:排除了偶然性的普遍存在和他的贪婪。排除偶然性,追求普遍性的存在是启蒙理性高悬的鹄的。除了贪婪这种生存欲望外,狄德罗还提到了另一种生存性情绪,也就是神话创作所针对的对象。"狄德罗说,正是恐惧驱使人走出他最初自然的假设天堂;但是,他可能还加了一句,恐惧也使他走出悲剧的自我概念,拒绝历史的反面天堂。"[1]恰恰是恐惧和普罗米修斯的贪婪,推动了 19 世纪以来的文化的演进。面对生存性恐惧时,人类必须得到保护。保护人类生存的神话创作有两条路径:一是保护普罗米修斯和他的儿子,二是保护自我激励的贪婪。这样,普罗米修斯的形象塑造在语调上发生了微妙的变化:从"普罗米修斯是儿子"变为"他具有贪婪的本性"。两条路径神话创作由起初的分途到 19 世纪马克思时代的合流,并在 20 世纪纪德的《没有缚牢的普罗米修斯》中达到了终极的变形,它们共同塑造了后来的现代资产阶级特有的文化形态和心性气质。

早期的尼采发现了普罗米修斯的一种新型的审美功能,它既反对苏

---

① Hans Blumenberg, *Arbeit am Mythos*(AM), S. 612.

格拉底背离悲剧意识的本质，也反对那个世纪苍白的精神。但这位泰坦的反对方式是以人义论来表征神义论。这暗示了：从天上窃取的火种也许不纯粹属于启蒙运动自我超越的过程，但它调和了卢梭和康德。"康德提出，自我保存原则已经包含了自我超越原则——理性已经包含了'纯粹'应用的潜能。这是一种卢梭式的理性，而且，康德的批判不仅是启蒙运动的制高点，而且也是针对丰裕和过剩自我的划分、针对总体要求——成功意识滋养了它——的自我划分的制高点。"[1]理性想要成为"纯粹"，它需要剥夺自身"目的性"的工具理性，并渴望解放。康德这位再生的柏拉图，非法求助于一种属于诸神的"直寻"（immediacy），因而他的理论再次有可能拥有一种情感哲学。

施莱格尔（Friedrich Schlegel）口口声声称，历史哲学建立在"人与上帝相似原则"这个"正当"的世界观上。"人身上的神圣意象……存在于普罗米修斯点燃的火花……"[2]普罗米修斯的创造活动无疑被描述为唯心主义哲学主体的创造性活动，他应该以康德的超验演绎为奠基，把各种必要的创造条件与一种自由的审美筹划条件结合起来。[3] 这种历史哲学中的普罗米修斯由于创造的姿态令人舒适并免于惩罚，反抗和受苦不再起任何作用。历史在诸神的支持下恢复了它曾未破碎的同一性。

谢林（Schelling）的出发点是亚里士多德"活性理智"（active intellect）的学说。这个"活性理智"的学说超越了它所产生的普遍有效性的理论功能时，它的一种基本意愿——为自身的意愿随即产生了。因此谢林的"意志的意志"具有鲁莽的孩子气，"它拥有自己的意志"。康德那羼杂了情感的理性在谢林这里发展为意志哲学，这种意志的内核是自由意志。自由既有反对其他事物的自由，也有反对自己的自由。但是，意志只能是意欲自己的意志，不能意欲其他事物。很明显，这种自由意志强行把自由和意

---

① Hans Blumenberg, *Arbeit am Mythos*(AM)，S. 613.
② Hans Blumenberg, *Arbeit am Mythos*(AM)，S. 622.
③ Hans Blumenberg, *Arbeit am Mythos*(AM)，S. 623.

志捆绑在一起。

25岁的马克思在博士论文扉页上,称普罗米修斯为"神奇的哲学日历上最为著名的圣徒和殉道者"。"哲学使普罗米修斯的反抗成全了自身的反抗、自白和格言——'反对凡不承认人类意识是最高神圣的所有天堂和世俗诸神'。"①马克思的哲学从普罗米修斯反抗"最高神圣的天堂和世俗诸神"的人类意识中汲取力量。在哲学上,马克思于是以普罗米修斯自居并反对父亲黑格尔。这是一个"哲学思想神学化"的模型。马克思的哲学日历是"伊壁鸠鲁、斯多亚和怀疑主义哲学的循环与整个希腊思辨的联系",它等待一个哲学主体能动性地翻动这个日历。因此,马克思哲学的根本原理寄托于一个历史的行动人,而这个人翻动这个哲学日历。从这个日历来看,伊壁鸠鲁对诸神的反抗终究掺和了悲剧被缚的普罗米修斯的反抗。普罗米修斯作为一种整体的历史形象,代表了未来隐藏在哲学背后的东西。

《巴黎〈经济和政治手稿〉(1844年)》描述了普罗米修斯式的贪婪——追求剩余价值。剩余价值的需求功能对财产起源和运作方面起了全面的支配性作用。这里令人不安地想起了狄德罗的普罗米修斯的形象塑造。贪婪是主体释放出来的欲望,当贪婪达到一定的程度,不为一定的主体所控制时,它反过来支配了主体。卢梭的人的文明化纲领就是关于人的"软弱性"需要保护和照顾,结果导致软弱性疯狂地增长。这种由历史产生的反讽也是对贪婪的一种写照。当《资本论》谈到"资本主义积累这个绝对普遍法则"时,我们又碰上了普罗米修斯的形象。普罗米修斯最终成为无产阶级的先声,他被一条自然法则绑在资本主义生产这块裸露的岩石上。这条自然法则虽然具有自然规律的严峻性,但也具有历史规律的性格。普罗米修斯反抗父亲的哲学指导了作为无产阶级的普罗米修斯反抗作为贪婪的普罗米修斯的资产阶级。关于普罗米修斯神话创作的两条路径的合流说明了父亲与儿子的形象有时是叠合的。

---

① Hans Blumenberg, *Arbeit am Mythos*(AM), S. 633.

　　父亲与儿子的形象叠合，或者说失去了父亲的儿子们的思想形象，是现代思想特有的一个剪影。它影响到了尼采。尼采说，普罗米修斯的盗火之举是一种渎神行为，据此，人不是"堕落"的，相反，这是人首次标举自己、确证自己。尼采创造了狄奥尼索斯和普罗米修斯在悲剧中可互换的位置，或者说，创造了泰坦和人的可互换的地位。渎神的人是不朽的，并且敢于以支持人类的方式向新神挑战。他与"苏格拉底主义道德"势不两立，体现了与"理论家的吝啬和乐观"的对立。这一切对立却导致了"悲剧的死亡"。狄奥尼索斯反对一种"舒适"的生存形式，"这种反资产阶级的效果却创造了资产阶级的生活方式"①。由这幅普罗米修斯的景观可知，从"悲剧"著作以来，尼采短时期内积起了对资产阶级化结局的憎恨。

　　弗洛伊德(Freud)讲述了一个反普罗米修斯的神话。他把火的占有权的建制过程(institutionalisierung)用作文化起源理论的一个例子。普罗米修斯从天上偷来的火是一种文化之火：这是取暖和锻造之火。在《文明及其不满》中，弗洛伊德把文化起源这个假设想象为一种神话的否定过程。弗洛伊德的普罗米修斯不是一个提出反抗要求的人物形象，而是一个保护性的否定的人物形象。"弗洛伊德充满想象的论述中每一个步骤都与普罗米修斯神话对立，这个神话报道了一种否定行动。这个神话的终极转化形式结果就是它明白无疑的压抑。"②

　　　甚至在弗洛伊德向他的同时代人揭示这种事情的含义之前，纪德使这个神话终结于一种图腾(totem)食物：通过大宴宾客，普罗米修斯终结了，在餐桌上，他向他们端上了这只食人之鸟的烤肉，这只鸟从食腐肉之鸟变成了一只鹰并以他的良心【良心、良知】为美味。它啄食他，这种磨难自原始时代起一直延续着，现在被短短一瞬间烹调的享受抵消了，尽管这种享受与其针锋相对。唯有审美成就所有

---

① 　Hans Blumenberg, *Arbeit am Mythos*(AM)，S. 669.
② 　Hans Blumenberg, *Arbeit am Mythos*(AM)，S. 678.

磨难的本质。这种情况若向前推进一步:这部保存着普罗米修斯的
良心、良知故事的著作是用这只鹰的大翎羽写成的——这只鹰曾经
是良心、良知的化身,现在被饱餐一顿了。这个神话不仅完全消融于
诗歌之中,而且它以最为乏味的形式——技术性——致力于这首诗
的创造。①

这纯粹表征了纪德的审美核心观念,表征了 acte gratuit(自由非理性
行为)。并且,这里还表现了怪诞(sotie)这种后现代美学的结构原则。资
本主义经济的高度发达使资本获得了主宰一切的地位,社会立法者形象
从古代的宙斯形象发展到布鲁门贝格意义上的近代②上帝形象,宙斯像
一位银行家行使全能权威,这前所未有地给予他作为创作者的 acte
gratuit(自由非理性行为)的自主性。

早在 1918 年,卡夫卡(Kafka)所"校改"的普罗米修斯神话就是该神
话的末世论③。关于普罗米修斯的四种传说与解释不是并肩齐立的;它
们之间是相互超越的。每一种说法借助于审美的技巧奔向终结,但神话
的终结不会是一种历史的完结,而是新神话的开始。卡夫卡文本不是对
这个神话的一种唯一的接受,也不是时间驻留范围内各种接受的汇总;相
反,它是对这种接受史本身的一种神话化,并且,在这个方面,它又再度贴
近尼采曾经有过的尝试。卡夫卡和尼采重提大百科全书派曾"厌倦了"的
问题:什么是先于高加索山上这幅雕像般的场景?

历史无限,世界永恒,神话创作如斯!

普罗米修斯的神话创作一再陷于解释不可解释的命运之中。

---

① Hans Blumenberg, *Arbeit am Mythos*(AM), S. s. 679-680.

② 布鲁门贝格在《现代的正当性》一书中,雄辩而气势磅礴地论证了中世纪和现代在思
想范式上的亲缘关系,从而把近代的观念一直上溯至中世纪的开端。

③ [奥]卡夫卡:《普罗米修斯》,叶廷芳译,叶廷芳主编,《卡夫卡全集》(第一卷),河北教
育出版社 1996 年版,第 400 页。

三、作为墓志铭书写的"神话创作"

在布鲁门贝格看来，神话创作是推动文明发展的一个充分条件。它的充分性体现于它出于文化目的论的内在要求——征服现实绝对主义。这是神话创作的合法性。唯其充分性而不是必要性，对文明的书写只能是一种审美神话的寓言。这是神话创作的非法性。因此，审美神话的寓言式书写困境承诺斯替主义二元论而来，这可以在西方审美思想史上绵延不绝的普罗米修斯神话创作中见出。

普罗米修斯窃取火种的故事，是最早描述人类努力争取自足自立的关键性起步阶段。馈赠火种和技艺，连同其非法性，体现了文明生活违抗神明旨意的脆弱性和偶然性。文明的源头是匮乏的，真理也是可怕的、恐怖的。人的非法性的存在应该如何得到庇护呢？普罗米修斯的神话以及人类对它的创作展示了文明的审美化道路。"美丽不是真理，但它在规避真理的恐怖时成全了人，这样，人至少愿意承负那些有价值意义事物的痛苦。"[1]人类在挑战神明的权威、依靠技艺、寻求自足自立的道路上越走越远。19世纪自尼采以降，创造行为的位格一再由"渎神行为"降至弗洛伊德保护性的"否弃行为"，降至 acte gratuit（自由非理性行为），文明的道路通向何方？或者说，审美神话之于我们的现代命运，它还会为我们做些什么呢？[2]

布鲁门贝格的以哲学解释学的技艺，为自己，也为人类，从人类的文化史中，钩玄提要写下了人类文明道路审美化之寓言。

这不是一份悼词，而是一份墓志铭。

---

① Hans Blumenberg, *Arbeit am Mythos*(AM)，S. 659.

② 布鲁门贝格在后来的名著《马太受难曲》中提出了审美神话重铸的时代命题。他超越了普罗米修斯的审美思想形象，使神话的福音文本向巴赫的音乐文本转换，从而为我们现代之后或后现代的"幽微(too little)的存在"重新生成一种"有限的不朽"的存在而"操心"。

第四节 神话的诗学性

当现代启蒙理性在它最伟大的成就——科学的武装下,一路高歌"理性进步神话"时,我们不无颟顸地把儿时祖辈流传下来的神话扔进了历史的旮旯。可是,神话依然又改头换面潜入了我们的意识和心灵。神话对我们的心灵意味着什么呢?

我们无法摆脱的事实是,神话创作至今绵延不绝。但是,我们为什么需要神话创作? 而神话创作的情形会是如何呢? 它还会是一种"心理补偿功能"吗? 比如像弗洛伊德的精神分析治疗。无可否认,"人们讲述故事是为了消除某些事物,其最无害却倒也重要的情形是为了消磨时光;另一种更重要的情形则是为了消除恐惧。"[①]为了消除"现实绝对主义"所造成的黑暗,"命名突入了未命名的混沌"(Franz Rosenzwi 语)。就这样,"神话自身讲述关于黑夜、地球、混沌的第一次命名的起源故事。"[②]人们讲述神话故事是为了消除自身在黑夜里没有"光照"的恐惧,神话给我们带来了安慰。这一切的发生有赖于神话创作诗学技艺的运作和诗学功能的发挥。

一、命名和距离化功能

对于神话,我们现代人有太多的轻视古典智慧、自以为是的傲慢态度。我们最大的错误是,以认知性的方式来解释神话意义生成的可能性,殊不知有关神话的功能性描绘能够将我们的焦虑转化为一种可以驾驭恐惧的好处。在布鲁门贝格这里,这种神话的功能性描绘无疑首先是命名:

古老的恐惧与其说是人们不了解它,不如说人们对它不熟悉。

---

① Hans Blumenberg, *Arbeit am Mythos*(AM), S. 40.
② Hans Blumenberg, *Arbeit am Mythos*(AM), S. 45.

人们之所以不熟悉某些事物,是因为它无名无性;某些事物之所以无
名无性,是因为它不可表现、不可诉求,或者用巫术也不可揭穿。恐
怖(Entsetzen)在其他语言中几乎没有对应词,在恐惧的最高水平
上,它成为"无名无性"。因此,对不确定之物进行命名是最早的、很
大程度上是熟悉世界的可靠形式。只有从那时起,并且在命名的力
量之上,一个故事才可以讲述它。①

人之常情,我们常常对未知事物产生恐惧的心理。这种恐惧是古老的原
始野蛮恐怖的心理残留。其实,人们之所以会产生恐惧心理,与其说是对
该事物的未知造成的,不如说是人们对它们不熟悉而产生的。有道是,见
怪不怪,其怪自败。在接触"无名无性"的事物的过程中,命名是为熟悉世
界而迈出的最初一步。从此以后,我们逐渐拥有表现未知事物、讲述世界
故事等诸种驾驭恐惧的诗学手段和技艺。

对这个世界的信任始于命名。命名的同时也在讲述有关故事。一方
面,对事物的恰当命名将悬置事物与人之间的敌对性,把它转化为一种纯
粹的可利用性关系。② 何以见得?"命名随物赋形、历历可见。事物的命
名也就是事物'被询问的能力'。命名代表着事物的在场。命名从'诸如
此类'中突围出来,并楔入权力分立的系统;命名将服从'万神殿
(Panthon)'这一主导观念。"③另一方面,命名把一种原初"野蛮的恐怖"
情感张力转换为一种距离,然后把它诠释为可以正确认识的东西,这也是
仪式和神话所具的部分功能。于是,超自然的中心领域不仅得到命名,而
且还被赋予一种形式。命名不会停留于熟悉世界的地步,命名必然反抗
超自然权力的压迫。因此,命名"询问事物的能力"形成了人类认知能力
的胚胎;命名"代表事物的在场能力"为表现事物、讲述故事做好了准备。

---

① Hans Blumenbergs *Arbeit am Mythos*(AM), S. s. 40-41.
② Hans Blumenberg, *Arbeit am Mythos*(AM), S. 41.
③ Hans Blumenberg, *Arbeit am Mythos*(AM), S. 29.

至关重要的是,命名还"楔入权力分立的系统"、服从"万神殿"的原则为神话创作消除恐惧、带来安慰的主要功能奠定了基础。

因为命名具有上述的种种功能,所以,每一个故事的"阿喀琉斯的脚踵"——虚构能力被赋予了纯粹的权力,它的弱点不再受到质疑。只要神话故事还在继续发展,命名的功能就不会枯竭。因此,命名作为一种思想行动的模式,神话创作使现实转化为一种属人的事实,神话由此进入一个观念系统的位置,因而它自身具有一种重要的、与总体性关联的功能化价值。神话的形式系统和总体性能力刻画了历史上各个"神话阶段"。

在布鲁门贝格看来,把一种"野蛮的恐怖"的原初情感张力转换为一种距离,诠释为可以正确认识的东西,依赖于一种"诗化功能"的运用和发挥,它就是建立在命名基础上的神话叙事。神话叙事具有自身特有的程序,它通过讲述故事赢得空间(故事的意义),并以此展示一种得到控制的过程和各种变化形式。这种程序应该由一种可靠性来证明自己的正当性,叔本华把这种可靠性概括为使事物无可置疑。因为神话叙事生成的真实不是书面历史的真实,它主要靠构型、形相(Eidos,形式和形象)而不是靠数据化实现的,所以,神话的叙事所体现出来的可靠性不仅赢得黑夜中的光照,而且使神话所呈现的世界逐渐变得友好。用一句话说,世界不再包含许多妖怪。从这样一种意义来说,神话创作最初根本不是伦理性的,而几乎是人相式(physiognomisch)的,世界渐渐变得"友好"。这已接近于人从神话叙事中听到自己的内在需要:在这个世界如在家中。是的,一如我们儿时围拢在老奶奶的膝下,听述遥远的记忆、传说和故事……神话的讲述为我们指明路向,给人安慰。

上文我们已经了解命名是一种信靠世界方式,也是疏离恐惧的手段。现在继续跟随布鲁门贝格的论述来追踪神话创作中的距离化现象。

传说,美杜莎(Medusa)和波赛冬(Poseidon)比邻而居,这种场景只能出现在神话中。飞马(Pegasus)腾空而来,诗人的想象从飞马踏出的灵泉获得灵感,执行了使万物凝固沉滞的美杜莎的斩首之刑。"神话呈现了有关故事的世界,这个世界以这样的方式使听者获得一个时间的立足点,撤销了与他相关的恐怖和不可承受之物。"①我们可以通过时间上或空间上拉开一定的距离来实行对妖怪的恐怖和"不堪承受之物"的征服,这就是神话创作发挥戏剧性功能所收取最好的效果。"神话发挥功能的模式就是证实这个决断发生在一个遥远的地方或时间,并且是以戏剧的方式而不是以一种道德的方式。"②因此,我们享受神话带来的安慰和熟悉就在于神话的距离,或者说距离的神话,而不是"道德的方式",或者其他什么因果关系。

距离神话除了在希腊神话创作中发挥驱逐妖怪的作用外,它还在另一个领域起着"疏离不可思议之物"的功能。"使妖怪从这个世界消失,或者使过度的形式转化为人类的形相(Eidos,形式和形象),这两种现象肯定是神话功能产生了疏离不可思议之物的距离。这个关于距离的心理方案作为无忧无惧的观察者的立场和态度,仍然统治着希腊的理论概念。"③令人惊诧的是,希腊的理论概念居然也运用距离神话来实现理论创造者自我保护的效果。后来便有卢克莱修(Lucretius)的一个脍炙人口又略带邪意的比喻:观看海上船只失事,观者不是在享受他人受到破坏而产生快感,毋宁是在享受与此事的距离。早在卢克莱修之前,亚里士多德的悲剧理论也包含着距离神话。我们现在来领略布鲁门贝格从亚里士多德悲剧理论中解读这个距离神话:

> 在其讨论德国哲学百年的论文中,有一篇最富启发性;在这篇论文中,贝尔耐重构了亚里士多德的悲剧理论,把悲剧的效果看成通过畏惧和怜悯获得卡塔西斯(Katharsis):卡塔西斯是一个独特的比喻,说的是治疗性的净化实践;正是借助戏剧观众对恐惧表演的体验,卡塔西斯使观众从深陷其中的悲剧情绪中获得释放。通过愉悦

---

① Hans Blumenberg, *Arbeit am Mythos* (AM), S. 134.
② Hans Blumenberg, *Arbeit am Mythos* (AM), S. 129.
③ Hans Blumenberg, *Arbeit am Mythos* (AM), S. 132.

带来缓和,是亚里士多德针对音乐所形成的一种表达,这一表达第一次把审美愉悦规定为距离的获得。①

距离的思想图式支配了希腊的概念。希腊人认为,像神一样居住在intermundia(世界之间的空隙),这将会很幸福。对于哲学家来说,物理学早已掌握了神话的距离化功能:它使一切事物中立化而不带期待。在这里,理论模式竟然偷偷使用了神话的距离化功能来调适与世界的关系。

无论是理论还是神话,我们都要考虑到这样一种可能性——"突然进入有距离地旁观的观众获得愉悦的局外状态中"。"有距离地旁观"是一种置身事外的心理上受用,有可能引发对这个世界的冷漠心肠。这种冷漠的距离观也是耗竭人类的实践雄心,使人类懒于行动的一个主要原因。因此,布鲁门贝格与其说逃避这种无法逃避的"冷漠距离",不如说捍卫一种人类学的"内在距离"模式。这种人类学的"内在距离"即在于,愉悦的实现不再通过与一种另类现实保持距离的相关性,而是通过"纯粹功能性"的自我反思能力。② 由于神话的距离化功能,也由于距离化功能所带来的自我反思能力,"怪异之物和难以忍受之物的蕴藏"在神话叙事面前"不断消减",神话起着"使人远离不可思议的神秘性质"的功能。③

如上所述,命名使陌生的现实化为一种属人的事实;神话距离化功能不仅能与现实保持距离,而且还能以神话的距离对不可思议的现实打开一条反思的通道。无论距离还是命名,两者都是神话创作发挥安慰功能,应对现实绝对主义压迫的内在原因和重要的诗学技艺。

---

① Hans Blumenberg, *Arbeit am Mythos*(*AM*), S. 132.

② [德]伯伦贝格:《神义论失败后的审美神话》,吴增定译,刘小枫主编,《墙上的书写》,第 179 页。

③ 皮普平:《现代的神话意义》,黄炎平译,刘小枫主编,《尼采在西方》,上海三联书店2002 年版,第 539 页。

二、怀疑意识和权力分立

神话叙事所带来的安慰和亲近感使我们宛如在家中,但是,由于距离神话的疏离感,我们又培育了一种怀疑意识。海涅曾为怀疑意识描绘过这样一幅神话图景:地球行星是一大块岩石,人类是真正的普罗米修斯,怀疑意识就像一只兀鹰,人类在历史上由于偷窃光明而被这只兀鹰撕扯得体无完肤、疼痛难当。

在人类意识发展史上,怀疑意识可能是希腊哲学得以产生的一个动因。"智慧产生于惊异。"惊异的心理暗含了怀疑意识的种子。我们的注意力往往集中于主体形而上学和同一性辩证法,却轻易地忽略了其他思想意识的存在。怀疑意识暗暗地渗透于主流思想的传统背景中,并强劲有力地调校着主流思潮的流向。

这是一个终末神话。它是终极怀疑意识所造成的结果。我们时代教父笛卡儿一手把"最后的妖怪"(怀疑意识)这匹狼引入现代世界,任它又撕又咬;一手提着自己的头发离开地球的方式,用"我思故我在"的模型塑造了一个"最完美的存在"。莱布尼茨对这匹狼也是束手无策。这引得德国唯心主义哲学家们大施"空手套白狼"的绝技:"认知主体只有使自身成为权威并为他的认知客体负责,才有可能把这个最后的妖魔驱逐出世界。"①现代主义式的怀疑导致新的"绝对主义"——理性主体的自我捍卫的威胁乘虚而入。在布鲁门贝格看来,德国唯心主义的"终末神话"乃是建立距离、疏远恐惧的一种方式。它就是这样的故事——讲述世界的故事,讲述它的客体关于主体的故事,它强烈地排除"现实绝对主义"。现代主体在驱逐这个最后妖怪的过程中自我权威化,正是布鲁门贝格着意强调的神话创作由"怀疑向安慰突变"的地方。在主体确立全部经验中,神话创作克服怀疑意识的功能起到理论构造作用的那种必要性论证,依然是凄风苦雨中人类命运的保护神。

---

① Hans Blumenberg, *Arbeit am Mythos*(AM), S. 295.

这种怀疑意识像裸露的刀锋继续其颠覆性存在。它颠覆各种外在现实权力,同时也在颠覆自身的内在认知权威。一方面,认知主体的权威化是神话创作的一种自我安慰,怀疑意识因此成为认知主体神话创作所克服的对象;另一方面,怀疑意识对既有的权力和权威的颠覆作用造成了神话叙事中权力分立的现象。正如距离可以成为神话一样,怀疑意识也使自身神话化。

神话的安慰作用一方面凭借故事所具有的熟悉感、亲近感而带来了慰藉,另一方面解脱了现实绝对主义所造成的焦虑感而使心理有所缓解。我们在神话叙事中寻找的不仅有温暖的感觉,而且还有解脱了焦虑的轻松感。神话的安慰作用与权力分立的神话功能有关:

> 这不是上帝与自己纷争作为绝对的临界状态而被构想出来的;毋宁是,人面临他不能理解的所有权力时,作为这个原初方案,从焦虑中得到解脱。在这个程度上,这些权力似乎反人,因而人被它们间的相互反对挤在一边。当存在许多神时,诸神拥有了他们各自的权力——这个体系既存在他们的力量,也存在他们的弱点。既然原初上他们都是力量和权力,那么就像力量和权力,他们在本性上是不受限制的,除非另外的力量和权力限制他们。因为一位神受另一位神约束的,否则,他是无拘无束的,这也是神的统治者忌妒所产生的缘由。①

"力量"和"权力""在本性上是不受限制的",它们给人带来了压迫,产生了生存性焦虑。面对各种人类自身所不能理解的权力,为了从现实绝对主义所产生的恐惧和焦虑中解脱出来,人类开始创作一种"原初方案",在该体系中,诸神既拥有权力,也存在各自的弱点,形成了神反对神的均衡状态。因此,这份诸神战争的"原初方案"是人类神话创作中权力分立原则

---

① Hans Blumenberg, *Arbeit am Mythos*(*AM*), S. 597.

所导致的结果,也是一份诸神之争所送来的希腊福音。

在神话时代的高明秩序中,关键的东西不再是存在、总体和终结,而是"权力""优先""优势"和"位置"。当一切事物都是神时,权力分立达到了最完善的形式。"宙斯没有亲自行使权力,而是规定程序,这个程序之于大地上上演的生命和历史的可靠性是决定性的。"①通过权力分立这个程序,我们排除了全能存在,为生命和历史提供一份可靠性的保障。权力之间事事纠缠和竞争,以及对它们之间每每妒忌、虚荣与其他精神方面的分门别类等等,都是神话叙事的削权技巧在发挥作用。这同时意味着:诸神的每一种与人类生活息息相关的本领只能是特殊的。在时间进程中,在历史长河中,神话创作的权力分立程序促动诸神发挥各种技艺和才能,从一个地方转移到另一个地方,或者,生命(生活)从一种才能向另一种才能移动。于是,神话形成了多姿多彩的创作,获得了一种不绝如缕的历史化存在。"这个世界作为一个'宇宙'所能达到的安慰状态和这个过程中出现的每一种对绝对主义的限制。这两者作为对立的动机在神话中互相缠绕。"②权力分立程序为神话叙事带来安慰,同时对绝对主义有所限制,于是,孤苦无依的人类凭借着"鸡鸣不已"的神话创作,游走于这个"风雨如晦"的世界。所谓的"游于艺"正是孔夫子神话创作的写照。

奥维德的诗行体现了神话学中权力分立的结构原则。"权力的多元化必须要恢复,它使讲故事处于运动之中。"③作为多神论的表达形式,权力分立原则在审美上使一切事物成为可能。诗行中纯粹的变形原则就是以权力分立方式持续不断地召唤"神反对神"的方式,从而使罗马帝国粗粝朴实的文治武功成为一段金粉往事、绚烂传奇。如果我们以斯宾诺莎主义的方式,把歌德的诙诡之论解读为一种"反事实"的建构,那么,它现在就是神话形象塑造的基本公式——多神论是神话思维的一个特征。接

---

① Hans Blumenberg, *Arbeit am Mythos* (AM), S. 135.

② Hans Blumenberg, *Arbeit am Mythos* (AM), S. 135.

③ Hans Blumenberg, *Arbeit am Mythos* (AM), S. 290.

下来,布鲁门贝格坚持通过反转、坚定的否定来揭示这困难重重的神话创作的基本模式。因此,我们必须考察神话变形之于神话讲述的意义和价值。

三、变形与寓言神话创作

奥维德的《变形记》问世以来,文学由希腊气质顿之一转为罗马乃至欧洲气质。这种欧洲想象很大程度上就是一种以奥维德为中心的指涉网络。"奥维德的《变形记》展示了一种审美距离——疏离整个故事中所渗透的任何'紧迫性'经验。一种关于接受和建构相互交织的奇迹产生于匮乏和任何神话本原的关联……"①《变形记》无疑是一本奇书,它的神话接受和神话建构产生了神奇的交织,消除了故事的匮乏,取得了与神话本原的关联。于是,神话无穷地衍生出神话。这是一种关于神话本身的神话。"我们不可能排除这样的可能性:一种大百科全书式神话创作的'创作'(aufarbeitung)被概念引导而不是被系谱引导,在时代性重要成就方面,它很大程度上就是一种变形世界的变形——并且,正是用这种自我再现的形式,一种为未来准备的文献材料出现了……"②就此而言,罗马奥维德运用了"变形"的概念思维来取代希腊赫西俄德的"编纂"的系谱思维。

《变形记》的结尾不无骄傲地表达了它对所有时代来说不是不可避免的意识,同时也表达了这种"永恒性"与罗马权力的叠合。这种历史情境为"重新占据"一种长期以来由希腊材料所遮蔽的传统位置铺平了道路。一方面,这种新颖的概念化自我再现形式呈现了人类"实质性"的变形能力。"诗人依靠这样的观众:他们对神话的核心内容是如此的熟悉,以至于毫不费劲地辨认出它们,同时熟练加以增补和变化、变形和连接它们并从中得到快乐。"③另一方面,"每一次变形加重了怀疑意识,而这种怀疑

---

① ② Hans Blumenberg,*Arbeit am Mythos*(AM),S. 383.
③ Hans Blumenberg,*Arbeit am Mythos*(AM),S. 281.

使我们对这个问题焦虑：最高的权力究竟会对我们做些什么？"①我们知道，希腊的传统神话是从混沌演化而来，《变形记》的神话创作明显步武希腊传统。在怀疑意识的驱动下，它以变形的方式走出混沌，走出"最高权力"的阴影。"术语'变形'不仅是一个神话的集合性标题，而且还给出了神话自身的构成原则：一种属于诸神的根本形式：冲出无形式状态的存在，冲出不可靠的身份。"②随之而来的问题是，"冲出不可靠的身份"的变形并没有找到可靠性的港湾，它恰恰展示了不可靠性风浪的冲击。奥维德的《变形记》上承希腊传统，但已改变了希腊造物神的形象。罗马造物神的"变形记"由于不可靠风浪的体验而有一种自我否决的冲动。因此，"对这种情况的建制意味着建立一种伟大的自我否决"③。变形是一种伟大的自我否决，但这只能发生在故事中。"这种开端本身就是众多故事的故事，但这里作为世界本身形成的故事。"④这个开端既不是解释造物主的身份也不是他的律法，相反，而是设定变形为万物所遵循的地位，即设定了一种新型的创作概念。因此，它既不是造物主的创造，也不是他的法律的颁布，而是一种创作上的变形能力。

布克哈特（Jacob Burckhardt）的一个故事足以说明变形作用具有无比高明的神话智慧：忒拜的狐狸命中注定不会被任何动物捕捉，而雅典的猎狗命中注定要捕获任何它所追逐的东西。倘若这两只动物真的是"冤家路窄碰了头"，那么，我们的任何意义系统毫无疑问遭到了动摇，这个世界的任何逻各斯和可信的判断都遭遇了威胁。宙斯解决这类问题的方法十分独到，他把狐狸和猎狗都变成了石头。在神话系统中，既然任何权力都不是绝对的，宙斯也没有法力无边的本事，还好他可以动用神话智慧。于是，他首先动用变形来阻止这个预设了悖论的运动的发生。

我们常常说，欧洲的想象很大程度上是以奥维德式变形为中心的。

---

① Hans Blumenberg, *Arbeit am Mythos*（*AM*），S. 155.

② Hans Blumenberg, *Arbeit am Mythos*（*AM*），S. 384.

③ Hans Blumenberg, *Arbeit am Mythos*（*AM*），S. 157.

④ Hans Blumenberg, *Arbeit am Mythos*（*AM*），S. 384.

这种神话故事的讲述不仅显示了新颖的自我显现形式,规定了欧洲人对世界的态度,而且它还找到了一种独特的文体——寓言。

神话叙事和变形能力在寓言文体中得到了淋漓尽致的发挥,它们体现为神话创作中具体的诗艺技巧:反转和戏拟。

布鲁门贝格尝有言:反转是世俗化现象的基础。① 伊索寓言中动物主体已是对荷马诸神的反转,如果我们按照布鲁门贝格的思路来看,近代的世俗化说法可以一直追溯到古希腊文明中伊索寓言的潜在价值,因此,那种偏执于"近代的世俗化"观念无非就是一种布鲁门贝格所判定的历史的非法概念。伊索的动物寓言展示了从 anthropomorphic(神人同形)向 theriomorphic(人兽同形)的演进路向。这种变形对价值哲学来说,是一种根本意义上的转型。在古希腊文明中,伊索寓言的普遍影响延伸进了苏格拉底的监狱,这颇为令人惊奇。或许,伊索寓言的主体就是动物的诸神,在寓言之中,神话的特征已经进一步人性化。就是在寓言这里,人取代了史诗中英雄的塑造,朝着资产阶级状况的方向发展。那么,动物的主体已经是荷马诸神的颠倒。"除开史诗,这又是神话创作的形式:除了对诸神妖魔化和诗化外,还有都市化的形式。通过它们,人首次在自身中发现这种一直来所规避的陌生的个体化过程。那么,寓言尽管具有神话把妖魔转变为人和动物的残余,但它同时还作为一种类型,反对所有史诗中易于辨别的诸神的诗化人性。"②通过史诗神话创作和寓言神话创作的区分和交融,布鲁门贝格揭橥出伊索寓言的神话创作产生了希腊悲剧所没有的新生力量——都市化和个体化,它们预示了一种新颖的人性需要。因此,伊索寓言所包含的神话能量仍然能够产生和承受古希腊悲剧的整个世界。

寓言的戏拟性格是一种为神话创作所大量运用的技巧。比如,伊索

---

① Hans Blumenberg, *The Legitimacy of the Modern Age*,(Trans.)Robert M. Wallace, P. 89.

② Hans Blumenberg, *Arbeit am Mythos*(AM),S. 149.

寓言的动物主体已是荷马诸神的戏拟。不知何故,戏拟总是使寓言创作
屡受贬值。"在这个方面,神话操作方式的主要特征被夸大了,并且达到
了一种极限,在其中,它们用以创造的形式都寿终正寝了。"①究其原因,
在笔者看来,它可能是:其一,戏拟很难控制在合适的限度之内,它往往具
有一种戏耍过度的特征。矫枉过正,戏拟往往适得其反。其二,戏拟是一
种虚拟的行为。过于重视戏拟就是过于重视技巧,忽视了真正具有实质
的内容和意义。但是,戏拟如果不是在虚拟和嬉戏的道路上越走越远的
话,它早日回头是岸,重新回到变形的轨道上来,情况可能就会好些。柏
拉图在《普罗塔哥拉》中无法否认智者们的寓言化解释,尽管他把这种解
释贬为无实质化的变形能力。当戏拟具有一种实质化的变形能力时,"诗
人把变形看成是神话的中心性质,因为,只有通过它,神话才能变为可以
进行审美叙事的东西。人们都认为,对诗人来说,普洛透斯(Proteus)的
形象实际上万变不离其宗。但是,这是一个仓促的推论。"②如果变形追
求的是纯粹的差异性,在这个程度上,它不再具有任何实质自我,因此炸
毁了神话的可叙事性原则。在戏拟的极致之处,神话又炸毁了自身。因
此,神话的审美叙事在变形和戏拟中稍有不慎,即有自我毁灭之虞。

　　人们都说,寓言是属人的一种叙事文体。不过,上帝有时候不仅使用
诡计,而且还使用变形法术。此类上帝的故事会是寓言吗?尼采曾高傲
地说,悲剧保留了渎神的故事,但只要普罗米修斯还属于诸神的系谱,带
着狄奥尼索斯的面具,这已不是一种属人的寓言了。布鲁门贝格提醒我
们:人和神关系的神话不是一种寓言,只有人与自身的关系的神话才是一
种寓言。尼采的渎神故事看似是一个神话故事,其实是一种寓言,因为它
含有泰坦式个体奋斗的精神。据布鲁门贝格的人物性格的精神分析鉴
定,尼采笔下的泰坦式个体早已不是尼采心目中的诸神,而是他所憎恨的
资产阶级。我们还需注意,笛卡儿的邪恶精神——怀疑意识最为容易侵
入人与自身关系之中。寓言中的怀疑意识促使现实的最高权力转化为一

---

　　①② 　Hans Blumenberg, *Arbeit am Mythos*(AM), S. 151

种权力分立状态,造就了艺术的主体形而上学与客观真理观念相颉颃。因此,怀疑意识可能是寓言的终极权威。从这个意义上说,寓言的神话创作是保护人的。

西方文化的神话创作以奥维德式的变形为中心,展开了欧洲性的想象,规定了欧洲人对世界的态度,这一切在寓言文体中得到淋漓尽致的发挥。凭借戏拟和变形等诗学技艺,寓言的神话创作揭示了人与自身的真实关系,满足了一种新生的人性需要。但是,值得注意的是,过分注重人与自身关系的寓言有自我毁灭的危险。

第五节　神话的讲述以及重新讲述

布鲁门贝格向我们提供了一种理论,它展示了神话自然形成过程的主导性概念。它不是一种标新立异的炫奇,而是一种沉雄有力的原创。这种理论和"话语达尔文主义(Darwinismus der Wörter)"①有关。

"话语达尔文主义"是一种水成论的"自然选择"。这个选择过程所产生的各种"持恒的意象"和"基础神话"证明了,神话故事的讲述和听众之间的互动过程是一个"最优化"的过程,也是最富有文化意味的包孕性。但是,当今的"理论和技术"容易使我们的思考沦为进化的机制主义的牺牲品,所以,我们必须运用理性来保护人类免受达尔文主义的机制直接作用于人身上。同时,我们也要警惕这样一种现象:现代所营造的共时性神话误用了神话叙事的"同质性流动时间",喜好在历史的范围内人为地填充现代性传奇情节。最后,在神话故事的讲述以及重新讲述过程中,故事内核所产生的稳定性与这个世界的意义有关,但它不对世界追根究底,只服从于故事不能匮乏的要求。这种要求出自神话深刻的内在渴望——恢复权力多元化,使神话创作处于运动之中。

_____

① "话语达尔文主义"是布鲁门贝格把"话语"和"达尔文主义"结合在一起造出来的。

一、话语达尔文主义

关于本节内容，我们先谈"话语达尔文主义"的功能观，然后再谈它在解释浪漫主义反对启蒙运动时所发挥的思想功能和理论内涵。

从整体上来看，神话创作作为一项主体性的行为，它服务于减弱现实绝对主义的潜在功能。在这个过程中，神话创作功能所取得的效果依赖于某些"理念内容、仪式和机理"的运转，而神话学（mythoslogie）的历史发展模型可以见证这种神话创作功能。神话学中存在着一些持久的"核心内容"，而这些绝对的同一性"内容"经过时间川流汰选而积淀下来。不过，"内容"一词不适合于描绘这种功能性的起源，因为"内容"指的是一种超验性的起源。神话学中"神话意象（ikon）、理论观念和文化机理"等之所以能够巍然屹立于时间川流之中，它们仰仗的是一种"进化的""实体功能"模型。至于如何把握这些"内容"，布鲁门贝格现身说法，我们不能以心理学的原型概念来理解，只有弗洛伊德普遍的婴儿经验差堪比拟。同时，他通过一种精心选择的理论——"话语达尔文主义"来展示它们的历史风貌和存在形态。

从不同文化圈的神话学关于宇宙创世狂想曲的接受史中，我们可以观察到这么两种相互对立的现象，并且，它们之间互动又构成了一种机制（mechanismus）：一是神话创作所产生的内容上变化的现象，这是由真实的"需要"来策动的，这个真实的"需要"是为了减弱现实绝对主义；二是由故事歌手和听众之间默契认可的一种稳定现象。歌手们在神话叙事中反复为"这个世界的稳定性招魂"，频频提及一些可信赖的事物，这些事物后来发展为具有"宇宙"性质的事物。这是神话创作所做改动的前提。整个机制变动和稳定的运作情况类似于"进化机制"。如果说操纵"神话创作"的整体功能是一种"还原"的要求，那么它首先确立的与其说是"文化"，不如直截了当地说就是这个"机制"。这个机制所发挥的功能作用就是布鲁门贝格所称的"话语达尔文主义"。这个过程制造了持恒的机理和仪式，但它们又难以被我们追根溯源，究其实质。在这个神话创作过程中所形成的意象恒量(ikonisch konstanz)或基础神话又是一个不可见的优化过程,它们独立于时空环境。因此,"根据他的富于争议的'达尔文主义'神话形态学,布鲁门贝格能够调谐人类历史上某些遗留的'实体'或'机理'与《现代的正当性》所提供的模型之间的关系⋯⋯"①反过来说,《现代的正当性》所提供的思想模型在《神话研究》中,继续演变为"话语达尔文主义"神话形态学中的"实体"或"机理"。

为了进一步帮助我们理解"话语达尔文主义"这个关键概念,《神话研究》的英译者华莱士通过文学接受过程实际发生的情形来加深我们对这个概念的印象和理解:

> 与此相反,布鲁门贝格提醒我们注意,我们所了解的成熟神话学必须被想象为数千年来口头讲述的产品。在这个过程中,绝大多数故事、人物形象,以及早期故事和人物形象产生的变种都要经过听众的检验,而成功的故事讲述者甚至还有他的生平依赖于听众的正面承认——并且,作为这样"检验"的一个结果,它们中大多数材料由于不具有继续存在的影响而被抛弃了。易言之,神话库留给我们的产品,不是在一个崇敬的承传过程(诸如把玩书面文本,首当其冲是经文)产生,而是在一个毫不留情的"自然选择"过程产生,此乃布鲁门贝格称之"话语达尔文主义"。在这个过程中,神话材料所具有的咄咄逼人的力量爆发了,它通过结合讲述者和听众的"研究"(破和立)"使其最优化"。而且,正是这个过程而不是任何先天和本原的人类禀赋,解释了神话存在的"包孕性"和延续性。像进化一样,神话的起源不是我们可以直接观察的东西;事实上,认识论情况只会把它们弄

---

① John Davenport Blumenberg on History Significance and the Origin of Mythology: A Critique of the 'Invisible Hand' Reduction Department of Philosophy University of Notre Dame (Fall 1996 revision). http://www.cnphysis.org/text/.

得更糟,因为在其起源中,我们没有"化石"可供解说的阶段。①

每一种成熟的文化圈神话学都给我们留下了一个宝贵的神话库,而这个神话库不是文化垃圾的收集场,而是一个宝库。它仅仅收集为数不多的"持恒的意象"和"基础神话"等,抛弃了大多数"不具有继续存在的影响"的材料。收藏和抛弃的行为体现在对神话故事数千年来口头讲述过程中,体现在讲述者和听众之间互动关系的一种比喻。故事讲述者的神话创作和听众对这些故事材料的检验,是一个毫不留情的"自然选择过程",也是一个使神话材料优化的过程。这个过程虽没有现成的"历史的化石"可供我们直接观察,并不是说这个过程是任意的主观性产物。在讲述者和听众互动的过程中,"话语达尔文主义"建成了稳定的机理和仪式。这些机理和仪式就像一个过滤器,它们对无数的神话材料进行汰选,而使"持恒的意象"和"基础神话"存留下来,一旦得到合适的创作和阅读的机会,它们就会重出江湖,因此,在它们身上所积淀的该文化圈的普遍经验,包孕着丰饶迷人的文化意蕴。

我们再来看"话语达尔文主义"在解释西方思想史上浪漫主义反对启蒙运动思想个案时所扮演的理论角色。

神话学所演绎的神话起源的叙事是浪漫主义为反对启蒙理性而采取的一种策略。为了诋毁启蒙运动单一普遍理性的坚固基础,浪漫主义以始源真理的名义,最终成功地实现了这一反动意图。这是浪漫主义使自身成为神话的一种需要。德国浪漫主义理论家们像谢林和施莱格尔等,把神话看作是一种得到承认的原初启示,一种"本原"的人类天赋。在浪漫主义多情的眼光看来,不同文化圈的神话确实有一个既定的"神话库",他们承认它依赖于一个类似的基本方案来"运作"文学,但是,浪漫主义话锋一转,这个基本方案确实把"普遍结构"隐藏在不同类型的多样性神话

---

① Robert M. Wallace, *Translator's Introduction*, Hans Blumenberg, *Work on Myth*, (Trans.)Robert M. Wallace, The MTT Press, 1985, P. xx.

中,或者说,个体或人类的儿童时代某种普遍经验在无意识中通过多样化的神话创作呈现出来,这也是事实。这个事实没有理由让启蒙主义重视普遍性而轻视多样性。浪漫主义反对有理,但是,他们无法避免一个对他们自身不利的结果。在反对启蒙主义以普遍性压迫多样性的过程中,浪漫主义理论家们所揄扬的意义的"包孕性"、神话母题等概念一开始就完全暴露了真相:神话本身没有历史。我们知道,浪漫主义的多样性是历史的代名词。因此,浪漫主义理论家们口口声声以始源神话的"历史性"来反对启蒙理性,在某种程度上是站不住脚的。

启蒙运动以一种未来的眼光看问题,其最典型的例子就是进步观。浪漫主义产生于对启蒙运动的反动,它以"原初启示"的方案来反对进步方案。很多时候,人们误认为"原初启示"是对进步方案进行"话语达尔文主义"自然选择的结果,事实上不是那么一回事。大家都知道,启蒙运动所倡导的启蒙理性和理性主义是有区别的。比如,进化机制就是一种理性主义。我们需要的是启蒙理性这样积极性的现代性成果,放弃的是理性主义这样消极性的糟粕。布鲁门贝格的现代正当性方案建立在整合个体自律的启蒙理性和浪漫主义的现代性批判成果之上。但他对浪漫主义的负面方案一直抱有戒心。浪漫主义在某些方面对启蒙理性意气用事的批判,我们今天所讨论的"话语达尔文主义"可以对此有所纠偏。我们尽可以批判进化机制中理性主义的进步观,但是,当我们面对神话接受过程中"神话库"和一些恒定的"图像"时,如果不借助"物竞天择"理论来说明这些文化积淀现象,那又用什么理论来解释之?尽管这些"神话库"和"图像"也是假设性事物。

由于布鲁门贝格的"话语达尔文主义"和人类史上进化观念及其适用范围之间的关系若即若离,这造成了我们误把"话语达尔文主义"发挥的功能等同于进化机制所发挥的作用。为了澄清这种误用,我们可以从布鲁门贝格对进化机制中理性主义的辨析见出其批判意向:

出于进化机制的有机体通过逃避这个机构的压力而成为"人",

这是它凭借它反对类似身体幻象的事物来实现的。这是他的文化、他的机制的领域——也是他的神话……作为一个物质系统,自然选择的诸种条件对人不再形成和施加影响,以至于他学会使他的人工制品和工具服从这个适应过程,而不是他本人……"适者生存"适用对象正是这些,而不是它们的生产者。①

布鲁门贝格的这段话有点费解,笔者试着理解为:在自然进化的过程中,进化所发生的物质条件既会影响到人自身,也会影响到人对人工制品和工具的生产和改进。很多人沦为进化机制的适用对象,只有一部分人通过"学会使他的人工制品和工具服从这个适应过程",从而挣脱了这种机制的统治。其原因在于,"他的文化、他的机制的领域②"保护人免受机制统治的侵袭。人若想成为真正意义上的人、独立的人,他应该学会如何为真正的文化所化育,如何逃避机制的统治。如果我们把适用对象的进化机制误用到人身上,这就无意中把进化机制变成了一个工具理性的"神话"。所以,如布鲁门贝格所说,我们应该抛弃机制统治对人的异化的影响,而不是把进化机制和人对它的适应过程混成一谈。

我们知道,文化现象中"理论和技术"特别适合并完全服从于自然选择这个过程。布鲁门贝格事实上坦承,在自然选择过程中,"'这里有、曾有客观的进步……历史,无论它是什么,也是一个优化过程。'而且,这个'客观进步'不仅发生于理论(例如,科学)和技术中,或者在两者之中,以及通过一种奇怪的结合,也发生于神话中,而且还发生于布鲁门贝格用术语'机制'所概括的'思想行为结构模式'的整个领域中。"③我们可以用这

① Hans Blumenberg, *Arbeit am Mythos*(AM), S. s. 182-183.

② 这段话让人费解的地方在我看来,就是"机制的领域"和"机制"的区别。"机制的领域"是促使机制发挥作用的基础。比如,科学技术的发展是一种进步的"机制",文化积累是"机制的领域"发挥作用的客观进步。

③ Robert M. Wallace, *Translator's Introduction*, Hans Blumenberg, *Work on Myth*, (Trans.)Robert M. Wallace, P. xxii.

样的例子来解释这个"客观进步"的概念。柏拉图于他的世纪创造了世不二出的辉煌文化成就,如果柏拉图的天赋和资禀不受任何损害和减弱的话,如果他在我们当今时代重生的话,那么,我们毫不犹豫地说,柏拉图的现今创造的文化成果应该高于古代的柏拉图。华莱士把布鲁门贝格《神话研究》中的"机制"等同于《现代的正当性》的"思想行为结构模式",而这个思想行为结构模式不是被理性地、有目的人为地建构起来的,而是我们传统留给我们的一种现实情境。它无法以任何理由来证明"我们所做"或者我们所想的方式的对错、好坏和美丑,因此这个中立性机制无所谓好,也无所谓坏。但是,这个由"理论和技术"塑形的机制像毛细血管一样渗透于我们周遭现实,进而影响我们的"思想行为结构模式"。我们面临的生存选择是,作为自然选择过程中的活动主体,我们能否从"理论和技术"中汲取"客观进步"的"优化"理性,从而避开它的工具理性机制对我们的统治。因此,我们必须运用理性保护人类免受达尔文主义的自然选择机制直接作用于人身上。

布鲁门贝格的"话语达尔文主义"理论成功地区分了启蒙运动所倡导的"客观进步"的启蒙理性与它衍生的理性主义。但是,人们往往只看到启蒙运动理性主义的弊端和危害,在倒掉洗澡水的同时,也倒掉了洗澡的孩子——启蒙理性。在这个方面,浪漫主义表现得尤为突出。布鲁门贝格之所以批评"神话观念是一种本原的人性禀赋或启示"的观点,在于浪漫主义过分迷恋神话的"纯粹存在"。因此,他再进一步思考了几千年来"自然选择"所造成"机制的领域"含义的丰富多样性,包括社会的、文化的和神话的含义,以此对照于浪漫主义所喜爱的创造的代名词——想象(至少是相当程度的)所未完成的承诺。

　　1968 年巴黎五月风暴期间,墙壁上宣言写着,想象应该而且现在就要掌权,后来审美唯心主义的子孙们直截了当地意识到,这为任何事情由于不同因而会更好做了担保。但没有人想到他们必须要问——没有人被允许去问——什么是想象必须提供的,什么是它曾经提供的。我们可以有信心翻转波德莱尔的宣言——想象创造世界,从而断定想象从未实现世界。……"乌托邦"文学的例子以它(勉强承认)的贫困证明了,想象力所追求和它的否定造成的突破口,事实上相当于……关于生存、世界的解释、生命的形式、分类、装饰和勋章等规则方面,任何想象都不能发明人种学和文化人类学在这些方面所做的采集工作。而所有这一切都是长期以来自然选择过程的产品,并且,这个方面与进化机制类似,想象达到了惊人的多样性,自然形式本身就说明了它。在人类历史上,任何审美理论以这种机制方式所创造的事物,都不能使人信服想象。关于唯心主义美学的期待、想象的火成论(Vulkanität),水成论(Neptunität)①的自然选择总是作为一种塑成前者的基本可能性的结果,它具有一个重要的开端。因此,"模仿自然"美学没有全部错! 它在规范领域包括了神话的经典材料:神话以"自然方式"展示了它的模式等效于自然。②

某种激进主义助长了人们对想象的迷恋和膜拜,进而陷入了想象神秘论的泥淖。火成论只是证实纯粹的内在自我,但是它缺乏长时段的时间观念。有道是,上善若水。水成论把创造性的力量归之水的"自然选择",而不是"想象"之"火"的"多样性"燃烧。在布鲁门贝格看来,启蒙理性曾经努力寻找自然的内在构成性力量,如地球的表象,尽力把自己从圣经创世叙事所安排的世界开端和布局的诫命中解脱出来。如果我们能够去掉理性主义僵死的外壳的话,那么,启蒙理性于我们人类理性的成熟毕竟善莫大焉。想象能提供什么? 它曾经提供什么? 若有,想象提供给我们的所有一切都只不过是长期以来自然选择过程的产品。想象纵情于"任何事情由于不同因而会更好",但从来没有好好地想一想:差异凭什么会更美

---

① 18世纪后叶,水成论和火成论是相互竞争的两种地形学理论。火成论肯定了火山或火山爆发是形成岩层的源头,而水成论认为它们是在海洋中形成的。因此,与水成论长期积淀过程相比,火成论意味着间歇性爆发过程几乎是刻不容缓的。

② Hans Blumenberg, *Arbeit am Mythos*(AM), S. s. 179-180.

好,谁为此做过担保。因此,我们有信心颠倒波德莱尔"想象创造世界"的宣言,并断定它从来没有如此实现过。意义大于审美,"水成论的自然选择总是领先一步"。所以,神话创作的想象火成论无法超越神话研究的水成论,因为任何想象无法代替"人种学和文化人类学的采集工作"。由此看来,火成论完全是自然选择逻辑中的一个偶然因素。乌托邦文学的例子很好地说明了它所不愿承认的贫困。话要说回来,浪漫主义对想象"纯粹存在"的偏爱并不抹杀它的神话创作功绩。浪漫主义的"自然美学"即是明证,它有可能暗中祈望把神话和诗、"起源"和当下以及"现实"和想象统一起来,来克服我们日益加重的历史经验的偶然性。这样,浪漫主义倒会有可能取得对理性主义批判的积极性成果。

从上文看来,我们通过浪漫主义批判所取得积极性成果,是真正继承启蒙运动的遗产的一种行动,同时,铸造现代普遍理性的基础是一个易于受到迷惑,遭遇挫折的过程。"从浪漫主义的立场出发,通过提供另一种方式叙述神话和艺术、传统文化的延续性以及文化的多样性现象,给这些浪漫主义的每一个关键观念提供充分的理由,'话语达尔文主义'有助于克服已渗透在我们思维中启蒙主义—浪漫主义二元对立的态度——正如从启蒙主义立场出发,'现实绝对主义'模型有助于对它的克服。"① 借助布鲁门贝格的"话语达尔文主义"的概念和有关理论,有利于澄清我们理论思考中人为的对立,使我们在心理上对这个艰辛的探索过程做好准备,更加坚定地朝着布鲁门贝格所指明的方向走去。

二、共时性神话的批判

浪漫主义火成论的基本方案展示了一幅看似动态本质上是静态的图景,因为它不是一个在时间中发生发展的过程。在"自然选择"的过程中,绝大多数故事、人物形象,以及早期故事和人物形象产生的变种都要经过

---

① Robert M. Wallace, *Translator's Introduction*, P. xxiii, Hans Blumenberg, *Work on Myth*.

听众的检验,而成功的故事讲述者甚至还有他的生平都依赖于听众的正面承认。作为听众"检验"故事讲述材料的结果,大多数材料由于不具有继续存在的影响而被抛弃了。因此,我们面对不仅是神话库这样一个通过结合讲述者和听众的"研究"(破和立)"使其最优化"的过程,还有持存的神话"意象(image,icon)背面"的飞舞。布鲁门贝格曾假设:这最终要通过"歌手"和听众的相互作用,来大量处理这个时间过程中日益增长的"包孕性",亦即每一个基础神话总是能够现时地展示其"包孕性"。换成心理学的表述方式是,它的内容如何达到值得记忆的能量水平,每当我们接近它们时,它们就会现时地展现出来。就让我们把目光投向这个有意思的问题,神话意象在时间中持存的意义包孕性过程是如何发生的?

意义包孕性的表征是图像恒量,它是描述神话最具典型特征的因素。"它的核心内容的高度稳定性保证了时空的交融,并独立于地点和时代环境。"①可以这么说,这种神话核心内容的稳定性是受到文化记忆保护的结果。"一个故事如此古老,原因在于它享受了特定记忆的保护,在于它作为一个真理的结果。"②记忆的选择机制就是神话创作程序的器官。人们通过选择程序,借助记忆来重建古老的真理内容。然而,记忆往往受到改写的诱惑。在接受环境不断变更的压力下,我们必须通过故事歌手和听众的互动来检验核心内容的持存。故事的重述和意象的重复发生于仪式和戏拟之间。通过仪式的重复和戏拟的改写等手段,这个神话模式或者意象展示了它的明证性。这些图像的存在每每可以在传统的传承中得到辨认,但我们不能把它们理解为心理学意义上的原型,而应体认为弗洛伊德普遍的早期婴儿经验。因此,尽管传统把它们置于剧变时期、置于创新和改革的压力之下,但它们的整体功能几乎从不曾失去过。

口传阶段的传播有力地支持了所要传播东西的包孕性。"我们被告知,时间不可能摧毁这样一种意象,它将自己尘封在传说的烟霭之中,'并

---

① Hans Blumenberg, *Arbeit am Mythos*(AM), S. 165.

② Hans Blumenberg, *Arbeit am Mythos*(AM), S. 165.

且,这个令人惊讶的故事将最终成为一个神话'。与其说神话化使历史的事实和认同消失,不如说它在典型形象中使它们聚合为一,成为消费的对象。"①在这个典型的形象中,为什么时间的流逝不会损坏它的包孕性,并且它还可以现时地展示自己,成为消费的对象呢? 因此,我们有必要考察意象的包孕性对抗时间的销蚀作用。

经过水成论洗礼的神话故事和形象,它的时间失去了线性的单一性向度。一个故事的不断讲述和一些意象的重新利用和变形,其前后之间是一种非柏拉图化的关系,即不是本原和复制的关系,而是镜像和镜像的关系。这种关系在时间向度上失去了方向,也就说明了时间的流逝无法销蚀它们之间的恒定关系。不幸的是,神话所概述的"同质性流动的时间"受到了现代神话创造的误用:

> 概述时间的同质性流动,而不是一种"诸如此类"的连续性——使它同步具有世代延续的自我意识,使它同步具有对现实的专门要求——可以呈现为一个决断事件,一项纯粹行为,一个非"诸如此类"的问题。这是由现代所创造的一种模式。作为一种结果,这要求为它自己设置一种既清晰又决定性的开端,并且在决断和激进主义方面发现这种情况:现代颁布了先于一切事物的、作为零价值的事物。②

同质性时间无论如何流动,毕竟保持着一种"质性"的存在。现代在"概述时间的同质性流动"时,为何把质的流动还原为一种"零价值的事物",并以此作为该事物的开端呢? 这不是现代性的误用又是什么呢? 这种误用居然还可以成为神话。就是在这种非历史的模式中存在着一个再度神话化的机遇:这很容易把神话的转折点投射到虚无的空间。虚无的空间一

---

① Hans Blumenberg, *Arbeit am Mythos*(*AM*), S. 646.
② Hans Blumenberg, *Arbeit am Mythos*(*AM*), S. 112.

且成为时间,意义的包孕性获得了条件,并提供摹像并形成期待。于是,一种虚无的现代共时性神话登上历史舞台。现代造神运动又一次利用了基督教"从虚无中创造"的姿态。

　　未来既不是由过去的蜡像构成,也不是由乌托邦一厢情愿的意象构成。只有通过对唯一的和不可挽回的过去事物的洞见,我们才获得一种对未来的敏感性。这种洞见和敏感就如德国当代学者萨弗兰斯基描述的历史哲学所带来的体验:"我们设想着进入历史历程,直到我们感觉到一种想象力的坚固性和可靠性,我们觉得自己是一个圣灵,他能在一种历史的平面上舒展自己,我们滑过历史的大洋,忘记了,我们只是一阵风儿在海面上吹出的浪花。"①这个事实在某种程度上说明了,我们只能从已经构成我们过去的有关过去时代的特定未来推知未来。现代的共时性神话从来没有考量过去和未来之间同质性时间的流动,而是倾向于挖空具有同质性流动的时间,因为"诸如此类"的当下同过去和未来的联系只在"零价值的事物"中存在。现代就这样把虚无的空间时间化,又使意义在这种时间中孕育:"这种共时性把关键的私人数据和'伟大'的公共事件联系起来,并使它在文学记忆不可证实的领域中找到了庇护所。"②在布鲁门贝格看来,现代致力于营造共时性神话无非是出于满足这样的欲望:现实应该包含吸引重大事物的标志。时间上间隔的事件借助共时的普遍性奇观,创造了一个共时性的神话(einer Mythos Gleichzeitigkeiter),因此,历史事件的提炼与这样的期待或者暗示有关:历史如果不是由人创造的,那么它至少为人而创造。这个预先决定的历史范围往往填满了现代的传奇情节。"科学启蒙之后,从人们建立规律取代象征(Zeichen)来看,这种仍有可能存在的共时性是不同类型事件的重合,是个体历史和世界历史的重合,是思想和政治的重合,是思辨和粗糙现实数据的重合。"③启蒙理性

---

① 　吕迪格尔・萨弗兰斯基:《席勒传》,卫茂平译,人民文学出版社 2010 年版,第 284 页。
② 　Hans Blumenberg, *Arbeit am Mythos*(AM), S. 117.
③ 　Hans Blumenberg, *Arbeit am Mythos*(AM), S. 122.

主义机制化规律挖空了具有质性流动的时间,大大降低了意义的水平,启蒙因此刺激了浪漫主义反对它,也给予了浪漫主义"从虚无中创造"的大好机会。浪漫主义那充满了情节的始源神话终究是一种共时性神话,它比启蒙的规律神话更具有绝望的虚无主义气质。究其实质,启蒙主义和浪漫主义之争所营造出来的现代传奇无非是原因和结果的关系与手段和意图的关系的替代嬗变。同时,两者的历史观对整体的追寻要么集中于最高的意图,要么接受一种"无情的必然性"的约束。

综上所述,布鲁门贝格对共时性神话是持批判性态度的。这种批判的思想背景既综合了"话语达尔文主义"的水成论对火成论想象的批判成果,也吸取了"话语达尔文主义"对"文化机制"所造成的虚无化危害的治疗经验。

三、神话叙事或者故事讲述

我们已在上文考察了神话"自然选择"过程中时间包孕性神话,接下来我们要考察神话叙事本身。

这些遗留下来的故事是那些被反复讲述的故事,一旦我们知道那个时候来临,它们就被歌手写下来。"人们不仅模仿歌手的技艺,而且模仿他那已得到证明的材料。"①这个被写下来的故事既是故事歌手和听众互动的结果,也是"话语达尔文主义"领域的一件作品。"这是一个生产持续性机制和仪式的过程,但它在追溯中却难以理解——这些事物对人们施以挥之不去的影响,尽管人们几乎不曾了解,这些事物来自哪里?它们意味着什么?但它们暗示了,它们不是随心所欲发明的产物,在这个程度上,也无法找到它们的理性基础——因为它们无须一个理性基础。"②神话创作讲述的故事跨越千百年来时间,活在历史的深处。人们对神话故事的稳定性感到惊讶,于是他们认为这个故事建立在某种"理性基础"上。

---

① Hans Blumenberg, *Arbeit am Mythos*(AM), S. 176.
② Hans Blumenberg, *Arbeit am Mythos*(AM), S. s. 176-177.

其实,神话故事的稳定性与"理性基础"无关。

除了故事歌手和听众之间的互动之外,还有一个歌手们之间竞争的自然选择机制。古代歌手之间的竞争机制应该是由荷马和赫西俄德之间的竞争启动的。这给故事讲述的自然选择机制增添了复杂的丰富性,但讲述机制的丰富性并不意味着对某一稳定主题的偏离。"故事在每一个夜晚被重新讲述,因为歌手不只是提供娱乐消遣;他也提供一些保证和认可,后来有一天,这些东西被叫作宇宙学。宇宙起源学和神话起源学作为神化这个世界的稳定性的一种方法。这些缪斯庆贺这个世界的稳定性,她们的工作是镇静人们对这个世界的意义。"①故事的稳定性是对这个世界的稳定性的一种反映,它与"理性基础"无关,却与这个世界的意义有关。"虽然神话拒绝并且必须拒绝提供解释,但是,它'产生了'另一种使生活稳定的性质:杜绝任意性,消除反复无常。这就是为什么它作为人工产品不可能允许受到怀疑的影响。它必须被接受为一种'心理学的自然产品'。"②由此看来,讲述和重新讲述这些神话呈现为神话叙事对可重复性的忠诚期盼,对形式的融惯性及其限度的内在要求。我们对神话的含意或意义(至少是某种形式的意蕴)的理解,与某种类型的熟悉与亲近有关,或与某种可靠的预期有关,而且,这些意义紧紧围绕着"这个世界的稳定性"。

对故事稳定性的关注使我们对神话创作过程长期性的关注。"经过自然淘汰保留下来的内容和形式,它们的可靠性经得起时间过程的磨损。相反,它证明经过时间汰选的内容,时间赠予它这样的性质:它归之于起源,归之于始源时间和我们体验到一切事物的关联。"③史诗的起源不会和神话的起源重合;相反,前者作为神话的作品,在生活世界的重要事务方面已经预设了神话创作的长期性,并让我们体验到"始源时间"。故事

---

① Hans Blumenberg, *Arbeit am Mythos*(AM), S. 177.

② Hans Blumenberg, *Arbeit am Mythos*(AM), S. s. 143-144.

③ Hans Blumenberg, *Arbeit am Mythos*(AM), S. 178.

讲述的稳定性和长期性不仅为我们提供了这个世界的可靠性,而且还满足了我们对世界亲近的需要。"用一句话说,世界不再包含许多妖怪。在这样一种意义上,它最初根本不是伦理性的,而几乎是人相学的(physiognomisch),世界渐渐变得'友好'。这已接近了人从神话中听到这样的需要:在这个世界如在家中。"①

神话不赞同亚里士多德的原则:相似的总是产生相似的。如果一切事物可以来自一切事物,那么,这就不存在解释并且也无须解释。人们只是讲故事。神话可能是一切事物来自于一切事物,但是它不可能讲述有关一切事物的一切故事。"故事无须对根本结论追根究底。它们服从于唯一的要求:故事不可能匮乏。"②"故事不可能匮乏"产生了神话创作的两种现象:一为含混性,二为多样性。以神话的合理方式,人生此世的偶在意识的忤逆被那没有因果、没有解释的含混性和多样性消除了。解释的需要被悬搁了。神话从不言说世界开端的故事,也不言说世界的存在被大洋神(Oceanus)围困的事实。更为重要的是,它不仅对含混性的东西听之任之,还汲汲于产生这种含混性为鹄的。"神话的视野不等于哲学的临界概念;它的整个幅度涵容了整个世界,但不是物理学划分的界限。"③含混性必然连带着多样性。多神论是适合于神话的本体论。神话的规则是"多的规则",诗人在明喻和变形之间顾盼白雄、摇曳生姿。神话诗人荷马就是对仪式崇拜和讲述故事的形式持游戏般的态度。"权力的多元化必须要恢复,它使讲故事处于运动之中。"④神话就这样以自己的游戏方式,通过讲述故事赢得意义,并以此展示一种得到控制的过程和各种变化形式。

神话故事的讲述和重新讲述涉及反复利用、改变和调整有关可能性的叙事和人物形象。针对这种情况,布鲁门贝格与其说意在阐述"讲述故

---

① Hans Blumenberg, *Arbeit am Mythos*(*AM*), S. 127.
② Hans Blumenberg, *Arbeit am Mythos*(*AM*), S. 143.
③ Hans Blumenberg, *Arbeit am Mythos*(*AM*), S. 145.
④ Hans Blumenberg, *Arbeit am Mythos*(*AM*), S. 290.

事"本身,毋宁说他反对对这类故事任何确定意义的信赖。他反复申述意义大于审美,坚定地用水成论的思考调校火成论的审美神话。

第六节　作为现代诗学的神话创作

——以浮士德神话创作为例

布鲁门贝格令人不可思议地把德国唯心主义及其后裔的浮士德神话创作纳入普罗米修斯神话的现代语境之中,恢宏又不失精微地阐释了浮士德神话创作所呈现出来的现代诗学的三个重要的特征,从而揭橥现代诗学的独立价值和根本症结。

在刀锋般怀疑意识的促动下,唯心主义主体为了疏离生存偶在性的攻击,采用"我思"最完美的存在模型进行浮士德神话创作。该神话创作所体现出来的以自身为依据的主张被视为对最后神话的尝试,它以终结性脱离开端性这样不完整的理论对称方式,实现了神话创作最大程度的变形:浮士德神话创作终结于形式,并呈现为一种浮士德事件的星丛态势。布鲁门贝格对唯心主义基础神话的解读,就是对诗学中最为根本的主体形而上学特征的批判,强烈地质疑浪漫主义复数化浮士德神话创作中相对化和主观化倾向,并警示现代人复活古老的触觉官能愉悦论以规避对幸福理论的审慎思考的误区。

一、德国唯心主义基础神话:主体的绝对性即审美化

众所周知,德国唯心主义(又称观念论)是哲学史上一个重要流派,与德国的浪漫主义有着千丝万缕的联系,当时哲学家和诗人的思想著述和文化活动或多或少涉及普罗米修斯和浮士德两大神话。相较于普罗米修斯神话创作中儿子反抗父亲和诸神之争的主题,浮士德神话创作渗透于德国唯心主义最为隐秘的心理,更能表征现代时代意识深处的一种渴望:个体神话的欲望无非是使自身成为"主体绝对主义"。这一点与现代语境中普罗米修斯神话创作中"未来的个体主义"(das Invididuum der Zukunft)

的造人材料①是相通的,因此,无论从思想主题还是角色构型来看,前者仍属后者源远流长的神话研究中一个变体。

短期内发生的一系列突发猛生的事件构成这个"星丛"大事件,布鲁门贝格命名为德国唯心主义基础神话。以星丛来说明这个基础神话创作状况是有原因的,主要是"发现历史意义这一基本需要如何在纯粹共时性形式的呈现中得以满足"②的神话创作情境使然。

这个基础神话自有渊源,虽不是凭空而来,却又是乘虚而入的:

> 这个最后(letzte)神话就是终极(letzten)怀疑意识的一个结果。笛卡儿引入了这个邪恶精灵(genius malignus)的思想实验,既不是无缘无故的,也不是缺乏历史的压力,而是他相信,只要借助最完美存在(ens perfectissimum)这个概念作为证明的终审机关(garantieinstanz),他就能够处理它。莱布尼茨已经反对这种怀疑意识,由于它太强烈了,以至于任何论证都无法消除它。康德用任何类型的证据都无法证明上帝存在,这助长了这种怀疑意识像裸露的刀锋继续其颠覆性存在。这里只有一个办法能把这个最后的妖魔驱逐出世界,即认知主体使自身成为权威,并为他的认知客体负责。因此,唯心主义的"终末神话"(endmythos)乃是疏远恐惧的一种方式。这种恐惧现在不仅是精神性的而且还深深打击了从事理论活动的主体。③

从唯心主义基础神话的视角来看,笛卡儿式怀疑意识是一个认识论上先天世界的恐怖妖魔。作为唯心主义的灵魂,怀疑意识塑造了唯心主义哲学家们"权力分立"和"诸神之争"的个性偏好。为了把这种个性偏好转化为个体的身心气质和性格特征,唯心主义需要寻找一种形而上学,使自身

---

① Hans Blumenberg, *Arbeit am Mythos*(AM), S. 672.
② Hans Blumenberg, *Arbeit am Mythos*(AM), S. 292.
③ Hans Blumenberg, *Arbeit am Mythos*(AM), S. 295.

的存在达到一种绝对性,从而在意识领域克服怀疑意识。笛卡儿"我思故我在(cogito sum)"应运而生,成为现代人"最完美的存在",用来克服怀疑意识对人之存在意识的冲击。由于"我思"是确定的,又根据存在"同时即一切"①绝对性的古典定义,笛卡儿式存在的绝对性由"我思"的确定性证成的,换句话说,"我思"虽以确定性和绝对性筑成"我在"的牢固堤坝,能够有效地抵御怀疑意识潮水的冲击,但并不能担保"我在"是一种最完美的存在。笛卡儿式"我思"主要是一种怀疑意识,故"我思故我在"大可改为"我怀疑故我在"。由怀疑意识培植起来的启蒙运动把宗教信仰作为迷信驱逐出公共领域之后,如狂风横扫一切往昔由宗教信仰培育起来的精神花园,只见得"落花流水春去也"。怀疑意识所保证的"我思存在"的绝对性终难言牢固可靠,因为生命是一种偶然存在,使"我思存在"的内在性质永远处于一种变幻不定的状态,故它徒具存在的绝对性外貌。在唯心主义建立"终末神话"驱逐怀疑意识之前,任何论证和理论对它徒呼奈何。生存的偶在性已是"我在"的噩梦,但更大的噩梦乃是外在世界的"现实绝对主义"的追索和压迫,唯心主义哲学家们首当其冲体验到现实绝对主义所释放出来的怀疑意识,在没有其他存在模型可资借鉴的基础上,他们仍然求助于笛卡儿我思存在的概念,建立起一种疏离恐惧的个体存在的基础神话。也由于怀疑意识与"我思"主体的映射关系,导致了这样有趣的局面:变幻莫测的怀疑意识使主体处于流变的生存状态之中,"或是游戏的或冒险的原生主体,或是正在成型的主体"②。这个流变生成的主体借助于变幻无常的时间意识,形成一种自我呈现的体验视野,在怀疑意识的攻击下保护自己的绝对性,布鲁门贝格认定,"这种体验本质上是一种审美体验"③。

如何理解德国唯心主义用审美性来形成主体自身的绝对性来对抗怀

---

① Hans Blumenberg, *Arbeit am Mythos*(AM), S. 296.

② Hans Blumenberg, *Arbeit am Mythos*(AM), S. 296.

③ Hans Blumenberg, *Arbeit am Mythos*(AM), S. 296.

疑意识刀锋般的颠覆性呢？德国唯心主义把怀疑意识看成是一个恐怖的先验世界的怪物，为了制服它，他们凭空创造一种所谓的历史哲学。施特劳斯对这种所谓的历史哲学洞若观火，18 世纪中叶生造的"历史哲学"①融合了哲学和历史，它是一种历史主义，是我们时代的精神。② 从历史哲学的命名来看，笔者认为，历史哲学本身就是个悖论，因为历史事关时间，哲学的永恒性类似空间，历史哲学之所以能够成立只能是"唯心"的观念论产物。

　　且看历史哲学为何方神圣？"在一种把过去状况设立为与之相关确定的过去之历史哲学中，神话的先验世界有期望未来的必然性；未来可能是这样的，而且还可肯定它必将变成现在。"③这段话透露出来的信息毋宁是：先验世界本为空间性概念，但在唯心主义者手里变成了一个时间性事物，其手法颇为诡异。唯心主义者认为过去之为过去，是它再也无法挽回，因而把过去的确定性体验为一种绝对性，而先验之物本就具有绝对性，于是它的先验性顺着绝对性这座桥梁引渡到历史的时间境域中。如果我们可以把这个先验之物像笛卡儿那样规定为最完美的存在的话，它不仅对主体产生一种对未来的期许，而且还强烈要求现在马上实现这一期许。这就是布鲁门贝格所说的，"历史哲学再一次把历史变成故事"④，然后历史哲学也摇身一变为审美研究。这同时表明，唯心主义者借用笛卡儿的"我思"最完美的存在模型是半心半意的，因为他只是借用存在的绝对性而已，完全忘记"最完美"的存在。何况"最完美的存在"是一个空间性概念，既没有历史性，也难以产生故事，故无法为唯心主义者历史哲学化。唯心主义者借助存在的绝对性，在时间的迂回中探索通往自身的道路，当两者"金风玉露一相逢"，故事就会降临到绝对性身上，绝对性因此进入审美体验的视野之中。唯心主义者借用历史哲学和存在的绝对性

---

　　① Leo Strauss, *What Is Political Philosophy*? The University of Chicago Press, 1959, p. 58.

　　② Leo Strauss, *What Is Political Philosophy*? p. 57.

　　③④ Hans Blumenberg, *Arbeit am Mythos* (AM), S. 296.

来打造的现代主体的路数真相大白于天下：现代主体的绝对性是通过审美性而实现的。

由怀疑意识引发的审美体验看起来是绝对的，仍然遮不住它内在的不完备性。怀疑意识犹如一把双刃剑：一方面它是由外在权力压迫而产生的，结果是反对外在权力的意识产物，另一方面它也会对自身产生怀疑，这就是审美一再提倡的自反性（reflexivität）。审美往往把这种自反性描绘成静观是对运动的一种挑战，无非是想获取这样一种宝贵的好处："唯心主义的主体无须担忧自己在无限时空中丧失对世界的体验。在作为主体知识的自我反思中，我认识到，'世界是我的表象，即是我，这个永恒的主体是这个宇宙的承担者，它的整个存在就是与我有关的联系'。"①叔本华对现代存在观的阐释活生生是现代主体对自身绝对性的神话创作："一个故事讲述世界，讲述它客体的主体，它强烈地排斥现实绝对主义。这是一个无法证明的故事，因为它没有证明人，但是这个故事具有哲学家曾提供的最高性质：无可反驳性。"②唯心主义者把主体上升为最高的事物，世界只能是主体眼中的世界，与主体无关的宇宙其他部分一并沉没于主体审美之光的照耀。尽管唯心主义的主体能够美轮美奂且无可反驳，依然无法遮掩它自身不完备性的胎记。

这个"最高"的自我在思考自己的绝对之根时，此世的偶在性把一种深沉的冲突嵌入主体意识，迫使主体承认自己缺乏必然性。这种深沉的冲突形式或许源于这样的事实：

> 主体乃是自然进程的结果，无法体验它的自我构型，于是，它开发出一个唯一绝对确定性的 cogito sum（笛卡儿的"我思故我在"），主体进入这个自我构型但又相异于它。从奥托·兰克（Otto Rank）的精神分析学的论述来看，我们知道这个困境最准确的程式是怎么

---

① Hans Blumenberg, *Arbeit am Mythos*（AM）, S. 297.

② Hans Blumenberg, *Arbeit am Mythos*（AM）, S. s. 297-298.

回事:"你想创造你自己,你又不想由你父母所生⋯⋯你尽力使你的生活像个神话。任何你梦想的惊奇事情,你都实现了。你就是一个神话的制造者。"①

任何主体都是自然进程的结果,如有主体将 cogito sum 体验为"自我构型",有可能使自己走向另一个极端:一种典型的既"唯心"又"唯我"的"神经质的自我放纵"。这个主体一味沉浸于自己生产自己的神话之中,对各种必然性和前提闭上眼睛。他悬搁了各种令人不快的局势(konstellationen)和依附关系,然后把它们统统变成一种愿望、一种幻觉。每一个唯心主义主体都在自我表演,好像他应该这样做似的。这种在怀疑意识攻击下绝对自我的审美生产,回响着古希腊悲剧所创造的生存幻觉。

德国唯心主义基础神话最伟大的继承者首推存在主义哲学。存在主义的中心观念赤裸裸地表达了生存绝对本真性欲望,但这种生存的自我意愿总是与"被抛"(geworfenheit)、"本真性"(faktizität)等抽象术语所表达出来生存处境的必然性和前提条件相抵牾。昔有唯心主义用笛卡儿我思最完美存在投射主体的绝对性,今有海德格尔以此在(Dasein)这个最完美存在投射本质,然后与自然前提和现实条件相对抗。存在先于本质,这是根据对经院哲学的"存在服从本质"进行反转而实现的。

我们感兴趣的是海德格尔如何实现这种反转过程? 在笔者看来,存在主义似乎是通过两个步骤实现的:存在主义首先在普罗提诺那里迈出第一步。"甚至就普罗提诺的上帝而言,自我生产也还是一种隐喻,指的是将存在变成本质的一种纯粹结果,将本质呈现为意志的完美化身,从而在最高原则上取消柏拉图意义上'chorismos'(形式与质料、本质与存在之间分裂)问题。但这也形成一种对审美对象的定义。审美对象不是对一切事物的全部事实性的反映,而是观念和表象的同一,换言之,审美对

---

① Hans Blumenberg, *Arbeit am Mythos*(AM), S. 298.

象是把意愿的绝对可靠性作为存在来看待的。"①从经院哲学的存在服从本质的命题来看,本质在最高原则上等同于上帝,如果说存在的自我生产是本质的一种隐喻,也是本质的一种纯粹的结果,那么,存在的意志只能是在最高原则(完美)范围内限制使用。普罗提诺为了解决柏拉图的形式与质料、本质和存在之间的分裂问题,把存在提升到上帝的地位,然后在这个最完美的存在中投射本质,上帝等同于本质,所以存在等同于本质。但存在与本质的同一只不过是在意志的完美化身即上帝意志的投射中同一,因此是观念与表象的同一。按布鲁门贝格的观点,观念与表象的同一造就了审美对象。以审美的名义,普罗提诺为"存在服从本质"反转为"本质服从存在"打开一个小小缺口,就已为唯心主义主体的自我神话大开方便之门。对存在意志的最高原则这一限定后来果然被他们弃之如敝屣。

唯心主义者以绝对哲学的形式把存在意志的神奇本领发挥到无以复加的地步。谢林曾向歌德介绍费希特的绝对哲学时做过这样的描述:"对他(费希特)来说,世界就是一个球,自我把它抛出来,然后,'反思'这只手又把它接住!!"②令人瞠目结舌的是,唯心主义者的自我竟然凭着"反思"可以把"世界"玩于掌股之间。这个自我差堪与上帝相比拟。现在离存在主义的反转成功只有一步之遥,只要把绝对哲学对事物规定性反思转为生存的自我意志伸张即可大功告成。当海德格尔的此在站出来存在③时,此在的在场敞开了本质。无可置疑,这里此在的"意愿的绝对可靠性被当作存在来看待",也就是"观念和表象的同一",最终是审美上的同一。存在主义就这样通过普罗提诺和唯心主义的审美解决途径,成功地实现"本质服从存在"的反转。

存在主义的哲学动议自有深刻的社会原因:现代主体发明"存在"即是为了不懈地抵抗由异己的社会代理所产生的一切异化或疏离。"本质

---

① Hans Blumenberg, *Arbeit am Mythos*(AM), S. 299.

② Hans Blumenberg, *Arbeit am Mythos*(AM), S. 295.

③ Existenz,海德格尔研究专家张志扬教授利用 ex 词缀把 ex-istenz 译为"站出来生存",笔者采用此意。

服从存在"的深刻社会根源就是反对本质这个异己的社会代理(比如资本的异己社会代理即物化)对此在的压迫,并强烈要求消除与此相关的一切异化现象。存在主义哲学不啻一种神话创作,而它的创作行为恰恰是一种自我表征的审美行为:"不用大惊小怪,不停地自我生产实际上萦绕着一种自我表征的审美行为。只有在审美意义上,我们才能满足这种不循人之常道的愿望。"①

究其实质,无论唯心主义还是存在主义都以审美的方式把主体提升为最后的权威,这一历史哲学动向应该值得我们警惕。布鲁门贝格在后文精辟地指出审美的内在缺陷:"唯心主义把自身解释成审美的,这可以被看作是一种避免挫折感的众望所归的方式。在这个范围内,通向审美领域的通道创造了最为纯粹的、不可反驳的形式。吊诡的是,此世的审美化使它的现实成为多余的,因为,对它的想象使它总是更为美丽。当感知自身采用审美行动的各种特征时,那种依其本性是不可能的事物迷失于一切事物的统一性中。"②

二、现代诗学的最高问题:文学的终结性即形式化

在唯心主义基础神话中,主体因绝对性的外貌自我拔高为最高事物,达到了终极状态,因而采用一种"太一神话(eines Mythos)"的形式来表述自己。"太一神话"是处理神话性事物的最高刺激,因而在形式上彰显为一种根本无法超越的纯粹表征。但是,从哲学思维来看,这里的终结性明显不具有与它的开端性相对称,既然"太一"是独一无二的意思,哪有其他神话与之相对称,从而规避了论证思维的对称性要求,这本身就是唯心主义理论的一个先天的缺陷。

面对外在异己的绝对他者"现实绝对主义"时,人早已启动神话创作思维致力于应对绝对实现主义的威胁。"现实绝对主义"的世界险象环

---

① Hans Blumenberg,*Arbeit am Mythos*(AM),S. 299.

② Hans Blumenberg,*Arbeit am Mythos*(AM),S. s. 619-620.

生,杀机重重,人只有通过神话创作寻找生存安慰,立身于世。因此,人总是从内心渴望自己的神话创作能够一劳永逸地克服现实绝对主义威胁,使自己的神话创作走向终结。神话创作过程包括神话接受过程。在接受过程中,我们总是冒险探测神话最极端的变形,这往往使人难以辨认原初的神话形象。"对于接受理论来说,这将是一个终末神话的虚构,亦即这个神话的形式开发殆尽。"①

通过最极端的变形来终结神话创作过程,为什么总会落实在开发这个神话的形式方面?

> 在唯心主义基础神话中,如果现在只有神话的形式能够通过抽象命名,在无可超越的意识中起作用的话,那么,这个神话在主体自发起源、在主体自我生产的表象方面具有重要性。凭借这种手段,甚至每一种现实可能性的首要条件都置于主体的裁夺之下,好像主体不想让自己惊讶现实的性质,甚至不是惊讶于存在事物这个事实,而是惊讶于虚无。人们把这点描述为愿望和快乐原则的绝对统治,在历史的另一端,肯定是现实和现实原则的绝对统治。因此这个观点起先是令人不安的,然后却转变为一种肯定性观点,创造性想象和神经质想象相互紧密地结合在一起。两者将退出现实原则的统治范围。②

历史发端于现实和现实原则的绝对统治,显得坚硬沉滞、咄咄逼人,几乎令人窒息和痛苦不安,通过形式化手段使其变得轻盈和空灵,主体因而产生一种掌控现实的幻觉。唯心主义者已经找到"抽象命名"这种形式化手段,把各种现实的首要条件虚无化,而且,"抽象命名"不会让主体惊讶于现实而是惊讶于虚无,使他们找到实现愿望和快乐原则的场所。就是在

---

① Hans Blumenberg, *Arbeit am Mythos*(AM), S. 295.
② Hans Blumenberg, *Arbeit am Mythos*(AM), S. 298.

这里,他们先是不安,继而大胆地释放创造性想象和神经质想象,终结现实原则对它们的统治。

浮士德神话持续不断的创作过程很好地说明这个问题。布鲁门贝格认为,神话创作最大的功能能够缓解生存焦虑,带来安慰。但是,该神话创作中形式化的抽象命名功能却带来一种不是安慰的安慰:"如果命名和属性不是盲目承袭古老的熟悉感,并且深深地渗入我们文化的基底(bildungsgrund)的话,那么,在这个不变的构型所限定的空间内,所有这一切不会因为时间的流逝而会带来安慰。终结神话以一种全新的姿态巩固了它的存在。"①古老的命名功能在古代是恰当的,它勾勒整体的意义,因而赋予人们熟悉感和亲近感。在现代语境中,"形式化"意味着从抽象到高度抽象,以新奇的标题取代古老的命名功能。按照黑格尔艺术终结论的观点,现代艺术的高度抽象化使艺术达到了自我意识的地步。形式化使艺术丧失了对象,而且由它的抽象性所催生出来的理论化解释功能却趋向无限。② 神话创作通过形式化使自身达到终结,吊诡的是,形式化催生出来的解释功能又以一种全新的姿态巩固了神话的存在。其实,某些事关人类生存主题的神话创作是永远不会终结的,浮士德神话创作如此,普罗米修斯神话创作亦是如此。在重视文艺形式感的法国文学中,文学终结于形式尤为卓著不凡。瓦莱里的《我的浮士德》以一种触觉感官的形式终结浮士德神话创作。无独有偶,纪德也在《失缚的普罗米修斯》中以一种乏味的技术形式终结普罗米修斯神话创作③。

作为唯心主义基础神话的化身,浮士德神话创作在布托、莱辛、海涅和歌德甚至是后来瓦莱里手里,出现这么一种形式化的特征:"所有格代词、不定冠词,甚至使用浮士德姓名的复数形式,这一切在语言上指出了主张终结神话的相对化和主观化特征。"④现代艺术的高度形式化以及对

---

① Hans Blumenberg, *Arbeit am Mythos*(AM), S. 166.
② 阿瑟·丹托:《艺术的终结》,欧阳英译,江苏人民出版社 2001 年版,第 101—102 页。
③ Hans Blumenberg, *Arbeit am Mythos*(AM), S. 680.
④ Hans Blumenberg, *Arbeit am Mythos*(AM), S. 308.

形式化的过度追求,深深地隐藏着一种时代的欲望:追求一种存在的相对化和主观化。在18—19世纪"浮士德漫天飞"的日子里,人人争创浮士德神话。浮士德的复数化在浪漫主义时代使多元化成为时代的精神偶像,但这些以自身为依据的浮士德神话创作,都被视为对最后神话的尝试,一时形形色色的终结论腾喧众口。多元论和终结论本来形同冰炭,现在居然沆瀣一气,创造了现代诗学史上一种"奇观":终结神话"给下述欲望推波助澜,这种欲望即从不知足地提出要求,并且发明更多的要求加入其中,其目标指向现代主体对自己所缔造内容的偶然性意识,指向现代主体无力成为自身的来源,因而寻求一种终极的解决"①。现代主体终结神话的创作行动再一次暴露自身积贫积弱的状况。这些林林总总的形式化创作特征表征了时代意识问题:正是时代意识体现出来的"生存的偶然性意识",造成现代创作主体的主观化和相对化场面,由此导致的虚无意识恰恰使"现代主体无力成为自身的来源",感到自身无力的主体益发寻觅终结神话创作的机会,以此证明自身的艺术强力意志。每一次终极解决又刺激了下一次的终极解决,因此,在现代主体知识欲望的驱动下,浮士德式神话创作"兀自不休"也。

自欧洲出现浮士德神话以降,中经歌德到瓦莱里,产生了"奥维德式现代变形"的神话创作,该神话意义及神话式解答已经渗入具有强烈的自我意识的文学背景中。于是,现代主义文学慢慢发生奇妙的变化:现实绝对主义本是陌生的他者,永远难为主体所内在化,但是,现代主义作家有能力也有办法做到这一点:他们首先以形式化为武器,通过主观化和相对化途径,与现实绝对主义所带来的偶在性相媾和,不费吹灰之力把现实的绝对性化为现实的可能性,然后达其不可告人之目的——现实绝对主义被内在化为现代文学中唯我独尊的自我绝对主义,现代主义文学最终变成一个主体绝对主义的"最后(letzte)的神话"。因此,这个"最后的神话"为20世纪艺术的案头工作代替生命筹划开启了一条秘密通道。这在瓦

---

① 皮普平:《现代的神话意义》,黄炎平译,刘小枫等编,《尼采在西方》,第550页。

莱里的舞台寓言《我的浮士德》中得到印证和说明。我们现在需要阐明的是,瓦莱里如何为现代诗学开启一条代替"我思"最完美存在之生命筹划的秘密通道?

瓦莱里的浮士德与传统的浮士德构成深刻的对抗。歌德笔下的靡菲斯特斯是诱惑者,浮士德是被诱惑者,"让魔鬼重焕生机"①,莱辛和海涅反转了这种关系。瓦莱里更进一步,他把传统浮士德题材中诱惑者和被诱惑者的分裂关系,重新融合为一体。当他以一种最后的可能性来终结传统浮士德神话题材时,他实际上以一种完全崭新的形式使其实现极大的变形:瓦莱里重新恢复那个古老赌注,即最高时刻问题②。"这是形式的元素,在《我的浮士德》中,神话终结了。"③神话的终结要求不在于"胁迫我们放弃进一步制造神话的意向,而在于该意向使你有可能第一次体验这种心醉神迷,……"④神话创作终结于形式,它有可能使你第一次心醉神迷地体验它的新奇,但是,过于形式化的追求也耗竭了形式本身,这在《我的浮士德》中体现为两方面:其一,"但正因为纯粹的形式从神话素材中脱离出来时,这则神话就丧失了命名和讲述故事的原创能力,而只能占有一种独一无二的历史"⑤。形式的新奇性占有独一无二的历史,无数的个体性历史又使历史非历史化,进而丧失个体神话创作的原创能力。其二,"瓦莱里把浮士德的母题表现为一种耗竭的形式(Eidos):'我确实相信这个文类已被穷尽',他不是使浮士德而是使靡菲斯陀说话。但是,在这个喜剧中,作者想要使他的主题自在地嬉戏,然而这个喜剧被这个站在高山之巅诅咒世界的隐士破坏了"⑥。当花园戏的喜剧被隐士的诅咒挫败时,这说明传统的喜剧文类已被耗尽,化身为现代的荒诞剧。

---

① Hans Blumenberg,*Arbeit am Mythos*(*AM*),S. 166.

② "最高时刻问题"相当于基督教的终末论(eschatology)问题,即一种关于事物最后或最终的结局,诸如死、人类的命运、来世以及最后判决的信条或教义。

③ Hans Blumenberg,*Arbeit am Mythos*(*AM*),S. 314.

④ Hans Blumenberg,*Arbeit am Mythos*(*AM*),S. 319.

⑤ Hans Blumenberg,*Arbeit am Mythos*(*AM*),S. 674.

⑥ Hans Blumenberg,*Arbeit am Mythos*(*AM*),S. 166.

过于形式化的追求使神话丧失讲述故事的原创能力，这一点在花园戏中表现得尤为明显。花园里的浮士德正向秘书拉丝特口授他的回忆录，美丽的夜晚使浮士德激动起来，突然打断拉丝特有说必录的记载。这一情节表明，"我存在"的感官论场景迅速替换了作为整个时代之原型的回忆论场景。回忆论场景是以"系统"或"原因"成为根本的自我生成和自我理解的实在，感官论场景的实在是一种"绵延"①："他的艺术作品现在仅只是活着，它是他最伟大的作品：他抚摸，他呼吸。"②浮士德本来通过口授回忆录使自己历史化，现在感官沉醉使他无法将自己理解为历史的存在物③。没有历史就没有故事。在神话终结于形式之际，过于形式化的追求耗竭了形式本身，瓦莱里使后来者再也无法在感官论领域涉足浮士德神话创作。

神话的极度变形意味着穷尽形式，同时也最大限度凸显形式化特征。在《我的浮士德》中，瓦莱里对浮士德题材实行了两次终结，呈现为两个最高时刻的问题：一个出现在花园里享乐的场景中，另一个出现在孤独的峰巅上。无论在享乐的时刻还是孤独的时刻，时间都停止了，这些偶然的瞬间的表现形式都具有形式化特征④，但两者时间空缺的形式存在体验上的细微差别。前者浮士德所体验是无法超越的当下时刻，因而是瞬时的、飘逝的，并且是不可靠的、不可重复的；后者叩击浮士德的心灵，让他体验到万物中可怕的虚无，是面临深渊的晕眩，是持续稳定的，并且辗转反侧。

我们还可进一步追踪两种瞬间形式化之间的差异以及两者的对话性关系。由于布鲁门贝格的文字雅驯，词句奥博，故笔者绞尽脑汁从两场戏中归纳出两大形式化特征：一是可能性和不可能性的认知功能。花园戏中，浮士德在古老触觉感官体验中达到快乐的巅峰，诱惑者和被诱惑者的分离关系被浮士德和拉丝特口授笔录的一体化关系所取代，融合为一个

---

① 弗格森：《幸福的终结》，徐志跃译，第 255 页。
②③ Hans Blumenberg, *Arbeit am Mythos* (*AM*), S. 316.
④ 弗格森：《幸福的终结》，徐志跃译，中国人民大学出版社 2003 年版，第 255 页。

享乐的伊壁鸠鲁形象。传统的浮士德神话中诱惑者和被诱惑者的关系通过肯定和否定而建立起认知关系的,但是,瓦莱里以一种最后的可能性即触觉感官体验形式终结传统浮士德的认知关系。在隐士(Solitaire)戏中,在冰封雪冻的峰巅上,浮士德从尼采式隐士身上体验到曾经击溃帕斯卡尔的虚无主义。现代面对这个问题却徒呼奈何。虚无主义让浮士德发现了自身的不可能性。不可能性开始了,可能性终结了。这既是一个最后的浮士德,也是唯一的浮士德。这种不可能性不是反浮士德的(否定功能),而是非浮士德的(非否定功能)。浮士德再也不是一个知识追求者形象,隐士戏对花园戏的反驳暗示认知关系中起作用的是非否定功能。二是虚空的形式和虚无化功能。花园戏中,浮士德最高时刻的体验是一切事物中包孕巨大的虚空形式。苏轼曾有言:"静故了群动,空故纳万境。"虚空的纯粹意识为主体在整体上冲破经验的牢笼准备了时机。在隐士戏中,浮士德体验到整个现代都束手无策的虚无主义问题。借助于"虚无体验"这个"包孕性"事件,非否定功能使自身和他者作为一个整体得以理解,因此"神话确实能够拥抱一些确实不能制造的东西"[1]。其实,不论不可能性和非否定功能,还是虚空的形式和虚无化功能,对这两场场景而言只是不同程度偏重而已,因此笔者认为,这两大形式化特征构成对话的辩证关系:前者最后的可能性认知关系有可能使原有知识主体饱受的分裂之苦只能通过触觉感官体验形式消融于"我存在"的虚空形式,但是,后者虚无主义的非否定功能又使幸福理论的思考与"我存在"的虚空形式重新连接起来,并"第一次心醉神迷体验它的新奇"。

唯心主义基础神话为建立范式之需,采用了某种叙事框架:叔本华的灵魂轮回故事、尼采的永恒复归故事、舍勒关于生成上帝的庞大计划、海德格尔的存在故事……这些个体神话的讲述以及重新讲述,总是表征着对各个历史时期特定恐惧和焦虑形式所做的筹划。个体神话创作总是采取总体筹划的叙事形式来包装这个主体和它的世界,反过来说,总体筹划

---

① Hans Blumenberg, *Arbeit am Mythos*(AM), S. 294.

的神话叙事又助长个体神话创作的欲望,驱使它索取更多的东西。个体神话的欲望无非是使自身成为"主体绝对主义"。这是现代人内心深处终结神话的要求。有关浮士德神话的一系列重写和改写都反映了"生命的悲剧以及生命本身的高贵性"已被"案头工作的高贵性",即一种内在的、自我指涉的现代主义文学所取代①。瓦莱里的《我的浮士德》犹能说明这种现象。当然,这种"案头工作"的"舞台寓言"的新奇性魅力也不容小觑。"用一种确具命运效应的总体性和完美性来证明一个神话是最后一个神话。此不在于实现其胁迫我们放弃进一步制造神话的意向,而在于该意向使你有可能第一次体验这种心醉神迷:你深陷其中、坐立不安,知道你模仿那个榜样,达到它所设的标准乃至超越它。"②

三、浮士德神话创作事件星丛化:多元的相对化即虚无主义

如果浮士德主题没有扩展到时代意识的深处,所有这一切都将是不可想象的。因为这个舞台寓言的抽象命名和形式化特征深深楔入我们文化的基底,给予我们现代人疲惫心灵以安慰。自古老的浮士德读物和马娄(Marlowe)的《浮士德博士》问世以来,对它大量的接受预先确定了以这个材料来衡量接受者自身的况味。布托(Butor)、莱辛、歌德、海涅和瓦莱里等冒险进入浮士德神话的衍变过程,极力探索这个神话最大程度的变形。他们的神话创作在"纯粹共时性形式呈现中"又满足了什么样的"历史意义"呢?

1. 莱辛(Lessing)的神话创作

上文表过,所有格代词、不定冠词,甚至使用浮士德姓名的复数形式,这一切在语言上指出该神话创作的相对化和主观化特征。莱辛曾计划写作浮士德,原想与歌德打擂台。不过,创作手稿不知什么原因在旅途中丢失了,仅留下来若干断章残篇,其中浮士德使用了复数形式。浮士德之作

① 皮普平:《现代的神话意义》,黄炎平译,刘小枫等编,《尼采在西方》,第 545 页。
② Hans Blumenberg, *Arbeit am Mythos*(*AM*), S. 319.

的丢失,使这件日常事件蒙上一层神话"星光":"复数的浮士德"丢失了。
"莱辛复数的浮士德表达了一种餍足,它几乎具有这样的含义:浮士德太
多了。"①我们无疑会把这看作是对复数形式的浪漫主义的一种反讽,因
为浪漫主义以多神论作为神话创作的依据,但是,多神论有什么不好呢?

莱辛在创作"浮士德"时,他也在"观望"其他浮士德,有意与歌德构成
一种神话创作上的竞争关系。"据说,莱辛曾扬言:'我的浮士德——被魔
鬼所吸引,但是我要以浮士德吸引歌(德)……'"②按照莱辛的意见,吸引
歌德的是魔鬼。问题便是,谁是魔鬼? 魔鬼会是浪漫主义化身吗? 当时
为市面可见仅为歌德《浮士德》的第一部初稿,我们在恋爱悲剧中所读到
瓦尔普吉斯之夜就是歌德对浪漫主义的批判,他和莱辛享有共同的批判
领域。

魔鬼向浮士德提供非常手段并许以知识上成功为诱饵,这是莱辛大
做文章的关键。由于他对这个传统材料的干预一直来非常严肃,始终没
有以激动的现代解释者身份遭受诅咒。莱辛赞同从求知激情的悲剧性角
度演绎浮士德故事,虽认可知识的进步是人类进步的常态,但不应对知识
采取轻率的态度。由于放弃对知识审慎的反思,人容易走向一种对知识
的狂热,成为蔑视渐进原则的人。"在选择占有全部真理还是永不休止地
追求真理之前,就莱辛的浮士德而言,不像他的主人那样,他欲求占有全
部真理并且越快越好,因而他本身是反莱辛的。"③对知识的审慎态度促
使莱辛倡言追求真理而不是占有真理,但是,反莱辛的浮士德欲求快速占
有真理并为此急躁不安。在莱辛看来,这些狂热分子本质上"只知道与万
能的干预者调情的典型"④。能与万能干预者调情的典型应该享有神的
尊位,这个跻身为神的浮士德显然是浪漫主义多神论的现代主体的象征。

莱辛还在有关浮士德笔记中批判现代主体的"知识欲望太大了"。现
代主体的知识欲望渴求既快速又贪婪地占有知识。现在的问题是,这个

---

①② Hans Blumenberg, *Arbeit am Mythos*(AM), S. 309.
③④ Hans Blumenberg, *Arbeit am Mythos*(AM), S. 313.

要求能否实现？莱辛在《论人类的教育》的尾声用灵魂不朽和轮回神话回击这个问题①。但是，反莱辛的浮士德不乏知音同调，歌德的浮士德的追求也为知识好奇心的激情所控制。这个时代的浮士德们同声相应、同气相求，并不说明他们的知识欲望是合理的。"我们更清楚地看到，在他完全被求知欲所占有时，他僭越神为人设置的神秘界限，他要挣脱为神诅咒的传统。"②到此为止，我们应该明白莱辛的浮士德用什么来吸引歌德，浪漫主义的多神论又处于什么危险境地。

2. 海涅（Heine）的神话创作

布鲁门贝格根据书信和野史发掘歌德和海涅之间因浮士德神话而建立起来的一种微妙关系。在当时"浮士德满天飞……"的情况下，海涅与别人的谈话录中提及："我也想写一部《浮士德》，但绝对不是为了和歌德一比高下；不是这样的，其实每一个人都应该写一部《浮士德》。"③另外，据海涅致 Moses Moser 的书信，他说歌德是一个享乐的人（lebemensch），与他等之类的"狂热分子（schwärmer）"格格不入。言外之意，他自己扮演起浮士德的角色，把《浮士德》的真正主人贬低为靡菲斯特斯。正是这种想法驱使他与歌德会面时由崇敬的心情反转为发难行动。歌德问他近来忙于何事？他应声写一部浮士德，一时令宾主无欢。歌德和海涅会晤是信史，两人晤谈浮士德倒是野史，两者的编织使浮士德神话从"纸上烟云"顿时化为现实的"刀光剑影"，从而进入神话创作的星丛状态。

由此看来，这个"与万能干预者调情"的狂热分子的"司马昭之心"就是使浮士德题材大众化④。布鲁门贝格的观察得到后学萨弗兰斯基的印证。"神话的事物，它被看作是审美行为，是仅被理解为一种普及的形式。"⑤这种神话普及形式显然是为大众而准备的。浪漫主义者使浮士德

---

① 莱辛:《论人类的教育》，朱雁冰译，刘小枫编，《论人类的教育》，华夏出版社 2008 年版，第 129—131 页。

② Hans Blumenberg, *Arbeit am Mythos*(AM), S. 312.

③④ Hans Blumenberg, *Arbeit am Mythos*(AM), S. 310.

⑤ 萨弗兰斯基:《荣耀与丑闻》，卫茂平译，上海人民出版社 2014 年版，第 171 页。

题材相对化和主观化愈演愈烈,与歌德形成尖锐的对抗。

海涅有效地促进浮士德神话创作功能的现实化和历史化。本来浮士德神话是神话历史题材之一种,创作者受到现实事件的刺激才奋笔成书。海涅就是刺激歌德神话创作的现实因素,同时他又是浮士德题材的虚拟作者,所以,这些事件不仅具有神话效应,而且呈现星丛化态势。布鲁门贝格采取神话叙事代替哲学论证的手法,在歌德的浮士德神话创作中,使海涅既成为一个神话所包含的反转因素(从"崇敬"到"发难"),又带来浮士德和靡非斯陀菲勒斯之间诱惑者和被诱惑者之间角色互换的干预。"海涅已经想到对这个构型的严重反转,因为他的浮士德'确实是歌德笔下的对立面'。他说,歌德的浮士德总是积极的,不停地对靡非斯陀发布命令;他想要使靡非斯陀扮演正面原则,而他将'带领浮士德进入各种魔界'。当然,他不再是一个否定原则。"[①]显而易见,推动浮士德神话创作星丛化运转的启动能量即是神话创作本身所包含的反转功能。

3. 瓦莱里(Valéry)的神话创作

承接布托歌剧《你的浮士德》由物主代词提示出来的相对化写作风格,瓦莱里写作《我的浮士德》。他想进一步把浮士德形象从所有知识欲望中解放出来,而且这一行动产生了典型的现代式神话创作的安慰作用——祛除现代主体饱受分裂之苦,使诱惑者和被诱惑者统一于笛卡儿"我思"最完美的存在之中。莱辛、海涅只是反转歌德笔下诱惑者和被诱者的关系,而瓦莱里他在浮士德中发现了伊壁鸠鲁。浮士德知道如何及时行乐,对于现代人来说,瓦莱里的目标非常诱人。

歌德只是实现诱惑者和被诱惑者之间的角色互换,瓦莱里却提供了一个一锤定音的现实化的现代终极神话:把笛卡儿的"我思"最完美存在变为"我感"的最完美存在——伊壁鸠鲁形象。"魔鬼重焕生机!"刺激浮士德对另一种知识类型的追求。"他拥抱靡非斯陀,他全神贯注于现代的诱惑、古老的触觉愉悦和官能体验。这种知识欲望无须捍卫;毋庸置疑,

---

① Hans Blumenberg, *Arbeit am Mythos* (AM), S. s. 310-311.

你所做就是你能够成功应付那个攫取出乎意料的事物或者被它攫取的时间——也是说,攫取自我的愉悦和现世的愉悦(这种愉悦总是古老的,不为进步所推动)。"①古老的知识欲望如一叶小舟飘荡在波涛汹涌的"古老的触觉愉悦"和"官能体验"的洪流上。瓦莱里已经找到一种最后的可能性来终结"渴望知识的神话形象"。那就是伊壁鸠鲁的非学说的感官论,它会使这叶小舟摆脱被吞没的危险。"在花园场景中,瓦莱里给那个水晶姑娘取了个简单而又明白的名字'拉丝忒(Lust)'(德语'享乐')。他的浮士德无须救赎(erlösung);他完全沉醉于那个'销魂(lösung)'时刻。因此,拉丝忒确实不是世俗的或天堂的葛丽卿(Gretchen);她没有和他纠缠,也没有救赎他;就花园场景这个印象主义而论,她是一个触觉元素。"②触觉感官体验终古常新,具有非凡乃至神秘的官能享受本领:首先,它能够无须凭借间接手段而直接与现实发生联系,当下情境中所有事物在体验中都能得到"凝缩和强化",比其他感官体验更有说服力;其次,一旦触觉感官发生时,触觉者和触觉对象混沌不分地融合在一起,这是一种不可超越的实在。"还有什么比触觉实在呢? 我触摸,还是我被触摸呢?"③

一切神秘主义理论都以触觉感官体验为基础,但是传统理论在其源头上与视觉感知是同一的,它建立在"直观"(anschauung)领域。哲学用眼睛来看,但那只无所事事的手偏要触摸。如是,经那只手触摸的现实,或冰冷的,如现实对于我们是未知的;或温暖的,如现实对于我们是已知的。无论冰冷或温暖,都是我们的直接经验,它无须捍卫,亦无法剥夺。我们无法拒绝朦胧晦涩,一如我们无法拒绝清晰明了。在触摸时,"笛卡儿传统的纯粹自我消散于这感觉主义和神秘主义的汇聚之中"④,瓦莱里重新铸造了以触觉为本体的现代性最完美存在——"我感主义",它既丧失了主体,也丧失了他者,但难以被哲学认识理论驳倒,又永远不会过期

---

① ②　Hans Blumenberg, *Arbeit am Mythos*(AM), S. 314.
③ ④　Hans Blumenberg, *Arbeit am Mythos*(AM), S. 317.

作废,因为"感官性既是肉体的又是灵魂的,既是身体的又是心灵的"①。顺便提及,以触觉为本体的现代诗学亦可解释现代文学创作为何津津乐道于性欲的刻画和叙述,因为它早已挣脱黑格尔的美学理论的教诲:"艺术的感性事物只涉及视听两个认识性的感觉,至于嗅觉,味觉和触觉则完全与艺术欣赏无关。"②

瓦莱里的浮士德再也不是一个对知识充满无限欲望的象征,他已被塑造成一个伊壁鸠鲁主义者,花园里黯然销魂的时刻是时间的静止和压力的释放。那种快乐的满足让他恍然之间大有重返伊甸园的感觉。在这么一个最高时刻,浮士德享受着"我感受、我呼吸的快感",突然他打断拉丝特:"不,不!我不是在口授辞令……我存在(J'existe)!"③从这句模仿《圣经》上帝"我是自有永有者(Je suis celui que je suis)"的口吻暴露这样的事实,浮士德不仅渴望快乐享受,他还企望获得救赎的幸福。古人承诺人类的幸福建立在理论探索上,尽管这是个命运般的失误。而现代的浮士德在伊壁鸠鲁的花园中,把享乐等同于幸福,以此规避把自己理解为历史。我们可以对《我的浮士德》的花园戏的现代伊壁鸠鲁两种生存体验做一次严肃估价:它们的后果要么是卑贱的犬儒主义,要么是淫荡的纵欲主义。瓦莱里对此是有自觉意识的,否则他是不会把隐士戏安排在花园戏之后,因为这出副标题为《宇宙的诅咒》的戏剧场景讲述的是,隐士在孤独峰巅上体验到尼采永恒轮回和超人孤独的厌倦,也是花园里最高时刻体验到万物空虚的浮士德从峰巅俯瞰深渊的生存晕眩。这种虚无主义的生存体验曾击垮帕斯卡尔,但是现代的浮士德们浑然不觉厕身其间的危险,他们以理论的好奇心打量着深渊谷底,可又总能无动于衷,超脱于世。个中原因不难追究,这种既全神贯注又保持距离的感官论促使他们误认伊壁鸠鲁的花园为圣经的伊甸园,"我感"最完美的存在"远离了邪恶,就可

---

① 弗格森:《幸福的终结》,徐志跃译,第 265 页。
② 黑格尔:《美学》(第一卷),朱光潜译,商务印书馆 1979 年版,第 48 页。
③ Hans Blumenberg, *Arbeit am Mythos*(AM), S. 316.

以远离了善恶之辨"①。现代的浮士德们轻轻巧巧地逃脱对"人生在世的权利和义务"②的思考。

四、重申现代诗学内在症结

德国唯心主义及其后裔的浮士德神话创作体现出来的三个方面特征非常到位地诠释了现代诗学的根本性质,我们现在总结一下是为了更为明确说明本文的意图。

首先,为了克服外在世界的现实绝对主意义和现代怀疑意识所导致的生存恐惧和焦虑,唯心主义利用笛卡儿的"我思故我在"存在模型,通过历史哲学把"历史变成故事"的审美化手段,打造了现代最为完美的存在。存在主义通过"观念和表象同一"的审美化手段,把"存在服从本质"反转为"本质服从存在"。两者都以审美方式把主体提升为最后的权威,为浮士德神话创作奠定了思想基础。

其次,自从欧洲出现浮士德神话以来,文学终结于形式的观念已经强烈地渗透到现代文学的背景之中。这一特征尤可见于瓦莱里的《我的浮士德》。但是,我们应该以辩证观点来看待文学的形式化追求,既要注意到过于形式化追求大有耗竭形式本身之虞,又要发挥形式化的创造性力量所带来的新奇性魅力。

最后,在浮士德神话创作星丛化事态中,只有把浮士德神话创作的历史意义与时代意识结合起来,才能最为确切地理解现代诗学的独立价值和根本症结。莱辛反转了传统浮士德题材中诱惑者和被诱惑者的关系,对知识追求的谨慎态度使他深刻地指出了,浪漫主义多元论的相对主义倾向有可能催生一种狂热主义的知识人,他们"僭越了神为人设置的神秘界限"。海涅曾主张每一个人都应写一部《浮士德》,实际上他又口惠实不至。这一行动促使浮士德神话创作在原先相对化和主观化的基础上,进

---

① Hans Blumenberg, *Arbeit am Mythos*(*AM*), S. 317.
② Hans Blumenberg, *Arbeit am Mythos*(*AM*), S. 318.

一步使浮士德题材大众化。同时这一想法使他对歌德的态度由崇敬转为发难。这种反转的因素预示了浪漫主义狂热分子既有破坏偶像的积极的革命力量,破坏之后又无建设的虚无主义恶果。瓦莱里《我的浮士德》用伊壁鸠鲁的形象拨动了现代人的心弦,重新铸造了以触觉为本体的现代性我思最完美存在——唯我主义。这种现代虚无主义的生存体验最大的症结在于,把他乡的伊壁鸠鲁花园误认为故乡的圣经伊甸园。现代知识理论认为,既然伊壁鸠鲁花园远离了邪恶,那么古老的善恶之辨的知识就没有什么地方可派上用场,现代的浮士德们就这样逃离了关于"认识在世的权利和义务"的思考。

第三章 "神话研究"的解释学研究

　　诺斯替主义二元论思想最为显著的特征是，主体和世界之间的位置是可以错开的。主体的位置在神、人和动物或者思想在灵魂、自我和欲望之间波动，与世界形成了复杂的多重关系。这为解释学开拓了前所未有的广阔空间。所以说，"意义大于审美"。由于 Arbeit am Mythos① 一词语义较为宽泛，如果它表示一个主体的创作行为时，我们称之为"神话创作"，这符合主体形而上学的诗学界定；如果它在读者的接受方面得到关注和讨论时，我们把它归之于"神话研究"的解释学范畴。这就是德国浪漫主义代表之一让·保尔所"喜欢沉默于诗学的自我升华和世界征服"②。出于上述两个方面的思考，本章以神话创作（研究）作为中介，深入讨论诗学和解释学之间的互动关系。第一节至第三节的论述侧重于"神话研究"，在原论学的还原意识和终结论的视野中，我们以对称的理论视角从整体上探讨神话创作（研究）克服现实绝对主义的安慰功能，同时在神话的反转权能或逆反程序的背景下反思了审美神话，并强调对审美神话发送检验任务。从第四节至第六节着重讨论主体和世界之间的意义生成问题，揭示意义的世界性质，并以灵魂轮回神话来批判瞬间意义生成体验论，最后解释了解释学的命运——被缚在石头上的解释学。同时，本

---

　　① 人们习惯于把布鲁门贝格的 *Arbeit am Mythos* 一书译为"神话研究"，这是一种较好的译法，符合理论著作的译名规范，但是，还难以全部涵盖这一词组具有的丰富含义。本书综合 Arbeit am Mythos 两方面的意思，其实就是对布鲁门贝格二元论思维特征的一种回应。从这里开始，如没有特别注明，神话创作和神话研究表示同一个意思。

　　② 吕迪格尔·萨弗兰斯基：《席勒传》，卫茂平译，第 355 页。

文依然保留了布鲁门贝格神话研究的问题意识：从尼采的渎神行为到弗洛伊德的否弃行为，再至 acte gratuit（自由非理性行为），面对现代"从虚无中创造"的主体位格蜕变历史，现代解释学路在何方？

第一节 开端与终结视野下的神话研究（上）

布鲁门贝格是一位深受诺斯替主义思想影响的理论家，也可以说他是现代诺斯替主义集大成者。这集中体现在他那深刻的二元论（dualismus）思想。诺斯替主义最大的二元论指的是主体和世界之间的关系。由于主体的位置在动物、人和神之间的变动，造成了主体和世界之间复杂的多重关系。

以此类推，神话创作（Arbeit am Mythos）和神话的创作（der Arbeit des Mythos）也是布鲁门贝格神话理论中一种基础的二元论。循此再做类推，Arbeit am Mythos 包含两层汉语意思：神话创作和神话研究。神话创作是一种主体行为，神话创作出来的作品（神话创作）表征了这个世界的一种现实，我们称之为"美学的现实"。或许，当今的科学理性主义和进步观念使我们久久遗忘了它。我们唯有在末世论的视野中，在对现实世界进行意识还原中，才能清晰地观察到，神话创作和神话研究的人类学行为为克服现实绝对主义而收取最大的效果。在这个过程中，我们应该承担起个体为自己、为世界的责任。为了实现这一目的，审美神话必须进入各种原论学（protologie）（预定论、创世论和天堂说等）①和终结论的研究，以此检验打着各种旗号、呼喊各种口号的神话创作（研究）。同时，正是这种开端和终结相对称的理论运思保证了布鲁门贝格的《神话研究》一书的

---

① Protologie 又译为创世论。此词来自希腊文，包括两部分：protos 第一（first），及 logos 言语、学问（word）；创世论专门研究天主对世界与人类创始有关的启示教理。这里我把它译为原论学，突出它最初（first）的含义，以与末世论（eschatology）终结时间相对称。基督教历史观认为，历史有始有终，由创造开始，终点是基督的第二次来临，从学术语言来说就是从 protologie 至 eschatologie。

学术品质：既体大思精，又详备赅实。

我们先来看神话创作（研究）的原论学情境。

一、神话研究的原论学情境

在人类文明史上，神话创作至今绵延不绝。但是，我们为什么需要神话创作？而神话创作的情形会是怎样呢？无可否认，"人们讲述故事是为了消除某些事物，其最无害却倒也重要的情形是为了消磨时光；另一种更重要的情形则是为了消除恐惧"①。为了消除"现实绝对主义"造成的黑暗和寒冷，"命名突入了未命名的混沌"（Franz Rosenzwi 语）。就这样，"神话自己开始讲述关于黑夜、地球、混沌的第一次命名的起源故事"②。人们讲述神话故事是为了消除人在夜晚里没有"光照"的恐惧，同时，为了在生存寒夜里获取"意义之火"的温暖。

"掌握现实"都是任何文化类型的梦想和追求。它是一种深藏于人类灵魂之中的文化目的论。但是，人类的生存悲剧是，文化迄今为止尚未实现掌握它们的时候。人类的命运无疑是继续追逐这个梦想——征服现实绝对主义（der Absolutismus der Wirklichkeit）。③

现实绝对主义是贯穿《神话研究》全书的一个核心概念，我们如要理解这个概念，需要从下述两个方面着手：一方面，从绝对主义的角度看，现实绝对主义指一种人自认为缺乏应对办法来控制自身生存的境况，从而成为人的一种专制的生存体验。虽然我们永远无法完全认知它，但可以像数学的极限概念那样外推出它的存在，如精神分析学家所说，它是一种"缺少明确原因或特定威胁的强烈恐惧或忧虑"。因此，现实绝对主义是

---

① Hans Blumenberg, *Arbeit am Mythos*（*AM*），S. 40.

② Hans Blumenberg, *Arbeit am Mythos*（*AM*），S. 45.

③ "现实绝对主义"又译为"现实专制主义"。它指的是人们周遭现实的不可思议、陌生的性质。如果把它作意识形态的功能理解也可以。但是，布氏之所以选择"现实绝对主义"而不用"意识形态"这一新词，其用意似乎在于：古老的词语是能够表达现代人的生存体验的。另外，意识形态（ideology）一词颇具唯名论气息，而"现实绝对主义"复合词中"现实"则含有实在论意味，"绝对主义"指出了一种全称量词的性质——"全能"，因而具有"神学性的显现"。

一种潜伏于我们的生物本能之中的生存性威胁,在我们的生存能力和自然环境的互动关系中表现出来。我们必须发展文化或者在布鲁门贝格意义上展开神话研究方能克服现实绝对主义威胁。另一方面,从实在论的角度看,绝对主义的现实指的是不可思议的、陌生的事物,因为它没有图像和面孔,因而也就没有言词。无论是掌握现实(wirklichkeit)①还是征服现实,我们都是出于对当下和未来的现实绝对主义的恐惧所致的一种内在需要。消除恐惧或者躲避恐惧,我们只能转向过去,吸取过去成功的经验来实现这一目的要求。因此,我们必然走向一种对原初情境的描述。这里,现实绝对主义这个临界概念就是应用于"从原初的历史倾向中推导出其伟大的历史特征"②。布鲁门贝格把"实在论"和绝对主义两个概念合成为"现实绝对主义",从而指明了人的一种生存处境:"人接近于无法控制他的生存条件,更重要的是,他相信他完全缺乏对它们的控制。他迟早会假设这个高级权力的存在,并据此解释这种异己的高级权力的情境。"③我们不难看出,现实绝对主义是意识还原之后的一个原初情境的假设,对它的使用可以为我们推导出当时的"伟大的历史特征"。

为什么要做如是的假设呢? 这个问题的答案既源自它的原因也源自它的后果。其原因是,消除现实情境中恐惧的需要;其带来的后果是,生存境遇的飞跃引起了基本的生存焦虑(Angst),④因为"人把自身暴露在扩大了的感知觉视野的冒险中"⑤。这种生存境遇的飞跃所引起的焦虑,在弗伦茨(Ferenczi)看来是"从海洋到陆地的系统转变引发个体的创伤";在布鲁门贝格看来是从原始森林到热带草原的变化而引起的生存焦虑。"现实绝对主义"就是为此而作的假设,它的概念内涵具有一种全能称量

---

① 笔者把"wirklichkeit"译为"现实","realität"译为"实在",但是英译者一律把"wirklichkeit"和"realität"译为"reality",虽然德文两词均出于中世纪经院哲学实在论(ens realissmum)的意涵,但照顾中文语境的行文语气要求,特做如是区分。

②③ Hans Blumenberg, *Arbeit am Mythos*(*AM*), S. 9.

④ 这里的焦虑是一种生存性的现实,而不仅仅从心理学意义上来理解,可以用现象学的术语概括为"没有客体意识的意向性"。

⑤ Hans Blumenberg, *Arbeit am Mythos*(*AM*), S. 10.

并压倒其他一切的总体性特征。假设它一旦确定下来,我们必须更新原有的感知觉系统,因此这个假设是隐藏在我们生物学的本性之中,关系到我们的自然处境以及我们的生存能力。为了缓解现实绝对主义的威胁,卡西尔发展文化的"象征形式"来应对这种挑战。布鲁门贝格则在卡西尔理论基础上发展了"神话创作(研究)"来缓解这种现实情境的焦虑。这要求我们具备两个方面的能力:一是向源头回溯的能力;二是"前瞻的能力",即"对未然情况的预见,以及对不在场的准备"等对原有视野的超越。在缓解焦虑的同时,"在人类历史和个体历史上,这意味着焦虑必将一次又一次地被合理化为恐惧"①。吊诡的是,"缓解焦虑"道高一尺,"合理化恐惧"魔高一丈。为了克服现实绝对主义引发的生存性恐惧,这种文化目的论促使人们生生不息地展开神话创作(研究),从而推动了人类文明的发展。这一切并不是只有通过经验和知识而实现的,毋宁说,主要通过诸如此类的"装置"并之后较为成熟的"机理"(Institutionalisierung)等实现的:把不熟悉的处境转为熟悉的,把不可解释的转化为可解释的,把未命名的转化为命名。尽管恐惧和瘫痪是焦虑的两种极端心理行为,但我们可以通过神话创作来克服它们:凭借命名功能,这些未知因素的身份得以证明,并且变得可以接近它;凭借隐喻手段,命名使得那些可以确认的事物从它的陌生状态中走出来,然后根据它的隐喻意义,我们通过讲述故事来接近它。因此,神话创作不仅支持隐喻的生产,而且支持隐喻的使用。

　　无论你选择的起点是什么,对现实绝对主义的神话创作(研究)总是已经开始了。

　　由此看来,布鲁门贝格的神话概念迥异于时下流行的神话概念。他的神话概念指向一种功能单位。这种从功能方面来定义神话的语式不是"Was…?"而是"Wie…?"这里,布鲁门贝格做了一个区分:"神话的创作"(der Arbeit des Mythos)和"神话创作(研究)"(der Arbeit am Mythos)。前者指的是创作的现实,即文学活动针对现实绝对主义所做的一种假设,体

---

①　Hans Blumenberg, *Arbeit am Mythos*(*AM*), S. 11.

现在文学活动中是由作品构成的现实,它的语式是"Was…?"。后者指的是人的一种生存筹划,它的语式是"Wie…?"。布鲁门贝格的区分与海德格尔的区分亦有殊途同归之意旨。海德格尔认为,从语法上看,亚里士多德表明了主词对于谓词、名词对于动词的在先地位,而他的"求根建机的行表象方式"实现了对亚里士多德以"本体研究"回答"实事研究"的最高任务的超越。在我国著名学者丁耘看来,这无非是以动名词将"主词—名词"的势用发挥到底而已,进一步说,海德格尔的动名词是现在式与名词之间的中介形态,他虽以现在式—动名词改写和超越了主词—名词的西方哲学传统,但动名词毕竟还有名词的残余,不利于"求本根—求根据机制"发挥其应有的功能。布鲁门贝格在此基础上提出以介词 am 使 der Arbeit am Mythos 完全动词化,使"求本根—求根据机制"完全破除主词—名词的统治,革去名词化凝滞的弊端,彻底发挥以 Wie 显 Was 的"形式指引"的生生不已的势能。① 从根本上讲,布鲁门贝格的区分是内容和功能的区分。完全异质的内容可以发挥同样的功能,因此,"神话创作(研究)"比起神话的创作更能抓住普罗米修斯神话这一西方文化的内核,网罗历代历朝不同地区的欧洲普罗米修斯神话研究,使之成为理解和阐释西方文化意义内蕴的不二法门。

为了缓解现实绝对主义的压迫,人必须起而捍卫自己的存在。据布鲁门贝格讲,在各种各样的捍卫行动中,其中有这么一项行为可以成为安慰人那凄风苦雨中漂泊的命运,它就是"神话创作(研究)"。只有神话创作(研究)——尽管它最终被还原为"神话的创作"(作品)的结果——才显示了神话的创作(作品)。现实绝对主义最大的压迫就在于人在宇宙中生存的偶在性,这一悖论意识使人无法逃离在世漂泊的命运,正如地球悬浮于太空、陆地漂移于海洋等古老神话叙事所显示的。由于现实绝对主义作为原初情境的假设,"神话创作(研究)"之于人类文明的发展是一种动态的过程,也是一种应对行为。人必须拿出处理这一"直接的严酷的现实

---

① 丁耘:《儒家与启蒙》,生活・读书・新知三联书店 2011 年版,第 231—234 页。

主义"的筹划。

二、神话研究的终结论的视野

最高时刻问题已经涉及终结论问题。终结论是前几年学界颇为流行的一个热门话题。它的理论资源有两个来源:一为基督教神学的末世论,一为黑格尔的历史终结论。这里有必要追溯一下由终结论引发的古代希腊的历史观和中世纪基督教的历史观。希腊的历史观指宇宙循环运转的过程及事件先后相继的规律与秩序。中世纪的历史观受基督宗教的影响,是由"契机"或"时机(Kairos)"的概念重建而成。历史的微观是个人自由决定如何回答生命召唤的时机;历史的宏观是基督进入历史。历史有始有终,由创造开始,终点是基督的第二次来临,从学术方面而言是从protologie 至 eschatologie;宇宙的起初是创造,宇宙的终结与目的是万物归宗,回归上帝。大体观之,布鲁门贝格的论证语式依托于基督教神学理论,自许为"哲学末世论"[1],与"哲学终结论"构成了一种并行不悖的紧张关系。那么,基督教神话学是如何解释末世论的?

在传统神学的语言中,末世论是关于最终景况的理论,"最终的"即意味着时间顺序上最终的事物,亦即作为将来临的世界末日,正如未来对现世一样。但是,在先知和耶稣的实际布道中,这种"最终的"蕴含着一种末世论的意义。正如在关于天堂的概念中是通过空间范畴想象上帝的超验那样,在世界末日的概念中,则是时间的范畴想象出上帝的超验观念。[2]

末世论的教理宣布世界的末日即将到来,不仅将此作为最终的审判,而且也作为拯救和永恒至福时代的开端。世界末日不仅有消

---

① Hans Blumenberg, *Arbeit am Mythos*(AM), S. 325.

② 莫尔特曼:《耶稣基督与神话学》,李哲汇译,刘小枫主编,《生存神学与末世论》,上海三联书店 1995 年版,第 10 页。

极的含义,同时也有积极的含义。用解放神话学的术语来说,面对着上帝的超验力量,人和世界的有限性不仅是一种告诫,也是一种慰藉。①

从上面两段话中看出,末世论开启了一种时间视野。在基督教的末世论时间中,全能观念表达了这样的一种理论功能:在实质要义上统一各种不同的本质,或在一种神圣本质上实现不同身位的三位一体。也就是在全能观念(上帝的话语)的干预下,末世论时间实现了无限时间对有限时间的突破,熟知视野向全新视野的转换。无限时间指的是历史性时间的消失,一种末世论性质的时间的诞生。在这种时间范畴中,我们可以把人和世界的有限性体验为一种告诫和慰藉,我们可以想象上帝的超验观念和永恒至福的时代。因此,末世论的时间性质仍然是一种神话时间的性质,因为它们仍然促使我们体验,激发我们想象。"人们的'视野'不仅是他们为未确定事物的出现而准备的指示说明的总计,而且也是预见可能性并且导向占有它们的指示说明的总计。"②全新的视野应该包括超越的视野的部分,尽管它是难以解释清楚的。"为了满足作为神话的'世界性边缘'的最后视野,就是为了预见那陌生事物的开端和衍变。"③在熟知视野向全新视野转换的时间临界点上,一种开端隐藏在一种终结背后。因为,末世论的视野更新对应着原论学(预定论、创世论和天堂说等)的意识还原。

如果我们严肃对待"现实绝对主义"和"终结神话"之间平行性的话,我们就必须考虑这个假设的、难以应付的"开端"的"原初情境"和"终末"的"临界状态"。前者已在上文讨论过。"但是,历史的可逆反性不会导致最初部分和最晚部分的简单的对称。歌剧(oper)拥有末世论(eschatologie)【最后事物】这件武器,用以超越悲剧原论学(protologie)

---

① 莫尔特曼:《耶稣基督与神话学》,李哲汇译,刘小枫主编,《生存神学与末世论》,第13页。

② Hans Blumenberg, *Arbeit am Mythos*(AM), S. 13.

③ Hans Blumenberg, *Arbeit am Mythos*(AM), S. 14.

【最初事物】。"①末世论和原论学作为两种假设的临界情境看起来在思维结构上是一种对称,实际上,末世论是对原论学的超越。歌剧之所以能够超越悲剧,其原因在于:"音乐保护神话免于寓言化,免于把曾经的'青春期梦想'转化为更为友好的事物,转化为一种'历史兼独断论的青春期历史'。"②布鲁门贝格把尼采的音乐(歌剧)理解为淋漓极致的神话创作,用以超越悲剧真理的恐怖真相。"美丽不是真理,但它在规避真理的恐怖时成全了人,这样,人至少愿意承负那些有价值意义事物的痛苦。"③不过,这种超越行动之所以能够实现,原因在于拥有这件末世论思想武器。

末世论视野毫不例外地也是一种假设,而且还是一种难以应付的"终末"的"临界状态"。神话历史的终结既不为我们所知,实际上也没有兑现。如果说我们只有切近神话的终末状态而无法最终把握它的话,那么,我们只得借助于这个"神话的终结"的视野,舍此别无他途。因为它既影响人们为接受神话设置界限,④又为人们开启另一种全新的视野。按照布鲁门贝格的论述,对神话的终末状态的切近只能在神话创作过程(或者神话的接受过程)中展开。神话创作能够"从虚无中创造"吗? 当然不能。神话创作源自先前神话创作所保留下来的神话作品的刺激。它呈现为某种范围内或某种类型的神话创作或接受的实际发生过程。神话创作的终结临界状态包含了两方面的含义:在这个临界状态中,神话发生最为极端的变形,而它的变形却来自于神话自我逆转的暴力作用。在生存意义的追问道路上,人类命运的头上悬着两把达摩克利斯之剑,一是生存的偶在性因素,一是刀锋般的怀疑意识,在它们的作用之下,神话创作实行自我逆转的暴力作用。因此,一次的神话创作实现了对过去神话创作的逆转之后,它自身面临着下一次神话创作的逆转和终结,并且这种逆转现象是植根于神话创作自我的内在之源。

---

①② Hans Blumenberg, *Arbeit am Mythos*(AM), S. 670.

③ Hans Blumenberg, *Arbeit am Mythos*(AM), S. 659.

④ Hans Blumenberg, *Arbeit am Mythos*(AM), S. 302.

　　我们从总体上假定神话创作的逆转是对"现实绝对主义"的克服。当神话站在"现实绝对主义"的对立面时,这已为神话自身的创作过程播下了"反转暴力"的种子。如果神话要终结了,那么,我们就会达到主体完全掌握现实的地步。这时,"现实专制(绝对)主义"实际上转化为"主体专制(绝对)主义"。对于这种情况,布鲁门贝格说,我们最好应该观察德国唯心主义的基础神话的案例。

　　这是一个终末神话(letzte mytos)。它是由终极怀疑意识一手造成的结果。笛卡儿一手把怀疑意识这匹狼引进了现代世界,任它又撕又咬;一手提着自己的头发离开地球,企图以"我思即我在"的模型塑造一个"最完美的存在"。有了这样"最完美的存在"的金刚不坏之身,任你明枪暗箭般的怀疑意识也终究奈何不得。莱布尼茨对怀疑意识这匹狼也是束手无策。这引得德国唯心主义哲学家们大施"空手套白狼"的绝技:"认知主体只有使自身成为权威并为他的认知客体负责,才有可能把这个最后的妖魔驱逐出世界。"①在布鲁门贝格看来,唯心主义的"终末神话"乃是建立距离、疏远恐惧的一种方式。它就是这样的故事——讲述世界的故事,讲述它的客体的主体的故事,它强烈地排斥和驱逐"现实绝对主义"。

　　"使自身成为权威"这个最完美的存在模型是唯心主义基础神话主体在兹念兹的绝对之根。可是,此世的偶在性剧烈地击打主体的绝对意志。由于生存处境与人的生存意愿相抵牾,人如果要在自我投射中确定自己,这必然引起意志与自然的前提相对抗。本来,绝对意志像一支脱弦的箭,不停地进行自我意愿的生产。此世的偶在性对这支箭施以向心力的作用,使之改变方向,形成一个飞行的生存圆圈。一旦这支箭进入时间这个"环路",这时,历史成为故事②,唯心主义主体洋洋自得地书写自我神话。当意志的自我生产成为一种自我表征的审美行为时,时间便会成为这个绝对意志的体验视野。当费希特把自我推到绝对自我的最高点上的时

---

① Hans Blumenberg, *Arbeit am Mythos*(AM), S. 295.
② 德语 geschichte 同时含有"历史"与"故事"的意思。

候,也即是在这种唯心主义神话终结论的视野中,谢林和歌德们享受到神话故事的乐趣,并由此感到安慰。"世界是一只球,自我把它抛出来,然后'反思'这只手又把它接住!!"①这种体验本质上是一种审美体验,同时也是对"现实绝对主义"进行持续不断地解答的神话研究。这一行为已渗入具有强烈的自我意识的现代文学背景中。我们在某种标准的叙事中所采纳、运用、改变和扩展的内容,总是表征着对各个历史时期特定恐惧和焦虑形式所做的"筹划"。② 因此,诗歌和神话的命运有助于我们把握现代主体自我理解所走过的历程。

在神话走向终结之际,神话创作会冒险探测神话最极端的变形,直到允许或者不允许辨认出原初形象。当一种变形达到极点时,一种"最为激烈又无可超越的干预"降临于它的身上。正如基督教神话学中末世论,全能上帝的降临创造了一个新天新地。在这里,不是最后事物与近似最后事物的比较,而是一种将要达到一个开端的终结。这个开端远远地藏在背后又无从超越。对接受理论来说,这将是一个终末神话的虚构,亦即,这个神话的形式开发殆尽。③ 因此,我们最好根据它的适用范围,考察它在接受过程中所揭示和产生的潜在的意义。瓦莱里《我的浮士德》重新恢复了那个古老的赌注,即最高时刻问题。最高时刻涉及终结论问题。浮士德的最高时刻是时间的空缺,是无法超越的当下时刻,因而是瞬时的、飘逝的,并且是不可靠的、不可重复的。"这是形式的元素,在《我的浮士德》中,神话终结了。"④最高时刻是时间的空缺,它的各种特点指向神话终结于形式。神话的文化内容千变万化、动荡不安,只有形式凝定下来可供我们凝神观照和欣赏体验。通过这个形式,我们可以透视神话的文化内容做了最大程度的变形,由此可以把握现代神话研究最为隐秘的秘密。这时,"生命的悲剧以及生命本身的高贵性"已被"案头工作的高贵性",即

---

① Hans Blumenberg, *Arbeit am Mythos*(AM), S. 295.
② 皮普平:《现代的神话意义》,黄炎平译,刘小枫等主编,《尼采在西方》,第 543 页。
③ Hans Blumenberg, *Arbeit am Mythos*(AM), S. 295.
④ Hans Blumenberg, *Arbeit am Mythos*(AM), S. 314.

一种内在的、自我指涉的现代主义文学所取代 ①。在现代处境中,"形式化"意味着从抽象到高度抽象,以新奇的标题取代了古老的命名功能。古老的命名功能在古代是恰当的,它勾勒了整体的意义,因而赋予人们熟悉感和亲近感。按照黑格尔艺术终结论的观点,现代艺术的高度抽象使艺术达到了自我意识的地步。形式化使艺术丧失了对象,而且由它的抽象性所催生出来的理论化解释功能却趋向无限。② 现代主义文学哲学化即神话研究化也是一个不争的事实。因此,神话的终结要求不在于"胁迫我们放弃进一步制造神话的意向,而在于该意向使你有可能第一次体验这种心醉神迷,……"③到这里为止,我们借助于神话终结论视野,差不多可以看清现代主义文学追逐新奇形式的时代秘密。上文表过,最高时刻的时间空缺导致了形式空间的虚空,因此,形式具有虚无化的功能,它频频向读者心醉神迷的体验开放。

除开神话终结于形式这个问题外,最高时刻在神话研究的内容方面提出了终极问题:浮士德发现了自己的不可能性。不可能性开始了,可能性终结了。这既是最后的浮士德,也是唯一的浮士德。这种不可能性不是反浮士德的(否定功能),而是非浮士德的(非否定功能)。这里有得一问,浮士德的非浮士德化(非否定功能)是否向靡非斯陀回归。当然不是。歌德曾认为靡非斯陀具有太多的否定性。那瓦莱里的浮士德是不是神话的守护神——神魔呢?回答又是否定的。神魔的全部特征在于它既肯定又否定。相对而言,浮士德的非否定功能大于否定功能,非常接近于神魔所发挥的"整体的限定化"的功能。当浮士德最高时刻的体验是一切事物中巨大的空虚时,他以隐士的身份碰上了虚无的深渊。虚无的纯粹经验为主体在整体上冲破经验主体的牢笼准备了时机。此时此刻,借助于"虚无体验"这个"包孕性"事件的形式,非否定功能使自身和他者作为一个整

---

① 皮普平:《现代的神话意义》,黄炎平译,刘小枫等主编,《尼采在西方》,第 545 页。
② 阿瑟·丹托:《艺术的终结》,欧阳英译,江苏人民出版社 2001 年版,第 101—102 页。
③ Hans Blumenberg, *Arbeit am Mythos*(AM), S. 319.

体得以理解。因此,"神话确实能够拥抱一些确实不能制造的东西"①。由现代形式化催生出来的虚无意识支持和确证它的包孕性(和同力量)。所以,叔本华说:"必须把'空虚高于一切'的神话当作最丰富、最重要的例子来考虑。"②

如上所述,布鲁门贝格已经为我们敞开了个体神话的终结论视野。借助于这样的视野,我们比较清晰地看到现代文学的命运。现代文学的命运是什么呢?"尼采把那些置身于无根基深渊——诸神之间相互联系又相互对立的神话之网——之前的事物描绘为'奥林匹斯神梦幻般的光辉'。"③诚然,现代文学作为神话,通过虚化无上的权力允许人类的生存;然而它不曾想象过人类的幸福。这提醒我们对形形色色的"瞬间诞生意义"的现代体验论的陷阱。

神话创作借助于终结论视野实现神话内容最大程度的变形,不仅发生于现代文学中,而且也是一切事物追逐的目标。"一切事物强烈要求神话,把它的故事讲述为一个关于过去的终极(例如,不可重复的)的故事。但是,这难道不是提醒我们,它仍然是当下的事物吗?"④是什么推动了一切事物追逐终末神话的创作呢? 如上文提及,末世论是对原论学的一种超越,也即是人们从事终末神话创作为了应对现实绝对主义的压迫,并企求一劳永逸地克服现实绝对主义。但是,这个梦想永远不会实现。

总结一下布鲁门贝格的哲学末世论的内容,有利于我们把握它的功能。笛卡儿为现代意识放进了恶魔——怀疑意识,引发德国唯心主义哲学对其克服。最后,德国唯心主义为此提供的方案是,使主体成为最高的主体,以主体绝对主义克服这一问题。这就是歌德"浮士德"神话创作的缘由。这一看似终结了浮士德神话创作问题又在瓦莱里的《我的浮士德》那里重新展开神话创作。人类生生不息地展开神话创作的原因在于:人

---

① Hans Blumenberg, *Arbeit am Mythos*(*AM*), S. 294.
② Hans Blumenberg, *Arbeit am Mythos*(*AM*), S. 319.
③ Hans Blumenberg, *Arbeit am Mythos*(*AM*), S. 659.
④ Hans Blumenberg, *Arbeit am Mythos*(*AM*), S. 660.

的偶在性是人的存在的最大悖论,这一现实绝对主义促使人类不停地创作神话来捍卫自己的生存。因此,人只得在一种又一种的末世论视野中进行神话创作。布鲁门贝格告诫我们应该整合"不朽神话"为自己和为世界而承担神话创作(研究)的责任,以"灵魂轮回神话"的态度进行神话创作(研究)。

三、神话研究:主体应对现实绝对主义的行为

布鲁门贝格接受了诺斯替主义关于主体和世界的二元论运思方式:人与神同作为主体性力量在本质上是相通的,但被世界分开。由于主体的位置在动物、人和神之间变动,造成了主体和世界之间的复杂关系。如果主体的位置跌到本我时,就向我们展开的是无意识的世界;如果主体处于人这一"历史中间物"这一位置时,我们拥有的是我们的现实世界;但是,我们的历史开端却是神的世界,神义论一直来关住人这一会腐败动物向地狱世界坠落坍塌的闸门。由于主体和世界是错开的,要解释两者的关系势必会引起历史系统位置的变化。这种历史系统的位置变化在"时代变迁"之际表现得尤为明显。一个系统的原有观念之"位置"被后起的观念所"占据"或"重新占据"。于是,各种不同的神话创作出于不同的文化日的来重新占据这一位置。面临压倒一切的绝对现实时,这些(神话创作的)故事历经千年从事于缓解或疏离现实绝对主义的宰制,使我们对恐惧又黑暗的现实绝对主义有所熟悉,从而在神话创作中得到心灵上的安慰。为了克服对未知事物的恐惧,除了以熟悉的方式来缓解这种恐惧心理外,还有一种认识它的需要,从而彻底克服这种恐惧心理。而神话研究就是自古以来各种精神类型的主体谋求征服现实绝对主义的一种文化行动。因此,神话研究被认为是一种谋求占据或重新占据历史系统中观念位置的手段。每一个观念位置就像大海上的浮标,始终没有固定的坐标得以确定。尽管如此,它还是一个主体自身孜孜以求所要占据位置的历史转折点。在这个点上,现实的绝对优势已经成为他意识和命运里至高无上的他者。所以,历史上不同的神话研究通过占据或重新占据的方式

来确定其系统的位置。

　　布鲁门贝格循此把二元论运思方式运用于神话创作诗学和神话研究解释学文化活动系统中。作为功能单位的神话创作反映了一种文化行动中的主体性力量。"人类历史的自我呈现有史可据的一条基本模式是：人类对现实利益的认识甚至在开始实现之前，它已在幻觉中尽情挥洒，并且以一种未经承认的虚构形式来捍卫它。"①神话创作先于现实利益的计算，它是一种幻觉的挥洒，以虚构的形式来捍卫神话创作的主体。这是人和陌生的世界打交道的一种方式。古老的世界先于人而存在，人生于斯长于斯，但是，世界不是让人轻易地把持、熟悉地打量，而是让人一如既往地失魂落魄。我们身临的世界就是我们的生活世界，所以，利用神话创作与世界打交道是一种必要但不充分的关系，而且这种创作和研究活动并非一劳永逸的。因为陌生的世界不会轻易让人们用虚构形式的神话创作来把持和熟悉它，我们还必须用神话研究来拥有这古老的世界，热爱自己的命运。在现实绝对主义催逼下，人的神话创作"赞成自己来决定一切事情，或者参与每一个决定，以便拒绝任何阻止他们和事情交涉的那些'机构'"②。但是，神话研究以宇宙论的正义超越了神话创作的人类学正义，它向我们昭示：掌握一种"生命的技艺"，抵挡生存的偶在意识的侵袭，消除现实绝对主义的恐惧。但是，"这'生命的技艺'——处理自己的事情并且为自己做主——拥有一个世界总是一项技艺的结果，即使它无论如何都不可能是一个'普遍的技艺的世界'"③。因此，这样的神话创作的人类学行为必将在"神话研究"的名下得到描述，因为神话研究就是我们体历的一种"基础神话"——"技艺的神话"。

　　神话研究不仅通过拥有一项技艺进而拥有一个世界，而且它还服务于解释"属人的经验"，"使生命成为可能"。在研究不同文化圈的神话学时，布克哈特发现神话研究具有一种"喜剧特征"：

---

　　①　Hans Blumenberg, *Arbeit am Mythos*(*AM*), S. 18.

　　②③　Hans Blumenberg, *Arbeit am Mythos*(*AM*), S. 13.

在许多不同文化圈的神话学中,文化奠基者的原型被降低到流氓水平、荒诞形象。这往往是这样事实的通则:当他们成功地向人类提供技艺反抗更为强大的神祇的意志时,往往把一项原发性的技艺归之于他们头上。这个基础方案属于神话场景并支持现实绝对主义;它用以解释属人的经验,这不仅包括不可认识权力之于他早期生存的危险,而且还包括未曾实现的不可承受的生命。这必定有这样一个人,他必定不是被认为严肃主宰伟大命运的人,然后,他才使生命成为可能。①

正如神话创作的悲剧特征以诡计和生存幻觉②来应对现实绝对主义的行为,神话研究的喜剧特征更有效地以属人的经验来解释这生命早期"不可认识的权力"。经过了这番解释,我们不堪承受的生命和危险重重的生存似乎可以承受了。

通过神话创作,人类生存的两种临界情境才得以设立,人以"虚构的形式"和"生存幻觉"来捍卫自己;通过神话研究,我们才能拥有两个极端情境之间的生存现实。正如海德格尔发出的"回到源头"和"向死而在"的召唤,我们才有可能记起曾经遗忘的存在,解蔽曾被遮蔽的存在,那么,布鲁门贝格是否在海德格尔运思的领域之外,另辟他途?它就是,以神话创作和神话研究,使原论学和末世论之间的生存历史"在而在起来"。

---

① Hans Blumenberg, *Arbeit am Mythos*(AM), P. 320.

② 古希腊悲剧的教诲是,人最好不要出生。悲剧以"盲目的希望"创造生存的幻觉来充实这种生存困境。神话创作不是以认知而是以熟悉的方式来接近未知事物,从而疏离现实绝对主义的压迫,其创作功能和效果与悲剧类同。

第二节　神话的反转权能

上文提到，神话研究具有一种"喜剧特征"。正是这种喜剧态度造成了神话的反转权能或神话的逆反程序，它以反讽的方式界定了审美神话的内在现实。同时，这种权能也规定了神话研究的功能单位。

一、神话的喜剧态度

"神话不仅借助许多有关诸神的人类故事，借助诸神中他们所采取的轻佻的非严肃的态度，来创造熟悉的情境，并且首先借助降低衡量诸神权力的尺度。"[①]据此，神话存在着非严肃性即轻佻的态度，以此发挥神话的安慰功能，降低各种绝对的权力。只有这样，我们才会欣慰地看到，神话对人承认什么又拒绝什么。保罗（Jean Paul）曾经说过："诸神可以嬉戏，但是上帝是严肃的。"禁止笑声，哲学是始作俑者。但是，"这种对神话材料嬉戏、解构的程度是显而易见的"[②]。相对哲学和神学来说，神话的轻佻包含着一种自我解构的审美经验。神话的轻佻包含着两种解构方式：一种是他者的解构，另一种是审美经验的自我解构，即戏剧化："美杜莎是会死的，司芬克斯和塞壬后来都被审美化了。这个基本过程不是由一个大无畏的英雄破坏的，而是作为一种基本无效的经验结果而自我解构。"[③]重复一下，注意到上述提及神话人物的命运都是自我毁灭的现象，我们即可理解这些人物形象是审美经验自我解构的结果。

喜剧更多的是对悲剧的一种戏拟。神话的喜剧特征展示了和悲剧修辞上诡计[④]相似的特征：解构暗含了神话的反转因子。"在普遍降低神话恐怖水平的过程中，它的重要性不仅在于某人对较高权力开玩笑，而且在

① Hans Blumenberg, *Arbeit am Mythos*(AM)，S. 137.
② Hans Blumenberg, *Arbeit am Mythos*(AM)，S. 322.
③ Hans Blumenberg, *Arbeit am Mythos*(AM)，S. 75.
④ 特指卢西安神话中用"牛胃包装骨头"的香喷喷的祭品向宙斯献祭的诡计。

于人类对待他时,也为检验一种刺激人的亲密关系而冒险;它的重要性在于人类相应地与人类的朋友开玩笑。一种仪式往往是一种逆反的模式,是一种对挑衅和需求的崇拜:你必须确信和展示你采取什么样的措施与人类的朋友站在一起。"①开玩笑无疑是喜剧神话创作的主要行动(情节),它不仅是针对"较高权力"的嘲笑,也是针对"人类朋友"(即人自身)的自嘲。开玩笑来自于"一种对挑衅和需求的崇拜",它启动了一种反转(逆反)的模式,以表明一种"与人类朋友站在一起"的立场。因此,神话的喜剧特征是人类出于自我保存的一种需要,它使人类的无价值性与为他们创造生命的可能性之间构成了对比。

在埃斯库罗斯的三部曲"普罗米修斯"中,一个说服的世界明显置入了第二部戏剧,就如一个暴力世界置入了第一部。"神话被描述为一场征服的证明,一个距离的获得,一种尖锐热情的节制。由于可能性与权力共'沉浮',神话之中的可能性不断改头换面,它包含着挑衅的态度、承诺和邪恶的狡诈等东西。使神承受诅咒、嘲笑和亵渎的庆典就是试探或者置换人们所凭靠的界限。"②这征服的世界是用古希腊戏剧惯用的喜剧形式来表现神话的反转功能,并触及知识、行为与信仰的边界。因为,古希腊人喜闻乐见的宙斯一贯来使用暴力,而普罗米修斯一反其惯用的手段,反转为使用计谋。

除开上述希腊思想类型外,基督教各种思想类型各有其不同的反转方式:基督教教义的神话性质以罪来检验恩典是否绝对;诺斯替主义刺激他们的"异在上帝"实施他的末世行动。所有属于这个思想库的反转方法都适用于制服全的权力。这些例子都是宗教对现实绝对主义进行分解的方法,有时候它们有意无意地运用了神话的诡计。反转是一个神话事件的反题,它可以展开对严肃的宗教的戏拟。"一切对圣经创世的戏拟同

---

① Hans Blumenberg, *Arbeit am Mythos*(AM), S. 352.

② Hans Blumenberg, *Arbeit am Mythos*(AM), S. 22.

时强调了这种精神含混性的差异本质。"①从罗马的动物寓言发展为基督教的一神教,对上帝的认同可以描述为,忠诚于他的唯一性而摒弃可能性。当神话的可能性被教义的唯一性(一神论)打压之时,我们可以"瞥见"这种反转本质的"闪现":从基督教教义那里存在的唯一绝对的体验联想到他者权力(最高权力的上帝)的优先体验。

从历史哲学方面来看,浪漫派神话反对启蒙神话就是现代理性家族内部神话式的反转。"如果说这个神话是一种先验的历史故事,那它不可能仅仅是一种想象的产品,或者是一种几千年来自然选择的结果。浪漫派复兴了'原初的启示',这不可避免成为(启蒙的)世人瞩目的进步方案的反转。"②从现实历史来看,由现实的神话化所造成的"情境感应"包含着一种反转程序。以海涅和歌德为例,德国历史上两位同时代伟人对浮士德、对普罗米修斯和拿破仑所形成的神话创作构成了你中有我、我中有你的神话与现实互渗的现象。"海涅的程序是一种反转程序:在拿破仑变为普罗米修斯之后,普罗米修斯终将变为拿破仑。这好像是,这个神话被创造出来作为歌德关于这个神话的程序的对立面。"③职是之故,我们可以放心地下结论说,反讽或逆反都是神话喜剧特征所具有的一种反转权能。

逆反这种本质化力量在法学意义上,首先表现为一种制裁(sanktion),这种制裁依靠誓言的效力。后来,它使"惩罚"正当化。在神学意义上,体现为悔罪。在文学上,体现为反讽诗学:"这个世界不是通过圣经式的'让它是'形成的,而是通过'让它不是'这种自我授权而形成的。"④歌德同样总结出一条神话世界的逆反原则:"它的肯定性公式表现为只有相似的与相似的相关,它的否定性的表达就是只有相似的反抗相

---

① Hans Blumenberg, *Arbeit am Mythos*(AM), S. 227.
② Hans Blumenberg, *Arbeit am Mythos*(AM), S. 631.
③ Hans Blumenberg, *Arbeit am Mythos*(AM), S. 647.
④ Hans Blumenberg, *Arbeit am Mythos*(AM), S. 237.

似的。"①

布鲁门贝格以乔伊斯的《尤利西斯》为个案,精到地分析了一种喜剧性的逆反力量——文学上的反讽现象。文本的意义只能在时间中从空间(故事结构)榨取。时间只有过去的形式,没有未来的形式,因此对它的体验只有通过回溯而展示出来。一种时间视角的逆转将会使我们有可能看到一道意义的边界:它在某一场景中反复展示自己、反对自己。这部片断式史诗几乎是一座包括任何事物矛盾的纪念碑,墓碣上铭刻着反讽书写明明灭灭、闪闪烁烁的意义踪迹。按典型理论来说,性格是人物个性在时间中发展的产物。但神话流浪者的命运与他的性格几乎没有什么关系,因为他是权力分立的结果,他也是各种力量波动的结果。"抹消了性格"的小说人物是一种复数形式的片断化存在。片断与片断最初是相互断裂的,然后在一种被拉长的生存之后被融合。书中人物完全放弃了时间中的冒险故事,泯灭了征服世界的雄心壮志。这是文本意义的一种空间化的表现形式。它的空间形式只有通过时间形式的逆转表现出来。"如果意义从冷漠的时间和空间中榨取的话,乔伊斯就是这样通过把时空的框架还原为——与荷马对世界和时间的征服构成了反讽——1904 年 6 月某个任意选定的日期;出轨的城市都柏林这个地区,如他称之'瘫痪的重心'。"②由时间片断所表征出来的偶在性实际上是神话对现实的反讽。反讽的逆反程序同时恢复了神话的有效性。"奥德修斯的猥琐即布卢姆(Leopold Bloom)度过的唯一那一天,甚至驳斥了这个作为意义模式的闭合圆圈。"③但是,在"唯一那一天"的时间边界上,以"意象背面的飞舞"(歌德语)展示了这个闭合圆圈模式的意义。"因为布卢姆不像荷马的特勒马科斯(Telemach),他不是寻找父亲而是儿子。这种与神话相关的逆反在我看来,是《尤利西斯》的关键所在。这种与荷马时代精神抵牾之处

---

① Hans Blumenberg, *Arbeit am Mythos*(AM), S. 591.
② Hans Blumenberg, *Arbeit am Mythos*(AM), S. 92.
③ Hans Blumenberg, *Arbeit am Mythos*(AM), S. 91.

也许是最为隐秘的拒绝意义的形式。"①当然,拒绝意义的形式也是表示意义的一种特定形式。作为意义模式的闭合圆圈在想象中重新恢复这个神话的有效性。

据说,使用了逆反程序的神话创作因此拥有了被人质疑的豁免权和自由裁量权。如此看来,神话创作的逆反机制还是一种自我维护的权力。"尽管他(乔伊斯)嘲笑形式上帝,但他也有个隐含的上帝,那个上帝的特征是,质询他的法令的意义就违犯法令。通过逆反程序,作者不允许自己被质疑,并且借助于神秘化和欺骗将此大白于世。他被提升到上帝的行列或上帝的位置,我们所面对的问题是作者神话,而不是他的读者神话。"②接受美学的读者理论在这个天书般的文本中找到了自己的"接受工业"。文本的晦涩难懂、难以解读要求读者发挥阅读上的能动性。不同时代读者和同一时代读者的长期创造性工作会慢慢征服该文本的不可读性。因此,从某种程度上说,读者的阅读接受为自己的创造性工作画像立传,营造了一个读者神话。如果读者神话能够成立的话,创造了这个文本进而创造读者神话的作者显然也是一个神话。根据逆反程序,被提升到上帝地位的应该是作者而不是接受理论的读者。可以这么说,逆反程序在某种程度上是主体在神话创作中实施的一种自我维护的权力。《尤利西斯》是荷马史诗《奥德赛》的反转,在对抗《奥德赛》关于圆圈闭合的神话的超拔性中,它的反讽历历在目。布鲁门贝格在这里谈到乔伊斯隐含的作者神话乍看起来和意义闭合圆圈神话似乎没有什么关系,其实不然。如果说作者神话是一个关于主体的神话的话,那么,意义循环或者轮回的生产模式就是一个关于世界的神话。布鲁门贝格在这里可谓的是用心良苦,他的"深深海底行"的用意似乎是,让两者构成深层意义上逆反和内在层面上对抗;在神话的和同力量包孕下,两者之间既对立又相互检验。质言之,我们由此可以领会布鲁门贝格智慧的教诲:意义循环的动量来自于

---

① Hans Blumenberg, *Arbeit am Mythos*(AM), S. 95.

② Hans Blumenberg, *Arbeit am Mythos*(AM), S. 96.

神话逆反程序所包孕的能量或权力。

　　神话的反转权能是一种反讽。在布鲁门贝格看来,尼采是讲述神话的反讽高手:上帝在创世的最后一天,在知识树下放下一条大毒蛇。这是上帝意在从"成为上帝"①中复原自己的一种举动。尽管上帝的举动有点莫名其妙,我们只能把此理解为神话。尼采使天堂神话变成一桩丑闻:第七天的自我享受变成了对他创造的善的厌腻,因为他看到的事物既没有未来,也没有历史。天堂是历史的否定,是上帝烦恼的一个缩影。对那些习焉不察的人来说好处是,这完全是这个神话的反转的文本。很明显,这个"神学"态度是反讽的。

　　正是这个反讽的神学态度导致了一种新型的渎神行为。

二、渎神行为:现代人一种无力悲欢的神学气质

　　上文,我们讨论了神话的反转机制以及它的表现形式。但是,神话的反转作为一种权力(权能),它是如何证成自身的? 神话顾名思义是关于神的话语(话本)。那么,这一套关于神的反转权能的话语又是如何运转的呢?

　　1.渎神行为之一:"对生活毫无用处的自发的好奇心"

　　话还得从尼采说起。

　　神话起源于规避外在现实压迫的恐惧。为了使外在陌生的现实转化为熟悉的存在,人们展开生生不息地神话创作和神话研究。苏格拉底主义的勃兴,使悲剧合唱队的命运力量和深渊般的神话恐怖无地自容又无处可逃。在尼采看来,悲剧的消亡无异于:初遭苏格拉底对话主义(辩证法)的打击,后被基督教凭借柏拉图主义的形而上学一举歼灭。但是,悲剧的消亡并不说明,狄奥尼索斯和阿波罗停留在一种单一明了的相互取代关系上。尼采对苍白了的旧时悲剧深渊般恐惧感到失望。他力图恢复

---

　　①　"成为自己"是尼采生命哲学的一种激进主张,这里的"成为上帝"是对"成为自己"的反讽。

古希腊命运悲剧的力量：

> 尼采创造了狄奥尼索斯和普罗米修斯在悲剧中可互换的位置，或者说，创造了泰坦和人的可互换性的地位；但也剥夺了他进一步理解埃斯库罗斯的言外之意。埃斯库罗斯描述了一个神和人之间关系的故事，而不是人和自身之间关系的故事。用尼采高傲的声音说，这个悲剧保留了渎神的故事，只要普罗米修斯属于诸神的系谱，带着狄奥尼索斯的面具，这已不是一种人的寓言了。①

正如布鲁门贝格指出，尼采恢复古希腊命运悲剧的意图无疑很好，但他在神话研究中毕竟功亏一篑，令壮士扼腕。因为，埃斯库罗斯悲剧所反映的是人神之间的渎神悲剧，而尼采的狄奥尼索斯神话沦为人与自身关系的渎神寓言。

大哲如尼采，他为什么会犯上述的错误呢？布鲁门贝格提醒我们关注悲剧的渎神和基督教的罪之间的区别。由于罪和渎神（sakrileg）之间有典型的区分，我们应该摒弃任何有关古代的"傲慢"和圣经的"堕落"之间的可比性。正如渎神的傲慢不等于罪之堕落，悲剧渎神的傲慢也不等于尼采的高傲。尼采说，普罗米修斯的盗火之举是一种渎神行为，据此，人不是"堕落"的，相反，这是人首次标举自己、确证自己：

> 实际上，只有"泰坦式奋斗的渎神必然强加于个体身上"才能转化为"普罗米修斯故事最为深沉的内核"，渎神的人是不朽的，并且敢于以支持人类的方式向新神挑战。在这个案例中，只有古希腊人才会创造出悲剧，其根本的缘由是，"他们必定为渎神创造尊严，并在渎神中融摄它"，这个论点必须以一种正当性意义来解读。②

---

① Hans Blumenberg, *Arbeit am Mythos*（*AM*），S. 665.
② Hans Blumenberg, *Arbeit am Mythos*（*AM*），S. 666.

在尼采眼里的悲剧,狄奥尼索斯和普罗米修斯是可置换的,也就是说泰坦和人也是可置换的。那么,普罗米修斯的渎神就不是神对神的渎神,而是人对神的渎神。悲剧的渎神本是泰坦式的奋斗,创造了尊严,现在强加到了个体身上,不是个体的傲慢又是什么呢? 与尼采相反,"歌德对提坦精神(titanismus)的制约是他生活中一项伟大的道德贡献"①。

因此,"尼采错失了渎神和罪之间区别这个核心。一种对绝对君权(Majestät)的冒犯行为,如基督教神学家把它归咎于罪,与此对照,渎神只有在这个事实上具有它的伟大性和永恒性:被亵渎的神不会是无条件正确的,并且,更为重要的是,他不可能是为所欲为,在这个权力分立系统中,这不会出现这个观念:只有罪人的完全堕落才会满足这个受到侵犯了的君权。"②从上面这段话来看,罪是一种绝对的否定行为,而神话的渎神行为是一种既肯定又否定行为的复合体,完全符合神魔的神话行为。可以这么说,真正意义上的渎神行为是神话反转权能的一种表现。

从上面布鲁门贝格翻案文章所提供的证据来看,尼采的渎神行为是一种罪,而非悲剧意义上的渎神行为,亦非神魔的神话行为。悲剧的渎神行为是这位泰坦被宙斯蔑视他的造物激发的,也是被宙斯专制扣压人类生活的必需品激发的。人类生活的必需品在人类生活中发挥神圣的作用,普罗米修斯对宙斯的渎神行为是神反抗神,完全符合神话中权力分立程序。尼采笔下的普罗米修斯的渎神是狄奥尼索斯的渎神,而激发狄奥尼索斯渎神行为并非出于生活必需品的缘故,而是"对生活毫无用处事物的自发的好奇心"。

　　这种对生活毫无用处事物的自发的好奇心完全是人的根本属

---

① 汉斯-格奥尔格·伽达默尔:《歌德与道德世界》,吴建广译,《美学与诗学:诠释学的实施》,北京大学出版社 2013 年版,第 74 页。

② Hans Blumenberg, *Arbeit am Mythos*(AM), S. 666.

性。因此,这并不排除"行为的荣耀(Glorie der Aktivität)",尼采把它归之为普罗米修斯的渎神;职是之故,这个故事是世界悲苦的一次"慈海普渡(Nothilfe)"。并且,尼采最终也没有刻意拔高那种价值和普罗米修斯救助人类的深远影响:"人并不代表比动物进步;文明化了的新人类是一种失败……"①

　　尼采式的渎神行为除开"行为的荣耀"之外,徒具文明的空洞形式。它虽为反抗宙斯的蔑视而赢得自身的存在,但是,它也承受了那既无用又无谓的好奇心的后果,"因为这会使灵魂不再关心道德生活"②。因此,这种渎神行为是现代人的一种无力悲欢的神学气质。③

　　尼采毕竟是尼采。尽管他的渎神行为失误重重,但还是指出了某些真理的真相。比如,这种渎神行为指出了解放了的普罗米修斯在形而上学方面的过错。因为,"它摧毁了人类历史上作为承受结构的快乐和痛苦的统一体"④。解放了的普罗米修斯没有以往承受折磨的痛苦,现在充满了解放新生的自由和欢乐。他的一举一动丝毫找不到神魔应有行为的影子,因为神魔的行为包容着快乐和痛苦的统一体。"以尼采的神话观来看,至为关键的事情是,为了能够生存,超越或者至少与恐怖、痛苦心理基底的妥协既是必要的,也是不可捉摸的,因为,人能够时时感到这种生命的权能。这就是为什么奥林匹斯世界只是一个'居间的艺术世界';它从来没有苦心孤诣地追求更高的无上世界,而这个至高无上的世界掺和着柏拉图主义和灾难性基督教的构成形式。"⑤与恐怖、痛苦心理基底妥协的狄奥尼索斯之醉境重新投入了神魔的怀抱,让人能够时时感到生命的权能。柏拉图主义和基督教的构成形式恰恰是它的大敌。因为狄奥尼索斯全方位地体现了与"与苏格拉底主义道德"的对立,体现了与"理论家的

---

① Hans Blumenberg, *Arbeit am Mythos*(AM), S. 667.
② 皮埃尔·阿多:《伊西斯的面纱》,张卜天译,华东师范大学出版社 2015 年版,第 151 页。
③ [德]卡尔·施米特:《政治的神学续编》,吴增定译,刘小枫主编,《政治的概念》,第 404 页。
④⑤ Hans Blumenberg, *Arbeit am Mythos*(AM), S. 667.

吝啬和乐观"的对立——这一切的对立导致了"悲剧的死亡"。从普罗米修斯的渎神行为到狄奥尼索斯的审美神话,尼采的神话观向我们展示了奥林匹斯世界是一个"中间的艺术世界"。

2. 渎神行为之二:个体主义的奋斗价值

作为人类的保护神,泰坦神祇的渎神行为事出有因。泰坦的自然世界蕴藏着恐惧和快乐,但是,这种快乐是毁灭性的。人类在泰坦自然力量的驱迫下发展文化以保护生命,但文化由于可怜的奴役意识转而反对生命,因此,"普罗米修斯对人类充满了巨人之爱,因而他必然被秃鹰撕成碎片……"①为了解决人类的这一困境,尼采转向了埃斯库罗斯的悲剧。悲剧的始源框架体现于合唱队形式,它是由狄奥尼索斯和阿波罗精神共同建制的。合唱队既含音乐精神又伴随着诸神登场亮相。如果埃斯库罗斯悲剧合唱队曾评论过狄奥尼索斯的受难和复活的场景,那么现在应是我们评论普罗米修斯的被缚和获释场景的时候。正是这一想法使尼采没有走向形而上学之途来解决普罗米修斯问题,而是勇敢面对生存困境,保持狄奥尼索斯和阿波罗二元张力的文化精神。

在尼采的构想当中,征引歌德《普罗米修斯颂诗》的隐秘用心是:"受难之神恰恰就是'爬上泰坦宝座的人',他通过自身的努力获得文化,然后迫使诸神与他结盟。"②狄奥尼索斯继承了泰坦世界自然权力,通过自身的努力获得文化,成为具有个体主义价值的诸神。尼采的从泰坦自然权力演变出来个体主义价值的文化构想何尝不是我们现实生命的写照?还有哪种个体主义价值不是与自然欲望(泰坦世界的自然权力)结合在一起呢?尼采以歌德之诗来浇自己心中块垒,眼光是何等毒辣?思想是何等深刻?但是,这是否就是,人类以普罗米修斯的名义犯下的渎神之罪呢?在别的地方,"尼采指出,普罗米修斯的盗火之举是让人类免于'堕落'的

---

① Hans Blumenberg, *Arbeit am Mythos*(AM), S. 664.
② Hans Blumenberg, *Arbeit am Mythos*(AM), S. 665.

渎神之举,然后让人类自我提升到了自我确证的程度"①。当人类通过盗火获得文化是用于确证自我力量时,很有可能使人类走向骄傲。

在尼采看来,悲剧在表现人类的骄傲的主题上,可能蕴含着一个渎神的故事。"渎神"在尼采的价值判断中颇为含混,大多时候渎神是正当的,因为它"使人类免于'堕落'"。令人不解的是,向来对基督教口出恶语的尼采居然把原罪的正当性用于他的渎神概念。在后来的《快乐的知识》中,尼采进一步肯定渎神的正当性,"强行加在奋斗不止的泰坦英雄个体身上的渎神命运"构成了"普罗米修斯故事的内核"。因为只有犯上作乱亵渎诸神的人才会不朽,才敢于祖护人类,挑战新神。因而我们必须在一种本质上予以限定的意义上来理解尼采的如下命题:只有希腊人才能发明悲剧,因为"他需要发明渎神的尊严,并把这种尊严融入渎神之中"②。通过上述文字,我们才明白,渎神的正当性是由泰坦自然世界演化出来的个体主义奋斗价值来担保的。这种个体主义价值可以免于诸神价值的道德考量,并且赋予悲剧以尊严。

布鲁门贝格对尼采渎神观的辨析可谓精妙深刻又激动人心。首先,尼采迷失了渎神与原罪之间的本质差异。基督教神学中原罪指的是对天主绝对权威的冒犯,罪人是不会受到惩罚的,除非他冒犯上帝的尊严。悲剧中的渎神是对并非永远无条件正义的、全能的诸神的亵渎,渎神者受到的惩罚是丧失权力,但不会侵害他的尊严。但是渎神者永远无法使人类独立于新一代诸神的善良意志,或者使人类疏远诸神。其次,圣经中的原罪来自于诱惑,诱惑者以几乎等同于上帝(像上帝那样明辨善恶)的诱饵导致被诱惑者对神圣命令的侵犯。神话的渎神之所以犯禁,起因于宙斯残暴压制人类生活的基本需要(扣押火种)。明辨善恶知识远远超越了生命的有用之物,伊甸园里这种多余之物是非常可疑的。面对宙斯的扣押火种,普罗米修斯的渎神之举绝非是绝无仅有的荣耀行为,更多是讲述救

---

① Hans Blumenberg, *Arbeit am Mythos*(AM), S. 665.
② Hans Blumenberg, *Arbeit am Mythos*(AM), S. 666.

亡图存的故事。当然,尼采也没有赋予普罗米修斯帮助人类的仁慈行动以更高的价值:"人类并不代表超越动物的进步;文化的新生是一场流产。"①一言以蔽之,尼采这两个方面的混淆核心在于把最高的事物与最低的事物混同起来,拉平的结果是产生了他对奥林匹斯诸神"居间的艺术世界"的狂热追求。

本来,希腊神话是奥林匹斯诸神"居间的艺术世界",它像一张由狄奥尼索斯和阿波罗这对精神的作用力和反作用力绷紧的弓,但是,尼采对普罗米修斯渎神行动的价值重估之后,觉得有必要让这张绷紧的弓上之箭射出,以便释放泰坦自然权力和诸神价值形成的生存张力,同时也是克服两者之间冲突的暂缓之计。这使以反形而上学为己任的尼采"以形而上学的方式虚假地解放普罗米修斯,从而摧毁了作为人类历史之存在结构的痛苦与快乐之整体"②。解放了的普罗米修斯看起来已经超越或者忍受生命底层的恐怖与苦难,渎神之后的人类确实也能感受到这种生命权力解放的快感。尼采的渎神行动就是以泰坦自然权力为基础形成的个体主义价值来超越诸神价值的权力意志行动。它以渎神作为超越的形而上学,这样所形成的一个充满人性形而上学的世界与柏拉图主义及后来的基督教世界的形而上学本质上又有什么区别呢?还不是五十步笑百步吗?因此,普罗米修斯"对人类的巨人之爱"侵犯了阿波罗法则,体现了"过分自负的倨傲和过度,成为真正敌对的非阿波罗世界的魔鬼",他在每一个方面都体现了"道德苏格拉底主义"的反题,对立于"人类沉思的节制和快乐",一言以蔽之,对立于"令悲剧终结的一切"。③

我们需要注意的是,"这要把过分的亵渎变成只是语言凝视限度方面的反讽范畴"④。因为神话研究天然地以语言为自己的乐土,而且,过分的亵渎酿成的灾难难以估量,大哲如尼采亦难免失误,遑论他人的渎神行

---

①② Hans Blumenberg, *Arbeit am Mythos*(AM), S. 667.

③ Hans Blumenberg, *Arbeit am Mythos*(AM), S. 668.

④ Hans Blumenberg, *Arbeit am Mythos*(AM), S. 490.

为。因此,我们必须发挥反讽范畴的作用,使神话研究的反转权能来启动"语言凝视"的检验作用,丢掉现代人无力悲欢的神学气质,恢复神魔那恢宏大度、生机勃勃的渎神行为。

三、否弃即保护——弗洛伊德的普罗米修斯神话的一项反题研究

弗洛伊德虽然没有提过尼采的名字和普罗米修斯神话,但是他以"火的占有建制化"作为文化起源理论,就会让人不得不想起"普罗米修斯神话的反题"①,这从两个方面可以得到印证:其一,弗洛伊德将火的历史分为火的前史和火的文明史,火的前史指的是火得到驯化和保存之前,是作为自然的力量对原始初民产生威胁,火的前史因此是"恐惧和规避的历史"②。火的文明史显然与普罗米修斯有关,他盗自天上的火乃是文明之火,用于熔冶和锻造。但弗洛伊德论述重心不是从文明之火出发,而是落在火的前史上。其二,弗洛伊德曾提过,"普罗米修斯既不是通过保护人类免遭自然强力的毁灭性蹂躏,也不是通过保护人类免遭其自身本质的戕害,而是通过减少人类可怕的匮乏,从而引领人类进入文化辉煌的门槛"③。文化的最大功能是"减少人类可怕的匮乏",而不是解决人类生存的基本需要问题,因此布鲁门贝格从弗洛伊德文化起源的论述中反推出普罗米修斯神话,我们由此可知自然之火分为两个层面:外在自然之火和内在自然之火。内在自然之火即是"性亢奋与情欲之火"。"抑制自己的性亢奋与情欲之火,他就是驯化了火的自然力量。"④人驯化自然力量的行动就是否弃(verzicht)行为,它"保护人类而反对自然"⑤,这也是文化起源的基本成就。

从精神分析学的素材中推想出文化起源的猜想,在弗洛伊德自己看

---

① Hans Blumenberg, *Arbeit am Mythos*(*AM*), S. 675.
② Hans Blumenberg, *Arbeit am Mythos*(*AM*), S. 675.
③ Hans Blumenberg, *Arbeit am Mythos*(*AM*), S. 675.
④ Hans Blumenberg, *Arbeit am Mythos*(*AM*), S. 676.
⑤ Hans Blumenberg, *Arbeit am Mythos*(*AM*), S. 675.

来虽不完备,也难以使人心服口服,但给文化起源的解释打开了另一番新天地。与此有关的两则精神分析学素材同时涉及否弃行为。

其一是从"蒙古人禁令对灰烬撒尿"受到启发。弗洛伊德从撒尿浇灭自然之火的行为之中看出否弃行为的快感。人们会奇怪这有什么快乐可言呢? 火光首先被看作菲勒斯意象,撒尿时获得排泄的快感,排泄即放弃,因此它是一种否弃行为带来的快感,是一种源初的行御性行为。弗洛伊德的解释显然与普罗米修斯神话取得了联系。对火的驾驭"转化为快乐原则和现实原则之间的冲突,而冲突又是一种对火的保存与有效利用的自我限制"①。这种自我限制是通过抑制欲望而实现对欲望的驾驭,因此他可以安全地携带火种,并在必要时使之为自己服务。以此来看,弗洛伊德论述中隐含的普罗米修斯已从桀骜不驯的反抗人士华丽转身为明哲保身的无为无不为之士。

其二是性别的解剖学差异预设妇女的守火者形象。一直以来,妇女充当着灶火和庙火的守护者形象。在危机四伏的人性化(文明化)的过程中,男性需要通过放弃文化成就重新获得快乐,女人丝毫没有受这种诱惑的困扰。男性即使通过否弃行为获得快感,但他对这一人性化、文明化的不可逆转过程完全无能为力。男性的否弃行为只能建立在自我放弃的强迫行动上,否弃行为因此是一种极不可靠的方式。在这 点上,由于女性与男性生物学上的差别,相对于男人的强势,女性的弱势使她们天然地就采取了否弃行为,由此也就天然地保护了否弃行为的整体。相对于男人而言,女人最少受到欲望的伤害,因此是火种守护者最佳候选人。

这两则精神分析学素材共同指向"否弃行为乃是文化之根"这一文化起源的意蕴,充分体现了弗洛伊德这位精神分析学领域的上帝非同凡响的对文化思考的启示。人类发展文化是为了应对人类生存的可怕的匮乏,这是一种人类天赐的特选能力,但是,度过生存贫困的人类在丰裕的时代里难免总有这样一种错觉:在欲望的助长下,人类企望自身能变成

---

① Hans Blumenberg, *Arbeit am Mythos*(AM), S. 676.

神。弗洛伊德随后补充指出，人类因此而具有一种所谓的"假神"姿态，几乎丧失了从前"人是神"有过的辉煌。① 否弃行为本是无为而有为，正如"道可道，非常道，名可名，非常名"，倘若非得要给否弃行为下个定义，这本身已割裂了否弃行为的本义。人们只能在否定的基础上才能接近否弃行为的本义，因此布鲁门贝格称之为反题研究。人虽然在文化的护佑下一天天增强自身的能力，所创造的文化产品越来越丰富，人渐渐取得与神类似的品格，但是，人从未在此过程中感到过真正的快乐。若想获取真正的快乐，人就得成为一名神祇，最为重要的步骤是人要获取神祇的本质属性——自足自立(autarkie)②。"在古代世界里，这种自足自立与否弃行为的快乐不可分割地关联在一起。这种关联是如此隐微以至于一直不为人所知。"③把这段话中的神圣对应于普罗米修斯神话的神圣，情形很可能是，普罗米修斯深谙否弃行为的整体要求，因此作为文化的创建者，他一直是快乐的承载者。因为人们都明白一个道理，要想不为欲望牵着走，最好的办法是放弃这一要求。但是，在历史上各个希腊文化再生过程④中，潘多拉的装饰盒艺术搞乱了普罗米修斯的宏伟计划。因为人们只注意到文化的艺术性而没有注意到否弃行为的整体。这也是弗洛伊德和荣格关于文化判断的分歧所在。荣格认为，如果弗洛伊德有关文化的判断是对的，文化岂不是"惨遭压制的性本能的病态结果，是一场纯粹的闹剧"⑤。弗洛伊德不动声色接过话头："这就是命运的诅咒，我们无能为力。"⑥

当弗洛伊德以神话研究方式记述了这样一种作为文化之根的否弃行为时，他的每一步的精神分析学研究都走在了普罗米修斯神话研究的反

---

① Hans Blumenberg, *Arbeit am Mythos*(AM), S. 677.

② Hans Blumenberg, *Arbeit am Mythos*(AM), S. 677.

③ Hans Blumenberg, *Arbeit am Mythos*(AM), S. 677.

④ 其中最为闻名的希腊文化再生过程就是众所周知的文艺复兴，希腊化时期也是希腊文化再生过程，大家很可能疏忽这一阶段。

⑤ Hans Blumenberg, *Arbeit am Mythos*(AM), S. 677.

⑥ Hans Blumenberg, *Arbeit am Mythos*(AM), S. 677.

题。"普罗米修斯从诸神那里盗得火种之日起,也就是弗洛伊德的初民必须放弃用撒尿的方式浇灭火种之日止。"①布鲁门贝格又是如何总结第二则精神分析学材料的呢?"在人类开化进程中,妇女的地位是基于她们一种次要的生物学上的无能。然而,自然即使作为一个抽象的主体在起作用,它的百无一用比起它的百无一求来说,总是更为安全。"②由于生物学上的性别差异,女性比男性更天然亲近否弃行为的整体。

在《文明及其不满》发表两年之后,弗洛伊德卷入了一场有关"附文评论"的争鸣风波,为了说明他的意图,他不得不提到普罗米修斯的名字。因此,弗洛伊德有关否弃行为作为文化起源的有关论述仍然是普罗米修斯神话研究的终结版本之一。正如他本人的感叹,哲学家们的直觉和猜想与精神分析学辛勤研究的结果总是有着惊人的一致。否弃行为即是人类的自我捍卫行为,弗洛伊德的精神分析学的劳动成果在布鲁门贝格宏伟壮丽的普罗米修斯神学研究中成了一项反题研究。这颇为令人意外,也大为赞叹布鲁门贝格"想象的佚失"(imaginäre anekdote)的神话研究能力。

第三节　反思审美神话

现代的审美神话研究一项至关重要的成果可能是,它清算了"审美暴政"的神话思维。在现代思潮的大合唱中,卡西尔的反思和阿多诺的批判唱出了这样的最强音。战后成长起来的德国思想巨匠布鲁门贝格继续推进两位前贤的思想,并洞察到反启蒙的唯心主义(浪漫派)的思想也要为"审美神话"的僭越和危险负责。他会通西方文化史上生生不息的普罗米修斯神话创作,并以一种反思的解释学来调校现代审美思想的建构方案。

---

① ② Hans Blumenberg, *Arbeit am Mythos*（AM）, S. 678.

一、审美神话的含混性

按照布鲁门贝格的观点,神话创作是人类思想史上自我捍卫的一种表现方式。回首人类自我发展走过的历程,神话创作曾为漂泊无依的人生逆旅抵挡过生命中的雨雪风霜,但是,神话自身也有一言难尽的困惑和迷茫。因为它在很多时候表现为一种"迷思"①。

有一种形象的说法:神话是"命名突入了未命名'混沌'"的产物。"'混沌'纯粹是对一个深渊裂口和缝隙的隐喻,它不要求区域化,不描述它的边缘和深度,却以昏昧的空间形式出现。"②尽管命名代表着事物的在场,也许是命名之光照亮了"混沌",但神话的"万神殿"原则使"昏昧的空间形式"像宇宙的黑洞一样,吸纳了任何命名之光,这就是我们文学史上津津乐道审美的含混与晦涩。

亚里士多德曾提出过一项著名的原理:相似的总是产生相似的。依此类推,如果一切事物可以来自于一切事物的话,那么,这就不存在解释,并且也无须解释。神话不坚持这条原则。在解释和故事之间,人们需要讲故事:"故事无须对根本结论发。它们服从于唯一的要求:故事不可能匮乏。"③诗人既不解释也不做结论,他只是讲故事。通过神话叙事(神话创作),我们获得了一份对生活世界的熟悉和信赖。我们熟悉世界,我们在世界之中,我们栖居于现象学的"家"中。因此,诗学可能会把解释学搁置一旁:"神话创作不知道 Sabbath('星期七')。这一天,我们肯定可以追溯的各种神话之神已死了。"神话创作既不追溯世界的开端,也不言说世界被大洋神(Oceanus)围困的存在事实。更为重要的是,走向极端的神话不仅对含混性的东西听之任之,而且还汲汲于以产生这种含混性为鹄的④,因为"神话的视野不等于哲学的临界概念;它的整个幅度涵容了整

---

① 中国港台地区大多把 myth 翻译为"迷思",这是一种意味深长的译法。

②③ Hans Blumenberg, *Arbeit am Mythos*(AM), S. 143.

④ Hans Blumenberg, *Arbeit am Mythos*(AM), S. 685.

个世界"①。但是,解释学以刀锋般的怀疑意识质询道:弑神的神话还能够保证自身是丰富的而不是任意的吗? 含混性能够对非理性免疫吗?

与解释学的"临界概念"渐行渐远的神话创作,会不会踏上一条危险重重的不归之路呢? 神话诗人可能会迫不及待地争辩:不要忽视我们曾经塑造过普罗米修斯作为真理之光的使者形象。"诗人无须决定:他是否把普罗米修斯的文化奠基表现为对人类友好得多,还是对诸神愤怒得多? 这种含义本身就其含混性而言,既是一种礼物,也是一种危险,但是,它们两者都不固定在拯救和宿命的维度上。光的使者同时也是火的使者,这个隐喻第一次由此得以暗示,并且它后来有案可稽地表达了这样的忧虑:真理是否值得付出由它点燃大火灾的代价。"②布鲁门贝格一针见血指出,神话创作审美思维的陈腐积习常以真理之光的隐喻遮蔽真理之火隐喻。即使被人揭穿了真理之火酿成大火灾的危险,诗人们还振振有词:"我们这里拥有一种新的、安全的并奠基于火之本性的论证:而你们点亮自己的火把时,别人的火把因你们而黯淡。"③真理之火的温暖普施万民、"涵容世界";而真理之光的冷峻使人们你争我斗、哀鸿遍野。神话诗人的辩词已经向解释学的反思意识提出了这么一个任务:哲学的真理之光和神话的真理之火之间的张力该如何保持在神话研究当中。

人类最悲惨的思想事实莫过于,人之命运徘徊于偶在意识之生存刀锋上。人类血迹斑斑、遍体鳞伤的命运之无常即是偶在意识施虐之结果。神话一方面以"星期七"那既没有论证也没有解释的含混性挫其锋锐,另一方面又以"昏昧的空间形式"把人生创痛的伤口包扎起来。试问解释学的反思意识果真使神话创作臻于"以其昏昏,使人昭昭"的境界了吗? "虽然神话拒绝并且必须拒绝提供解释,但它'产生了'另一种使生活稳定的性质:杜绝任意性,消除反复无常。这就是它作为人工产品为何不许受到

---

① Hans Blumenberg,*Arbeit am Mythos*(AM),S. 145.

② Hans Blumenberg,*Arbeit am Mythos*(AM),S. s. 350-351.

③ Hans Blumenberg,*Arbeit am Mythos*(AM),S. 376.

怀疑之影响的缘由。它必须被接受为一种'心理学的自然产品'。"①解释的需要被悬搁了以后,神话可能是一切事物来自于一切事物,但它不可能讲述一切事物的一切故事。尤有甚者,在解释学的"话语达尔文主义"作用下,神话的含混性被沉淀为"心理学的自然产品","昏昧的空间形式"被照亮为富有意义的形式。因此,解释学的神话研究担保了神话创作的叙事形式是丰富的而不是任意的,是多元的而不是混乱的。

以解释学意识来追问神话创作中何种叙事框架或形式具有何种意义,它决定了我们对意义问题的相关态度:我们应该采纳语用学的解释立场,因为神话故事林林总总的"变形记"总是作为相关者,或者作为被呼求者而为人援引。

> "形式"是这个世界的一种自我保存并且保持稳定的手段。"形式"开始建立"意义"反对严厉的"意思"。也许,眷顾日复一日年复一年的同一事物的重现是人类最早对他身边事物的一种可靠性认识,这是反对现实以一种纯粹的至上权力的面目出现。……一条途径集中狂喜,另一条途径集中于规范化。在这两条途径之间做出决断也许并不重要——但是,在我看来,重要的是,为了避免速朽,甚至最幽微的发明(或"发现")都要求接受。②

在选择世界或生命的解释形式之际,通过形式建立意义,事实上就是神话创作使这种既保护又反对自己的现实情境成为一种历史的和可理解的存在。同时,"神话所承认的确实不是理论的或者前科学的客观性,而是一种主体间的'可交流性',它在形式上应该更接近于客观性的接受类型,但没有染上表现性体验气息,比如,对一个'瞬间上帝'惊奇的典型化

---

① Hans Blumenberg, *Arbeit am Mythos*(AM), S. 144.
② Hans Blumenberg, *Arbeit am Mythos*(AM), S. s. 186-187.

之表现。"①

从这两方面来看,人类通过形式再现现实,"反对现实以一种纯粹的至上权力"把持意义,从而建立起对这个世界的信任,这说明神话研究已经走出了神话创作含混性的阴影;意义的生产在接受过程中又转化为"一种主体间的'可交流性'"的"形式",从而保证了接受类型的客观性,既满足了幽微世界自我保存的需要,又可以避开"瞬间生成意义"的主观性的体验。因此,神话研究应该寻找一种客观化的"形式",并点燃了一盏既是真理之火又是真理之光的意义明灯,照亮和温暖了"昏昧的空间形式"。

二、审美神话:一种真理的剩余

审美成为神话之后,审美神话蜕变为一种真理的剩余。在布鲁门贝格看来,它包括两方面的含义:一方面事关真理的实质问题,这个审美神话潜藏着诗学技艺的发展趋势,它使普罗米修斯的人类学正义取代宙斯正义;另一方面涉及真理的效果问题,审美神话的影像生产导致了一种真理剩余的生产后果。

我们先来分析神话混同于逻各斯的情形。柏拉图的《美诺》篇中,高尔吉亚为了保护人类免受死亡即将来临的注视和吸纳,以盲目的希望振奋他们。这是智者派关于修辞效果最为动听的叙述。"普罗米修斯就是一个欺骗大师,他禁止生命具有死亡意识。"②既然审美神话是一种盲目的希望,那么它与修辞的欺骗罪名就脱不开关系。

"普罗米修斯的错误在于……他忽视了那不可教的东西,忽视了比如人类对于荣誉和正义之心的需要。这恰恰是不可挪用和传递的,而只能由宙斯的权力和意志来表达。它们无法窃取这一特性,在神话上表现为宙斯远远高于使用诡计和盗窃之类伎俩等层面。"③普罗米修斯偷来了文

---

① Hans Blumenberg, *Arbeit am Mythos*(AM), S. 185.

② Hans Blumenberg, *Arbeit am Mythos*(AM), S. 366.

③ Hans Blumenberg, *Arbeit am Mythos*(AM), S. s. 365-366.

化之火的技艺,却偷不来证成城邦的荣誉和正义之心。"智者派使用的正是神话,而这神话却明显地要被理解为逻各斯。"①明明是神话却以逻各斯示人,因此我们要时刻警惕作为诡计和欺骗手段的智者派审美神话一手酿成的悲剧,因为在其上空端坐着神话的逻各斯——城邦生活的荣誉和正义。"宙斯'选择'了这个世界,而他,普罗米修斯选择了人,这就是古代和现代冲突的公式,也是宇宙中心论(kosmoczentrisch)形而上学和人类中心论(anthropozentrisch)形而上学之间冲突的公式。"②当主神宙斯不再关心人性是否是诗人创造的自我授权和自我证明的前提时,诗学的人类学正义欢呼执掌"神话正义"权柄之机遇的到来。后来的情形果然是:"新智者派知道如何以言说装饰一切事情,并且他们需要更多的人类学正义而不是神话正义。因为艺术第一次把自己呈现为正义,他们游戏对待普罗塔戈拉(Protagoras)虚构出来神话的理想人物,如同对待其他一切事物。这位塑造人类的普罗米修斯变成了君主时代词语贩子的徽章。"③

我们往往想当然地把美丽等同于真理,或习惯于以美丽遗忘真理。正如美杜莎神话揭示的那样:美在极致上是致命的,反过来,致命的也可能是美丽的。普罗米修斯的神话正义只是人性需要的一种诗学正义,在此前提下,审美的盲目希望和装饰功能联手造成的修辞欺骗往往是致命的。职是之故,若想洗涤神话创作过程中产生的修辞之罪,套用基督教神学用语,我们必须求助于神话研究中宙斯正义的"施洗"功能:以宙斯的正义来检验普罗米修斯的诗学正义。

我们再来看审美神话的第二层含义。柏拉图笔下的艺术家"模仿自然",而自然模仿理念。早期的基督徒根据这个模式提出了"按照上帝形象造人"的观点,并为高贵的创世活动辩护,这无意中把上帝形象置换成

---

① Hans Blumenberg, *Arbeit am Mythos* (AM), S. 366.

② Hans Blumenberg, *Arbeit am Mythos* (AM), S. 623.

③ Hans Blumenberg, *Arbeit am Mythos* (AM), S. s. 373-374.

普罗米修斯,从而把这位泰坦(Titan)形象转化为基督神学时代的审美意识原型。

> 艺术起源既被强化也被妖魔化。这必定解释了多神论的成功:艺术家的描摹远胜于(模仿自然的)相似性;这种辉煌强烈地吸引了理性,并诱使它以美遗忘真正的主,从而抛弃自我,成了非理性。在奥古斯丁之前一个世纪,错误的来源与其说是一种僭越,不如说是美的诱惑。①

美使人遗忘真理的缘由之一便是,审美先使实质性的真理形象化,然后使理性变成了非理性,最终具体化为人类学的一种诗学欲望:追逐真理的剩余价值。

在《诸神对话录》中,卢西安敢于采取"资产阶级"的讽刺手段,敢于否认普罗米修斯悲剧中那种人物形象与内容的疏离。尽管卢西安讽刺性的笑声多么尖锐,他已造成了人物形象比内容更为重要的实际后果。究其实质,它有意玩弄非实质性的东西,类似于资产阶级追逐剩余价值。"普罗米修斯也被真正地赋予了一种真理的剩余,并与审美原型的要求结合在一起,因而他在法国大百科全书派的文章中复活了。"②启蒙时代以来,普罗米修斯不再是造人的神,令人咋古地变成了雕刻艺术的创始人,而且还是第一个以灰土和泥浆从事艺术刻画的例子。从此以后,神话创作的审美目光不再投向柏拉图式原本和摹本之间的关系,而是转向影像生产的镜像和镜像之间的关系。

其实,启蒙审美神话的影像生产借尸还魂于古代普罗米修斯神话创作的审美欺骗说。卢西安已经建立了造人陶匠普罗米修斯和文学创作者普罗米修斯之间的联系。洞若观火的布鲁门贝格说:"他发明的新颖之处

---

① Hans Blumenberg, *Arbeit am Mythos*(AM), S. 393.
② Hans Blumenberg, *Arbeit am Mythos*(AM), S. 392.

结合了哲学的对话录和喜剧元素，并且它只是由取悦于人的事实证成的。"①祭祀欺诈的恶作剧者普罗米修斯以火烹饪，主要是向神奉上美味的祭品。"普罗米修斯第一次把人放在取悦诸神的位置上。但是在这里，普罗米修斯的例子展示的自我理解变成了审美。对普罗米修斯来说，祭祀欺诈所暗示的一切根本不是捍卫人的利益，对他来说，重要的是诡计、玩笑和愚弄。"②审美纯粹是诡计、玩笑和愚弄，而且丝毫不涉及实质正义。因此，附丽于这种泰坦主义的审美是一种属人的自我表现，它唯有借助于人，这个世界才值得存在。只要取悦于神（事实上是人），审美的一切描摹刻画之功皆可得以辩护。卢西安的神话创作因其诗学技艺的欺骗性让人类学正义僭越了神义论（theodizee）。古典审美神话用人类学正义占据神义论"位置"的历史功能，继续激励现代唯心主义审美神话依葫芦画瓢，"重新占据"（umbesetzung）了启蒙审美神话的位置，但两种历史解释学系统之间的变化已是"天翻地覆慨而慷"：

> 唯心主义把自身解释成审美，这可以被看作是一种避免挫折感的众望所归的方式，在这个范围内，凡入审美之路数者创造了最为纯粹的、不可反驳的形式。吊诡的是，此世的审美化使它的现实成为多余的，因为，对它的想象使它总是更为美丽。当感知自身采用了审美行动的各种特征时，那种依其本性是不可能的事物迷失于一切事物的统一性中。③

唯心主义神话致力于"吾心即宇宙"的审美化，以想象使现实审美化，同时也使现实多余化，审美神话于是彻底蜕变为"一种真理的剩余"，其后果愈演愈烈。尼采或将大声疾呼：（唯心主义审美观）太唯心了！太唯心了！

---

① Hans Blumenberg, *Arbeit am Mythos*(AM), S. 375.

② Hans Blumenberg, *Arbeit am Mythos*(AM), S. 376.

③ Hans Blumenberg, *Arbeit am Mythos*(AM), S. s. 619-620.

唯心主义把自身解释成审美的,循此又把现实世界和实践行动想象为审美的,如果这样做可以避开一切理论攻击,从而享受对错真理观和善恶道德观之无上豁免权的话,那么,它的代价将会非常昂贵。因为审美把"那种依其本性是不可能的事物"想象为其本身的统一性,"纵身大化中,不喜亦不惧",这将成为一种十足的审美幻觉。所以它对现实的认识比启蒙主义更具迷惑性。

启蒙主义审美神话强调艺术家描绘和刻画的功能,远远多于与真理建立类似性联系活动。审美于是在理性主义的提携下开始了镜像功能化的道路,审美的镜像淹没了对真理的追求。唯心主义神话用想象使现实审美化,并进一步使审美主体迷失于施莱格尔所谓的"舞台的烟火"之中。反思近代历史的现代性审美化道路,使我们追溯其思想的病根:人类学的正义是神话的正义的掘墓人。

三、对审美神话自由说的批判

据布鲁门贝格的考证,哲学的起源很可能是神话创作的自由造就的,正是这种自由使之摒弃了古代的生存观念。古代的生存观念允许幻觉和命运来决断一个人的生活,因此它不可能建立在自由的原则上。奥古斯丁把人之罪性归之于自由:"唯当人的自由承担了此世之恶的责任时,这位发明影像的泰坦方可遗忘。"[1]前奥古斯丁基督徒"美使人遗忘真理"之后,便是"美对真理的放弃"。仰仗于神话的自由观,诗人的自由创造一发不可收拾,沉醉于神话创作的自由快感之中。"神话没有追随者这个说法,意在显示它自由的形式特征,这便是一种对真理的放弃。"[2]

历史已经到了唯心主义神话创作在审美思想史舞台上尽情演出的时代。唯心主义者英姿勃发、风华绝代的表演,曾使自身成为发育程度最为完全、最为纯粹的审美神话。但是,青春德意志的曼妙身姿依然掩不住自

---

[1]　Hans Blumenberg, *Arbeit am Mythos*(AM), S. 393.

[2]　Hans Blumenberg, *Arbeit am Mythos*(AM), S. 266.

由意志所带来的多元论副作用和主体创造的幻觉。因此我们有必要追随德国唯心主义普罗米修斯神话创作的脚步,领略布鲁门贝格批判其审美神话的思想魅力。我们先来看布鲁门贝格对浪漫派运动的领袖人物、才子施莱格尔笔下普罗米修斯的创造活动之评述:

> 他的创造性活动无异于唯心主义哲学所描述的创造性主体活动,他应该以康德的先验演绎为奠基,把各种必要的创造条件与一种自由的审美筹划条件结合起来。但是,自由应该如何构成某些事物呢?而这些事物毕竟在这个自我体验的主体背面往往已经安排好了,并且它们从不规定主体的内在体验和自我意识。"哦,儿子,你被创造的幻觉醉倒了!"这是母亲忒提斯(Themis)薄弱无力地抗议这个 1798 年普罗米修斯的同时代的唯心主义者。但是,这种创造的幻觉无法限制这个普罗米修斯的形象;他于创造之反思性(Reflexivität)中,于自我创造之中,达到了高潮。这明显是普罗米修斯自己所描述的"行动的快乐":他说,借助"错误的黑夜",他所创造的造物就是,"他自己创造自己"。宙斯"选择"了这个世界,而他,普罗米修斯,选择了人——这就是古代和现代冲突的公式,也是宇宙中心论形而上学和人类中心论形而上学之间冲突的公式。①

由此可见,普罗米修斯的创造活动完全是一种人类历史上在"错误的黑夜"掩盖下的赤裸裸的自由活动。自由如何构成自我体验和自我意识呢?它首先脱离了"各种必要的创造条件",一脚把康德的先验物自体踢开,然后与审美筹划勾搭在一起,于是事物的必要性即"宙斯的世界"失去了规定内在体验和自我意识的机会,从而产生了这样一种创造幻觉,即"自己创造自己"。幻觉毕竟是幻觉,破灭是它最后的归宿,"自己生出自己"的幻觉总被"他人生出自己"的事实击得粉碎。因此,创造作为人类的事业,

---

① Hans Blumenberg, *Arbeit am Mythos* (AM), S. 623.

必然是命运的分内之事。普罗米修斯和宙斯一样服从权力,而任何权力都服从于命运。即使贵为宇宙的至高统治者宙斯也要受命运宰制。"醉倒了"的唯心主义者们全然不理会这些,他们在人类自由历史舞台上自编自导了一场"人类中心论形而上学"推翻"宇宙中心论形而上学"的戏剧。对此,布鲁门贝格警告说:自由"对命运的诉求不可能改写为唯心主义自我创造的语言。"①

谢林以自我为中心的方式改写了亚里士多德的"活性理智(active intellect)"学说。"人类中心论的形而上学"经由"意志的意志"的弘扬,达到了无以复加的地步,完全压倒了"宇宙中心论的形而上学"。当这个"活性理智"超越了它所产生的普遍有效性的理论功能时,它离一种基本意愿,即"为自己的意愿"已为期不远了。因此,谢林的"意志的意志"就像一个鲁莽的孩子"拥有自己的意志"。"由此可见,它就是所有意志行为中的共同元素——自由。"②世界以无限性描绘了自身具有的神圣特征,但在世界的本源之处丝毫找不到这种超越性的痕迹。换言之,世界以自身的无限性吞没了超越性。虽然自由也具有一种无限性的特征,但它的无限性和世界的无限性没有任何可比性,因为主体自由的无限性源自一种"意志的意志"的超越性。当自由的无限性与超越性沆瀣一气时,主体便一举扫清了"宇宙中心论形而上学"的残余势力。因此,谢林的自由意志的形而上学与亚里士多德的"活性理智"的形而上学所包含的"世界"是不可同日而语的:

> 自由不允许意志以这种矛盾来控制这样的反复无常,因为这种矛盾恰恰涉及与这样反复无常的可能性相冲突的行为。这里存在两方面的问题:一是以较轻薄的口吻把"意志的意志"说成它实际上所欲的问题。二是意志只能意欲自身,如果它在属意其他事物的过程

---

① Hans Blumenberg, *Arbeit am Mythos*(AM), S. 623.
② Hans Blumenberg, *Arbeit am Mythos*(AM), S. 626.

中暗暗地这样做了的话,那么,这个过程包含了它能够属意自身的潜在矛盾,正如谈论自我保存只有在可能失去自身时方有意义。这个意志以这个世界而不是自我作为一切事物的汇总目标时,这个世界只好扮演一种偏差或一种威胁来为"意志的意志"创造一种理由。因此,与思想的思想这个假设相比,这个意志只有借助世界这个途径回复自身。①

从上文来看,"意志的意志"包含两层悖谬之义:其一,本来意志促使思想变为行动,现在实际上蜕变为轻薄的所欲问题,一头坠入反复无常的状态之中。其二,与"思想的思想"相比,"意志的意志"看似更具一种超越性,其实大谬不然。思想具有客观性,它能够做到在身内和身外世界之间"入乎于内出乎外",而意志只能意愿自身,表面上以世界的面目出现,其实借助世界以"一种偏差或一种威胁"的方式回复自身,因此,它只能在"自己意欲自己"的圈子里打转。布鲁门贝格目光如炬,直捣"自由意志"的要害:"在本质上,这就是它的唯心主义性质。唯心主义哲学是一种路线曲折的哲学。这种绝对不可能凭借自身得以保存;它必须借助不同于自身的事物回复自身。"②他断定:"谢林把绝对投射在亚里士多德的'活性思想'上,不无犯了历史性的错误。"③

如何进一步摆脱唯心主义者神话创作的困局,矫正德意志年轻时犯下的错误,布鲁门贝格建议我们回到歌德。"歌德正是通过压迫或征服一种二元论的形而上学,并借这条道路成为审美的多神论者。"④他为此奠定的思想基础既美丽又适合诗歌:

> 他坚持一种"三位一体"的神学:"在我看来,根据我多样化的生

---

① Hans Blumenberg, *Arbeit am Mythos*(AM), S. s. 626-627.

②③ Hans Blumenberg, *Arbeit am Mythos*(AM), S. 627.

④ Hans Blumenberg, *Arbeit am Mythos*(AM), S. 470.

存情怀,我不可能满足于一种思想模式;作为一位诗人和艺术家,我是一位多神论者;但是,作为一位研究自然的工作者,我是一位泛神论者,并且我的两种类型的角色同样坚定。如果我需要一位上帝作为我的位格,如一位道德家那样,那么,我已经思考到这一点了。"①

不管多神论多么适合于诗学的审美思想,但不妨碍歌德以一位上帝作为自身的位格来思考,因此他从不放弃反思"基础的可靠性"问题。他在童年时对墙脚石的思考后来在思想中发展为一种坚持基础主义的态度。诗人之于世界的主观态度就是用这个隐喻支撑起了生命的全部。他的诗歌主体性思想紧紧纠缠着生存性的世界态度。一言蔽之,歌德让普罗米修斯成为"旁观的诸神",并没有成为生存世界的主人。

"艺术被贬低为一种纯粹的生活装饰,这种看法既美丽又危险,它必然造成残酷的断裂。"②显而易见,装饰的艺术观显然不符合歌德的天才观:"天才具有天性本身的创造性,他不会装饰那些寂寂无闻事物;相反,他创造形式,同时也是方法:他已经用第一座小屋创造了拱顶和穹庐。他不会用一个不同的世界来反对这个充满恐惧和操心的世界;相反,恐惧和操心必然会创造事物,他从中采撷了进一步塑造的材料。"③在歌德这里,天才"意志的意志"不仅从事"天才本身的创造",而且还承负着"这个充满恐惧和操心"的世界的创造。

通过天才观与莎士比亚建立联系之后,歌德尝试把"狂傲的创造"整合于"自明的自然"。在他看来,人类的作品类同于自然生长的产品。艺术作品不是根据先于它的规律创造出来,毋宁说它是在创造过程中使规律呈现出来。这是艺术作品创造过程中"自然生长"的清明理性,因此,天才的创造并没有高于自然生长的规律。早期的"普罗米修斯颂诗"割断了

① Hans Blumenberg, *Arbeit am Mythos*(AM), S. 471.
② Hans Blumenberg, *Arbeit am Mythos*(AM), S. 494.
③ Hans Blumenberg, *Arbeit am Mythos*(AM), S. 495.

普罗米修斯工作坊的创造工作与先决条件的自然规定之间的联系,普罗米修斯以自己的形象造人:"一个像我的人类。"后期的歌德却以"后奥林匹斯的推理"谴责这种亵渎。他为这个古典神话预设了一种陶土生命的欠缺:他们的制造方式无法与一种不为他们但为自然所规定的前提相协调。

古典时期歌德已经写就了《潘多拉的回归》残篇,但他在《诗与真》中把它称为临终绝唱。续写一个神话故事的深意似乎体现了歌德要修正早期创造观念的努力,此时的他面对死神可以说出一切:"有关父亲—神的论调属于这样的语言:它提供了前定的生命形式和生存概念——一个已完成的世界形成并占据自己的位置,正如自然神宙斯的世界是一个已完成的世界,并且,如果你另造生物参与其中,那么,这注定是一种反抗的行为。"①历史上一演再演的"儿子反抗父亲"的戏剧,并不说明儿子们造反有理,而是突出强调与人的基本需要相关的条件和处境,因为宙斯的世界先于普罗米修斯的自由创造行为。

当歌德的普罗米修斯神话的"自然之光"沉落于历史的黑暗之中,施莱格尔却打开了普罗米修斯神话创作的"舞台之光"。他反复说历史哲学应建立在"人与上帝相似原则"这个正当的世界观上。唯心主义者们关于普罗米修斯神话创作的后果是,一个"有福"的而不是"宽恕"②的普罗米修斯的命名给它带来了一种"非施洗"的意义潜能,而德里达认为宽恕是一种宇宙主义(cosmopolitanism)的态度。

四、审美神话的历史性

现代理论家包括美学家非常强调事物的历史性特征,并认为事物的历史发展是一个动态的过程。在这个历史发展过程中,理性呈现出一种

---

① Hans Blumenberg, *Arbeit am Mythos*(*AM*), S. 501.

② 亦可参考德里达相关主题的研究。Derrida Jacques, *On Cosmopolitanism and Forgiveness*, trans. Mark Dooley and Michael Hughes, Routledge London, 2001.

自己反对自己的自反性现象。相对于古典理性的沉思、入静,现代理性被裹卷于动荡不安的建构和解构、建设和破坏的旋涡之中。现代理性的这种特质早在费奇诺的理性观上体现出来了。

文艺复兴时期,费奇诺(Marsilio Ficino)以破坏性的理性之火烧向理性的传播者。这种理性自己反对自己,并以它的不确定性反对它的完美性。理性的这种处境似乎由这个不幸的普罗米修斯典型得到肯定。在这里,我们必须要追问,是什么原因造成了理性的这种目前状态?

亚里士多德的运动概念告诉我们:世界作为一个整体,以它运动的统一形式,把自己整合为"普遍性"(universum)。这是一种运动的形而上学概念。它警告了认知运动无休止的喧嚣,同时也将打开了历史的入口之门:它警示了一切没完没了的人的自我实现和无限意志的历史形式。根据亚里士多德的看法,世界以运动的统一形式把自身整合为普遍,由此打开了历史之门:作为普遍的世界的运动是由认知理性运动来促动和维持的;认知运动的无限性造成了认知理性以一种历史性的面目示人,而它的背后推手即是自我实现和无限意志。因此,我们从亚里士多德运动概念解读出自我实现和自我意志的历史性,循此来理解审美神话的历史性。

吊诡的是,在普罗米修斯这个审美神话典型身上,他承受着理性历史运动的三大特征:

(1)理性不是一劳永逸获得的,它是一个永无止境的探索过程,这是它的运动和历史的表现形式:

> 普罗米修斯痛苦地承受了理性的命运和它曲折的探索道路的命运,以及在这个世界上徘徊的命运。这个基础神话结构和一种形而上学历史方案融合在一起,这也是为什么雅典娜的建议既是命运的也是必然的:这条建议命中注定,受建议者无论如何不容逃避,这就是历史本身。理性必须忍耐这种纠缠,它是理性无限制要求提出的,

也是受委托的无休止的磨难。①

　　这一点告诉我们,当审美的形象塑造达到文化原型和"基础神话结构"时,我们以解释学的反思意识进行神话研究不可能一下子穷尽该审美神话所包孕的意义。因此,对该文化原型的解读也是一种在"这个世界上徘徊"的命运。

　　(2)康德的纯粹理性的辩证法就是现代理性的一个症候。它自己剥夺自己并独立于整体。"正是理性为了达到自身而第一次必须剥夺自己。这无须任何外在引诱、任何牺牲、任何堕落,但只需这种理性屈服于自身的内在性。普罗米修斯自己就是这些低级神明之一,他们参加了这种创造,他们体现了这样的方法,当他们的工具和成就作为独立于整体而建立起来时,这种方法是危险的。"②并且,"把礼物描绘成神圣的而没有刻画它的偷窃的来源,这是不充分的;毋宁是,一切事物有待于自己和普遍性的统一。普罗米修斯能赋予人类以演说的礼物——由火表现出来——而无须去偷窃;然而,对人类的福祉来说,它不具有并非不可或缺的公民美德。"③康德的理性通过"自己剥夺自己"达到纯粹理性,同样,他的审美判断力也是如此达到审美的合目的性,不为外在的功利性目的所干扰。虽然理性和判断力都"屈服于自身的内在性"而实现了自身的目的,却失去了"自身与普遍性相统一"的机会。这一根本缺陷导致了"理性和判断力"对"火——人类的演说"重视,忽视了"不可或缺的公民美德"的重要性。不过,康德承诺以实践理性来弥补这个缺陷。这同时启示我们,诗学的"自我剥夺自我"的纯粹唯美苛求应该在解释学的反思意识中得到克服。

　　(3)历史理性的运动是内在解殖的,或者说是自我解构的。"这个世界的形而上学历史是一种特出的诸多实体避开起源的历史,它在我们传

---

①　Hans Blumenberg, *Arbeit am Mythos*(AM), S. s. 399-400.

②　Hans Blumenberg, *Arbeit am Mythos*(AM), S. 400.

③　Hans Blumenberg, *Arbeit am Mythos*(AM), S. 400.

统中根深蒂固,并且使这种神性的内在解殖(Zerfall)成为一种属人世界的前提,这被看作是本质上的诱惑。"[1]"这个世界的形而上学"使这个世界的神性内在解殖,从而使审美成为一种属人的形而上学。这说明审美诱惑避开了"起源的历史",以内在解殖或自我解构作为自己唯一的、对立性的源头。

审美神话之所以承受理性历史运动的三大特征,其内在症结在布鲁门贝格看来是:

> 普罗米修斯和朱庇特——他们为这个事实而痛苦,他们不能彼此征服,但谁也缺不了谁,因为每一个人都是另一个人的可能性条件。把歌德年轻时的体验运用于此,这就意味着:审美天赋不是绝对的,只有反对那些阻挠、束缚天才时,它才诉诸反抗;相反,它具有一种内在反抗需要,因为审美的发源地就处于对立的位置。用一种现代语式来说,审美本质上是历史的;对那些早已长眠地下的观察者来说,它的原发的性格已被证明为"重新占据"的。严格意义上说,这同时隐含着:所谓的"创造性"是不存在的。历史主义用一种不可饶恕的方式摧毁了审美的自我意识,它就是唯心主义的典型特征,这是"狂飙突进"被悬置、被体系化的过程。[2]

"审美本质上是历史性的",但是审美过多地承受理性历史运动的对立性,并以此作为"创造性",这会带来一种恶果:它的历史主义有可能摧毁审美的自我意识。因此,布鲁门贝格的警告如亚里士多德洪钟大吕的警告一样击中了唯心主义审美的历史性要害:就像普罗米修斯和朱庇特一样,每一个人都是另一个人的可能性条件,诗学和解释学的关系也正是如此。

---

① Hans Blumenberg, *Arbeit am Mythos*(AM), S. s. 599-600.
② Hans Blumenberg, *Arbeit am Mythos*(AM), S. s. 598-599.

五、从"神话创作"到"神话研究"

神话创作为人类消除"现实绝对主义"黑夜的恐惧、为人类度过人生此世"偶在意识"的寒冬,立下了汗马功劳。可以说,没有神话的"护佑",人类的生活不堪设想。这是神话的一个方面的功能。但是,布鲁门贝格另外一个隐秘意图似乎是,由于上文提到,神话的寓言象征包容了自己反对自己的反转权能,因此,神话具有一种自我检验的功能。这是神话自身具有的免疫功能。但是,神话创作中某些解构性的反转功能还需要从理论上予以澄清,因为,它们并非天然具有免疫力。

布鲁门贝格的研究表明,科学的合理性和我们传统神话的现时"创作"不仅是可兼容,而且还是人类生存取得伟大成就的两个不可或缺方面。

众所周知,这里有一个唯理论"常识"的说法,即把抵制合理性的东西都归为"神话"。然而,合理性本身在性格上非常具有神话性。"一种对抗性的合理性力量或动因的观念具有叙事的品格,它很自然地对质实体化'权力'。"①合理性力量或动因观念在实现自身的过程中,总是排斥和反对一些与它自身相反的实质化"权力",在这种排斥和反对过程中,合理性像神话一样是一种"权力分立"的产物,因此,从另外一个角度来看,合理化过程其实是一种神话创作。职是之故,我们必须正确地审视这种合理性神话创作过程以及由此产生的副作用。

布鲁门贝格在论述"话语达尔文主义"时,曾提出真正的神话精神是,通过数千年的故事讲述(神话创作),神话本身在"自然选择"过程中产生"意义"或者意义的"包孕性"。在合理化的神话创作过程中,它在"自然选择"过程中产生什么样的"意义"和结果呢?"毋庸置疑,某种代表合理性

---

① Robert M. Wallace, *Translator's Introduction*, Hans Blumenberg, *Work on Myth*, P. xxvi.

的谦虚也许是这个整体故事的最重要的道德教诲。"①在这样的情形中，合理化的神话创作过程收获的是道德教诲。由此看来，神话似乎再一次具有与合理性不共戴天的危险，因为根据唯美主义神话化的自我捍卫，审美是反道德的。

合理化神话创作所收获的道德教诲还不是坏的结果，它只是显得对审美不利而已。因为这样的神话创作代表着合理性的谦虚。当合理化神话创作不谦虚时，该又是什么样的一种情形呢？布鲁门贝格着手处理这个问题的文章是本书中最激动人心的篇章之一。

> 合理性都太易于从事解构活动，当它无法承认这个事物与无理性基础交换的合理性，并且相信，在铸造理性基础的过程中，它允许自我陶醉。笛卡儿认为，理性建造城市的最好办法就是从把旧城夷为平地开始。第二次世界大战实实在在产生了这种合理性前景的证据。正是这些时刻，数个世纪和几千年来的成果被无谓地牺牲了。一种忠诚挡开了所有的反思，它所牢牢抓住和传递下来的东西，现在成了冒犯的来源，并且被废弃了。但是，不一定用保守的眼光，你也会看到，对"批评"解构的需求，然后对终极理性基础的需求，导致了证明的任务，它与这个过程中应该得到的东西没有商量余地，如果它们确实严肃地接受并担负起这种它们宣称和要求的这种重任的话……因此，长时期内无休止的选择，事实上是一种可能性的情境，是在人的部分行为方面进行"试错"的冒险……②

如果我们把"求证意识"（beweislasten）的解释放到合理化神话创作的二重背景中，这就不是一种对合理性的"绝望的忠告"，而是严肃担负起对神

---

① Robert M. Wallace，*Translator's Introduction*，Hans Blumenberg，*Work on Myth*，P. xxvi.

② Hans Blumenberg，*Arbeit am Mythos*（AM），S. 131.

话创作进行检验的重任。神话叙事的解构活动所具有的合理性一方面使它易于沉湎于解构的快乐,牺牲了理性反思的可贵品格。"破"和"立"是思维活动和理性实践活动中不可或缺的两个方面。不破即不立,但是"破"必须为了"立"。在铸造理性基础的过程中,只用笛卡儿式合理性的"破"来"立",就会无谓地牺牲数个世纪和几千年来的文化成果。因为,这种合理性的解构活动事实上是一种可能性的选择,是一种"试错"的冒险。另一方面,解构需要承载批评的要求,肩负起重铸理性基础的重任。对合理性的解构展开批评,是出于一种对终极理性基础的需要。我们不应该一味地沉湎于合理性解构的欢乐,而是重拾"证明的任务",这完全需要借助于理性渠道而展开"立于时间的检验"活动。"它解决了理性探索无止境过程的本质和我们生命有限的本质之间对立,这使之'最大程度地理性化而不是成为理性的',而且,它要理解对抛弃实践的完美论证,即使论证的理性不明显,但它一直来'立于时间的检验之中'。"①

一旦我们理解了这个问题的论述,就会清楚看到,《神话研究》与其说对"神话和传统反对合理性和启蒙"持一种浪漫主义的信仰,不如说恰恰与此相反。在我们领悟自身和历史时,布鲁门贝格的思考为我们送来了一种胸有成竹的建议。据此,我们认为他从事于精确无误地克服这种对立性,从事于从启蒙运动和浪漫主义运动中总结真理。

以上是我们以合理性的神话创作为例,澄清这样一个问题:神话创作急迫需要一种对其进行检验的重任。下面我们继续来谈神话研究和接受可以对神话创作起到一种检验的作用。

普罗米修斯神话的演化历史开创了一种检验力量:任何一切事物都烟消云散了,唯有开启的生存斗争永葆于世。神话研究之于神话创作如此,现实之于事件也是如此,正如歌德坚持自己迎接拿破仑的凝视。一个故事如此古老,原因在于它享受了特定记忆的保护,在于它作为一个真理

---

① Robert M. Wallace, *Translator's Introduction*, Hans Blumenberg, *Work on Myth*, P. xxix.

的结果。人们往往借助作为做出正确决定的器官——记忆,通过各种神话程序重建古老的真理内容。然而记忆往往受到改写的诱惑。在接受环境不断变更的压力之下,一方面,记忆是检验基础神话核心内容的持存,另一方面,神话创作的基本模式必须通过出人意料的反转、坚定的否定来揭示这困难重重的古老的真理内容。就这样,基础神话经受着时间潮水的冲洗,其核心内容如"铁打的营盘,水流的兵"。当我们聚焦这个核心内容时,又得借助否定、反转等神话程序来揭示、打开它,同时也在检验它。如果说这个核心内容是几千年来"自然选择"过程的结果,那么,这个选择机制毋宁是严肃对待"史前模型化"的手段,并借此来保护它的功能,这将有效地抑止那些认为自己看到东西就是全部的人的信口雌黄的解释。所以,我们需要警惕的是,如果借讲述故事而拒绝这些问题,神话的危险已经隐藏在其背后了,因为它使人们忘记了质疑的过程。

在布鲁门贝格看来,对神话的接受也是一种检验重任的释放。选择世界的解释、选择生命形式之时,事实上就是使这种情境的构成成为一种历史的存在。在接受过程中,人类通过形式建立意义,以此建立对这个世界的信靠,从而规避现实的权力对人的压抑。布鲁门贝格所提倡的神话接受还有另一深层含义:一方面,布鲁门贝格对文学表现性的体验抱有戒心,提倡以哲学的规范来规整文学;另一方面,布鲁门贝格的整个论述风格建立在理论的叙事品格上。这两个方面的矛盾似乎在神话的接受过程中得以包孕。

神话创作中含混性包含着"迷思"危险,原因在于其"空间形式"的昏昧。为了澄清神话创作中各种含混性因素,只有通过接受过程我们方可以建立意义,重新恢复对世界的依赖。神话创作过程中的影像生产导致了审美神话是一种真理的剩余,其根源在于普罗米修斯的人类学的正义僭越了宙斯逻各斯的正义。基督徒"以美遗忘了真理"之后,便是现代唯心主义的普罗米修斯神话创作"对真理的放弃"。布鲁门贝格以歌德的世界的"墙角石的隐喻"打破了现代主体创作的自由幻觉。神话纵然有千般不是,但神话的唯一好处能使人"确信无疑",具有这一点就够了。神话的意蕴就在于"某种类型的熟悉与亲近,或某种可靠的预期,它的意义紧紧围绕着权力以及权力的限度问题"①。在援引和阐释的神话创作过程中,神话思维的"不充足理由原理"与宽容而不是偏见性联系在一起。正是上述的神话创作的合理方式牺牲了解释学的反思意识,在其创作过程中产生了一系列负面效应和危险。神话创作并不解释什么;它并不使隐晦者变得明朗,使难以理喻者变得可以理解⋯⋯因此,神话创作过程中出现的问题是创作主体本身无法解决的。如果不想成为审美神话的天真读者,如果愿意诚实地对待这些问题,那么接受过程的"神话研究"就把我们解决神话创作的问题提上了议事日程。

接踵而来的问题是,"神话研究"的解释学反思意识何以担此重任?凡在经验视野中出现的理性,康德都要求它屈尊俯就于先验性原则。从经验视野中总结出来的理性要服从先验性原则,这本身就是"理性与自身的矛盾"。解决康德这个问题的答案无非是,对一个事物的真理认识只能由他的"始作俑者"来完成。理由很简单,真理的发现者才是解释真理的最佳人选。由于作者不是作品的最佳解释者以及作品最终解释权的所有者,所以作者的解释经验理性不符合文本的先验性原则。但是,文本的先验性与接受过程的经验理性之间的关系倒是非常符合康德先验背景下的现代真理观。接受主体的解释(当然包括作为读者的作者)既发生在文本先验性的背景之下,又处于"始作俑者"的位置上:

> 正是借助于这个"反问题",冠以解释学称号并与现代真理原则相矛盾的这个立场打开了它的入口处,这种立场把一种潜能归之于真正的创造性,但这种潜能不是为任何作者所接近和认识的,实际上是不大为作者们承认的,并被忽略了,因此,它只能通过对作品的接受、通过批评和解释而被揭示和打开的。②

① 皮普平:《现代的神话意义》,黄炎平译,刘小枫等编,《尼采在西方》,第537页。
② Hans Blumenberg, *Arbeit am Mythos* (AM), S. 189.

理性的自我剥夺其实是一种解释学策略。现代理性的先验性使之依赖于它的"始作俑者",这无疑夸大了主体的作用,同时也是对主体性功能的贬抑。

> 因此,这就形成了一种新批评和解释的审美精英分子,他们以天才自居。他们的细读根本不是公众对这个"作品"的"接受",而是他们在生产这个"作品",在生产任何可能的类型,他们是一种整合性的"代理人"。……人们通过质疑作家的评论者就可以写出一个作品的接受史,而不是审视作品的意向。这种幻觉从来没有为真实或假设的作品的接受者、观众所了解,而且,即使它也许是符合了观众的"趣味判断"。它仍然不可能充分地实现观众所期待的作品的效果:它的体验,甚或它的愉悦。①

受过接受美学教育和影响的人们,把公众对作品的接受能力看成是重塑读者地位的作用,换言之,提高读者的地位就是发挥主体性的作用。现在,人们显然认为这样的看法是幼稚的,因为读者的主体性力量有待甄别。于是,他们转而认同一批新批评和解释的审美精英分子的细读,认为他们是读者的真正代表。针对这种情况,布鲁门贝格认为有必要对审美精英分子进行鉴别和分析。当精英分子对作品的意向弃之如敝屣,只按自己的"趣味判断"生产"作品的接受史"时,他们显然没有把真正的创造性潜能注入阅读阐释活动中,因此,对某些审美精英分子的追捧,显然是夸大了接受主体的作用,也贬抑了主体性的功能。

解释学神话研究通过接受过程中自我剥夺的理性,为"不充足理由原理"的审美神话开启了自我检验的程序,同时也重新为它输入真正的创造性潜能。因此,在接受过程中生产的意义是一种"施洗"的"意义诞生"。

---

① Hans Blumenberg, *Arbeit am Mythos*(*AM*), S. 189.

从神话创作到神话研究的解释学反思中体现出来的现代启蒙理性尽管是一个自相矛盾的事实,但布鲁门贝格既没有为此而忧郁也没有绝望,他只是沉静地把它作为一种现代性的生存事实:热爱此世的命运,始终不渝在绝对主义价值观的背景下,坚持相对主义价值的语境的检验作用。

第四节　作为神话研究的意义生产(下)

我们拥有的世界无疑是我们所解释的世界,我们拥有现实无疑是我们所解释的现实。"除了被解释的现实之外,我们就没有其他现实了。"①由于解释学"仅仅只是解释,而非被解释的事物本身"②,因此,我们拥有解释学并不能说明我们完全占有世界、掌握现实,而是说我们有距离地走向世界,对未知的现实有所知晓。

意义来自于解释,解释的结果是我们拥有一个解释的世界。意义和世界具有密不可分的关系。这里首先关注的问题是,世界如何在解释中向我们走来?

一、意义与解释

根据现象学的知识,意识的意向性能够在意识的四处弥漫的可能性领域中,把各个自在部分整合成一个自为的整体,把各种坚硬、冷漠的属性整合成一个生命的有机体,把各种散落、飘零的事物整合成一个充满意义的生机勃勃的世界。总而言之,"意向性的本质在于让部分归属整体,让属性归于对象,让事物进入世界"③。意识的意向性所造就的世界图式不仅由感觉和知觉填充的,而且也由命名、具象、故事、仪式和机制等建构的,因此,意向性的世界图式就是为我们所体验、理解的世界,也是我们进行神话创作和神话研究的世界。由还原意识造就的世界就是返回事物的

---

①② Hans Blumenberg, *Arbeit am Mythos*(AM), S. 72.

③　Hans Blumenberg, *Arbeit am Mythos*(AM), S. 28.

最初本原,因此,意识的意向性是一种追溯开端的哲思。说到开端,人们便怀疑其回到源头的狂热。然而,任何一切事物都是根据自身与开端的距离来确定自己的位置和支配自己的意义生产。这一点类同于神话研究原论学(protogie)的假设——对原初情境的描述。毋庸置疑,正如现象学的意识主体返回事物的最初本原一样,布鲁门贝格的神话研究的主体也是从"原初的历史倾向中推导出伟大的历史特征"[①],以便更有效地从事征服"现实绝对主义",缓解现实情境所造成的生存焦虑。

在海德格尔看来,世界馈赠此在统一性的基础道路,意义呈现此在栖息大地的世界性质。要使世界具有意义,世界必须成为宇宙,从而使整体性转向统一性[②],并使人感到居住家中的熟悉感和亲近感。世界向我们呈现自身的意义,并向我们迎面走来。"为使某物向某人指示,而且,为使此在向自身指示某物,这就预设了一种'意义',它支持对整体性的指示。它就是'构成世界的结构——此在在这个结构中已如是所是'。"[③]意义呈现自身是一种整体性的指示,在意义的指示中映射一种"构成世界的结构"。此说与布鲁门贝格同时代的哲学家罗姆巴赫对意义的看法庶几相近:"意义总是意味着意义结构和意义世界,并且意义世界总是先行于一切单一的决断和单一的被给予性且为后者奠基,这些见解首先成为像海德格尔这样的思想家的发现和主题。"[④]当然,意义不会对此在自动呈现为一个世界,同时,此在对意义的"整体性指示"也无法照单全收。无论从意义的统一性和熟悉感,还是从世界的结构性和在场性功能来看,布鲁门贝格对海德格尔的解读是别出心裁的:意义具有世界的性质,但人类最初不曾拥有它,那么,若使事物具有意义,必从一个情境中褫夺意义。由于意义的诞生既是世界的解蔽又是自身的遮蔽,这种神秘莫测的情境容易

---

① Hans Blumenberg, *Arbeit am Mythos*(AM), S. 9.

② 莱米·布拉格:《世界的智慧》,梁卿、夏金彪译,上海人民出版社 2008 年版,第 6 页。

③ Hans Blumenberg, *Arbeit am Mythos*(AM), S. 125.

④ 海因里希·罗姆巴赫:《作为生活结构的世界》,王俊译,张祥龙等校,上海书店出版社 2009 年版,第 25 页。

使人产生焦虑。反讽的是,当初胡塞尔逆心理学思潮而动的现象学竟然和精神分析学在血缘上如此亲近。

布鲁门贝格认为,意义的生产具有一种神话研究的性质:

> 意义是这样一种形式:在其中,虚无作为其产生焦虑的背景,形成了一种距离。因此,意义的功能还未被理解,也不存在这种"史前史",因为对意义的需求扎根于这样的事实:我们确实意识到,我们无法免除焦虑的产生。操心,作为"此在的存在",尤其应该被封闭在这种焦虑的基本意识状态之中,它不仅是此在整体性结构的来源,也是此在在世体验和此在历史要求意义的来源。①

从上文见出,意义生产包含三层神话研究的含义:首先,意义的需求是出于我们缓解由虚无引发的生存焦虑的需要。海德格尔的"操心"是"焦虑这种基本意识状态"的另一种说法。意义生产的功能乃是服务于缓解和规避"现实绝对主义"所造成的生存焦虑。其次,意义的生产既是世界的解蔽又是自身的遮蔽,在某种程度上是对歌德神魔哲学②既肯定又否定特征的描述。最后,意义生产的形式具有一种距离化的特点,这也符合神话创作的诗学功能。因此,从这三个方面来看,我们可以得出结论,意义生产就是一种神话创作和神话研究。

在布鲁门贝格看来,意义生产是由生存焦虑引发神话研究的"例外情境",它能够使主体意识到规避自身被发送到"现实绝对主义"之麻木沉沦状态的功用。不言而喻,海德格尔的实存哲学是20世纪来规模宏大、影响诅深的一种"意义"的神话研究。

意义的现象学告诉我们,意义生产作为神话研究,在解释学理论中得

---

① Hans Blumenberg, *Arbeit am Mythos*(AM), S. 125.

② 歌德的神魔哲学是一种审美神话,它具有既肯定又否定的特征。可参《神话研究》第四部《唯有神自己才能反对自己》第三章"角色互换"的研究。

到最为精心的培育和完全形态的发展。众所周知,神话研究的源头在于神话创作。在神话创作中,修辞发挥的作用厥功至伟。修辞是一种取得说服力效果的生存技艺,而不是真理的化身。由修辞发展起来的诗学远远兜不住解释学的活动范围。解释意识背后一劳永逸的东西,可能是每一个故事的意义。围绕着故事所产生的纷乱的意识渐次聚拢在意义的周围,并趋向一种稳定的状态。毫无疑问,没有故事,也就是没有意义。因此,首先要激活故事,但是,这里故事的意义就是一种无休止的论辩过程。① 因为对意义的论辩从某种程度上说是对效果的重视大于对真理的重视。所以,故事中的死亡甚至不再被看作对真理的证实,而是被看作是对这个思想行为效果的证实。无论是诗学的修辞还是解释学的论辩,两者共同包含对效果的重视只能说明神话创作的诗学和神话研究的解释学既不是对立的关系,也不是相互的包含关系,而是一种彼此从对方取得合法性来源和真理论证的结果。

神话不仅在方法论上与理论、教义和神秘主义竞争,而且借鉴它们的醒世主张来增强自身的吸引力。因为,建构意义是对可知性期待的满足,所以,它可能是对可靠性、确定性、信仰、现实和主体间性进行调适和还原。从这个方面来说,意义的生产是一种神话研究,而不是一种神话创作。故事的意义凭借解释学功能不断自我生产、自我更新,进而获得一种知性的满足,而不是一种神话创作上的诗学快感。值得注意的是,理论的生产和意义的神话研究还是有区别:"理论主体只是力求达到虚静地步,因为它不是认同个体主体和自身限度,而是形成一种具有开启时间视野的整合形式。'意义'和限度有关,它一再强烈要求:你宣告'我要'。这已保留了追逐不可能性的秘密。"②理论主体追逐无限度的虚静,以便理论欲望无限度地从外间吸取知识,主体的理论欲望因此从不自己给自己设限。意义产生于一种自我认同的需要,解释主体在自我认同的限度上追

---

① Hans Blumenberg, *Arbeit am Mythos*(AM), S. 374.
② Hans Blumenberg, *Arbeit am Mythos*(AM), S. 77.

逐不可能性。于是,意义的生产和更新有可能从获取知性的满足走向对故事的不可能性地带勘探意义宝藏,并在临界状态上不断展示意义。"意义的临界状态或许已经是一个超越限制的状态,它是既美好又古老的'趣味判断'。它把原初的纯粹主观性和排他性的争议结合起来,这个争议伴随着一种已提出但不会实现的客观性主张。"①理论生产中的趣味判断是"我要"类型的意义生产,它已到达意义的临界状态,随着这种临界状态的到来,意义所追逐的不可能性就是一种难以实现的"趣味无争辩"的客观主张。因为,意义的生产或解释的需要来自于现实绝对主义的压迫,它必须取得自身与现实之间的联系,并且以现实的状况为基础,但又从来不会把自身等同于现实。理论生产应以客观性的追求为题中之义,却在趣味判断这个问题止步于主观性。意义生产通过临界状态考察,以趣味无争辩的主张把种种可能性积聚起来,形成多种意义集群。顺便提及,由意义的临界状态和趣味判断所生产出来的意义集群虽是我们据以认识现实的合法来源,但不是判断现实的最终依据。

意义虽可以进行解释,但必须与概念的严格定义区别开来:"给事物装备意义……就是'掌握'以意义构成人类世界。无论它可能出现的会是什么——返身、惊奇、热情、拒绝,无论以不同程度、以不可证明的形式拒绝,还是努力驱逐集体意识、博物馆的保藏、官方组织的保护——所有这些处理方式就是意义,它不同于科学管理和归类它们客体的那种整齐划一的责任。"②概念的定义以肯定或整齐划一的归类方式来确立自身,意义以否定或拒绝等多种形式来标明自身。无论是拒绝还是驱逐集体意识、传统和意识形态,给事物装备意义的目的在于获得一个人性化的世界,而且,这种充分实现其人性的态度的思想传统,正是与宇宙哲学相关联的③。

---

① Hans Blumenberg, *Arbeit am Mythos*(AM), S. 77.
② Hans Blumenberg, *Arbeit am Mythos*(AM), S. 78.
③ 莱米·布拉格:《世界的智慧》,梁卿、夏金彪译,上海人民出版社 2008 年版,第 2 页。

世界本身会以人性作为最终的目的吗？在这个充满风险的世界中，人采取恰当有效的手段，才能充分实现人性在世界中存在，尽管这个过程充满风险。这个目的恰恰证明了，世界和人是它必要的、不可撤销的，因而不再是偶然的"手段"。[①] 因此，人们对目的思考要深思熟虑、慎之又慎，并且要按照"成为上帝"的要求来证成目的。除了从肯定方面证明目的外，还需要从否定方面证明该目的。由于审美神话具有既肯定又否定的特征，神话研究是这一证明范式的不二人选。因此，世界建立在这么一种思想之上，并以这么一种模型来塑造自己："这个世界不是通过圣经式的'让它是'形成的，而是通过'让它不是'这种自我授权而形成的。"[②]正是这个"让它不是"的审美自我授权的解释模型在布鲁门贝格那里得到了天才的发挥，其中提到的两个例子令人印象深刻，过目难忘。

例1：

关于创世的天堂神话，尼采在《瞧，这个人！》中采取反讽的"神学态度"进行神话研究："上帝自己'在创世的最后一天，在知识树下放下一条大毒蛇：因此，他从成为上帝中复原……'"[③]面对尼采的思想方案，布鲁门贝格甚至怀疑尼采全集的编者是否真正理解这句话的内涵。根据布鲁门贝格的解释方案，在他的思想的激励下，笔者重新推进尼采的神话研究。

众所周知，天堂的知识树不是指现代的科学知识，专指上帝所有的关于辨别善恶的道德意识。善是上帝成为上帝的原因，积善成祥是"成为上帝"的信仰表达方式。与此针锋相对，尼采发明了一条关于生命权力的公式——"成为自己"。他的这道公式是怎么来的呢？"创世的最后一天"我们知道是第七天安息日，上帝干什么去了呢？面对上帝隐匿的安息日，生命应该是度过沉思的一天还是享乐的一天？这个问题给尼采的天堂神话研究赐予大好时机，他把"创世的最后一天"变成生命自我享受的一天。

---

① Hans Blumenberg, *Arbeit am Mythos*(AM)，S. 238.

② Hans Blumenberg, *Arbeit am Mythos*(AM)，S. 237.

③ Hans Blumenberg, *Arbeit am Mythos*(AM)，S. 195.

只有生命的自我享受才能证明生命的存在,或者说生命能够"成为自己"。但是,生命的自我享受之所以能够实现,不是受到更高力量的指导,而是生命受到了诱惑,自己关照自己。辨别善恶的知识对生命的指导是更高力量通过"让它是"而实现的,而诱惑则以平等方式令生命感到舒服。因此,生命"成为自己"是通过"让它不是"的审美自我授权而实现的,它无须外在更高力量的指导。

尼采狂放又微妙地挪用天堂神话,他在知识树下放下一条毒蛇(代表诱惑),相机进行神话研究:"成为上帝"复原为"成为自己"。这一复原行动堪称尼采的创世行动。我们在他对天堂神话的反讽中,看到诱惑本身。看到了诱惑本身,也即看到了审美本身。天堂受到诱惑,生命走向诱惑,诱惑对生命"成为自己"产生了致命的后果。由于第七天的审美的自我享受,上帝产生了他对自己造成的善的腻烦,因为他看到,善的事物既没有未来,也没有历史。天堂是历史的否定,是上帝一个烦恼的缩影。尼采通过上帝"成为自己"使"成为上帝"的天堂神话反转为一桩丑闻。我们就此可以断定,这种反讽的神话研究既是对圣经戏剧故事的反转,也是"让它不是"的审美解构。

例 2:

自由主义者沾沾自喜于把人类始祖的堕落看成人类的成熟:人类成熟了,因为他们能够选择自由。费尔巴哈头脑清醒地看到这种自由来自何方。他说,始祖吃的那枚禁果和他们身上的遮羞叶都来自那棵知识树。自由必须由善恶知识的道德来生成和担保。费尔巴哈在道德的关联和人的觉醒的必然之间建立小小的联系:"这个联系几乎不能回答任何虚构出来的严肃问题,然而,它具有深刻的含混性,因为它为每一种解释都留下生生不息的创造领域。"[①]费尔巴哈建立的联系虽然没有回答那个严肃的问题,但他含混的解释给齐美尔留下生生不息的神话研究,它们仍然还是通过"让它不是"的审美自我授权而实现的。齐美尔(Georg Simmel)身后日

---

① Hans Blumenberg, *Arbeit am Mythos*(AM), S. 234.

记曾有言:"从知识树上摘下来的苹果是未熟的。"就是这么短短的一句话的洞识激起布鲁门贝格无限的感慨和深邃的思考。他向我们展示一次深邃周密的文本阐释,奉上一枚无与伦比又花果飘香的"思想成熟"的"苹果"。

这里所展示的技巧是多么高超,它做了小小的改动却收到最大化的变形效果。所暗示的故事框架仍然保留着,然而,整个事情的情调却变成了反讽。这个支撑点首先应该是一种禁止的诱惑,以及一种"成为上帝"的手段,然后,它自身变成了思考的焦点。从整个传统来看,我们相信:这个文本肯定指涉了一只苹果。然而,从这些图景来看,很少有思想对准这枚水果本身,尽管它没有包含这些思想,而且费尔巴哈的说法由遮羞叶逐步深入思考,它使人们更多想到的只是一棵无花果之树。齐美尔用这样的事实转移了我们的视线,天堂里果实的价格只能以天堂自身来偿还;除了禁止和诱惑之外,他想知道这枚果实的价值还有什么。它没有腐烂,但比腐烂更糟:因为它没有成熟。

比这更坏的是:因为,它意味着这种罪行中的正确因素被打发了。……

这种素质既不是诸神也不是人类强行占有的,因为它只被认为是时间的恩赐——这枚成熟的果实——但它被遗漏了思考。这里的一切都依靠这种论调如何使用:这不是天堂的堕落,不是死亡对自由的惩罚,或者与仁慈的花园主人的争吵,这些都令后来的思想家沮丧不已;这种苦恼毋宁是由这个事实导致的:这也是所有时代的人类共有的范式:这枚果实从知识树上摘掉太快了点,太仓促了,因而丧失的天堂的补偿也被没收了。[①]

从例1我们知道,"让它不是"审美自我授权的神话研究是对"禁止的

①　Hans Blumenberg, *Arbeit am Mythos*(AM), S. s. 234-235.

诱惑(道德)"以及"成为上帝(善)"的反讽,是生命权力对善和道德的反转。审美的反转给解释学开拓了前所未有的领域,这可从例2中继续得以佐证和进一步发挥。费尔巴哈认为遮羞叶来自那棵知识树,于是他的神话研究让那枚果实反转为无花果。而齐美尔以日记这种个体生命私密的体验方式,使这枚果实反转为一枚未成熟的果实。天堂里的一切虽然都处于善的状态,但善的恰当运用才是成熟状态,因为它源自"时间的恩赐"。未成熟的果实既非善也非恶,但它有可能趋向善,有可能趋向恶。成熟的果实有待成熟的人来品尝。成熟的人懂得鉴别这枚果实是否善好还是腐烂。当人类还没有成熟到有能力鉴别这枚果实时,人将为未成熟的自由选择付出天堂的代价,因为,人没有机会知晓什么是禁止,什么是诱惑,也就是说人无法懂得道德和生命的含义各指什么,以及它们之间如何建立联系。因此,通过"让它不是"审美自我授权的神话研究,我们突入对天堂故事的深层隐秘意义的理解。但是,需要指出的是,单方面地让这种"让它不是"的反讽来进行神话研究,也会遮蔽天堂故事的意义。正如布鲁门贝格指出:"这种罪行中的正确因素被打发了。"反讽的神话研究得出的结论只能是"天堂的诱惑""死亡对自由的惩罚",以及"与仁慈的花园主人争吵"。我们还须继续推进对反讽神话研究的反转,达到既肯定又否定的"神魔哲学"的神话研究境界。在这样的思考境地里,我们一要深刻地认识到"时间的恩赐"思想成长(成熟)的必要性;二要做到思考再思考,一定要在思考成熟之际摘取思想的果实。也就是说,不仅要领会善的必要性教诲,更需要接受善的恰当运用的智慧。

在布鲁门贝格的神话研究视野中,无论尼采、费尔巴哈还是齐美尔,才力卓绝地把"本质直观和经验、精神和驱力"统一起来。"人们认识到,尽管这是一个总体神话,但是,对人类来说,它作为一个整体不可能是一个神话,因为它被捆在一种个体性之上,而这个个体感到悲伤,这枚唯一的未成熟的果实值得人类为它付出痛苦的代价。"①通过上述分析,对天

---

① Hans Blumenberg, *Arbeit am Mythos*(AM), S. 235.

堂故事的神话研究尽管是一个总体神话,但还不是一种超越了个体的审美神话,人类的思考可能为此付出痛苦的代价。当神话的反转程序把一个时代的想象模式投射在一个个体的精神自传时,"在再度神话化的过程中实现了调谐,在这个程度上使人赢得一切:上帝输掉了——输是为了赢,这是第一次通过人并以人之力而赢取的。世界和人是上帝面对自己时的绝对'情境感应'。"①显而易见,输掉的赌局是对神话研究中反转功能的一种隐喻:"输"类似于"让它不是"的审美自我授权,"赢"即是"让它是"的一种譬喻。天堂故事的上帝先输后赢的行为(情节)是,他第一次通过人并以人的神话研究中既"让它是"又"让它不是"的反转功能而实现的,也就是说,把个人的神话创作重新导向世界的"再度神话化"——"世界和人是上帝面对自己时的绝对'情境感应'"的神话研究。

解释学中世界和人既是目的,也是手段,但它们不是两者简单地叠加,毋宁是"本质直观和经验、精神和驱力"统一起来的、既肯定又否定、既"让它是"又"让它不是"的神话研究的总体"情境感应"。不可否认的是,唯有通过反讽这个核心模式的"坚定的否定",这个神话研究的"情境感应"才可以得到揭示。因此,布鲁门贝格的这个解释模型是值得信赖的。

二、意义的包孕性

歌德给意义取了名字叫"锻造的形式"。这个"锻造的形式"生气贯注;布克哈特顺着歌德思路把它的意思完善为"锻造形式的忠实权利"。对意义的把握和认识是一个渐进的水力学过程,它本身喻示了:"意义,作为意义世界,必然是发展地并且从自身的结果中生长出来的。"②意义是后天形成的丰盈,这一点是符合智者派的观点③。

如上文提及,智慧是一种时间的恩赐,意义的丰盈来自时间之中的包

---

① Hans Blumenberg, *Arbeit am Mythos*(AM), S. 238.

② 海因里希·罗姆巴赫:《作为生活结构的世界》,王俊译,张祥龙等校,第35页。

③ 智者派认为事物发展的源头是贫乏的,一切事物的丰盈是后天发展的结果,这与柏拉图和柏拉图主义认为源头是丰富的,形成了有力的对抗。

孕性。"这包含了：一切拥有'包孕性'的事物证明了，它不仅反对冷漠，而且反对压倒一切的神秘事件。历史就像生命，它反对日益强势的可能性来决定一种情境趋向，反对'死亡本能'抹平一切这个过程所聚合而成的这个点。"①一方面，意义是一种生命的需要，它反对非生命的事物——冷漠、死亡本能……同时，它也反对可能性所决定的情境趋向，开启不可能性的生命情境。总之，意义的包孕性拯救生命的时间——历史。另一方面，"包孕性抵抗抹擦因素，抵抗含混因素的升高；尤其抵抗时间，而时间只不过被怀疑以它的似水年华能够制造包孕性。这暗示了一种矛盾，或者至少是一种困难。"②包孕性抵抗时间的抹擦因素，然而，意义又来自于时间的包孕性，这看起来是一种矛盾或一种困难。其实，意义的包孕性抵抗的是"似水年华"的无时间性。时间不会磨损意义的包孕性；意义反而在时间之中增强呈现事物的能力。那么，意义的包孕性在时间中呈现事物的时间究竟是何种性质的时间？

　　未来既不是由过去的蜡像构成，也不是由乌托邦愿望的意象构成，这个事实在某种程度上说明了，你只能从已经构成我们过去的有关过去时代的特定未来得知的。……我们从历史中要求什么和我们在历史中发现什么存在着一种对立。我们不能把握这种对立，因为它构成了意愿和现实之间对立的一部分。在意愿的时间结构中，开端和终结起着至关重要的作用。我们从历史中要求的东西倾向于这样的现象，它具有清晰的神话模型。这些现象能够使个人主体以他有限的时间来决断，他如何把自己置于一种远远超过他的、庞大的结构关系之中。③

---

① Hans Blumenberg, *Arbeit am Mythos*(*AM*), S. 78.
② Hans Blumenberg, *Arbeit am Mythos*(*AM*), S. 79.
③ Hans Blumenberg, *Arbeit am Mythos*(*AM*), S. 113.

这段文字包含着三层意思:第一层意思指的是,时间只有过去,没有未来,而我们对未来的推断"只能从已经构成我们过去的有关过去时代的特定未来得知"。这在某种程度上保证了未来是一种事实趋势。第二层意思是,对待历史的态度就是我们对待现实的态度,"从历史中要求什么"是一种意愿,而"在历史中发现什么"是一种现实,这两者之间存在对立。令人绝望的事实是,我们不能把握这种对立,这就决定了我们的历史研究很大程度是一种神话研究。第三层意思是,意愿的时间结构包含着开端和终结的对称性整体结构,它发挥着作为思考背景的参照作用,并担保主体在有限的时间中做出个人决断不是一种臆断。如果我们把第三层意思同第一层意思结合起来,就可以得出结论,意愿的时间结构当然不是一种任意性的时间结构。也正是这个原因,我们可以断定意愿的时间结构是一种神话模型。

意愿的时间结构是一种神话模型,它在神话研究中与现实的时间相对立。当我们在庞大的现实时间结构的背景下做出意愿时间结构的决断时,我们就会把历史的包孕性要求和历史的确定性需要协调起来。历史研究最大的困境是历史文献和文物材料的缺乏,而且,历史学家又面临着一大堆零散的、缺乏足够联系的历史记录的断片。当他们从事历史研究时,潜意识中就会把历史文献可以准确记载方面的缺失,以包孕性的形式来补偿。"因为,一旦寻求意义在历史文献领域运作起来,它已是在向我们展示了历史是可以制造这样的事实。那么,事件要求情节(行动)。夸大事件的唯一性特质应该被看作是表现为一种对诸种情节的汇总,这也是使它神话化的方法。但是,当包孕性消失时,关于历史由谁以及如何制造的观念的基础也消失了。"① 让我们瞠目结舌的事实是,一直来标榜客观实证的历史研究竟然也是神话研究。它在两个方面体现出来历史事件的情节化:其一,"夸大事件的唯一性特质"的历史学写作就是汇总诸种情

---

① Hans Blumenberg, *Arbeit am Mythos*(AM), S. 116.

节并使之神话化。在罗姆巴赫看来,汇总诸种情节是一种"受孕的共时化"(gleichzeitigkeit)的神话研究①;其二,历史的包孕性是意义寻找决定历史事件由谁以及如何制造的观念。

上文是从时间和历史方面考察意义的包孕性,但是,意义的运转是一个自身内在的独立过程。使意义运转起来的方法有:同步性、潜在的认同、封闭的圆圈模式、永恒复归、对高级存在既抵抗又交互的作用等方法。总之,意义生产的方法尽管有多种,但它们从类型上看,不外乎两种:一种是强化类型,一种是虚化(疏离)类型。在布鲁门贝格看来,歌德就是综合使用两种类型方法进行意义生产或神话研究的大师:前者他匠心独运,创造浮士德神话的终末性强化类型,后者他对普罗米修斯神话创作的疏离性类型游刃自如。意义不仅由强化产生,而且也由虚化权力产生:一方面,作为一种对正面事实的增补,通过对真实数据的强化;另一方面,为了制约不可容忍事物,通过虚化权力把反常事物转变为一种向前的动力。由于这两种方法交相使用,无论神话创作还是神话研究,从这个意义上来说,是永远就不会终结的。

意义的包孕性即意义的运转可以在奥德赛神话的意义复原运动中得到清楚的呈现。据此,我们通过考察这个神话来了解意义的包孕性。返乡是一种意义的复原运动,也是一个基本事件自我闭合的圆圈。这个意义的生产模式虽然是可以无限扩展,但还是一个圆圈闭合的模式(eines weiträumigen kreisschlusses)。当然,这个圆圈闭合的意义模式的运行一方面是由强化和虚化的意义生产力来推动的,另一方面意义也是作为下述两者关系的再现结果而出现的:①反对生命的现实阻力;②促使你响应那召唤的动力。根据这个圆圈的闭合模式,毫无疑问,第二点体现在奥德修斯返乡的动力上,第一点体现在反对任何偶然或任意等类似的现实因素,保证了世界和生命进程作为秩序而出现。这两点交互在一起,就是他通过返乡来反对这最不可靠的阻力——不仅是外部的灾难,而且是内在

---

① 罗姆巴赫:《作为生活结构的世界》,王俊译,张祥龙等校,第35页。

的分歧和动机的熄灭。从上述分析中我们可以见出,这个神话人物把一种关于生活世界中普遍存在的基本事实的想象,烙印在意义生产的圆圈闭合模式上。奥德修斯身上容括了正反对立的动力和阻力,又蕴含着生命和世界的二元论,因此,他是一个更高的神话包孕性的原型。同时,布鲁门贝格强调灵知主义二元论模式也是神话研究得以产生意义包孕性的重要模式。"这个神话越具有确定的二元论性质,故事中的相应原则也越早出现。"①奥德赛神话讲述的正是生命从世界的原点出发,返回世界终点的意义圆圈闭合模式的运转,它的意义生产再一次说明"灵魂的秩序在于再现宇宙的秩序"②,形成了诗学和解释学互动的神话研究,这一点我们完全可以在乔伊斯的《尤利西斯》中见出。

另外,笔者在谈到神话的和同性力量时,论及歌德的均衡公式的包孕性。那里所谈的神话能够发挥整体的和同作用,把理论、教义等包容在神话之中。此处不再赘言。

三、神话的"情境感应"

"意义超过了审美所给出的东西。"③在这个前提下,神话研究迈进了一个陌生的、令人惊奇的创造领域。这个领域即是神话研究的"情境感应"。"情境感应"(umständlichkeit)还真是　个让人难以理解的概念。按情境理论来说,"在日常语言中,术语'情境'的运用非常广泛,既包括静态情境,称为事态,又包括动态情境,称为事件"④。这还得从事件或情节(行动)与情境之间最初、最简单的关系谈起。意义适用于分析"事件"和"情节"。"因为,一旦寻求意义在历史文献领域运作起来,它已是在向我们展示历史是可以制造这样的事实。那么,事件要求情节(行动)。夸大

---

① Hans Blumenberg, *Arbeit am Mythos*(*AM*), S. 225.
② 莱米·布拉格:《世界的智慧》,梁卿、夏金彪译,第188页。
③ Hans Blumenberg, *Arbeit am Mythos*(*AM*), S. 123.
④ 乔恩·巴恩斯、约翰·佩里:《情境与态度》,贾国恒译,张建军审订,南京大学出版社2015年版,第47页。

事件的唯一性特质应该被看作是表现为一种对诸种情节的汇总,这也是使它神话化的方法。"①事件的情节化和汇总诸种情节的神话化方法给历史研究带来神话化事实:历史是可以制造的,是我们"从历史中需要什么",而不是"我们在历史中发现什么"而创造出来。因此,神话研究是历史研究的一种"情境"。从上述观点可知,情境大于事件,并建立在事件的基础上。但是,"我们从情境比事件先于获得安慰这个事实是建立在这个假设之上:情境是不可胜数的人们的行为汇总的结果,而不是少数名人雅士行为的结果"②。由于情境是人们行为汇总的结果,这种汇总表现在,在时间上间隔的事件产生一种共时性效应,也就是前文提及的"受孕的共时性"。借助于共时的普遍性奇观,"这种共时性把关键的私人数据和'伟大'的公共事件联系起来,并使它在文学记忆的不可证实的领域中找到了庇护所"③。共时性神话化方法的生花妙笔能够化腐朽为神奇,神话研究笔下的现实所包含重大事物的标志而引人注目,令人称奇。因此,历史事件的提升与这种期待或者暗示有关:历史如果不是由人创造的,那么它至少为人而创造。所以,这个预定的历史范围内往往填满了情节。

到此为止,我们只是初步了解神话研究的"情境感应"最为简单的胚胎——情境,远没有触及这个作为神话研究"普遍工具"的神话程序模式。

如果你想找一个普遍的工具来描述神话的程序模式,"情境感应"(umständlichkeit)至少差可比拟。这个概念所指的或至少所能概括的东西必须根据现实绝对主义背景而做出的思考。这种绝对依存性的感受暗含这样的愿望:如果最高权力的美好意志得不到弘扬的话,它有可能出于入静状态,保持着自己占有自己的状态,或者至少步履从容地步入"情境感应"。我们的时代只崇拜大范围内快速决

---

① ② Hans Blumenberg, *Arbeit am Mythos*(*AM*), S. 116.
③ Hans Blumenberg, *Arbeit am Mythos*(*AM*), S. 117.

断和大刀阔斧的作风,它失去了"情境感应"所具有的宽宏大量的
体验。①

　　从这段话来看,首先,"情境感应"这个概念是根据现实绝对主义背景
而做出的思考,是神话研究所能达到描述神话最为普遍的程序模式。正
如布鲁门贝格指出:"神话的'情境感应'作为一种消解各种权力的绝对主
义的手段,已成为这个世界的情境化。"②就此而言,这种产生"情境感应"
的神话研究也是人类缓解生存焦虑,获得深沉而持久的心灵安慰的最有
力的手段。其次,对现实绝对主义做出最大程度的征服,依赖于最高权力
的美好意志通过神话研究而得到弘扬。按照情境理论,引入"最高权力的
美好意志"即是引入角色概念,建立情境感应这个概念就是建立"事件与
其中承担角色的对象之间的关系"③,同时以角色表征心灵④,即表征"最
高权力的美好意志"。这时,最高权力的美好意志(上帝)保持"自己占有
自己的状态",步履从容地步入"情境感应":"世界和人就是上帝面对自己
时的绝对'情境感应'。"⑤最后,神话研究的"情境感应"按布鲁门贝格而
言具有两种类型:一种是动态的,一种是静态的。静态的"情境感应"能够
守先待后,具有宽宏大量的体验,而动态"情境感应"的神话研究又是如何
实现权力,产生这样一种动人的效果呢?"没有人为的事物和伪装,没有
变形和妥协,没有对恣意权力的检验和悬置,神话就不能实现权力。"⑥毋
庸置疑,形成神话研究"情境感应"的方法和手段有很多种,但最为核心的
一点即是"弘扬最高权力的美好意志(上帝)"。

　　在布鲁门贝格看来,歌德的普罗米修斯事件或者拿破仑事件就是一

① Hans Blumenberg, *Arbeit am Mythos*(AM), S. s. 159-160.
② Hans Blumenberg, *Arbeit am Mythos*(AM), S. 273.
③ 乔恩·巴恩斯、约翰·佩里:《情境与态度》,贾国恒译,张建军审订,第81页。
④ 乔恩·巴恩斯、约翰·佩里:《情境与态度》,贾国恒译,张建军审订,第87页。
⑤ Hans Blumenberg, *Arbeit am Mythos*(AM), S. 238.
⑥ Hans Blumenberg, *Arbeit am Mythos*(AM), S. 160.

个"情境感应"的绝佳例子。事件是由歌德的"普罗米修斯"神话创作引起的。"爆炸"一词爆发了那群备受尊敬的人们当中那种最为隐秘的联系。因事件的爆炸而形成"星丛"(konstellationen)事态化,这种由事件和角色叠加而成的星丛事态正是神话的"情境"使然,它使事件从意识中走出来。

这个发生在歌德身上的神话"情境感应"包含了两个基础事件:歌德和拿破仑在埃尔富特相遇与耶拿会见。借助于共时性神话"情境感应",这两个事件通过一种包衍关系(relation of involving)①,把当时重大的时代精神投射到歌德的精神自传上。这导致歌德精神权力的美好意志步入消解现实绝对主义的"情境感应"之中。两个事件当中呈现出来的神话"情境感应"的缩影虽没有得到全面详尽的叙述,但还是得到了充分的展示。这种神话情境是如何发生的呢? 布鲁门贝格有一段入骨三分的刻画,鞭辟入里的分析。需要说明的是,第一个事件"情境感应"中角色和第二个事件"情境感应"中的角色有着重大而微妙的差别。

(1)埃尔富特相遇的情境是:

因为埃尔富特相遇时,双方平等的正当性不再是个体神圣之间的平等,毋宁是普遍性神圣的平等。这个方案中的多神论仍走到前台来:这存在一位神,无论谁想反对他,或者坚定地面对他的凝视,都必须已经是"另一位神"。这不再是审美的自我授权,毋宁是一种"启示"(offenlegung),它促使走出这完全陌生的事物。②

(2)耶拿会见的情境是:

在耶拿的这条公式中,这种情境仍还作为放弃普罗米修斯主张的理由,因而包容了这种"虚拟"的"均衡",这种情境变成了一种均衡的现实以作为埃尔富特相遇的一种结果——体现在一种具有"神魔

---

① 乔恩·巴恩斯、约翰·佩里:《情境与态度》,贾国恒译,张建军审订,第106页。
② Hans Blumenberg, *Arbeit am Mythos*(*AM*), S. 576.

性"的出人意料的星丛。因此,歌德与拿破仑的亲身经历变成了有关普遍性世界原则的一种特定化的、一种执行的、一种现身的方式:"这个世界安排得如此神圣,以至于每一个人适得其位、各安其职、恰如其分,每一个人与一切事物相颉颃。"这是一条关于新颖的自我意识的公式,它导致了,他站在自己的基础上,面对科西嘉岛人的凝视——一种关于权力分立的描述奠基在一种与多神论模式相适应的情境上。[1]

埃尔富特相遇的情境是一位神坚定地面对另一位神的凝视,双方完全是对等的。这种建立在"普遍性神圣的平等"保证了神话创作(研究)的程序模式是多神论模式。耶拿会见的情境则站在普罗米修斯诸神所代表的多神论模式的基础上,进一步深化为泛神论的普遍性世界原则的特定化亦即整体的特定化(Spezifikation des Ganzen)[2]情境。这个"情境感应"臻至一种均衡的现实,一种"神魔"的星丛,一种关于权力分立的情境。前者的"情境感应"只停留在对"对恣意权力的检验和悬置",后者进一步走向消解各种权力的绝对主义,使这个世界情境化:"这个世界安排得如此神圣,以至于每一个人适得其位、各安其职、恰如其分,每一个人与一切事物相颉颃。"从埃尔富特相遇的对等式"情境感应"发展到耶拿会见的均衡式"情境感应",两个事件本身具有高度相似性,相互共鸣,相互发明,相互阐释,相互感应,就像变压器的电磁场感应一样,其本身就是神话创作"情境感应"。正是在布鲁门贝格的神话研究的"情境感应"下,我们可以突入事件的"星丛"之中,以期领略歌德"似神"("最高权力的美好意志")的神话人生。

---

[1] Hans Blumenberg, *Arbeit am Mythos*(AM), S. s. 575-576.

[2] Hans Blumenberg, *Arbeit am Mythos*(AM), S. 574.

第五节　作为圆形思维的神话研究

布鲁门贝格著作的英译者华莱士称其学术为现代世界最为著名、最为强劲的"新智者派",一语道尽了他那博洽古今、嘎嘎独造的思想造诣受惠于古典学术的秘密。与西方进步论线性思维的思想家有所不同,布鲁门贝格的思想深受古典轮回思想的影响,呈现出一种圆形的思维特征,其"与古为邻、推陈出新"的学术表现在:通过对接受美学的真正改造,使接受和创作连成一个意义生产的闭合圆圈;通过弗洛伊德精神分析学利用死亡本能片断还原生命本能的神话研究,把生命本能的神话创作引上西方文化的归家之路;以超人对世界的循环负有责任的行动,扬弃基督教把世界彰显为唯一的模式的现实论,开启"来吧!从头开始!"的永恒复返的神话研究;通过对灵魂轮回神话的现代阐释,揭橥审美神话和道成肉身神话无法兼容的思想困境,只有在这两者有机圆融的基础上才能熔铸成灵魂神话轮回神话,从而为我们重新思考诗学与解释学之间的对话交往关系提供了一个全新的视角。

一、接受和创作连成一个闭合的圆圈

接受美学不无夸张地提高了读者的地位。把文学的中心从作者中心论、文本中心论转移至读者中心论,接受美学的"革命家们"又陷入了另一种中心论。读者中心论毕竟也是一种中心论。而且,一种理论作为对另外理论的革命和反动,其思维难免会陷入线性进步论的怪圈。因为,理论之间的对立容易暗示他们言述主题的对立。其实,创造和接受之间根本不存在任何矛盾,任何所谓的矛盾都是意气之争的虚构产物。相反,它们之间可以形成一个意义生产的圆圈。且换一种眼光来打量它们之间的关系,无疑会在另一个维度上开启思考它们的模式,那就是"资源的接受产生了接受的资源"①。

布鲁门贝格把眼光朝向接受美学家所喜爱参引的例子——乔伊斯的《尤利西斯》。《尤利西斯》站在世界文学重心的对立面,这部片断式史诗是一座包括任何事物矛盾的纪念碑。为了应对一种"现实绝对主义"的压迫,史诗的还乡主题在召唤"神话创作"。于是,这个"光荣"的任务落到了读者的头上:"在乔伊斯看来,一部文学作品开始于:在诸如构思、创造、建构和讲故事等古典技艺之中,甚至还存在着薄弱之处,但它们已经转变为写作创新中显赫的技巧:一种创造的工业要求一种'接受'的工业。"②古老的神话创作技艺使读者除了阅读之外显得无事可做,但乔伊斯的创新技巧开辟了一种新型的"接受工业"——接受也是一种创造。有人把荷马史诗的绝对自我看成是乔伊斯在《尤利西斯》文本中所做的旅行形成的结果,这样,读者的任务显然是追踪这次乏味又烦琐的旅程。但是,这个本我实际上没有出发(或出海),因此也谈不上回家。故而,"绝对自我"的旅程的取消不会使读者显得无事可做,读者反而有可能把作者的创造任务接过来。

在接受美学家们看来,"《尤利西斯》必须以这样一种方式来阅读:它相当于一种包揽无遗的期待视野,并且只能以疲倦的解释学用这样的方法来阅读"③。"期待视野的包揽无遗"使其陷入了一种泛化状态,丧失了理论针对性的锋锐,布鲁门贝格据此认定,接受美学一时传为美谈的"期待视野"所开发出来的解释学,是一种"疲倦的解释学"。布鲁门贝格给接受美学贴上不良名声的标签,势必引起接受美学家们的愤怒,因此他必须拿出令人信服的理由和证据。

其实,从一种无解的乡愁距离来看,乔伊斯描写了他父亲的城市,以及此中不合理的日常行旅和小资产阶级们的回家。叙事的日常化、内容

---

① 此即《神话研究》第三部分第一小节的标题。布鲁门贝格专门探讨了这个现象,参见 *AM*, P. 299。

②③ Hans Blumenberg, *Arbeit am Mythos*(*AM*), S. 93.

的状态化等于取消了故事的讲述,导致了一种不是结果的结果:对意义的拒绝。乔伊斯不再讲述故事的理由是发挥读者的功能。"伊塞尔理论所创造的'隐含读者'被移进了乔伊斯的意向之中,与此同时,要相应地恢复'创造主体',即接受的'创造主体'。"①尽管伊塞尔的"隐含读者"致力于恢复接受主体的创造能力,但是,"疲倦"的接受美学能否承负这个闭合圆圈意义生产模式的重任,布鲁门贝格对此表示强烈的质疑:

> 难道意义的拒绝已经从"布卢姆把斯蒂芬带回家"跳到"审美经验"的主题了吗? 它也许是这样的情况,他对自己创造的权能的自信,这对读者来说是一个适当的安慰,因为读者亲自体会到自己能够成为造物主的地步。但是,作为一种意向,它与乔伊斯的整个意识抵牾——乔伊斯把自己看作是他作品背后的创造者,并且在独一无二的孤独中,在每一个人面前享受这一切,这是通过把作品变为未来读者之谜,而读者凭借拒绝意义可以赢得更多。②

从布鲁门贝格的分析来看,接受美学认为《尤利西斯》整个写作是对意义的拒绝。只有在这个结论的基础上,它才为接受者的创造天地打开了广阔的空间,极大提升了读者的主体性地位。读者仿佛到了与作者相媲美的地步,甚至有超过作者创造能力之趋势,因为任何读者都以后来者的身份建立起对作者的优势。这样,读者也就享受到了成为作品接受的造物主的快乐。这既是对读者的激励,也是对他的安慰,因此,接受美学是一种"神话研究",但是,它明显不是审美神话的神话研究。一种理论要成为真正的神话研究,必须以"整体限定化"的功能使自己限制自己,达到神魔哲学的地步。布鲁门贝格又是如何在接受工业中为造物主读者自己限定自己? 结论很简单:"读者凭借拒绝意义可以赢得更多。"主要是通过两条

① Hans Blumenberg, *Arbeit am Mythos*(AM), S. 95.
② Hans Blumenberg, *Arbeit am Mythos*(AM), S. 96.

途径：一要把作者看成作品的真正的创造者，恢复作者意向的神魔地位；二要把作品变成"未来读者之谜"，使作者意向转化为作品意向。只有通过解谜的形式才能过滤读者们无谓、游离的意义生产，使读者从期待视野的合法性偏见中走出来，聚拢于作品意向的轨道上来。在布鲁门贝格看来，真正的神魔式接受美学的神话研究在于：一方面读者要达到作者上帝的地步，这才是真正提升读者的主体性地位，也是对读者主体性地位的严峻考验；另一方面，读者的创造要限定于作品意向之谜的解读，真正迎接作者上帝的凝视。

当接受美学真正被改造为神魔式神话研究时，接受工业才有可能把创造的任务接过来，使接受和创作连成一个闭合的圆圈。这时，《尤利西斯》的创作与接受达成的闭合圆圈的意义模式体现出来了：在神话"均衡"思维的驱动下，片断地颠覆"回家"的反讽意义模式达到了极致，以此来消解《奥德赛》的模型。在消解了史诗浑然一体的返乡模式之后，《尤利西斯》以片断的形式容纳了父亲城市的不合理的日常旅行和小资产阶级的回家。因此，接受也是创作，创作是为了发挥读者的功能。但是无论如何，《尤利西斯》片断式回家也是一个是循环的方案。循环的方案依然是一个信任这个世界的基本模式，它能够产生神话创作的安慰功能。

在笔者看来，与这个神话相得益彰的是弗洛伊德的俄狄甫斯神话。一个是回到父亲之家，一个是回到母亲之家。两者之间的关系既是反转也是戏拟。两个并立的循环结构都允许主体穿越循环轨迹。"回到母亲之家"，弗洛伊德别开生面地创立一种杰出的"接受"技艺，并为西方文化圈的闭合圆圈的意义生产注入了雄浑有力的文化动能。

在精神分析学中，回家就是回归本能，这个文化主题使这个闭合圆圈的文化模式达到了最为完善的一致性。"这是一个从偶然性中逃离的完整的人物形象，尽管在某种程度上只能借助象征来完成。"①圆圈的闭合是克服生存偶在性的一种内在渴望，它很大程度上发生在象征领域。如

---

① Hans Blumenberg, *Arbeit am Mythos*(*AM*), S. 101.

果仅只是对举乔伊斯和弗洛伊德的例子来说明创作和接受的意义生产模式,这个循环圆圈始终只是从原点到终点之间无意义的往还。换句话说,这个循环应该要跳出老路,主体在循环过程中,实现自身宿命的最高潜能意义上的回归。因此,使主体穿越循环轨迹必须在一种文化动能的推动下实现。"弗洛伊德的完整的精神本能包括死亡本能,它已接近一种宇宙学的最高水平,这个水平即是尼采的'永恒复归'。它具有多重意义支持一切扩张。"①弗洛伊德早期的精神分析学中盘踞着生命本能,使精神分析学的主体在生命本能的驱动下"沉醉不知归路"。如今,弗洛伊德为精神本能注入了死亡本能,重新使它走上了回家之路。"死亡本能不是一个永恒复归的神话,而是一个最终回到原初状态之家的神话。"②这个神话具有世界观性质的总体性,并接近于一种"宇宙学的水平"。"弗洛伊德不是发明这个总体神话,他在发现它,在有关这些本能的功能意义的探询过程中,他最终走到了死亡本能。在那个程度上,他把自我保存的本能、独立自主的本能降到重要方面的水平,然后把它们编入'死亡环路'的体系。"③死亡本能成为神话或者给回归神话注入死亡本能,并不是说弗洛伊德出于发明总体神话的需要,而是他确确实实遇到这个总体神话。因此,我们可以说,死亡本能是弗洛伊德理论建构中的一种现实,而不是一种臆想或者一种虚构。只有把死亡本能引入这个总体神话,才能做到降低自我保存本能、独立自主本能等生命本能的维护水平,才能使这个总体神话达到宇宙学水平。为了把这些生命本能编入"死亡环路",死亡本能把这些快乐本能还原为一个个片断。在笔者看来,弗洛伊德奇妙的理论研究犹如审美神话创作(研究):"死亡本能使这个故事的历史完备起来,在它之中渗透着生命偶在的恐怖,它作为例外状态的生存性恐怖和作为基本形式的境遇性的恐怖。"④上述的引文包含两方面的含义:一方面,弗

---

① Hans Blumenberg, *Arbeit am Mythos*(AM), S. s. 102-103.
② Hans Blumenberg, *Arbeit am Mythos*(AM), S. 104.
③ Hans Blumenberg, *Arbeit am Mythos*(AM), S. 103.
④ Hans Blumenberg, *Arbeit am Mythos*(AM), S. 104.

洛伊德博大精深的理论构造如同神话研究一样创造了一种总体性,达到了宇宙学的水平。另一方面,死亡本能自身渗透着作为生命偶在的恐怖、作为例外状态的存在恐怖和作为基本形式的境遇性恐怖,它通过把上述的三种生存性恐怖把生命的快乐本能还原为片断式的存在。就这样,死亡本能发挥着自身权力的绝对主义作用,与生命本能形成了"均衡"状态,弗洛伊德的理论构造达到了神魔式的神话研究。

每一种理论的内在倾向都是朝向统一性原则,朝向对它来说可能是最高合理性。这种理论上的合理性几乎是借助于一元论的能量实现的。为了使死亡本能故事的可能性向他自身开放,弗洛伊德决定挣脱统一性原则这条死胡同。从根本上说,这种故事的可能性是一个伟大神话的可能性。而这个伟大神话的可能性指的是,永恒复归的意义模式只是一种万古如斯的重复,自我保存的神话是一种拒绝回到原初状态,等等。为了把上述这些伟大的神话的可能性开放出来,弗洛伊德利用死亡本能,把这些从属内容的本能的功能,比如,自我捍卫、权力、自我保存……还原为一种片断化的存在,还原为一种生命的例外情境,从而使纳喀索斯(Narcissus)神话和俄狄甫斯(Oedipus)神话在建构能量和破坏能量、爱欲和死亡之间的二元论上,建立逻辑上的优势,同时,也使死亡本能和生命本能"沆瀣一气",形成一种生存意义上的闭合圆圈,从而挣脱一元论统一性原则的理论建构。

上文表过,二元论模式是神话研究产生意义包孕性的一种典型形式。弗洛伊德把死亡本能引入这个总体神话,形成了一种二元论的神话研究模式。布鲁门贝格继续对这一"神话行为"进行精微的考察。他潜入创作和接受二元论的更为深沉的层面来思考:

> 在讨论文学中明证性联系时,尽管我区分了神话和它的接受,我还是给神话作为重要的、古老的构成物这个假设以一切机会,一旦与此相关,后面的一切事物都可称为接受。甚至我们所认识的最早的神话条目已经是神话创作的产品。特别是,前文学阶段的作品已经

进入了神话的复合体,因此,接受过程使它自身成为一种对它功能化
方式的表现。①

在这里,布鲁门贝格区分了神话和神话的接受,这也符合笔者对 *Arbeit
am Mythos* 包含有神话创作与神话研究两层含义的理解。为了防止接受
泛化的现象,布鲁门贝格强调"神话作为重要的、古老的构成物"这个假
设,也就是强调创作先行、文本在先的观念。接下来布鲁门贝格提及的接
受过程是"神话功能化方式的表现",具体的情形会是怎么样呢?

神话总是要求恣肆又不无讽刺地夸大它的矛盾,神话的创作和接受
无不如此。"神话的接受不是神话的额外增生,神话的接受不是使神话丰
满,毋宁是,神话的传承并为我们所知,无异于它总是已经处于接受过程
之中,这个事实是它的基本因素能够变形的结果,(按 Bernay 的说法)它
不是'花岗岩形象'的结果,尽管它的图像持恒存在,一切依赖于把它转换
成一种违犯。"②神话的传承处于并已经处于神话的接收过程之中。接受
并不使神话额外增生,也不使神话丰满,而是对构成神话复合体的基本因
素(神话图像)进行变形,这种变形即是对神话图像违犯。这种违犯类同
于死亡本能把生命的快乐本能还原为一个个片断。因此,当接受焕发出
神话研究的"违犯"功能时,神话是并早已是处于接受过程之中。在接受
轮回的波浪的冲击下,神话"作为重要的、古老的构成物"犹如被海浪冲上
沙滩的贝壳,回响着大海深处的涛声。③

二、作为本体论的永恒复返

在前文的论述中,笔者已提过,弗洛伊德完整的精神本能包括死亡本
能,它已接近于一种宇宙学的最高水平,这个水平即是尼采"永恒复返"所

---

① Hans Blumenberg, *Arbeit am Mythos*(AM), S. 133.

② Hans Blumenberg, *Arbeit am Mythos*(AM), S. s. 240-241.

③ 参看雅克·德里达:《多义的记忆》,蒋梓骅译,中央编译出版社 1999 年版。

具有的宇宙学水平。因此,它具有多重意义并支持此学说的一切扩张。也由于上面提到的各种理由,尼采的永恒复归这个谎言更加美丽了。正如尼采高呼"上帝死了",他的永恒复归观念是为反对基督教的末世论观念而提出的。如果说,同一重现的模式通过循环,使每一个进入世界通道的事物变为冷漠的事物,那么,基督教的现实论把这个世界彰显为唯一的世界的模式,则更能吸引民众的心灵。两者的对立形同冰炭、势如水火。相比较而言,两种模式在历史竞争的语境中,基督教理论稍胜一筹。但是,永恒复归的模式显然是改造过的同一重现的模式。"永恒复归"的理论威力岂是"同一重现"所能比拟的? 因为,"复归这个观念又一次把丰饶原则作为胁迫人的手段运用于世界:当万事万物不停地生成时,我们断断不能只思考短暂性。"①永恒复返说相较于同一重现模式的单调、重复、无聊的特征,它引入了丰饶原则的无限性,同时,以此学说中的永恒来克服世界中短暂性现象。基督教的现实论把这个世界彰显为唯一的世界,而世界的生生灭灭正是万物短暂性的世界,在基督教的末世论视野下,这个暂住的世界需要上帝神恩的拯救,方能保有永恒性。但是,世界如斯恒在,复返观念彰显出世界的恒在性正是基督教理论中万能者至高上帝背过身去的一个理论暗角。因此,复归神话乃具有世界性质的永恒复归神话,进行这种神话研究有利于清算现代理论中基督学的残余。

　　世界看起来是偶然的,"相同者的复现"②又消除了这种偶然性。但这种"相同者的复现"必得具有宇宙学水平、世界观的总体性,方可执行这种理论功能。"尼采的复归观念通过捍卫一个应该值得重复的模型,通过'来吧! 从头开始!'来捍卫生存,而这生存来自于超人对它的责任。超人实际上由这个事实来定义的,他在绝对严肃意义上,接受可以重复的世界历史责任。"③由此可知,并不是任何东西的重复皆可归入永恒复归。"永

　　①　Hans Blumenberg, *Arbeit am Mythos*(AM), S. 272.

　　②　我们不能把尼采的"相同者(das Gleiche)"译为"同一者(das Identische)",前者包含差异,是有差异的相对的"同",后者是绝对的"同一"。

　　③　Hans Blumenberg, *Arbeit am Mythos*(AM), S. 274.

恒复归捍卫一个值得重复的模型"是建基于这么两个方面:一是被重复的事物具有生存性价值,它通过"来吧! 从头开始!"来捍卫一种鲜活的生存,而不是沦为一种陈腐的存在。二是这个值得重复的模型是超人对它负有责任,反过来说,被重复的事物应该具有超人的生存性价值。因此,布鲁门贝格从尼采那里发展出来的永恒复归观念,一方面以"来吧! 从头开始!"保留基督教理论彰显唯一性的创新价值,另一方面赋予自身的理论建构以一种使命意义:选取的理论研究对象应该具有高贵的生存价值,而理论的创作者应承担与之相应的高贵的责任。这种永恒复归的神话研究堪称完美的模式、典范的价值。毋庸置疑,布鲁门贝格的这种完美的神话研究建立在对尼采神话研究有效的克服和主动的占据之基础上。

据布鲁门贝格考察,在形而上学传统的原点标位问题上,莱布尼茨提出"为什么是某些事物而不是虚无?"能够占据形而上学传统的原点的问题,但这个问题从来没有人回答过。尼采的复返观念用这样一种"存在而不是虚无"的神话研究"占据"形而上学传统的原点。"他用这个公设取代这个问题,在永恒复返这个无止境的链条上,所有后来世界有权利存在并建立在这个链条上。对尼采来说,人必定存在,因为世界的性质由于它的无尽的循环只能依靠人。"①前面提过,复返观念是一种具有世界性质的思想,但是,尼采的永恒复返神话巧妙地让主体或人绕开世界,超拔于世界之上,并让主体占据了形而上学传统的原点。这种神奇的手法是让后来者有权利加入永恒复返的生存链条,让人成为一种包括曾在(gewesenheit)—当前(gegenwart)—将来(zukunft)的时间性此在,与世界的永恒性相抗衡。处于永恒复返链条上的人有权利存在,并且让世界的循环依靠于人,尤其是依靠于尼采的超人。反传统主体形而上学的尼采一再声嘶力竭呼喊"上帝死了",他的超人理论意想不到自己重蹈主体形而上学的泥潭。超人的权力意志不是赤裸裸的主体形而上学么,还会是什么? 因此,尼采是第一个为永恒复返思想或者神话奠定了本体论地

---

① Hans Blumenberg, *Arbeit am Mythos*(AM), S. 275.

位的思想家。他的方案是,人应该承担起超人的重任,满腔热情地投入世界的无尽循环之中。

布鲁门贝格深刻地指出,超人没有达到不朽的程度,故尼采的永恒复归神话和不朽神话是脱节的。他认为,不朽的观念指的是承担起为自己和为他人的责任。在齐美尔看来,尼采的永恒复返说是对康德哲学基本主题的一个解答,但是,两者的差别在于:"康德将行动引入横向维度,引入所有人相互并立中的无限重复,而尼采则使行动向纵向维度延伸,它在同一个个体身上以没有尽头的先后顺序重复着——这符合康德对行为后果的强调,也符合尼采对行动中直接表达的主体存在所做的强调。但行动中的两种乘法都服务于一个目的:消除行动只在现在、只在这里的展示所加给给它的内涵的偶然性。"①齐美尔显然把不朽理解为横向维度上对他人的责任,而尼采意在从纵向上让超人承担起对自身的责任,这种责任不是伦理学的,而是实在论的:永恒复返"消除行动只在现在、只在这里的展示所加它的内涵的偶然性"。这不仅对超人神话实在论的精义是一个损失,而且对他的永恒复返思想也是一个损失。

在布鲁门贝格看来,尼采的永恒复返思想还有一个致命的失误在于:

> 虽然永恒复返观念确实具有诸如太一神话的形式,但是,止是因为只有形式被释放出来反对神话的质料,所以这个神话失去了它原初的命名负担、拥有故事的能力,取代了神话独一无二的"历史"。诚然,永恒复返观念卷入了尼采的普罗米修斯故事;但是,此时此刻,它明确地表现出来,它摧毁了每一个可能源自于它的神话。这些神话确实被吞没了,以支持同一事物永恒复返这个太一神话。②

永恒复返观念包含了世界的循环依靠于超人的思想,而超人又是独一无

---

① 西美尔:《叔本华与尼采》,朱雁冰译,上海人民出版社 2011 年版,第 177 页。

② Hans Blumenberg, *Arbeit am Mythos*(AM), S. 674.

二的尼采式的超人，故永恒复返观念必得以太一神话的形式来包装自己。正如神话终结于形式一样，太一神话的形式阉割了永恒复返神话研究的文化动能，废弃了原初的命名功能和拥有故事讲述能力，窒息了生机勃勃、新鲜顽强的神话的质料和神话的"历史"。最终，永恒复归的太一神话摧毁和吞没了每一个可能源自于它的神话。这是尼采所不愿意看到的最后苦果。

　　尽管尼采的永恒复返神话失足于它的主体形而上学和太一神话形式，但是，它通过"来吧！从头开始！"来捍卫鲜活的存在，承担超人对世界的循环负有责任的行动，这提示我们，我们既要发扬诗学的命名和神话陌生化叙事等方式来捍卫鲜活存在的创新功能，同时应该要反思诗学的主体形而上学以及过度形式化的弊病，而这一切都应该在负有责任意识的、具有世界性质的解释学意识的指引下进行。

三、灵魂轮回神话的现代阐释

　　在布鲁门贝格看来，认定一个神话臻至终极神话，主要是看它是否是一个整体，是否达到一种完成的状态。因为它的终结性体现于，我们不是放弃进一步对该神话进行创造的意图，而是有史以来第一次体验到神话的神奇魅力：它不停促使我们追效这个神话范本，甚至超越它。[①]与唯心主义基本神话相对立的，实际上还有这么一些神话范型都达到终极神话的境界：叔本华的灵魂转世神话，尼采的相同者永恒轮回和舍勒的上帝模式。

　　灵魂轮回神话与尼采的轮回（相同者永恒复返）观念有着很大的相似性，而且尼采更多的是受古老的灵魂学说影响而提出自己的观念的，因此，在很多情况下，人们往往混淆这两者，认为两者是一回事，即使谈论它们之间的差异，充其量一种是另一种的变形。如果我们要说清楚这两者的差别，只要把灵魂轮回学说要义和现代灵魂轮回神话的构型说清楚了，

---

　　①　Hans Blumenberg, *Arbeit am Mythos*（AM）, S. 319.

也就把两者之间关系说清楚了。

在这里,我们的任务是区分叔本华的灵魂轮回神话和尼采的相同者永恒轮回观念的差别。

首先,我们简单地回顾一下灵魂神话的历史。古代的灵魂轮回神话体现在灵魂在现世和后世之间的轮回,表现为时间跨度上的特点,我们可以见之于柏拉图的《理想国》最后一卷的厄尔神话。在精神生活中,灵魂不朽观念只对少数哲人来说具有重要的意义,但对于大多数人不具有吸引力。后来,灵魂不朽观念在基督学说中终于发展为终末状态。现代灵魂轮回观念指的是,主体的灵魂从一种宇宙转为另一种宇宙,从一个世界转化为另一个世界,从一种生活状态转为另一种生活状态。由此看来,现代灵魂轮回观念翻译为转世观念较为恰当,但为了保持两种灵魂之间的关联性,我们对灵魂轮回的阐释主要还是因袭旧说。由于现代灵魂轮回观念由古代灵魂轮回说时间维度的特征转为空间上灵魂状态之后,叔本华认为灵魂轮回观念具有"无与伦比的丰富性和无与伦比的重要性",非常"接近于哲学真理的故事"。这样现代灵魂轮回观见之于德国浪漫主义诗人诺瓦利斯身上。女朋友索菲死后,诺瓦利斯第一次实践了他的有魔力的唯心主义,寄希望于自己的意志的坚强和魔力:"从一个生命到另一个生命的过渡,应该仅由意志促成。"① 索菲年纪轻轻夭折了,她的灵魂希望诗人男友有坚强意志和诗歌魔力在诺瓦利斯的《夜颂》中复活了。

其次,尼采的轮回转世观念只会让世界回复到曾有的同样状态,永恒地重复世界走过的历程。相反,灵魂轮回神话的"主体并非像永恒同一者回归于自身的世界,而是依据可能期待值回归到他努力值得过的存在状态。只要世界的行程是由行动产生的,那么,这种期待就不是对世界行程的机械重复的期待,而是主体吸纳了最高责任形式的期待。这种对世界的抑制性态度接近了古代世界'智慧之人'曾有过的态度,同时又正是因

---

① 萨弗兰斯基:《荣耀与丑闻》,卫茂平译,上海人民出版社 2014 年版,第132页。

为它从现实中抽身而退卸下现实的重复"。① 虽然灵魂轮回神话的主体源自唯心主义基础神话所创造的主体神话,但是这个主体承担最高责任形式,采取古代世界"智慧之人"对世界的抑制性态度,由个体自身"回归到他努力值得过的存在状态"的世界,因此这个世界性的灵魂神话不是"我们不能承受之轻"的自由神话,也不是沉沦于无意义之循环的轮回神话。

当灵魂轮回神话从一个世界转为另一个世界,从一种生活转为另一种生活时,引起了费尔巴哈对自身周遭生活世界的严重不满。他认为他处身的世界是庸俗的小资产阶级经济市侩的世界。这个世界的上帝"以财政官员或经济学家方式统治这个世界"。转世到这个世界的灵魂便无足可观,因为它忘却了"自然可怕的严肃、黑暗和阴沉"。他认为灵魂应该附体于"处于无思无虑的创造状态中同时代诗人",它不应该"像一位工于算计头脑精明的家长或者建筑领班,而像是一位忘却自我、构思自然的伟大悲剧的诗人"②。费尔巴哈呼唤自然悲剧的灵魂轮回,他的诗人只是在"忘却自我"的过程中才能"构思自然悲剧"和创造世界。也就是说,在诗人的深情一瞥中,世界呈现出自然的严肃性悲剧,当诗人从创作状态返回日常生活中时,他又无可奈何陷于市侩主义泥淖中。因此,费尔巴哈从创作中获得的自由是作为一种权利看待的,这种自由权利决不包含任何巨大的风险。布鲁门贝格认为,自然悲剧诗人"还不是那位以人类自由来做试验,把整个世界看作是异常危险历程的上帝"③。布鲁门贝格的诊断和阐释来自汉斯·约纳斯的理论支持。

要使费尔巴哈的灵魂轮回神话成为真正的灵魂轮回神话,而不是仅仅只为艺术家保留的灵魂轮回神话。布鲁门贝格认为约纳斯是从两个方面进行理论思考来解决这个问题,那就是从主体和世界的二元论角度出发。细究起来,费尔巴哈的灵魂轮回神话已留有解决问题的余地,其中已

---

① Hans Blumenberg, *Arbeit am Mythos* (AM), S. s. 319-320.
②③ Hans Blumenberg, *Arbeit am Mythos* (AM), S. 320.

包含诗人(主体)和自然(世界)二元论胚芽。约纳斯首先从主体角度论证人类作为历史主体已具有神性的因子。从费尔巴哈的灵魂神话可知,现代诗人的自我体验只不过是经院哲学宇宙论证明的一种翻版,但减去了诗人灵魂上蜕变的风险。如果世界是具有绝对危险的世界,那么主宰这个世界的上帝也只能是一位具有绝对风险的上帝。上帝的绝对风险又体现在他的实质是未知的,因此人与上帝的关系,要么是至高无上的信仰,要么是背信弃义的背叛,所以,约纳斯将这个灵魂神话冠以"一个假设神话"名义。人必定只得在两种选择中生成自身的灵魂神话。前一种即是中世纪无条件在信仰上帝中生成自身的灵魂不朽。后一种"现代的厄尔"又是如何选择自己的灵魂呢?

人若要获得神性,必须获得一种普遍性,现代的厄尔是通过奥德修斯的时间形式予以实现。也就是说,神话主体的灵魂漫游是通过"剥夺自己的神性","把自己放逐到异域",在一种奥德修斯的时间境域中重获神性。这种时间"因蕴含从不可预见的时间体验中有所收获的机会显得无与伦比的重要性:人的形象塑造在此种时间境域中或美化或丑化"①。因此,这样一种主体灵魂通过审美手段获得具有价值意义的普遍性。约纳斯在他的《有机体与自由》中说过,人作为有机体,要么是一种奥德赛式完满和完善的存在,要么是一种充满危险的、易腐败堕落的存在。因此,人要获得神圣,必得在这两种有限世俗生命中做出选择和冒险,"锤炼其隐匿本质,通过世界冒险的奇迹而自我发现"。

约纳斯除了从这位在经历审美或丑恶的生存中进行伟大冒险的灵魂来实现这个神话的意图之外,还从世界的意向来创造灵魂轮回神话。在布鲁门贝格或约纳斯看来,除了在时间中获得存在之外,主体只有承担"那种超越于自我之外更多的责任,或者说绝对的责任",他才能建立一个世界,栖息于人类家园之中。这种由"神圣的冒险"带来的"绝对的责任"关系到"人类宁可让自己失败,也不能让上帝失败"的严肃性主题,也就是

---

① Hans Blumenberg, *Arbeit am Mythos*(AM), S. 321.

手段对目的所负有的责任。

约纳斯用灵知主义基础神话的二元论来解决灵魂轮回神话的难题，其最为致命之处在于理论上真理程度是建立在理论的假设上。人们必会有此一问："从这个神话原型的极致来看，上帝冒险创造一个失败重重的世界，他自己却在形而上学意义上泰然任之，为什么就不让人类如许泰然自若呢？"①反过来说，"人类就不会平静甚至带有幸灾乐祸的快意，将自己被上帝选中作为实践试验的责任，还给他的创造者吗？"②我们都知道，这位能够做到形而上学意义上泰然任之的上帝就是审美意义上的上帝，他之所以能做到泰然任之，在于他能够抛开对世界的责任，他所获得的快乐也只能是美学上旁观者所获得的快乐。新约"解神话学"大师布尔特曼把约纳斯的"上帝的概念"诊断为一种"美学上的概念"，他质询约纳斯的神话研究上的更新需要只是出于一种"美学满足"而已。约纳斯毫不讳言这个主体所冒险的世界充满着失误和背叛的危险，因此需要一种"神圣的喜悦"来补偿作为认可这个世界的成功，但这易为人误解为是"审美上的满足"。他补充说，由这个假设神话产生出来的美学本身也应包含伦理的内容。他对此的解释充满着宗教人道主义的激情："因为我们渴望生存，所以我们接受道成肉身的牺牲，因此我们必须为这种肉身辩护……无论是反思回应艺术化生存还是深入理解科学化生存，都是人类的伦理的责任。以这种方式所取得的自我实现就是一种整体的生存需要。客观化知识有时被称为是审美化的知识，但是获取这种知识的手段必须是伦理化的。"③约纳斯为这个充满风险和失误的世界承担起伦理责任的行为称之为"道成肉身"。正是这个道成肉身的神话保留着向这个世界的成败问题开放，因此该神话难以磨灭自身附带对弥赛亚主义的希望。布鲁门贝格认为，约纳斯以一种道成肉身的神话来解释灵魂轮回神话，而没有以三位一体教义作为前提条件是他灵魂轮回神话研究的欠缺所在。道成肉身神

---

① ②　Hans Blumenberg, *Arbeit am Mythos* (AM), S. 322.
③　Hans Blumenberg, *Arbeit am Mythos* (AM), S. s. 322-323.

话只能担保主体的灵魂对这个充满风险的、失误重重的世界采取不是审美上的态度,而没有承担起对自己的责任。牺牲了肉身也就牺牲了自己的存在,这不是一种对自己的责任。就像灵魂轮回神话对世界采取的审美态度是一种对自身的责任,道成肉身神话仅保留一种对世界的责任。约纳斯试图以审美神话叠加道成肉身神话从事于灵魂轮回神话研究。由于审美神话和道成肉身神话天然上不兼容,也由于约纳斯处理两者之间的关系是简单的叠加方式,所以,他的灵魂轮回神话研究是机械分裂的,而不是有机圆融的。因为审美神话能够克服现实的功利计算行动,能够承担起为自己的责任,但无法承担起为他的责任,比如美学中旁观船只失事的快乐难以洗刷邪恶的意图,而道成肉身神话能够牺牲自己,承担起对世界的责任,但又无法承担为己的责任。当主体面对世界时,所遭遇的现实情境必得同时肩负为己和为他的责任,因为没有一个世界可以一分为二为审美和道德的世界,以便让审美神话和道成肉身神话分而治之。布鲁门贝格似乎在暗示,三位一体思想才能为灵魂轮回神话树立起对自己和对这个世界的责任的伦理原则。约纳斯只是解决了精神和物质之间的灵魂轮回问题,而没有在世界的三维向度上解决这个问题,因此他的理论似乎还未臻圆满程度。

叔本华的灵魂轮回神话的优异之处在于他给主体建立了为己和为他的责任(der Verantwortung des Subjekts vor sich selbst und für sich selbst),而没有道成肉身神话中主体的责任只有为他的责任而无为己的责任之弊端。换句话说,叔本华借助于康德的公设概念把为己和为他的主体责任美妙地结合起来,因而赋予灵魂轮回神话至高的神圣价值。灵魂不朽神话最大的用处在于,灵魂不朽说能够从身后对一个永不重复的生命进行审判,也就是我们中国人评价一个人的品行时所谓的盖棺论定。我们都说在灵魂中建立为己的责任容易,建立为他的责任难,原因无它:计算赏与罚的利己后果的心理压倒一切。我们先来看一下布鲁门贝格的精湛分析,他是如何把为他和为己的责任结合起来的呢?首先,道德行为主体无法预期其身后行为的道德与否以及奖赏情况。"如果对一个人的生命品行及其生活境遇进行审判是可以确切预期的话,那么,这必然会指严重打击这个人身上的道德行为。"①由于主体对身后道德行为不可预期,也就无法对其行为进行评估,然后也无法决定利弊的取舍。正是由于主体对身后道德行为的不可预期,为灵魂过上道德生活开启了一种新的可能性,这种道德生活有可能不计功利得失,过上以幸福为取向的道德生活。其次,"如果人们所期盼的生活还是取决于当下生活的质量,那么人们就不会把这种向往更为美好生活的境界看作是对道德行为的嘉奖——其实,人们之所以认为上述的境界是可欲的,是因为它们符合道德律要求,更容易满足这个条件。"②我们之所以想象另一种更为美好的生活,是因为我们对现实生活的不满,想逃离当下的现实生活,这种逃离生活现实本身就是道德行为的嘉奖,也是对道德律要求的满足。灵魂转世到这样的道德生活是可欲的,因为它排除了一切现实功利的计算心理。

布鲁门贝格除开从反面论述为他的道德生活如何排除功利计算心理外,他还要以康德的关于灵魂轮回的思考来论述为己和为他相结合的道德责任,这样才能完美解决这个问题。康德声称道德主体身上应该有一种无限的进取心才能配得上道德体现出的绝对要求。这种上进心又是如何产生呢?"正是因为每一个有限生命身上的道德责任心让他期盼在来世那个不同的世界里道德行为得到酬谢的境况。换句话说,尽量减少那种在价值满足的幸福和现实满足的幸福之间出现分歧时放弃道德的危险,无论这个道德主体把上述两种幸福叠合为一种服从道德律的幸福境况的机会如何渺茫。"③面对上述引文,如果我们只是照搬康德的理论,是不能解决这个问题的。首先,康德有关对灵魂轮回的思考确实解决了价值满足的幸福和现实满足的幸福出现分歧时,道德主体选择前者,因为他有更为美好生活的酬谢。其次,康德的灵魂轮回依然停留在古典灵魂轮回的水平上,因为来世和现世的阴阳两隔使道德主体切身感受不到价值

---

①② Hans Blumenberg, *Arbeit am Mythos*(*AM*), S. 323.

③ Hans Blumenberg, *Arbeit am Mythos*(*AM*), S. s. 323-324.

满足幸福高于现实满足的幸福。虚无缥缈的来世幸福依然在实际生活中无法战胜现实满足的幸福,对道德行为的成本核算的心理依然支配着现实生活中人们的一举一动。对此,倘若把来世和现世的时间维度绝对间隔整合起来,使之变成一个空间上的问题,这样,现代灵魂轮回神话便呼之欲出了。布鲁门贝格借助历史哲学的力量和功能在这里大展身手。顾名思义,历史哲学指的是,哲学以空间化的力量使历史本身作为时间化的存在变成一种空间和时间相结合的学科范畴——历史哲学。且看布鲁门贝格有关赋予历史哲学高贵的教化力量的动人论述:"当且仅当历史哲学能够设定文质彬彬的道德主体回归一个更为发达律法的阶段,因而从这个阶段获得更为伟大的道德安宁时,那么,灵魂的宇宙轮回神话就同样能够设定灵魂能够在空间上飞跃,或是进入另一个世界,同样能够设定这样的灵魂能够成为更为高级的理性存在,它就成为道德主体间性的会话伙伴。"[1]灵魂的宇宙轮回神话的主体成为"一个文质彬彬的道德主体"归功于历史哲学的教化力量,当自律而有尊严的灵魂从一种状态转化为另一种更为完美的状态时,道德主体已经社会化了。在这样有理性的社会里,具有德性的灵魂甘冒神圣风险的自由,从一种德性生活向更高的德性生活跃进,成为德性社会道德主体间性的对话交往公民。

布鲁门贝格重申,当灵魂实现宇宙轮回神话时,所建立为他和为己的道德责任是以一种道德主体间性的交往伙伴关系铸造的。这令我们想起叔本华灵魂轮回神话世界与主体之间失衡的二元论关系,叔本华甚至用他特有的悲观主义取消任何有个体的建设性努力,过分夸大世界性对主体性的遮蔽。实现主体和世界的和解,也就是有德性的主体建立起为他和为己的道德责任。其中的关键是,就像尼采的永恒复返神话能够消除行动的偶然性,"灵魂轮回神话能够削弱灵魂这种存在时空的偶然性来证成这个世界"[2]。这样的灵魂存在也就实现了"本体论正义(Ontodizee)"。

布鲁门贝格由此以叔本华为反例继续论证灵魂的轮回再生观念的

---

①②③ Hans Blumenberg, *Arbeit am Mythos*(AM), S. 324.

"本体论正义"是一种道德逻辑上的结果,而不是任意杜撰的谎言。就叔本华而言,生存就是意志的显现,而意志又是痛苦的根源。消除这种意志所造成的痛苦时,又会产生另一种意志,而它又给生存带来痛苦。叔本华有关道德主体的论证只能证明,与生俱来的意志只会给个体生存带来无穷尽的累累伤痕。因此他的灵魂轮回只是一种对人生所受痛苦的偿还:制造痛苦的人转而在必然承受痛苦的人身上再生。这好像是冤冤相报的惩罚铁律。如叔本华自己所说:"人前半生给别人造成的所有痛苦,在后半生这个世界里以分毫不差稍的等量痛苦得以赎清……"③这样的灵魂轮回神话庶几是一个沉沦于痛苦的无意义循环,其内在症结如布鲁门贝格所分析的:"这个对等性规避了任何正面要求,因为'最高的嘉奖就是这个神话只能以这个俗世的语言从否定是方面表达了这样一个被不断重复的应许:应得嘉奖就是最好不要出生'。由此看来,一切业报的轮回只能从否定方面发生,而正面的业报延续却消失了,应得幸福和自得快乐的结合被拒绝了。"③

　　叔本华主体和世界之间不对称的灵魂轮回观恰恰是康德灵魂神话的反面。康德的灵魂不朽公设旨在保护应得幸福的人获取幸福的权利,但是,剩下来那些不应得幸福的人对灵魂不朽却没有丝毫的兴趣,因此,这些剩下来的人只能成为获取幸福权利的人的被启蒙对象。

　　我们总结一下布鲁门贝格对灵魂轮回神话的现代阐释。现代灵魂轮回神话是对古典轮回神话和基督教的灵魂不朽神话进行改造,把当前的现实世界和身后不可知世界整合为灵魂的一种状态向更高的另一种状态的迁徙。灵魂向高处迁徙是一个巨大的难题,现代人不约而同地通过主体的审美方式来进行,因而把灵魂交给了一种充满风险的世界。约纳斯通过灵知主义的主体和世界的二元论方式,通过审美方式和道成肉身方式让灵魂承担起为己和为他的世界性责任。他的理论建构的路径是对的,但方法有待改进! 因为,道成肉身神话仍然克服不了主体对现实利益

---

③　Hans Blumenberg, *Arbeit am Mythos*(AM), S. 325.

的功利计算,康德灵魂不朽的公设开辟了未来的神圣和不可知的维度,来克服功利计算思维。由于灵魂不朽公设的未来的不可知性来自身后世界的不可知,它有效狙击现实主体难以进行利益计算思维的有效武器,也由于道德生活安详快乐可以作为道德责任的酬谢保证了未来的维度的神圣性,因此,约纳斯饱含深情地说道:"用颤抖的双手捧起具有神圣风险的未来……"

第六节 解释学的命运

当我们把历史上普罗米修斯神话创作看作人类文明审美化道路之寓言时,我们无法绕过这个问题:为什么普罗米修斯是被缚的造物主? 而且,他会牢牢地被缚在岩石上? 审美神话是不会回答这个问题的。因为,神话创作不知道"第七天"(Sabbath)。"神话不会讲述自身的历史。神话不会展示这种劳作,即,经过这种劳作,神话使自己从仪式形式转变为狂想曲(rhapsodisch)的形式。神话无往不处于一种轻佻流变过程中。"①这个由审美神话自身产生出来的问题是无法自问自答的。因此,如果我们能以解释学的辩证眼光来看神话创作的话,我们就可以把这个问题接过来。

一、普罗米修斯的辩证法神话研究

布鲁门贝格的《神话研究》一书堪称普罗米修斯神话研究的源流史。它把西方文化中古今普罗米修斯神话研究的史料、故事和逸闻一网打尽,并与西方人性思想的变迁史勾连起来,既高屋建瓴重构波澜壮阔的西方审美思想史,又别开生面刻画时代精神隐秘的流动轨迹。在辩证法之风大盛的 19 世纪,被形而上学思维方式压抑已久的辩证法走进了普罗米修斯神话研究。这一方面足以说明布鲁门贝格的神话研究具有极大的包容

---

① Hans Blumenberg, *Arbeit am Mythos*(*AM*), S. 662.

性和开放性,另一方面突显辩证法在西方审美思想史上的独特地位和文化功能。

需要强调的是,辩证法神话研究不是一种理论建构活动。19 世纪普罗米修斯神话研究在"认识、精神文化、在一定程度还有物质现实的最一般的发展规律"①方面建立其神话研究的整体情境,而这三种神话研究的整体情境恰好又是辩证法理论建构活动的场域,因此,这里以谢林、海涅和马克思的普罗米修斯神话研究为个案,归纳出辩证法的神话意蕴,反思浪漫主义审美意识的悖谬性,批判资本主义积累规律束缚人性的事实根源。

1. 浪漫派的辩证法神话研究

19 世纪时代精神的自我理解是以泰坦英雄普罗米修斯为模型的,它建立在自我发现的历史基础上。在 20 世纪普罗米修斯神话研究中,如果说歌德的普罗米修斯神话研究指涉狂飙突进时代那些艺术家的创造形象的话,那么,从时代精神来看,19 世纪的普罗米修斯已从诸神降格为英雄。有诗为证。布鲁门贝格通过对拜伦史诗《哈罗德游记》第三章进行精神分析学的"非意愿联想",敏锐地感觉到"泰坦英雄的神义论不是他所遭受的苦难,而是上帝可能呈现为人的血肉之躯这一事实"②。无论诗中角色无名行者还是作者拜伦都禀有上帝化身为人的形象,一时领英国文学沙龙的浪漫主义英雄之风骚。从神义论降格为人义论,普罗米修斯的天路历程梦断"莱茵风景"。这里的莱茵风景可以解释为审美创造对于普罗米修斯高贵痛苦的馈赠。这个时代的普罗米修斯神话研究所呈现出来的变形、修正和文体变革等症候,无不显示此神话主题所筹划的思想位置已经空缺,在哲学功能上处于更不稳定的状态,因此,新的时代精神可能会以种种不同的方式再度占据传统空缺出来的思想位置。旧传统悄然逝

---

① 〔苏〕B. B. 拉扎列夫:《辩证法史》,徐若木、冯文光译,捷·伊·奥伊则尔主编,人民出版社 1982 年版,第 1 页。

② Hans Blumenberg, *Arbeit am Mythos*(AM), S. 609.

去，新的历史哲学正在到来。

　　众所周知，启蒙时代大行其道的历史哲学非进步论莫属。进步论者向来以"历史的火车头"居功自傲，但是，19 世纪独特的时代精神凭借普罗米修斯神话研究的情境，以"人类历史的构成要素"①来现身说法，"进步终究没有改变时刻准备推动历史进步的个体境遇"②。这多少道出了 19 世纪整个时代的受难心声：进步论终究是一纸空文！再也没有其他神话能够像普罗米修斯神话那样深入人心！

　　这个时代的普罗米修斯神话研究的结构关系发生了一种微妙的变化：普罗米修斯"被束缚在岩石上的痛苦"转移到"兀鹰啄食心肝的痛苦"。"被缚于岩石上的痛苦"是歌德通过斯宾诺莎泛神论方式所体验到"物质世界"，这里"兀鹰啄食心肝的痛苦"在布鲁门贝格看来是"观念的瘟疫和强行施加于每一次进步之上的阻力"③。狄德罗曾从自己处身的时代体验说过这样的话，普罗米修斯之类的人太多了，同样啄食他们心肝的兀鹰也太多了④。众多的兀鹰啄食众多心肝的事实无疑表明，人们正遭受贪婪欲望的折磨。受进步论瘟疫感染的"历史让人类受难"，莫非与此事相关？为了理解这个事件的来龙去脉，我们有必要开宗明义，在神话研究的情境中，折磨着普罗米修斯的兀鹰代表着生存性情绪的恐惧意识以及由此派生出来的怀疑意识。正是这种情绪和意识驱使着 19 世纪普罗米修斯们进行神话研究。为了反抗作为实在的自然所带来的恐惧意识，19 世纪普罗米修斯的子子孙孙们在启蒙运动的进步论精神的照耀下，团结起来，万众一心征服自然。令狄德罗始料未及的是，普罗米修斯的子孙们今天盖起比洞穴更为舒适的小屋，明天又渴望住进一座金碧辉煌的宫殿。由此可见，狄德罗所谴责的人性贪婪与启蒙的进步论脱不开关系。由文明进步催生出来的贪婪让我们不得不面对这个问题：当我们超越文明的界限时，应回到这一界限，当我们达到文明的界限时，需维持这一界限，否

---

　　①②③　Hans Blumenberg, *Arbeit am Mythos*（*AM*）, S. 610.

　　④　Hans Blumenberg, *Arbeit am Mythos*（*AM*）, S. 609.

则,文明总会有崩溃的那一天。狄德罗的告诫"文明进步是有限度",很少有人愿意听,但后半句"这个限度配称于人类的幸福"①似乎感染了乐观的人们对未来的憧憬。百科全书派已"找到一种办法阻止普罗米修斯之子的前进步伐,保护他免受兀鹰的折磨,从而把开化的人类固定在野蛮人的童年与我们的衰老之间"②。但在百科全书某一角落里发出微弱声音,"不要为乌托邦假设留下空间!"却被普罗米修斯文明进步论的乌托邦狂想曲淹没了。

"观念的瘟疫"在19世纪浪漫主义和观念论那里的历史剧情颇为吊诡。浪漫主义者竟然坐视不见普罗米修斯神话研究中主角的盗火行径,这到底是有意的还是无意的呢?布鲁门贝格遂以F.施莱格尔、A.施莱格尔和谢林为例,揭示了普罗米修斯神话研究情境从诸神形象逐步过渡到后泰坦英雄角色的现代性变形。

欲说普罗米修斯扮演后泰坦英雄的角色,何以为证?证据就是滥觞于观念论中的天才口号,它在浪漫主义理论中成为分贝最高的尖叫。F.施莱格尔一再将建立在"人神类似原则"之上的历史哲学称为"合法的世界观",随之而来的哲学行动依然承担着启蒙运动重任——以理性摧毁传统的同一性。理性赶走了传统的君主之后,会不会自己加冕为另一个君主?"理性自我限定,防止其过度运用和僭越界限,反对成功意识所滋长的总体性诉求。"③在康德等观念论者那里理性是设限的,或者说,理性之光有更高的光源,故有理性先验论之说。浪漫主义者总觉得先验论对主体来说是一个绊马索,欲除之而后快。这种思想行动反映在普罗米修斯神话研究的情境中,亦即是,把理性之光作为潘多拉的嫁妆赠予人类。于是,施莱格尔等人大力把先验论中的天才理论巧妙地调包为人类的天赋理性之说。利用先在的时间上共同特点,把先验说成天赋,就是说普罗米

---

① Hans Blumenberg, *Arbeit am Mythos*(AM), S. 610.
② Hans Blumenberg, *Arbeit am Mythos*(AM), S. 611.
③ Hans Blumenberg, *Arbeit am Mythos*(AM), S. 613.

修斯的盗火行径被施莱格尔的天赋一词洗白了。同样是占有他人的财物,盗窃总不如陪嫁显得理直气壮和光明正大。康德式的天才再怎么超拔雄迈也还以先验论为天花板,浪漫主义以启蒙理性摧毁传统的同一性为己任的行为简直是无法无天。浪漫主义天才真可谓睥睨一切,不可一世。以往先验论的天才世所罕匹,现在人类天赋理性即是天才,那么,天才就不是孤独个人,而是一伙到处叫嚣的人,于是这群人终于啸聚山林了。哲学史上早期的直觉论或者神秘主义者的内在论曾是小打小闹的游兵散勇,现在被浪漫主义者的神话创作正式收编,占山为王。浪漫主义正式登上哲学史舞台。

由观念论的主体哲学转为浪漫主义内在论之际,布鲁门贝格洞悉大小施莱格尔兄弟肩负着进行普罗米修斯神话研究的真相:"让人类'适应'后泰坦王朝时代。"①在隐喻意义上,19 世纪普罗米修斯居然以泰坦作为概念图式,建构自身角色,大大区别于 20 世纪下半叶的诸神形象。这是一种新型的内在体验和自我意识,但它现在"完全被创造的幻觉迷醉了"②!后泰坦时代的普罗米修斯就是浪漫派审美创造的天才,已趋于无法无天的境地了。"根据康德先验演绎的推论,主体创造活动必须将必要条件的创造同一种审美的自由筹划条件结合起来。"③但是,浪漫主义的主体自由审美创造活动一脚把创造的必要条件踢开独立闹革命。如果这种主体创造活动是完全自由的,那么,浪漫主义的自我意识必定是神秘难解的。浪漫主义祭出"趣味无可争辩"一招全身而退,因为他们以自我创造的独特成就担保了自我意识的不可争辩性。

浪漫主义的审美创造自由之所以难以理解,原因在于"独特意志"造成孩子气的反复无常。这种现象可以从两个方面予以说明:一方面,如果说自由是一切意志行为的共同要素,"意志的意志"简直等同于"自由的自由",自由显然被滥用到任意程度;另一方面,只有当某物可能同自我意欲相矛盾时,我们才有可能意欲(意志)这个某物,因此,"意志的意志"只

---

① ② ③　Hans Blumenberg, *Arbeit am Mythos*(AM), S. 623.

能是对自我的意欲。1842 年至 1845 年间,谢林在柏林发表"神话哲学"
讲演,普罗米修斯作为历史哲学的形象才算是完全树立起来了。谢林的
"意志的意志"一把扯掉绝对哲学的面纱,露出后泰坦时代新型主体的真
面目。普罗米修斯由诸神形象走向后泰坦角色的过程中,在认识论上却
大有文章可做。

　　谢林的"意志的意志"思想来自亚里士多德的"积极理智"(nus
poietikos,tätigen Intellekt)学说。"积极理智"在基督教传统中臭名远
扬,原因在于它干扰了人对上帝的认信,但在希腊人那里反而是天上的礼
物。它通过人高贵的认识活动由天上降落人间,并由外而内进入人的思
想之中。按照亚里士多德的三段论,上帝是神圣的,上帝赠予人的礼物
"积极理智"也是神圣的,我们可以推导出,人禀有"积极的理智"就是禀有
神圣。但是,我们无论如何都不能得出人是上帝的结论,因此,"积极理
智"具有神圣的必要条件,而缺失充分条件,换成哲学用语表达为:"积极
理智的整体仅仅代表了它的个别主体确立普遍有效真理的一项功能性必
要条件。"①浪漫主义都是狂热分子,哪有闲工夫玩弄三段论与充分必要
条件的演绎推理,他们的看家本领就是内在论瞬间体验的"理智直觉"灵
感说。"借助于理智直觉就可以直接察知实质,这里既没有因果关系的地
位,也没有时间连续性的地位,因为可以用理智直觉察知的任何事物是
'既处于任何因果联系之外,又处于任何时间之外,或者说居于时间之
上'。"②且看谢林如何运用"正反矛盾一体化"的技巧使他的自由意志具
有神圣性。"例如这个命题:完美的是不完美的,那它所能确立的含义就
是:不完美的东西不是通过它于其中是不完善的东西存在,而是通过在它
之中存在着的完善的东西存在;但对于我们的时代它就具有这种含义:完
善的和不完善的都是一样的,一切都自身等同,最坏的和最好的,愚笨的

---

　　①　Hans Blumenberg, *Arbeit am Mythos*(AM), S. 625.

　　②　[苏]B. B. 拉扎列夫:《辩证法史》,徐若木、冯文光译,捷·伊·奥伊则尔主编,第 208 页。

和聪明的都一个样。"①"完善的和不完善的是一样的"预示了谢林的"正反矛盾的一体化"的辩证法,接下来是,谢林需要处理伦理的世界与自然的世界的同一问题,"或者假如在另一个将必然的东西和自由的东西解释为同一的习语中,其一是:作为伦理世界之本质的这个东西(在归根结底的意义上),也就是自然世界的本质。"②从上述的话可以看出,自然世界和伦理世界的同一不是对立统一的辩证关系,而是判断中系词的更高运用。与此同时,为自然世界(人)过渡到伦理世界(神)开辟了渠道。我们把上述的两段引文综合起来,就可以大致得出谢林式的辩证法:事物的正反矛盾构成事物的本质,正即是反,反亦是正。理智虽说不是上帝,但理智若要具有神圣,无须逻辑上跳跃,只要对抗上帝就可跻身神圣行列。"反神圣也就可以把自我置于上帝的位置"③,因为反神圣亦是神圣的。反抗宙斯的普罗米修斯何尝不是英雄? 这种英雄的品格已不复是当年诸神之争的审美创造所铸就的,而是谢林通过正反对立的辩证法使天赋理性的人性跃居为神圣之列。对立统一关系在谢林这里只有系词上的同一,而没有辩证统一,简直就是"唯心主义高调在想象中调和矛盾的立场"④。费尔巴哈一针见血指出,谢林的"理智直观无非就是思维与想象的统一而已"⑤。我们也不难发现,正反矛盾一体化的对抗性已初露斗争哲学的端倪。

倘若把正反对立的意志哲学转为正反对立统一的辩证法,则需继续发挥黑格尔的正题、反题和合题的辩证思想。因此,谢林的普罗米修斯神话研究需要从两个方面克服其历史哲学的内在困境。其一,按人神类似的浪漫主义原则,宙斯(正题)和普罗米修斯(反题)的正反神性斗争维持

---

①　F. W. J. 谢林:《对人类自由的本质及其相关对象的哲学研究》,邓安庆译,商务印书馆2008年版,第53页。

②　F. W. J. 谢林:《对人类自由的本质及其相关对象的哲学研究》,邓安庆译,第53页。

③　Hans Blumenberg, *Arbeit am Mythos*(*AM*), S. 625.

④⑤　[苏]B. B. 拉扎列夫:《辩证法史》,徐若木、冯文光译,捷·伊·奥伊则尔主编,第208页。

着世界的平衡,正像刚刚过去的诸神之争那样维持着世界的平衡。但是,正反对立的斗争只会使历史陷入无休止的循环。矛盾的存在只能被忍受而不能被化解。谢林的绝对同一哲学并没有走向黑格尔辩证哲学对立统一的合题。其二,正题和反题经过辩证法扬弃之后所形成的合题说明了,浪漫主义的"历史维度不具有偶然性,而执行了一种内在目的论"①。谢林不想让他的意志哲学仅是一种无意义的循环,因此在"神向世界的合理过渡"中,"不得不求助于'启示'"。② 这既出乎意外,又在意料之中。谢林神话研究的结局只能是对历史哲学的反讽。天神宙斯和人间女子所生的赫尔克勒斯恰好是神和人之间的中保,只有他才能解放被缚的普罗米修斯。这种神性和人性的联合已经成为辩证法的终末论合题,而非历史上的联合,显然有违历史辩证法逻辑。

谢林的神话研究为什么会出现上述逻辑难题和现实困境? 首先,我们应该从谢林普罗米修斯神话研究的辩证法语境来观察后泰坦人性。顾名思义,后泰坦人性来自于泰坦时代。"宙斯本人是敌对人类的原则"③,泰坦人性因此与宙斯的神性构成对抗。在这个对抗过程中,泰坦人性通过反神圣而成为神圣的方式,跃居神圣之列。这种变成神圣的后泰坦人性具体何指? 谢林曾褒扬光辉的泰坦人性,"意识思维的发生神秘起源在于创造与灵感之间"④,这曾是歌德当年的普罗米修斯神话研究的诸神价值,现在又在浪漫主义中大放异彩。后泰坦形象既混合了观念论眼中的天才的创造性,又禀有浪漫主义灵感的英雄色彩。毋庸置疑,谢林普罗米修斯相较于宙斯诸神形象,他已降格为浪漫主义英雄角色,其缘由在于浪漫主义的意识思维中混入了灵感。我们知道,创造具有神圣价值,因为它宛如神之创世,灵感只能是一种特殊的禀赋能力。这种混合型的浪漫主义意识思维表明:"普罗米修斯是一种思想——在这种思想之中,人类首

---

① Hans Blumenberg, *Arbeit am Mythos*(AM), S. 630.
② [苏]B. B. 拉扎列夫:《辩证法史》,徐若木、冯文光译,捷·伊·奥伊则尔主编,第212页。
③ Hans Blumenberg, *Arbeit am Mythos*(AM), S. 628.
④ Hans Blumenberg, *Arbeit am Mythos*(AM), S. 632.

先从自身之内创造出整个神圣世界,然后转向自身,产生自我意识,并意识到自己的独特使命。"①意识到自己独特使命的天才或者英雄是不是救世主,马克思当然是抱有不同的看法。

其次,我们再从谢林的普罗米修斯神话研究的辩证法语境来观察泰坦人性。意志(意欲)是谢林自由意志哲学最为基础概念。"意欲就是原始存在(ursein)"②,而且,他的"整个哲学所企及的,只是找到对原始存在的最高表达"③,由此可见,谢林就是把这种原始存在的意欲作为泰坦人性的。众所周知,谢林的"意志的意志"是一种自由意志,经过这个自由辩证法神话研究,作为原始存在的意欲竟然化身为天赋理性,被普罗米修斯带到人间,于是,历史产生了一种新的普罗米修斯造物——市民阶级。因此,后泰坦人性与普罗米修斯造物(人性)显然又不是一回事,岂不是说明世上有两种人性? 在笔者看来,这两种人性对应现实历史即是浪漫主义英雄和市民阶级,由于前者对后者明显抱有敌意,以致两者无论在逻辑还是历史方面都无法形成合题。谢林的神话研究的误差倒是准确反映了神话研究情境中呈现出来的历史事实。

最后,我们从整体上观察这个由泰坦人性、诸神价值和普罗米修斯造物以及后泰坦英雄构成的神话研究情境。三种人性和一种诸神价值如阿里阿德涅(Ariadne)线团纠缠在一起。泰坦时代通过"反神圣而成为神圣"的辩证法,把人性传给宙斯,让宙斯有了跟凡间女子结合生育的赫尔克勒斯。宙斯眷顾他的新后裔,让他成为解放普罗米修斯的英雄。布鲁门贝格对谢林的神话研究的总结无疑是敏锐而深刻的,谢林的"意志的意志"后泰坦自然世界既包含普罗米修斯造物的人性,又包含宙斯后裔赫尔克勒斯英雄:"谢林不但将一种无意识的起源归之于希腊的诸神世界,而且还将它再次归之于同时代的'观念论者'的'自然世界'。"④

---

① Hans Blumenberg, *Arbeit am Mythos*(AM), S. 632.

②③ F. W. J. 谢林:《对人类自由的本质及其相关对象的哲学研究》,邓安庆译,第 63 页。

④ Hans Blumenberg, *Arbeit am Mythos*(AM), S. 632.

上文提过,谢林的辩证法的泰坦人性在反抗宙斯的诸神价值而使自身具有神圣价值,这说的是正即是反。但是,这种没有经过对立统一的辩证法合题的神话研究会不会产生另一种情况,反亦是正,亦即是,希腊的诸神是否会被拉平为泰坦人性,因而使浪漫主义英雄在后泰坦的自然世界产生强烈的不适感,正如现代文化中波西米亚和布尔乔亚一直存在不和的争执。历史的事实情形显然是,两种人性的对抗冲突和深深的敌意撕裂着反浪漫派的浪漫主义诗人海涅的心灵。

2. *海涅的辩证法神话反题研究*

"海涅许多著作的内容和形式都渗透着辩证法"①,正如他于抒情诗巅峰之作《罗曼采罗》袒露心迹:"天国的怀乡病侵袭了我,逼得我奔过森林山谷,奔过辩证法的眩人的山径。"②同理,海涅的普罗米修斯神话研究染上了辩证法的色彩,他主要通过反转(umkehrung)和反讽(ironie)等文学的技巧形式,从精神文化方面淋漓尽致地展现了辩证法的否定性。

普罗米修斯的盗火之举本是对诸神意志和神圣的反抗,启蒙运动却将其挪用为人类谋求光明的历史使命,这为启蒙流产种下反动的祸根,因为作为光明使者的普罗米修斯却为此成为伟大的受难者。现今普罗米修斯的核心形象投射到法国革命的继承人拿破仑身上。当流放于大西洋孤岛岩石上拿破仑与被缚的普罗米修斯终于叠合在一起时,如歌德大椽之笔捕捉到,启蒙顶峰时期普罗米修斯与拿破仑形象互换的反抗父亲的审美自由创造故事,后来终于被海涅以另一种神话研究方式进行书写:"普罗米修斯成功地把第一根光明的火炬扔向黑暗的中世纪……铸造为崭新的人性。"③海涅、拿破仑和普罗米修斯交织而成三角参照关系的神话研究依然是一个最后神话,因为"崭新的人性"终结了中世纪流传下来的"旧人性":"自由思想和新教教会的所有朋友,不论怀疑派或正统派,都同时

---

① 许桂亭:《对立与和谐》,《海涅研究》,张玉书编,北京大学出版社 1988 年版,第 419 页。
② 海涅:《罗曼采罗》,钱春绮译,上海译文出版社 1982 年版,第 363 页。
③ Hans Blumenberg, *Arbeit am Mythos*(AM), S. 646-647.

奋起反对天主教复辟主义者。"①

　　海涅的普罗米修斯神话研究通过一种"只有遥远的未来才让当前已发生诗人眼前的事件在记忆中产生效用"②的幻觉透视,把经验现实和神话形象的改造交织起来,对歌德的神话研究程序有意反转而创造出来。歌德神话研究的思想轨迹从普罗米修斯到拿破仑,最终落脚点返回普罗米修斯身上。与此相映成趣的是,海涅从拿破仑出发,联想到普罗米修斯,最后回到拿破仑。前者是对审美创造自由的一种反思,现在海涅像普罗米修斯或拿破仑一样承受起对自由叛变之后的痛苦。审美的自由创造所带来的"彻头彻尾的独一无二自然个体之神"(die Einzigkeit einer solchen Natur-jeder zoll ein Gott)③价值,其兴也勃焉,其亡也忽焉,最后变成了一地狼藉、尖锐刺痛的个体性"政治现实"。

　　观念论者和浪漫主义者大多把拿破仑当作革命偶像进行崇拜,因为两者声气相求,拿破仑的言行既符合观念论天才形象,又扮演浪漫主义英雄角色。毋庸置疑,拿破仑的政治功业与浪漫主义审美创造的差别虽在各自领域自成大业,但两者共同聚焦于个体性的创造。这种个体性创造接管了谢林自由意志的普罗米修斯造物人性,进而"关心市民自由的利益"④。在《论浪漫派》中,海涅把这个普罗米修斯形象投射于一位"在法国无人知晓"而在"德国文学界最伟大的公民"⑤身上:"福斯用诚挚的、有时甚至用低地德语歌颂易北河下游的小市民生活。他根本不把中世纪骑士和圣母作为自己作品的主人公,而是把简朴的新教牧师及其富有美德的家庭选为自己作品的主角。在新式抒情诗患了那么重的梦游病,那么热衷于骑士风度,那么矫揉造作时,福斯却是那么身心健康,那么富有市民风度,那么朴实无华。"⑥福斯创作中身心健康和朴实无华的新教市民

---

① 海涅:《论浪漫派》,薛华译,上海人民出版社 2003 年版,第 43 页。
② Hans Blumenberg, *Arbeit am Mythos*(AM), S. 646.
③ Hans Blumenberg, *Arbeit am Mythos*(AM), S. 645.
④⑤ 海涅:《论浪漫派》,薛华译,第 44 页。
⑥ 海涅:《论浪漫派》,薛华译,第 45 页。

美德与浪漫派梦游病的矫揉造作的骑士风度构成了鲜明的对比。尤有甚者,福斯作为反浪漫派的代表与浪漫派展开了古典作品和莎士比亚作品翻译领域的竞争,并为推倒浪漫派贡献最大。这两个事件尤不指向市民政治领域的个体性创造与审美领域的个体性创造出现了巨大的分野。市民的个体性政治现实使大众以诸神方式行事时,由于"彻头彻尾的独一无二自然个体之神"的分裂本性使然,使神性本身因内在纷争而迅速走向衰败。这是启蒙流产最为内在的隐秘原因,也是海涅普罗米修斯神话研究的第一度反转。有必要重申的是,市民的个体价值观念和权利思想是从谢林等浪漫主义个体的天赋理性那里获取的。易言之,在天赋理性的意志伸张中,浪漫主义个体创造能力既为广大群众带来个体存在的尊严,又馈赠市民社会个体权利思想。反浪漫派海涅在浪漫主义精神文化基础上,继续推进谢林的普罗米修斯神话研究事业。上文表过,当普罗米修斯以个体性创造价值反抗宙斯的诸神价值时使自身成为浪漫主义英雄角色,反神圣亦是神圣的;普罗米修斯的反抗亦不排除"反人性亦是人性"这样的局面,这恰是谢林始料未及的局面,当普罗米修斯以泰坦人性(原始的意欲)反抗宙斯的诸神价值时,很有可能使宙斯的诸神价值降格为海涅的福斯这样反浪漫主义英雄。这还不是最为糟糕的结果,还有普罗米修斯神话研究的第二度反转所带来更大的破坏等着海涅去进行"神话研究",昔日作为恩人的浪漫主义如今却成为市民美德的仇寇,不幸地在海涅的政治遭遇中拉开序幕。

海涅普罗米修斯神话研究的第一度反转为第二度反转埋下苦果,并在现实中显示出来,那就是与"市民国王"路易·菲利普相关的政治体制:市民政治颠覆了行为端正、品格庄严的贵族政治。"逻辑严谨且心怀庄严的先验规范的道德风范"[①]世风日下,人性堕落的市民教养如"头顶着地的普罗米修斯"[②]登上历史舞台,其最为典型的国家就是充满"士兵和市民"的"小人物"普鲁士国家。身处这个国度的小人物包围之中,海涅在睡

---

①②   Hans Blumenberg, *Arbeit am Mythos*(AM), S. 647.

梦中无意识地扮演起普罗米修斯角色,作为启蒙者海涅反被众多普鲁士鹰爪亦即海涅启蒙过的被启蒙者"啄食心肝"。天才诗人海涅以"论辩讽刺手法"(polemischsatirische)①,充分利用普罗米修斯神话研究材料,重构这位德国普罗米修斯所亲证的"恐怖之物"(tremendum)②;它由先前的宗教专制主义摇身一变为当时的政治专制主义。在海涅《北海组诗》第二组《海洋女神之歌》中,这种"完全缺乏自由状态"的普罗米修斯痛苦便有了悲剧背景式描述和刻画。后来在《德国——一个冬天的童话》中,海涅继续在梦中流露出一种"深刻的世界痛苦"③,他一改造人陶工的诗人形象,终成为普鲁士鹰爪之下受难的普罗米修斯。其实,海涅对受难者普罗米修斯的认同早已在年青时期《哈茨山游记》中感同身受。诗人的戏剧底本描述的同样是在梦中,作为法学学者的普罗米修斯如何受到法学学业的折磨乃至逃往"古代艺术作品的收藏室",欲摇身一变为诗人。这种最恐怖的现实被海涅体验为"泰坦的痛苦岩石(marterfelsen)"④。

海涅是矫情的抒情诗诗人,还是深刻的先知?布鲁门贝格把海涅的普罗米修斯神话创作置于启蒙效果的历史背景中,又一次彰显出启蒙的难题。

海涅的痛苦究竟从何而来?无论从抒情诗还是游记来看,海涅以田园诗风格将自己塑造为痛苦的光明使者,如他致朋友的信中提到:"他给人类送来几盏夜光灯,几支廉价的蜡烛。"⑤事情的吊诡也在这里:"寥寥无几的启蒙满足感无情地击倒了他。"⑥启蒙者反被被启蒙者所伤,正如明登城堡(Minden)客栈肮脏被子上流苏,诱导他做了被普鲁士鹰爪抓住普罗米修斯的噩梦。对于启蒙的难题,布鲁门贝格以摇曳生姿的雅驯文字掩盖了明确的答案,笔者强作解人试以陈说。普罗米修斯的盗窃行径

---

① ② Hans Blumenberg,*Arbeit am Mythos*(*AM*),S. 649.

③ Hans Blumenberg,*Arbeit am Mythos*(*AM*),S. 653.

④ Hans Blumenberg,*Arbeit am Mythos*(*AM*),S. 652.

⑤ Hans Blumenberg,*Arbeit am Mythos*(*AM*),S. 653.

⑥Hans Blumenberg,*Arbeit am Mythos*(*AM*),S. 654.

现被启蒙者误用为启蒙光明使者的隐喻牵出一桩案件,因为启蒙之光的隐喻掩盖了理性之火的现实危险。启蒙本是传播诸神的独立的个体价值,但是个体价值的流布和深入人心并没有使大地到处充满诸神,理性反而成为个体谋求一己私利的工具。启蒙理性就如西谚所说:播下的是龙种,收获的是跳蚤。原因何在? 一方面,在理性没有使"人人为尧舜"的情况下,它倒是启发了千千万万利己主义的"小人物"市民阶层。另一方面,理性本身的诸神价值由于内在分裂而形成的纷争局面,使人们对理性的选择充满困惑,人们很快自然而然地披上了怀疑意识。早在启蒙运动之前,人们认为理性的地位至高无上,就像宙斯一样毋庸置疑,经启蒙之后,人们如康德声言大胆运用理性,转而对启蒙的光明使者普罗米修斯的诸神形象投之怀疑目光,由理性派生出来的怀疑意识就像那众多兀鹰啄食普罗米修斯的心肝……

综上所述,启蒙最大的困境即在于,由诸神理性启发的市民理性反过来成为啄食浪漫主义诸神价值的兀鹰。这是海涅普罗米修斯神话研究的第二度反转。因此,理性的启蒙并没有丝毫改善个体的苦难:"个体的苦难是其(启蒙)失败的祭品。"[①]这种个体所面临的苦难失势(ohnmacht)是对启蒙的自我授权(selbstermachtigung)的最大反讽[②]。启蒙之后,人类开始重获这样一种个体观念,它带给人类的总体命运正如海涅所说:"大地,是一块巨大岩石,人类就是真正的普罗米修斯,被禁锢在岩石上,任霹雳神鹰(怀疑精神)将他撕成碎片——他盗取光明,而惨遭折磨……"[③]海涅的普罗米修斯在辩证法的反题研究情境中必然承受着受难者的痛苦,究其根本原因,海涅忽略了古老的神义论问题。"反讽本身的结构是辩证的。它体现了诸过程范畴的本质。受到客观性的压迫,本质的主体会努力消灭既定的现实,然后在高级层面上重新创造现实。反讽从根本上反

---

①②③ Hans Blumenberg, *Arbeit am Mythos*(*AM*), S. 654.

转了辩证之中的二元对立,解放了它,让它变成高级统一。"①我们几乎可以模仿尼采的口吻说,海涅的反讽辩证法太文学了!太文学了!他的辩证法的反题研究没有经过对立统一的扬弃过程,从而失去执行一种历史的目的论机会,而这种目的论与古老的神义论问题相关,而海涅"轻佻哼着歌曲从古老的神义论问题"(am alten problem der rechtfertigung gottes)旁边走过②。

3.马克思的需要辩证法神话研究

据说,谢林的神话哲学是借鉴了新约教义,他所阐发的观念论是为后基督教时代所作,是为后泰坦时代所写。后来,他的普罗米修斯神话研究的"自然世界"又为我们伟大的革命导师马克思改写,成为后出转精的普罗米修斯神话研究。那么,在后泰坦时代里,马克思从"物质现实的最一般的发展规律"角度,又把观念论"自然世界"的"意志的意志"带向何方?

马克思在博士论文《序》中最后一个陈述中表达了对普罗米修斯的顶礼膜拜,也就是我们从中学历史课本读到马克思对普罗米修斯的谥号——"哲学的日历中最高尚的圣者和殉道者"③。殉道者普罗米修斯谋逆对手诸神之父宙斯,我们会联想到十多年前去世的黑格尔。但是,马克思的定语"哲学日历"提示我们,这场叛逆与哲学的革命有关。更确切地说,是哲学编年史的革命。因此,普罗米修斯的革命对象是哲学本身。西方哲学史"始于阿那哥萨戈拉中经智术师到苏格拉底,再从苏格拉底开始中经柏拉图到亚里士多德,最后,整个哲学发展又还原为黑格尔化的框架"④。整个哲学史挤满了诸神形象——柏拉图和亚里士多德,而抹去伊壁鸠鲁、廊下派以及怀疑论哲学,无疑大大激怒了马克思民主平等的革命斗争精神。哲学的革命已不是叛逆一词所能形容,它应该由辩证法的斗

---

① 维塞尔:《普罗米修斯的束缚》,李昀、万益译,华东师范大学出版社 2014 年版,第 154 页。

② Hans Blumenberg,*Arbeit am Mythos*(AM),S. 654.

③ 马克思:《马克思博士论文》,贺麟译,上海人民出版社 2012 年版,第 11 页。

④ Hans Blumenberg,*Arbeit am Mythos*(AM),S. 635.

争关系予以解释。马克思的哲学自我剖白："反对不承认人的自我意识是最高神性的一切天上的和地上的神。"①马克思的反抗不是徒逞匹夫之勇,还得用哲学上的论据说话。这个哲学上的论据就是伊壁鸠鲁的榜样。柏拉图和亚里士多德在哲学史上双峰并峙,已经成为不可超越的经典,哲学已终结了。伊壁鸠鲁却在二圣的哲学终结之后重新开启一种历史视野:伊壁鸠鲁自创"悠闲自在的无忧无虑的诸神"的幸福学说,第一次使亚里士多德的"不动的动者"获得生命的形式,成为现实化学说,从而比肩前圣,在哲学史上流芳百世。伊壁鸠鲁对亚里士多德哲学的发展完全可以对应于浪漫主义普罗米修斯神话研究的情境:泰坦时代普罗米修斯通过反神圣而成为神圣的方式,把人性传给宙斯,宙斯由此眷顾他的新后裔,也就是说,通过普罗米修斯使宙斯的神恩现实化了。

在马克思看来,"哲学是作为一个历史活动的主体人格化"②,是伊壁鸠鲁最为大胆的思想行动。前文表过,泰坦世界传至普罗米修斯后裔的人性是海涅笔下的市民阶级的个体性和独立性,在马克思这里,它重新集结为作为集体历史活动的无产阶级,把人性上升为神性,因为"马克思把神性等同于集体性"③。"泰坦时代的巨人精神恰恰就是造成哲学整体的紊乱。"④这个哲学主体以泰坦革命精神,利用辩证法的斗争精神,成功地反转古典哲学史。后泰坦时代"造反有理"! 前贤的榜样激励马克思在黑格尔之后为哲学重起炉灶。但他面对的依然是伊壁鸠鲁神话研究的情境:诸神统治了世界,时间已经圆满,历史已经终结。马克思还是牢牢把握住机会,在一个已经被占有和瓜分完毕的哲学史上,运用辩证法的神话研究,让泰坦英雄的革命精神垂范后世。这也印证我国学者刘小枫对辩证法本身的准确评价:"思想自由/平等的知识习性依赖这一思想的形式

---

① 《马克思恩格斯全集》(第一卷:1833—1843 年 3 月),人民出版社 1995 年版,第 12 页。

② Hans Blumenberg, *Arbeit am Mythos* (AM), S. 637.

③ 维塞尔:《普罗米修斯的束缚》,李昀、万益译,第 205 页。

④ Hans Blumenberg, *Arbeit am Mythos* (AM), S. 637.

法则(辩证法),我认为,这堪称思想界中的自然法。"①

马克思的泰坦事业承继于精神之父黑格尔。黑格尔的柏林宗教哲学讲演录提到这位泰坦神祇,他是一种"自然力量",一位"人类的保护者"②,他"担保人类生命如同泰坦担保哲学"③。我们由此得知,泰坦时代的自然力量事关物质现实的生命意识。正如布鲁门贝格诊断,这种生命意识不再是"延续人类赤裸生命的基本要求的体现者"④。相对于自我保存、权力和自我肯定的基本生命意识而言,谢林的自由意志仅只是"意欲",是上述生命意识派生出来的第二手材料。那么,后泰坦时代的自然力量又具有何种程度的物质现实?可以肯定的是,这种自然力量不是最基本的生命意识。

普罗米修斯点燃天火之后,带来了事物的精制、洞穴的照明和铁器的使用,人类大踏步进入物质文明大幅度增长的阶段。这引起卢梭的惊呼:人类挣脱最低限度自我保存的束缚之后,其全部生产活动带来的结果是生命的羸弱;呵护羸弱又会产生新的羸弱。毋庸置疑,文明在卢梭眼里是一种腐败的生活。生产活动的生产同时增进生产关系的生产,以前是人身依附,现在不仅是对产品的依附,对产品管理者的依附,而且还是对商品的依附,是人对物的依附关系。这种新型的依附关系源自文明进程中"匮乏"与人的需要增长之间成指数级不对称关系。这种不对称关系为一种来自人本身的恶意打开方便之门:"一个人的需要恰恰就是另一个人对他实施权力的作用点。"⑤在布鲁门贝格看来,马克思在《巴黎经济哲学手稿(1844年)》中,描述的所有制起源和过剩需要所赖以产生的原因无非是,"每一个人寻思在另一个人身上创造新的需要,驱使他寻找新的牺牲品,将其推入新的依附关系,诱惑他追寻新的满足方式,从而导致经济的崩溃。为了在他人身上满足自私的需要,每一个人努力把一种异化的权

---

① 刘小枫:《辩证法与平等的思想自由习性》,《个体信仰与文化理论》,四川人民出版社1997年版,第288页。

②③④ Hans Blumenberg, *Arbeit am Mythos*(AM), S. 638.

⑤ Hans Blumenberg, *Arbeit am Mythos*(AM), S. 639.

力建立在他人身上。"①为什么会出现这种恶意利用的需要与异化的权力共舞的局面呢? 原因有二：一是需要与用来满足需要的手段彼此分离。按科耶夫对欲望的诊断,"人之欲望必须指向他人的欲望"②。需要这种异化的欲望导致"每一个人都变成每一个他人的潜在暴君"③。二是在物质现实层面,文明人对火作为技术的需要比不上初民对于火种的生存需要的重要程度。技术文明的需要导致人与人的彼此依附,所以是一种易于发生异化的欲望。比如说,人对空气的需要不会导致人与人的彼此依附,火的需要有可能导致占有者使用权力扭曲未占有者的需要。因此,后泰坦世界对火的需要并不是泰坦世界最基本的生命意识,这种自然力量容易发生人为异化的危险。

后泰坦时代人的需要之异化以及由此导致的生产关系的异化,使马克思在《资本论》中提出"物质现实的最一般的发展规律"：劳动力对资本依附关系的著名论断——"资本积累的绝对普遍规律"。这使我们依稀联想到被缚的普罗米修斯形象：普罗米修斯"成为无产阶级的原型,为自然规律禁锢在资本主义生产的荒凉岩石上"④。据布鲁门贝格考证,除了早岁博士论文外,马克思还有两次运用了普罗米修斯神话形象,再加上他长年忍受肝痛的折磨,这些神话事件叠加在一起,使马克思构建政治经济学理论活动恍然间成为普罗米修斯神话研究的情境。维塞尔说的好! "马克思的哲学、经济学和政治学,其实受益于一种诗性理想,一种诗性灵感,这就是视人类历史为人类解放的戏剧的需求。"⑤

马克思政治经济学告诉我们,劳动力再生产是资本再生产的本质要素之一。劳动力在经济学计算单位是劳动人口,如果没有被资本完全吸

---

① Hans Blumenberg, *Arbeit am Mythos*(AM), S. 639.

② Alexander Kojève, *Introduction to the Reading of Hegel*, Cornell University Press, 1980, P. 5.

③ Hans Blumenberg, *Arbeit am Mythos*(AM), S. 640.

④ Hans Blumenberg, *Arbeit am Mythos*(AM), S. 641.

⑤ 维塞尔：《普罗米修斯的束缚》,李昀、万益译,第66页。

纳前,就会形成相对的人口过剩,这完全取决于资本的内在增值需要,因为资本要靠储存劳动力来调节劳动力价格。资本主义的积累形成了"绝对普遍规律",不论压迫者还是被压迫者都要服从这一铁的必然规律。这条新规律看起来像自然规律那样具有精确和严格的形式,其实还是一条历史规律,因为规律的决定因素落实到经济驱动的历史力量——人的需要上。在这里,布鲁门贝格和维塞尔关于马克思的科学思想虽然分享共同的普罗米修斯神话研究的旨趣,但研究的重心落实于不同的层面。前者认为需要作为被承认的欲望,是对价值和意义的追求,也是对自我意识的发现。后者认为"劳动就是普罗米修斯带给人类的火种","劳动是社会主体积极的灵魂"。① 资本的增值扩张力量和劳动力对资本的依附,资本主义的再生产关系"将劳动力牢固地钉在资本上",因此,"资本主义的积累"的理论构建活动就像普罗米修斯故事的基本轮廓,呈现在普罗米修斯神话研究的基本情境当中。无产阶级乃至整个人类被"资本主义积累的绝对规律"束缚在"面目全无且阴沉灰暗的现实"上。

这有悖于乌托邦进步论神话研究的初衷。布鲁门贝格忧郁的看法没有感染我们。首先,这种由火的文明带来的需要不是最基本的生命意识,由此而形成的资本主义生产关系是历史性的,最终如马克思所言是可以被神圣的无产阶级打碎的。其次,无产阶级已经在历史的辩证发展史中扬弃资产阶级的个体自立性诸神价值,发展出一种由劳动所形成的新的神性——集体性,足堪担负新的拯救者赫尔克勒斯的历史使命。

二、被缚在石头上的解释学

海涅认为,人类的地球行星是一大块岩石,人类是真正的普罗米修斯,怀疑意识就像一只兀鹰。人类在历史上由于偷窃光明而被这只兀鹰撕扯得体无完肤。海涅只是指出了人类之神受惩罚的事实,却对这位神被缚于岩石的困境陷入了沉默。

---

① 维塞尔:《普罗米修斯的束缚》,李昀、万益译,第236页。

沉默是金吗？海涅的沉默必有难以启齿的缘由：

> 被缚于岩石，这个不可重复的古老源头在于它的无言，同时，它
> 也不存在牢骚和理性。准确地说，神话不是一种神学，因为这位惩罚
> 之神不会解释自己，也因为他拒绝给一种神义论以任何机会。神话
> 的结果是，它疏离一种立约的可能，疏离任何辩证语言的企求，它仅
> 作为一种软弱性的标志。普罗米修斯见证了可怖精神之物使人喑哑
> 无声，而他就是承受这种喑哑无声，并且，当他开口说话时，人们已经
> 取得了对他的首次胜利。①

"被缚于岩石"只是一个隐喻，它象征着受罚之神的无言。神话创作既不
想在神学的立约精神中找到立身之地，也不想以辩证语言的理性来言说
自己，它只是以自身所有的距离化诗学功能来疏离一切神义论和理性，给
芸芸众生们软弱的心灵予以安慰。普罗米修斯的喑哑无声一方面是神话
创作不会自己解释自己，另一方面是一种"可怖精神之物"让他喑哑无声。
但是，普罗米修斯对这种可怖精神之物的见证和承受又一次促使他走出
无言和无力的结局，那就是神话研究的胜利。

1. 文化的非法性

启蒙的光明使者带来的诸神个体价值造就了千千万万"小人物"的市
民理性。在怀疑意识助长下，以兀鹰啄食普罗米修斯肝脏的方式报复他
们的恩主光明使者，启蒙运动陷入了被启蒙者反启蒙的尴尬处境。正是
因为海涅忽略了古老的"神义论"问题，怀疑意识变本加厉蜕变为一种欺
骗意识，只不过这种欺骗意识披上了一件衮衮华服——艺术形而上学或
把这个世界作为整体艺术作品（gesamtkunstwerk）。在尼采的早期作品
中，我们不期然而然地碰上这个问题。

当笛卡儿都无法克服深渊般的怀疑意识时，一切知识有可能落入一

---

① Hans Blumenberg, *Arbeit am Mythos*(*AM*), S. 649.

个更为强大的骗子手中成为牺牲品。① 当康德以一切知识的来源现象
(phenomena)作为克服纯粹理性辩证法时,他就成为一个以审美表象克
服观念的"始作俑者"。观念应以观念的方式得到处理,如果观念以表象
的方式得到处理,那就是以审美方式使"事件背后的意义"可以得到轻易
地忍受。因此,在这个时候,这个知识的上帝不再是一个骗子而是一位思
想艺术家。这一系列思想上细微嬗变也渐渐调校着尼采的普罗米修斯神
话研究。

在尼采笔下,作为艺术家的普罗米修斯穿上了宙斯的衣服与宙斯展
开竞争和冲突。我们有得一问,这场竞争预示了诸神的没落,还是人类的
上升? 该神话宣告宙斯被更为强大的儿子所推翻虽不合尼采的脾气,末
人论确实敞开了他的内在心声:"诸神堕落构成了人类上升的可能性条
件。"②诸神没落就是瓦格纳所谓的"诸神的黄昏",由此引起尼采惊呼"上
帝死了"。这可不是故意耸人听闻的尖叫,而是思想史上悲剧性事件。启
蒙之后,人们用理性毁灭古老的传统的价值——灵魂不朽。当神圣"步入
最后的黄昏",人类会获得幸福:这是启蒙的承诺。由于理性无涉价值,故
宙斯和普罗米修斯的冲突和竞赛可以免于任何道德的考量。接下来,人
们更不用惊讶这样的事实:"普罗米修斯通过祭祀欺诈之举证明了他有能
力涉及艺术骗局。"③当普罗米修斯把艺术改造为一种"生命的最高使命
以及真正的形而上活动",他的这一举动会使人类幸福吗?

对这个问题的回答,布鲁门贝格提示我们回到思考作为艺术本源的
文化起源。文化经历了由合法性到非法性的历程,它本是由合法性与非
法性构成的悖论性事物。它的合法性在于保护人性,这是大家都懂的。
文化的非法性在于文化拥有一个令人恐怖的基础:文化与受难之间存在
一种残酷真理。文化的创造使有文化的人之于没文化的人、对文化知之
较多较深的人之于对文化知之不多不深的人产生一种优越性,这种优越

---

① Hans Blumenberg,*Arbeit am Mythos*(AM),S. 654.
②③ Hans Blumenberg,*Arbeit am Mythos*(AM),S. 656.

性日渐转为权力,甚至变成奴役。为了"能够为凤毛麟角的奥林波斯人创造艺术的世界",就必须强化"为生存而斗争的众人之苦难"。① 这就是尼采所观察到文化的非法本质——"让多数人为少数人的生命形式忠实地服役"②。这种文化非法性的洞见来自希腊文化的启示——"奴役意识是文化的一种本质构成部分"③。因此,文化的非法性追溯到普罗米修斯的盗火之举,盗火的非法性应该受到惩罚,但是该神话情境中主角的被缚这一因素却被遮蔽了,"兀鹰咬噬普罗米修斯这位文化先驱的心肝"则凸显出来。

"无数的兀鹰咬噬普罗米修斯的心肝"无疑激怒了现代民主反文化的"愤怒之源"。尼采又是如何来解决这个问题的呢? 他深知,"蔑视文化和'赞美精神的贫困'何以永远无法获得成功?"④但是,尼采含糊其辞地求助于"作为一种法律和个体界限的……必然权力"⑤。正是这种必然权力让普罗米修斯心知肚明地忍受着创造文化的苦果。

文化反人性的非法性可能会危及文化的永存性,为了解决这个问题,尼采同样求助于一种既具有合法性又具有非法性的悖论性的必然权力。这种必然权力即是智者派推崇的"国家",而不是柏拉图式超验理念的"城邦"。"只有那些从奴隶的苦役下解放出来的并在国家那里获利的人,才有能力创造和欣赏艺术,而国家就是这些人的意志的体现。同时,国家不仅是暴力强制而且也是欺骗创造的完美体现,还可避免暴露其各种功能,'使之比被欺骗者的理性洞见更加强大'。"⑥国家既是暴力的工具,又是宣传的机器,它具有比民众更为远见的理性洞识,因此是一种能够有效对付民主反文化的愤怒之火的必然权力。我们比较奇怪的是,尼采是否在病急乱投医的情况下投向了智者派国家的怀抱呢? 首先,笛卡儿的怀疑意识这个邪恶魔鬼难以被否定,由它带来的欺骗意志又蠢蠢欲动,尼采干

---

① ② ③ ④   Hans Blumenberg, *Arbeit am Mythos*(AM), S. 657.

⑤   Hans Blumenberg, *Arbeit am Mythos*(AM), S. s. 657-658.

⑥   Hans Blumenberg, *Arbeit am Mythos*(AM), S. 658.

脆借力发力,以"权力意志"赋予国家合法性。其次,在布鲁门贝格看来,尼采还心存一种幻想:"以一种新高吉亚斯的立场,将欺骗意志转为一种人性化的善良意志。"①比如,我们耳熟能详的一种说法,善意的谎言会产生良好的效果。一代大哲如尼采,难道最终跌倒在以恶致善这个智者派的诡辩术上吗?

2. 悲剧并非悲观主义

尼采对知识的认知是建立在这样一个基础上:唯其导致恐怖和痛苦,知识才能为知觉所把握。② 这样的认知方式促使尼采对自然的预感是:"自然竭尽全力创造最美的事物,往往是最为可怖之物。"③潜伏于悲剧基底自然涌流之上回响着一个声音:"人最好是不要出生(《俄狄浦斯在克罗诺斯》)!"据此可知,"在悲剧中,人的存在理由问题以否定方式回答"④。这也就是说,我们可以从诸神的反向方面感知泰坦神祇的自然世界。从"对泰坦自然权力的不信任"这句话中,我们知道泰坦神祇虽被推翻但仍还存在意识深渊谷底。反过来说,人是可以在怪异恐怖的地方感知奥林匹斯晴空的梦幻光辉。如果布鲁门贝格对尼采有关悲剧论述的观察是对的,尼采的神话研究把历史的时间叙述为,既是面向不可逆转的过去,同时也提示当下的事物。因此,"《悲剧的诞生》是乌托邦之书,它的主题不是过去而是未来"⑤。借助于上面的论证逻辑,讲述过去即讲述现在,那么,"当下的真实,便是未来的可能"⑥。最后,尼采奇妙地把过去和未来连接为一体:"我们从未来出发的瞩望,就已经把希望变成曾经存在的现实。"⑦关于悲剧的认识,尼采显然有违于过去、现在和未来的线性时间模式,他显然把时间之中出现事物妥帖安置于空间的各个层面,然后组织为"一个压抑和强制遗忘的系统"⑧。这虽未构成"相同者的轮回"教义,但已成为这个教义的预示性命题之一。

---

① 　Hans Blumenberg, *Arbeit am Mythos*(*AM*), S. 658.
②③④ 　Hans Blumenberg, *Arbeit am Mythos*(*AM*), S. 659.
⑤⑥⑦⑧ 　Hans Blumenberg, *Arbeit am Mythos*(*AM*), S. 660.

尼采对古希腊神话的解读在时间形式空间化的特点表明,"希腊人的悲剧恰恰证明他们并不是悲观主义者"。① 因为悲观主义者都是沉浸在过去中而不能自拔。这当然跟瓦格纳的"昂扬向上的基调"也没有什么关系。泰坦王朝和奥林匹斯王朝世系更替变成心理学上"压抑和遗忘"的系统,其证据就是泰坦自然权力被看成是"一种令人恐惧的希望"。恐惧是描绘远古泰坦的自然世界的词语,而希望则是指向未来,因此他把"以远古辩护未来的做法"提升到一个既广大至极而又无法确定的维度② 上面来。

尼采的悲剧观也可从与古典文献学派轰动一时的争鸣中折射出来。以维拉莫维茨为首的古典文献学派与尼采共同反对当时德国僵化停滞的古典主义遗产,分享某些共同的立场,但是,他们之间爆发的争论在思想史上往往令人为之侧目。维拉莫维茨认为,尼采虽然否定了泰坦王朝的统治地位,但认为这个时代黑暗的自然势力可以压倒某些亲善人类的自然力量。古典文献学派以历史的进步论拒绝泰坦黑暗原始统治权力的思想,并担心尼采的文学故事的神话研究易为大家接受,这终究对古典文献学派神话的历史性研究大为不利。古典文献学派欲以古典时期取代泰坦时期,尼采对此也没有什么异议,他只是认为应该以狄奥尼索斯来废黜古典的安详情怀,而不是让腐朽堕落的苏格拉底主义任意妄为。虽然尼采与古典文献学派的分歧有些错位,但是,以古典的还是泰坦的精神为旨归,确实是他们学术争鸣的重心所在。

对古典学派来说,重要的问题是希腊人如何创造他们的诸神。"维拉莫维茨无论如何都相信,希腊精神能够像希腊人那样,从远古祖先的家园带来那种力量,从无形的自然力量之中创造出人类形象,也创造出了富有人类情感的神祇。"③古典时期的希腊精神创造出了举世闻名的希腊艺术,因此希腊艺术形象不是印度鬼魅、埃及怪物和犹太人偶像,而是"升华

---

①② Hans Blumenberg, *Arbeit am Mythos* (AM), S. 660.

③ Hans Blumenberg, *Arbeit am Mythos* (AM), S. 662.

为永恒之美的人性形式"的艺术形象,焕发着希腊精神圣洁光环。这样的艺术创造与他们的真实起源毫无关系,就像赫西俄德的神谱是以系统和谐方式编撰的结果,丝毫看不出来从泰坦到奥林匹斯神系之间到底是什么样的力量在发生演变。

尼采认为,把希腊精神只定义为快乐的晴朗和伟大的优美,简直是太单薄了!而且还轻佻!这等于既忽视在希腊史前文化的阴沉遗产,又有意忽略诸神衰落的过程。对于前部分的论证,尼采认为"荷马文化的黎明时分"呈现了希腊文化的神奇魅力。"唯有本源方可代表有效性。"①忽视荷马文化已离数典忘祖不远了。古典学派割裂传统的联系足以说明古典学派的古典并非真正的古典。后部分的论证稍显复杂。在尼采看来,普罗米修斯和狄奥尼索斯在某种意义上是可以互换的,前者作为泰坦的自然权力,后者继承了泰坦的自然权力却在诸神时代以诸神的面目出现,与阿波罗构成了互补和对立的关系。这相当于说,狄奥尼索斯是诸神时代的具有泰坦古风的神祇。"奥林匹斯诸神到来时,普罗米修斯已经存在了,他的存在权利是对王权更替这一结果的质疑。"②奥林匹斯诸神的希腊精神的创造力量在于以阿波罗精神所表征的"自我控制和为获得距离而展开的抗争"③。这显然是亚里士多德对悲剧效果理解所包含的距离化卡塔西斯核心思想的回声。尼采所理解的悲剧效果是,"要超越一切恐惧与怜悯,人们自己直接成为永恒变易的快乐——这种快乐是甚至包含着毁灭的快乐"④。因此,尼采大度收留了古典学派的阿波罗精神,并提出公正的希腊精神的见解:"狄奥尼索斯和阿波罗并非处在一种独一无二和毫无歧义的前后相继关系中,相反,'在前后相继和互相增进的新生之中,他们共同主宰着希腊精神'。"⑤

---

①　Hans Blumenberg,*Arbeit am Mythos*(AM),S. 663.

②　Hans Blumenberg,*Arbeit am Mythos*(AM),S. 664.

③　Hans Blumenberg,*Arbeit am Mythos*(AM),S. 663.

④⑤　Hans Blumenberg,*Arbeit am Mythos*(AM),S. 664.

3."反市民的情感导致市民的生活方式"

尼采的含混还表现在,一方面他以普罗米修斯的名义来亵渎诸神,另一方面他又认同宙斯的意见,人是一种非法的存在。正如《悲剧的诞生》中,希勒诺斯(Silenus)在弥达斯王(Midas)的逼迫之下说出酒神的智慧——人类最高的善是什么? 他说,人类最高的善是人类力不能逮的:人类最好是不要出生,不要存在,归于虚无。① 酒神的智慧被悲剧的"幻觉"(Verblendung)隐藏起来,妨碍了人们认识醉境行为的意义和受难者苦难的原因。现在,悲剧的幻觉被欧里庇德斯的悲剧终结了。因为在欧里庇德斯悲剧中出现了一种苏格拉底的风格:"在欧里庇德斯的戏剧里,苏格拉底乔装打扮,作为戏剧家出场,又像是表演的史诗诗人,又像是对话小说的作者。"② 苏格拉底将美德界定为知识,终结了悲剧的艺术"幻觉",对话的论辩战胜了合唱队所象征的至高无上的命运权力;剧中的乐观的辩证欢乐言说突破了受难者的孤独。③

如果上述《悲剧的诞生》的论述是对的,尼采怒其不争的悲剧史乃是一部没落史。我们要问的问题是,到底是什么原因让对话战胜了合唱队? 由何种历史力量主导了这场历史转变的发展轨迹? 解铃还须系铃人! 我们认为是普罗米修斯用修辞和盲目的希望营造了悲剧幻觉,遮掩了死亡对生命的凝视。

现在,由泰坦世界发展出来的个体主义价值的文化发展导致人的羸弱,使人类走向了一条讲究"舒适"存在风格的市民社会道路。悲剧中普罗米修斯对于小市民来说倒像一个具有异国色彩的狂野无度的人,一个睥睨一切的追逐梦想的渎神者。职是之故,《悲剧的诞生》充满着反抗这样一个舒适软弱、营苟逐利的市民社会的激情。但是,历史终究和尼采开了一个大玩笑:"反市民的情感却导致市民的生活方式。"④ 而这就是普罗米修斯的祭祀欺诈和盗取火种的行径造成的:"这里容易被忽略的是,普

---

① ② Hans Blumenberg, *Arbeit am Mythos*(*AM*), S. 668.
③ ④ Hans Blumenberg, *Arbeit am Mythos*(*AM*), S. 669.

罗米修斯正是通过祭祀欺骗和盗取火种，为他所庇护的人们谋取和保证其最低限度的规范存在。例外情境保证了规范情境，允许并迫使规范情境接受这种备受轻视的'对田园生活的追逐'。"①人类的规范生活是通过祭祀欺诈和盗取火种的非法手段获得，这恰恰是"容忍人类存在的非充足理由原理"③的主要肇因。正是这种非法性使原本最低限度的生活规范走向一种尼采所蔑视的和平和自私的个体主义的市民社会生活。"这位泰坦强使人类成为他所蔑视的对象。"④尼采的普罗米修斯就是自己搬起石头砸自己的脚的始作俑者。

嘲笑绝不是战斗。嘲笑尼采落入"反市民的情感导致市民的生活方式"的怪圈决不意味着嘲笑者的高明。站在尼采跌倒的地方，布鲁门贝格抽丝剥茧地追溯了这一怪圈的来龙去脉。除了上述以例外情境担保规范情境而导致人类存在理由是非充足理由原理外，布鲁门贝格从两个角度指出尼采神话研究思维上的误区。第一个角度是假设的角度，即假设历史是可以逆转的。尼采逆转历史过程是这样的，从亚历山大里亚中经苏格拉底，最后逆转到埃斯库罗斯。"悲剧的诞生"预示着埃斯库罗斯悲剧中音乐精神的再生，预示着审美的例外情境对"美德即知识"或者"知识即道德"的胜利。这种音乐精神能够驱使赫尔克勒斯射杀死亡之鸟，并把"神话转化为酒神狄奥尼索斯智慧的载体"⑤，但决不会使这个神话研究以一个近乎市民阶层平庸知足的猥琐结局告终。正是这种逆转历史的神话研究思维促使尼采把悲剧的音乐精神力量放在瓦格纳身上。瓦格纳没有宣叙调的歌剧在市民生活中，几乎重演了赫尔克勒斯拯救普罗米修斯那一幕场景，因而使市民社会的普罗米修斯神话研究注入了"一种新颖的极为深刻的意义"——"音乐阻止神话寓言化（allegorisierung）"⑥。但是，瓦格纳的歌剧依然无法阻挡市民社会生活安逸庸俗的寓言化气息。"逆转历史是不会导致早期历史与后来历史的简单对称。歌剧的'终末

---

①②③④　Hans Blumenberg，*Arbeit am Mythos*（AM），S. 669.
⑤⑥　Hans Blumenberg，*Arbeit am Mythos*（AM），S. 670.

论'（eschatologie）具有超越悲剧的'原论学'（protologie）的伎俩。"①歌剧的伎俩就在于"蔑视一切对于理智的要求"②，如果清明刚健的理性都成为反对的目标的话，那么，提出这种要求的歌剧就不可能是悲剧渎神智慧的真正代表。蔑视理智的歌剧与狄奥尼索斯（普罗米修斯泰坦）自然世界的区别仅只是感官与自然的区别，故歌剧仅仅只能在终末论意义超越悲剧的原论学。况且，在终末论意义以赫尔克勒斯解救普罗米修斯，大有"机械降神"之嫌，这也是悲剧没落的证据。在布鲁门贝格看来，尼采先前以瓦格纳歌剧作为反市民社会的解救之道确有作茧自缚之感，但他隐隐约约预感到，同时也在草稿本上"传递了古代世界神祇死亡而普罗米修斯和兀鹰被'遗忘'的信息"③。市民社会隐藏着一个"大悲剧"，那就是，"被遗忘——这是不朽者惨剧的一种最后的可能性，这时，尼采的确第一次亲自向诸神出示他的仁慈，诸神必定熬不过他们历史的黄昏"④。我们用平实的话，把这段话的大意转述过来，即市民社会的舒适和平、自私自利的个体主义生活酿成了一个悲剧性的灾难：他们遗忘了诸神的不朽者价值。

第二个角度是历史角度，布鲁门贝格从事实角度指出古典世界被基督教世界接管后的思想史事实：宙斯落入厄运，最后毁在他的儿子手上。这个儿子不是尼采音乐精神的赫尔克勒斯，而是耶稣基督。那么，普罗米修斯呢？这位泰坦兼诸神双重身份的普罗米修斯步入了"美好的过去"："当古代世界黯然谢幕，他和全体诸神一起被世人遗忘了。"⑤泰坦世界是人的自然世界，作为论证的对称性要求，因此能够解救他的不会是神而是人，也是说接管人的自然世界不是超验性价值，而是人性价值。新生神子又是如何接管古典世界呢？毋庸置疑，他的方式肯定不同于逆转历史的普罗米修斯方式来救助人类幸免灭顶之灾。有一条线索可能大家都疏忽了，布鲁门贝格在《神话研究》中暗示的是宙斯的世界智慧，而不是其他什

---

① Hans Blumenberg, *Arbeit am Mythos*（AM），S. 670.
② Hans Blumenberg, *Arbeit am Mythos*（AM），S. 669.
③④ Hans Blumenberg, *Arbeit am Mythos*（AM），S. 670.
⑤ Hans Blumenberg, *Arbeit am Mythos*（AM），S. 671.

么主体性的思考。宙斯想用希腊文化来改造人性，但是希腊文化中模仿的累赘和妒忌之情败坏了后来者的全部生活，新生的神子以此激起人类对希腊文化的憎恨，通过中世纪的严酷和对死亡的恐惧来保护人类生活。这种保护人类的方式其实也是出于改造人性的目的，似乎仍然走不出主体性思想的樊笼。他不是像希腊文化那样把人性引向个体价值，而是把人性引入基督教世界的爱。

　　无论从假设角度还是历史角度，两者都不约而同指出了神祇权力更替变迁在历史纪元交替中呈现出来。把上述两个角度的观察结合起来恰恰都指向了永恒轮回的神话形式，尼采就是这样攫取了永恒轮回的神话形式用以神话研究。但是相同者永恒复归的神话研究又迷惑了人类的眼光，重复循环的形式使人类无法注视生存深渊的谷底，因为这里"充满了恐怖"①。因此，尼采在草稿本上假托爱庇米修斯把自己变成了泰坦的对手。普罗米修斯派遣爱庇米修斯来到人间，并利用潘多拉再生了古希腊的文化。这样一个文艺复兴的事件让爱庇米修斯指责普罗米修斯应甘心受罚：普罗米修斯以文化的美丽面纱遮蔽了人类朝向死亡的目光。同时，尼采又从这个戏剧反面指出了生存深渊的恐怖基底。普罗米修斯要成为一个不朽者必得承受痛苦。文化的美丽面纱有效阻挡了死亡对生命的吸纳，促进了生命生长和蔓延，这让兀鹰都厌倦了对肝脏的啄食，牺牲者肝脏即生命复原得太快了！这也是为什么在尼采眼里，行刑者永远是一只兀鹰（geier），而不是一只神鹰（adler）。② 生命的悲剧之钟又一次敲响：从前述生命的悲剧灾难——遗忘转化为另一种生命的悲剧灾难——厌倦。这对生命来说何尝不是一种精致的酷刑。

　　我们在上文论述的情况让尼采的普罗米修斯神话研究放弃了对充满市民口味结局的嫌恶，甘愿接受生命悲剧的酷刑。悲剧终结于对话！尼采曾经对取代合唱队的对话无比憎恨。在那最可鄙的苏格拉底对话中，

---

①　Hans Blumenberg, *Arbeit am Mythos*（AM）, S. 671.

②　Hans Blumenberg, *Arbeit am Mythos*（AM）, S. 672.

无名的儿子、普罗米修斯和宙斯三方达成妥协：得到释放的普罗米修斯不得用未来的个体主义（Individuum）材料造人，而应该用宙斯之子的音乐给他的造物给予形而上学的安慰。于是三方各遂其愿，各安其心，是个皆大欢喜的结局，连兀鹰也被允许说出这样的话："啊呀，一只厄运之鸟（unglücksvogel），我也已经成为一个神话。"①

我们不由得做这样的假设，普罗米修斯能否不用"未来的个体主义"材料而用另外的材料造就"新人"，而取得一种成功的结果呢？结果不得而知。但是，真正的解释学没有任何理由躲避这个问题。我们首先要对先前"未来的个体主义"的材料进行甄别分析；其次，要对"新人"构成材料进行同样甄别分析；最后对造人的方式做一个合理评估，从而揭橥尼采持续不断进行普罗米修斯神话研究的思想史意义。

首先，第一代普罗米修斯的造物材料是如何构成的？对于这个问题，我们只能从后果逆推原因方式来进行分析。"人类的力量与知识在时间中分离"②这个问题是第一代造物人性中蕴含的核心矛盾。这个对立矛盾特指人类随着时间的推移，智慧和理解日益成熟，但人类却渐渐衰老，执行能力大打折扣，出现力量与知识分离的情况。正如布鲁门贝格指出，谁能克服这个矛盾谁便是超人。超人毕竟还是人，无法逃脱衰老和死亡的命运，因此以"超人"一说作为对第一代人类的败坏的辩护，与"新人"未明的本性一样都大为可疑。事实上，在尼采的笔记本上有一个不完整的句子证明了布鲁门贝格的推理："普罗米修斯陷入了绝望。"尼采在超人和苏格拉底之间陷入了徘徊的境地。由于以往对市民结局的憎恨，他把怒气发泄到苏格拉底头上。其实，苏格拉底"知识即美德"观念倒是一剂良方，可以克服美德和知识在时间中分离的困境。超人对力量和知识在时间中分离之难题的克服，是因为超人凭着力量获得了统治权力，超人只能在他自身一代人中才能成功实现这个目的，但是超人也要面临下一代超人的竞争。超人方案终究是尼采不现实的幻想。在笔者看来，苏格拉

---

① ② Hans Blumenberg, *Arbeit am Mythos*（AM）, S. 672.

底的知识即美德的方案是让知识和美德结合起来,以克服力量与知识在时间中的分离难题。美德和知识都是在时间中养成的,"知愈进,德益进"。并且只有美德才能对他人有着不可抗拒的感召力量,如权力一样影响着他人。但是,在现实生活中,美德很难获得统治现实的权力,因为美德和权力的本性是对立的。在笔者看来,尼采没有看到苏格拉底的第二次转向——苏格拉底转向了讲政治的"知识即美德"。

其次,这个本性未明的"新人"又具有何种人性呢? 普罗米修斯之所以与宙斯和无名儿子妥协,是受到重获造人机会的诱惑——他可以重回原初的创造情境。在这里,德国古典主义审美天才的创造思想显然激励了尼采,也重新修复了尼采对广大市民的好感。审美天才的创造是把自然的禀赋发挥到最高程度,亦即自然人(野蛮人)模型与艺术家模型结合起来,就像当年歌德在埃尔福特与拿破仑的相遇那样,把审美创造的个体性嫁接到拿破仑的市民个体性身上。审美天才的创造超越一切规则而自我立法,他的艺术品是按照自己的形象创造出来的。普罗米修斯觊觎这样的审美天才,寻找一种能够按自己形象来创作艺术作品的材料。这种材料即是狄奥尼索斯和基督赐给他的美妙的音乐。"在音乐激起的陶醉中忍受毁灭。"①但是,这个新人仅只是终结神话创造的想象之物,历史没有赋予人类以美妙的真止生存性音乐。即使瓦格纳所占据美好的历史先机,但是作为拯救者他赐予人性仅是感官对理智造反的歌剧,依然是历史的终末之物。这当然指的是尼采的神话研究的实际情形,它如基督教福音文本一样,局限于主体性思想之内。在后来的《马太受难曲》中,在笔者看来,布鲁门贝格把人类真正音乐放在了巴赫身上,即放在了音乐文本的世界剧场之内。

最后,尼采的普罗米修斯神话研究能否把超人和新的人性材料有效地结合起来呢? 尼采在《快乐的知识》里将永恒轮回观念与普罗米修斯神

---

① Hans Blumenberg, *Arbeit am Mythos*(AM), S. 673.

话联系起来。"这个泰坦堪称人类神圣自我发现的原型。"①所谓的人类神圣是指人类个体能够"享用一个神祇的全部自足性,享用他自我救赎的全部力量"②,但是,人类本身对这种可能性却一无所知,除非用审美自律性唤起这种神圣。在《快乐的知识》中,不仅是人类而且神祇都成了普罗米修斯手中的黏土,因此,普罗米修斯神话研究的新解释远不止于此。普罗米修斯的形象不仅仅是一个制作者的形象,整个普罗米修斯的故事也不仅仅是一切求知者的形象,他是一个"睥睨一切,真力弥漫,胸怀世界的人类存在之典范"③。接下来,尼采又在《善恶的彼岸》中试图把这样的人类神圣典范用一种神话研究的方式体现出来,也即是把普罗米修斯基本神话模型转换为永恒轮回的神话研究。人类神圣的典范"不仅接受过去和现在的一切,并学会与之和谐相处,而且一再重复把过去和现在的一切转变为永恒,因而永不知足地呼喊'再来一遍(da capo)',不仅向自己而且向整个舞台及其戏景呼喊,不仅向一折戏景而且归根结底向那个恰恰需要这折戏景的人呼喊——他使戏景成为必要,是因为他一再需要自己并使自己成为必要——怎么?这岂不是一个恶性循环的神祇吗?"④如果这个人类神圣典范能够在"再来一遍"的永恒轮回中,把过去和现在的一切一点一滴化入永恒之中,这样神圣生成活动就会挣脱了恶性循环的生存怪圈。

　　事实上,尼采以永恒轮回神话方式呈现普罗米修斯神话创造新生人性的神话研究终究还是落了空。难道尼采就没有感觉到这一点吗?原因何在呢?布鲁门贝格认为:"永恒轮回思想虽然确实是'太一'神话,徒具有神话形式而已;但正因为纯粹的形式从神话素材中脱离出来,这则神话就丧失了命名和讲述故事的原创能力,而只能占有一种独一无二的历史。毫无疑问,永恒轮回思想蕴含在尼采的普罗米修斯故事中,但一旦将它表达出来,它就毁灭了它的源头神话所衍生出来的其他神话。这些被吞没

---

①②③　Hans Blumenberg, *Arbeit am Mythos*(AM), S. 673.
④　Hans Blumenberg, *Arbeit am Mythos*(AM), S. 674.

的神话最终有利于这个同一者的永恒轮回的'太一'神话。"①从上述这一段话来看,永恒轮回神话过于形式化的追求耗竭了形式本身。这种"太一"的神话形式使神话研究失去了"命名和讲述故事的原创能力"。同时吊诡的是,永恒轮回神话原意是从历史中获取永恒的努力终究使历史成为独一无二的"太一",从而导致了它吞没其他神话创作。把"人性抬举如此之高"②容易使人得意忘形,以神话研究的方式对"最高的事物"进行建构容易把神话蜕变为儿童读物和童话③。这都是尼采在价值重估的岁月里意识到永恒轮回思想和神话创作形式之间乖离和悖谬,惜哉! 一代大哲泥足于此。而歌德却与此相反,他受斯宾诺莎的泛神论影响,利用基督教的三位一体教义的智慧,初步指出了解决人类有限主体的不朽生成之道。

三、为什么是"日久生厌"的过程

尼采遗忘了希腊的宙斯的世界,神似的"超人"最后不是疯了吗? 人成为超人,是一种渎神行为,这为弗洛伊德的否弃行为开创了先声。尼采致力于恢复深渊般神话的恐怖时,逼近了现实的终极严肃性,但终究与之失之交臂。弗洛伊德从尼采的普罗米修斯神话背面逼近了火的史前史:一种恐惧和逃离恐惧的历史——文化之根的防御性否弃行为。由此看来,现代性创造行为的位格从尼采的渎神行为降至文化的否弃行为之后,它有何出息、有何作为?

"整个十九世纪声称可以多种渠道地从普罗米修斯身上辨认出自己,并以一种神话的怪诞变形而告终结。"④但是,"这种终结标识出另一种终结"⑤。尼采的普罗米修斯神话创作短时间内积起了对资产阶级结局的憎恨。"一切事物都终结于这种他以往曾强烈抨击的对话体。宙斯、无名的儿子和普罗米修斯相互对话。他们甚至达成了其中一项令人憎厌的妥

---

① ② ③　Hans Blumenberg，*Arbeit am Mythos*（AM），S. 674.
④ ⑤　Hans Blumenberg，*Arbeit am Mythos*（AM），S. 679.

协：以苏格拉底主义为根柢。"①19 世纪末 20 世纪初，一种憎厌的过程终结了否弃的过程，却标识出另一种生存性情绪——怪诞。纪德（André Gide）的《没有缚牢的普罗米修斯》借助一种暴力行动，把这个人物的构型推向荒诞的境地。从资产阶级自私自利的冷酷心肠到否弃行为，以及伴随着对资产阶级的憎厌情绪，这一切生存性情绪源自这样一种生存事实：在知识和理性幸福脱节之后，产生了一种 acte gratuit（自由非理性行为）②。在 acte gratuit（自由非理性行为）的驱动下，一种未知而无限的新开端之可能性又被摘掉了枷锁。表征人之生存事实的神话创作（研究）又走向了一种新的神话"情境感应"——怪诞的创造。

据说，纪德怪诞的神话研究是以挪用尼采开始的。"纪德使普罗米修斯神话终结于一种图腾般（totemmahlzeit）的事物：通过大宴宾客，普罗米修斯终结了，在餐桌上，他向他们端上了这只食人之鸟的烤肉，这只鸟曾从食腐肉之鸟变成了一只鹰，并以他的良心（良心、良知）为美味。"③就故事的情节而言，这是一篇充满了怪诞的神话创作（研究）。纪德的这篇怪诞创作先于弗洛伊德的否弃行为的普罗米修斯形象构型。一位盖世大文豪，一位名满天下的精神分析学家，两人同样是致力于描述"不再被缚在石头上"的普罗米修斯的造人行动。所谓的造人行动是普罗米修斯给人性的发展带来了一种新的转型。这里的石头暂时从两人的神话创作（研究）的场景中被"搬走"了。纪德把神话创作（研究）的目光聚焦于"鹰之美味烹饪"（审美）和"良心、良知"（道德）之间的对立和对立融合之后的关系。"这种折磨自原始时代起一直存在，但是，在对立方向上，一种烹调的愉悦使它片刻间烟消云散。这一点——只有这种审美才能成就所有折磨的本质——仍向前迈进了一步：这部关于保护普罗米修斯的良心、良知的

　　① 　Hans Blumenberg, *Arbeit am Mythos*（*AM*）, S. 672.

　　② 　acte gratuit（自由非理性行为）纯粹是一个神学概念的后裔，它是上帝题中应有之义的恩典行为。因此，从理性上是不可理解这种恩典的动机和"行为"的。但是，它总是发挥着隐匿的决断和称义作用。*AM*, S. 680、S. s. 682-683.

　　③ 　Hans Blumenberg, *Arbeit am Mythos*（*AM*）, S. 679.

故事的著作是用这只鹰的大翎毛写成的——这只鹰曾经是良心、良知的化身，现在被饱餐一顿。这个神话不仅仅完全消融于诗歌中，而且它以最乏味的形式——技术性——致力于这首诗的创造。"①纪德有趣又难解的神话创作（研究）是，他首先让道德与审美碰头，接着展示这两者的对立关系，最后以审美来消融道德。于是，一种新颖独特、匪夷所思的审美核心观念展开了一种想落天外、残酷无情的想象：以普罗米修斯良心喂养的兀鹰竟也是良心的化身。此乃盖世大文豪的"审美绝技"之大手笔也。兀鹰啄食普罗米修斯良心隐喻道德艰苦的修炼过程，让人回想起歌德《潘多拉》中普罗米修斯在洞穴世界的苦役。纪德的这场思想实验即在于，普罗米修斯以烹饪兀鹰来"抉心自食"。"审美成就所有折磨的本质"也就是说，普罗米修斯烹饪的愉悦承受了道德的磨难过程。"用这只鹰的大翎毛写成"的故事进一步昭示，"甚至就审美态度而言，它是承认道德的，因为，如果道德得不到赞同的话，那它就不可能成就审美态度"②。

　　可是，审美和道德刚一碰头，纪德就让审美来终结道德。如果审美能够撇下道德，那它就会进入一种不可能性的神话情境之中。纪德继续推进这场"思想实验"的神话研究。普罗米修斯从监禁之地高加索来到了巴黎，"沿着从马德兰教堂到歌剧院的林荫大道散步"。普罗米修斯开始逍遥的大都市生活表征了纪德的一种 acte gratuit（自由非理性行为）的审美核心观念；Cocles 小姐③、普罗米修斯与具有银行家派头的宙斯纠结在一起的情节，"关系到无根行为和受此影响的不可能性之间的邂逅，就是说，疏远道德领域和接近审美领域的邂逅"④。在纪德看来，普罗米修斯在acte gratuit（自由非理性行为）支配下，"卷入了人生成人的旋涡"⑤，创造了一种无根的"幽微"存在的美学。"借助一种 acte gratuit（自由非理性行

---

① Hans Blumenberg，*Arbeit am Mythos*（*AM*），S. s. 679-680.
② Hans Blumenberg，*Arbeit am Mythos*（*AM*），S. 681.
③ 纪德作品《没有缚牢的普罗米修斯》中的一个角色。
④ Hans Blumenberg，*Arbeit am Mythos*（*AM*），S. 683.
⑤ Hans Blumenberg，*Arbeit am Mythos*（*AM*），S. 682.

为),使不充足原理成为审美的核心观念,这意味着审美的神话化,正如它曾经使'天才'观念神话化。"①这种"幽微"存在的审美神话化是通过三种审美形态而实现的:(1)由于无法说明这个世界的偶在性的理由,acte gratuit(自由非理性行为)"出乎意料地使一切事物在享乐要求面前人人平等"②。因此,"幽微"存在不是一种虚无,而是一种神话创作的内在人性需要。(2)acte gratuit(自由非理性行为)作为现代上帝的恩典,解除了"人间营营算计,汲汲功利和鹜鹜驱驰的后果"。(3)acte gratuit(自由非理性行为)成为一种宙斯式的旁观美学。布鲁门贝格尖锐地警告,这种旁观美学具有耗竭行动的弊病③。acte gratuit(自由非理性行为)审美核心观念所带来"幽微"存在的审美神话化是"无根的",因为它以审美疏离道德。纪德通过《没有缚牢的普罗米修斯》的神话创作,以神话终结的最大限度变形,从反面警诫:普罗米修斯的造人行为必须缚在道德这块石头上。

纪德处心积虑谋求这个神话的终结,乃是最大限度地凸现了普罗米修斯和宙斯的对立,亦即是人性世界与自然世界的对立。如果普罗米修斯把自身的历史理解为自我意识的历史,那么,他就成为自身历史的解释者。作为人类文化的创立者可以做到这一点,可是,他的造物的陶土生命规定了自我意识的欠缺:"你不是你自身的创造者,这定义了自我意识的欠缺,因为,在根本上,我们只能拥有对我们亲身创造过事物的洞察力,这个认识论的公理就是自我意识的源头。"④"不能创造自己"这个困境把人的自由创造重新逐入宙斯的陷阱:普罗米修斯作为神话的人类创造者,他可能把欠缺的自我意识馈赠给他的造物,馈赠给"新人类"。禀有 acte gratuit(自由非理性行为)的 Cocles 小姐注定了她必将承受漂泊不定的生存之苦。这是她对宙斯世界("她自己的父母和生存理由")遗忘和无知的

---

①② Hans Blumenberg, *Arbeit am Mythos*(AM), S. 681.

③ Hans Blumenberg, *Arbeit am Mythos*(AM), S. 683.

④ Hans Blumenberg, *Arbeit am Mythos*(AM), S. s. 683-684.

结果。"普罗米修斯从中用这只鹰的大翎毛写下了他的历史——作为一个画上了句号的故事。神话第一次完全由审美建构的,假如一件艺术作品以一种迂回曲折的'现实的'方式从神话中汲取力量的话。这种审美愉悦在于它展示了距离,与此相反,作为不可能之物,它隐藏在背后。"①
acte gratuit(自由非理性行为)支配下的"欠缺的自我意识"写下的幽微审美神话看似是"完全的审美建构",其实它从背面展示了"不可能之物"。

纪德以审美的可能性之力量推开道德这块石头的思想实验(神话研究),展示了审美之不可能性的自由创造前景。正如纪德以"最乏味的技术性"形式写就的《没有缚牢的普罗米修斯》,卡夫卡也以一种最没有诗意的形式——"文献学的虚拟写作"来对应"这块难以解释岩石"的美杜莎(Medusa)的容颜。他接过尼采的普罗米修斯神话创作(研究)的衣钵,让无根的 acte gratuit(自由非理性行为)一头撞倒在"难以解释的岩石"上。

早在1918年,卡夫卡所"校改"的普罗米修斯神话就是该神话的末世论。读者为这篇篇幅不足一页的短文感到晕眩。这是为什么眩晕的读者询问自己的缘由,也是询问神话的意义之所在:接下来该做什么? 神话创作(研究)不承诺下一步会怎么样,尽管它采用了神话的终结形式,但是,"这不是神话的终结,尽管审美使用绝技紧盯着它的终结,一次又一次上演"②。就如纪德、卡夫卡等盖世大文豪能够利用"审美绝技"使神话的终结标识另一种终结。

四种传说或四种解释不是并肩齐立的,它们之间是相互超越的。四种解释不仅包括了纪德的无根的 acte gratuit(自由非理性行为)审美核心观念,也包括了尼采对这个神话的"校改"。四种关于普罗米修斯的传说或解释以凝练而不能增删的文字,似乎表达了作者的两种创作意图:一是以完备的文献校勘学形式,企图对普罗米修斯神话所含的思想论据一网打尽,以终结的整体形式来表征这块难以解释的石头的完整性;二是以文

---

① Hans Blumenberg,*Arbeit am Mythos*(*AM*),S. 684.

② Hans Blumenberg,*Arbeit am Mythos*(*AM*),S. 685.

字表达的洗练来反映一种"收缩"的写作姿态，以此暗示这块石头的"自然本性的凝固"和沉重。

"这四种传说不可随意调换的；相反，它们展示了这个进程，是反映这个过程的一个系列形式，它们全都不遗余力地奔向终结。"①我们现在在卡夫卡的指引下，来追踪这个没有尽头的终结进程。

第一种传说多少与传统神话相呼应，强调普罗米修斯"因为人类而反叛诸神"和"群鹰啄食普罗米修斯的肝脏"，在强调的同时也在虚化传统神话背景。"诸神"放出"群鹰"的复数形式表征了人类在 acte gratuit（自由非理性行为）指引下对多元论和相对论②的追求，以及多元论和相对论反过来折磨人类文化的创立者普罗米修斯。

在第二种传说中，人类自由的心灵追求多元论和相对论，但是，这颗追求自由的心灵受尽了它们的折磨和撕裂。因此，受伤的自由心灵意欲逃向一种"不受外界影响的终极自由"，但是，这种终极自由不是由一位神的不朽（比如基督教的上帝）来担保，而是回归"不受任何痛苦影响"的"无知无觉的自然"（比如弗洛伊德的本能自然）。

第三种传说可能是对尼采残篇的校改。现代的儿子反抗父亲的文化戏剧只能标明儿子们以父亲为根的生存事实。父亲是唯一的生存事实，粉碎了人类对自由心灵对多元论和相对论追求的迷梦。"高加索山上诸神从父亲转换为儿子"的事变背后隐藏着深层原因：儿子们用多元论和相对论谋杀了父亲，从而使自己成为无根的存在。现代人（纪德笔下的新人类 Cocles 小姐）向"终极自由"逃遁采用了一种绝对自由的形式——"遗忘"，它作为一种"在时间的终结之处乃至于仅作为时间流逝的结果"③："首先，他的事迹、他的背叛被遗忘了；其次，'诸神被遗忘了，群鹰被遗忘了，连他自己也被遗忘了'。"④

第四种传说被解释为一种无根之谈的结果：布鲁门贝格借卡夫卡之

---

①② Hans Blumenberg, *Arbeit am Mythos*（AM）, S. 686.

③④ Hans Blumenberg, *Arbeit am Mythos*（AM）, S. 687.

口说出来的多元论和相对论所产生的无根之物是不会扎根于意识的。一切对高加索山上场景的言说和解释的失效,导致了另一种生存性情绪——厌倦。它用日久生厌的过程取代了遗忘的过程。这种典型的时代态度我们可以在启蒙时代找到思想的种子。法国大百科全书使普罗米修斯的伟大之处成为一种审美寓言:抟土造人的普罗米修斯还教人创作艺术作品。作为文化的信使和启蒙者,在他们被逐或隐居的地方,他们想方设法去教化高加索的居民们(他们是前文明的居民),让他们过一种人性的生活。但是,只有在神话诸神的绝对权力结束之后,也正值他们开始被审美化时,普罗米修斯回到了希腊。一种厌倦过程取代了遗忘过程。这也是大百科全书派世纪的典型动机:他厌倦了乏味的旅居生活。"不去做任何有违宙斯统治之举,对这个悲剧来说,我们被告知,它根本上不是权力而是命运决定了诸神身上所发生的一切。"①权力是难以规避的,命运更是难以言说。命运决定了诸神,也决定了普罗米修斯的人性生活。但是,由命运决定的人性生活最为根本的基础和最为内在的原因显然难于为人类的神话研究所理解和穷尽。于是,难以解释的理由使普罗米修斯和他的造物们心生倦怠。

由多元论和相对论造成的"无根之谈"撞上了卡夫卡的"难以解释的岩石",由此产生一种"日久生厌"的生存性情绪既不是一种"僧侣般断然否弃的姿态",也无法使"普罗米修斯又从岩石中走出来,精神抖擞地出现在折磨他的人面前"②。

这里,唯有石头存留,因为它是土石的(grund),因而无须任何理由(grund);无须解释就是它不容置疑的根据(grund)。一种本原的基质隐伏于所有事件之中,与此相关的隐喻自身无须称义(rechtfertigung)——无须一种神义论(theodizee)——它从歌德的

①　Hans Blumenberg, *Arbeit am Mythos*(*AM*), S. 431.
②　Hans Blumenberg, *Arbeit am Mythos*(*AM*), S. 689.

"花岗岩"延伸为卡夫卡的"难以解释的岩石"。卡夫卡以两个句子校改了这个神话而结束全文。这两个句子回头扩大了神话的开端,因此,它们把四种传说这纯粹的事实陈述转变为一种表现的努力。很明显,这种表现既被刻画为一种解释的努力,也被刻画为一种困难,可以定义为"解释不可解释":"这传说企图解释不可解释。当它显露一种真理的根基时,它必定再一次终结于这不可解释之物。"①

这"无法解释的岩层"在布鲁门贝格看来,它指向两个方面:其一,它指的是尼采改写普罗米修斯神话中体现出来的意图——把历史植根于并使之融合于非历史。② 其二,它指的是,"不是神话和逻各斯、史前史和历史、野蛮和文明的对立,毋宁是,一种曾是独一无二的、琐细的或者说躁动不安的运动回归于自然本性所具有的凝固,回归于僧侣般死心和否弃的姿态。只有这无机性长存于历史。"③这枚"难以解释的石头"是对所有事件的本原基质的一种隐喻。"无须解释就是它不容置疑的根据",但是,这并不意味着我们神话研究或解释学对此束手无策又无能为力,或者干脆是别开头去的"日久生厌"的态度。卡夫卡通过"对文献校勘学的反讽形式",把"四种传说这纯粹的事实陈述转变为一种表现的努力",去"解释不可解释",就给我们的神话创作(研究)树立了一种典范。启动神话反转功能的动力来自于一种"时间性的逆转"或"时间的恩赐",而不是一种自以为是的自由和创造的态度。这是以不可解释为代价而实现的。无可否认,对这不可解释来说,"日久生厌"的现代人没有人要求这样一种解释。

这是解释学的安提歌涅的天条!④

———————————

① Hans Blumenberg, *Arbeit am Mythos* (AM), S. 687.
②③ Hans Blumenberg, *Arbeit am Mythos* (AM), S. 688.
④ [美]伯纳德特:《神圣的罪业》,张新樟译,华夏出版社 2005 年版。伯纳德特天才般地解释了安提歌涅悲剧中"天条是如何铸成的"。在他看来,可瑞昂的律法具有审美神话的性质,而安提歌涅的律法具有政治哲学的性质。换一个角度来看,布氏的解释学以回到古希腊理性幸福世界为归宿,两人仿佛具有相似的解释学的情怀,真是英雄所见略同。

如果我们现代人接受了尼采的超人式自我理解,遗忘了古代自我理解中知识和理性幸福(eudaemonia)之间的关联;如果我们犬儒式沉浸在回到母亲子宫的快乐,而舍弃了父亲世界伟大的锻造之火的磨炼;如果我们任由普罗米修斯这位文化创造者的渎神行为一再从否弃行为降至 acte gratuit(自由非理性行为),那么,我们在遗忘了"审美为忍受伟大真理的恐怖时成全人的本质"之后,我们只得承受幽微存在的命运。遗忘呵,遗忘! 甚至连遗忘都遗忘的时候,"日久生厌"的生存情绪追逼着我们幽微的存在,我们解释学的命运该走向何方? 或者说,神话研究之于现代自我理解历程,它还会为我们做些什么呢?①

---

① 布鲁门贝格在后来的名著《马太受难曲》中提出了审美神话重铸的时代命题。他超越了普罗米修斯的审美思想形象,使神话的福音文本向巴赫的音乐文本转换,从而为我们现代之后或后现代的幽微的存在重新生成一种"有限的不朽"的存在而"操心"。

第四章　神话解释学对接受美学的批判

——以尧斯为例

　　由于我国学界对布鲁门贝格的神话解释学比较陌生，故而在本章内容中引入大家比较熟悉的接受美学的中坚人物尧斯的解释学，与之做一个个案性的平行比较，以领略布鲁门贝格神话解释学的精神和魅力。

第一节　布鲁门贝格和尧斯之争

　　首先简单地介绍一下《神话终结了吗》一文的背景知识。在《现代的正当性》中，布鲁门贝格曾考察过现代语境中兴起的、以浮士德形象为代表的知识好奇心的变迁。当时，他把现代浮士德形象集中在布鲁诺身上。[①] 从早期民间传说的浮士德故事到歌德《浮士德》著作，最后发展为瓦莱里《我的浮士德》，布鲁门贝格出于"理论欲望（theoretische Neugierde）"方面的需要，论证了现代性的正当性。这触动了法国文学史家尧斯高度灵敏的理论嗅觉。他嗅到了这个材料对于发展接受美学理论的重要性。一方面，他批评布鲁门贝格把浮士德形象所蕴含的知识追求当作幸福实现的目标做了简单化的处理[②]；另一方面，他把这个材料演绎成后来声名显赫的《歌德的浮士德和瓦莱里的浮士德：问答解释学》名文，

---

　　① Blumenberg Hans, *The Legitimacy of the Modern*，trans. Robert M. Wallet，The MTT Press，1985，p. 382.
　　② ［德］H. R. 尧斯：《走向接受美学》，《接受美学与接受理论》，辽宁人民出版社 1987 年版，第 148 页。

即接受美学理论的宣言书《走向接受美学》的第四章。

若干年后，布鲁门贝格转向了神话解释学研究。在撰写《神话研究》的过程中，他顺便回应了尧斯当年的批评。现在，我们所看到的这个答复就是名文《神话终结了吗》。若把两文进行对勘的话，我们不难看出，尧斯实用主义历史观的解释学立场与布鲁门贝格尽量避开相对主义作风的做法大相径庭。如果对两人的学术进行"辨章学术、考镜源流"的话，这将是一个庞大的话题，远不是本文的篇幅所能胜任。还是回到这两篇文章的比较方面来。

一、重估结构主义理论

"比较不是理由"，尧斯接过法国比较文学大家艾金伯勒的话头如此申明，但是，理解是他所关注问题的焦点。布鲁门贝格也是这样认为的。两位大家首先关注的是对结构主义理论的评价。粗看之下，两人的分歧不大，若加细究，其实不然。尧斯对"非时间性比较的幻觉"的本质论一直抱有戒心。在历史主义大行其道的时代里，尧斯以先锋的姿态旗帜鲜明地要求结构主义历史化，认为作品的审美价值在接受过程中展示为不同的表现形式，而不是把它凝固为作品自身恒久不变的因素。斯言一出，顿时应者如云。当时，尧斯也不否认这样的事实，布拉格学派把作品的结构当作文学史的更为宽泛的构成部分，已为接受美学开辟了历史化的道路。其实，接受美学理论的文本分析技巧是以形式主义作为起点的，以具体化为借口来包装形式主义的文本结构分析的历史化面孔。接受美学的历史主义万变不离结构主义其宗。另外，接受美学从叛逆作者中心论、文本中心论起家，革命者偏激的姿态又使他们陷入读者中心论的泥淖。这也是历史主义"咎由自取"的逻辑怪圈。相比之下，布鲁门贝格对结构主义理论的态度还是公允的。他从神话和历史的角度入手，颇为惊诧地发现：无论神话世界的更替还是历史的兴亡，都是在时间维度上保持着稳定的相似性，体现为诸如母题和原型等即是结构上的稳固性。同时反过来看，"神话学的变种和版本在理想的空间上的共时分布方面，提示了时间秩序模式的重要性。民族志学者的理想研究似乎只是一个缺乏时间参数而引起的困难，不过，他们的时间概念可由叠加的结构标示出来。"①因此，结构主义的观点尽管"不再是'永恒真理'，但还是真理，只不过时间的线索和时间的观点与此无关而已"②。

两人对于结构主义神话学的理解进一步引出了对传统和历史之间关系的不同看法。其实，人们可以从结构主义多样性的文化研究中，获得传统所展开的历史延续性。因为，一方面，不仅结构主义神话学面临着历史的要求和时间之压力，"特别棘手的神话材料在其历史进路中富有暗示性，因为，从它的反抗定位、变形和破坏等力量来看，我们可以在这些力量的撞击中，获取有关历史视野的信息"③。另一方面，虽然结构主义研究得出的共性原始元素在时间（即历史）方案中所占的余地越来越小，但是，由于它既能保留古老的东西，又免受后来时间的影响，所以它"联结着人类社会传达传统的能力"。④ 恰恰是这个原因使它在复杂多变的历史视野中通过多样性文化研究体现为一种"历史维度上的绵延"。尤有甚者，以上结构主义两方面的特点在布鲁门贝格看来，这种神话学"所预设的与其说是一种跨越裂缝的接受能力，不如说更接近于一种持续的生产能力"⑤。尧斯之所以提倡结构主义的历史化，究其实质无非是策略性地让接受能力优先于生产能力而不是事实上的生产能力优先于或平行于接受能力。显而易见，尧斯的看法不符合生产和消费之间的辩证关系。

尧斯的接受美学曾经无限风光，赢得理论家们满堂喝彩。布鲁门贝格为结构主义理论的辩护在当时的人们看来，无疑思想日趋保守乃至僵化。在接受过程中，作品展示出五彩缤纷、不分轩轾的多种价值。参与作品具体化活动的读者据说可以参加以前只有职业学者或文学贵族才能进入的那个"作品效果历史的舞会"。传统的历史延续性应该按照接受美学

---

① ② ③　Hans Blumenberg, *Arbeit am Mythos*(*AM*), S. 301.

④　Hans Blumenberg, *Arbeit am Mythos*(*AM*), S. 302.

⑤　Hans Blumenberg, *Arbeit am Mythos*(*AM*), S. 300.

的逻辑发展,若不是这样,历史则不符合他在这篇演讲式的论文里提到的马克思主义辩证法。且慢,布鲁门贝格轻声而坚定地打断了尧斯越讲越兴奋的"宣言"。如果以读者接受的历史或传统为文本的真实面目,那么,自文本诞生起还未为当今读者乃至时下所谓的"一流学者"所理解的文本所有的历史和传统怎么办呢? 如果把历史或传统文本中布满裂缝、悖论和伪装的复杂性等简单地等同于无数读者对文本杂乱无章的具体化,这样显然把历史和传统甚至文本都肤浅化、简单化了。这好比接受理论开了一家名为"历史和传统"的文本杂货铺,读者们熙熙攘攘地抢购自己所需的各色琳琅满目的"接受效果"产品。因此,结构主义对"神话材料的复杂性"和"共性原始因素"的重视是对的,它们折射出生产能力优先于接受能力,而不是相反。

这样看来,布鲁门贝格既放弃了尧斯所强调的当代读者阅读视野的历史调节作用,也没有回到赫施(E. D. Hirsch)所主张的"作者意向性",而是重新找回了屡遭攻击的文本世界。这个文本世界在时代意识嬗变视野中文本结构的变形所提示出来的历史性。

二、期待视野与时代意识

期待视野的概念是尧斯理论文章的"方法论基石",这个概念意义何在呢?

> 按照这样一种方法重新结构——一部作品的期待视野允许人们根据它对于一个预先假定的读者发生影响的种类和等级来决定它的艺术特性。①

---

① ［德］H. R. 尧斯:《走向接受美学》,周宁等译,《接受美学与接受理论》,辽宁人民出版社 1987 年版,第 31 页。

诠释反思不能也不需要否定当代趣味的视野。即便问题及回答的选择与结果要从研究对象的角度去矫正与确定，当代趣味的视野也要不断规定问题的类型和方式。①

从上述两段文字来看，期待视野可以与不同的复合词或短语连用，比如"作品的期待视野""当代趣味的视野"等等。不同理论语境中的不同用法使之成为一个"超主体系统或期待结构"②，即任何一个假设的读者皆可赋予文本以自己的思维定向，这是其一。其二，"视野的改变"经由"当代趣味"的调节，在"读者反应和批评的判断范围内"来衡量作品与期待视野之间的美学距离。于是，读者的反应批评上升为"时代的普遍判断"，它决定着接受过程中文本的阅读方向和艺术特性。因此，这个"超主体"的期待视野仿佛充当着一种"全能干预"的角色，它调节着接受过程。这分明是社会性民主力量——读者大众——进入文学理论的标志，尧斯极力赞美它的成就。

"在接受过程中体现公众的作用，不是一件什么新鲜事"，布鲁门贝格如是说，"严肃对待审美公众的要求即是保护普遍的期待视野。"但布鲁门贝格毫不回避"对接受机制进行反应的公众"是一个预设。既然是"预设"，布鲁门贝格要求对其进行严肃的分析并给予检验。

无论神话的意象还是故事的意义，都应该在接受过程中展开检验。布鲁门贝格不想泛泛而谈普遍期待视野和接受过程之间的关系。因为读者大众的接受过程是一个复杂的现象。它的接受效果容易沦为一种以观众的喝彩声为马首是瞻的剧场效应。接受美学应为观众狂热追星的演员偶像崇拜而忽视导演和剧作者的"剧场美学"负责。作为"无政府主义的口头程序"的公众接受虽大为人们拥护和喝彩，但是，这种"审美民主制没

---

① ［德］H. R. 尧斯：《走向接受美学》，周宁等译，《接受美学与接受理论》，第 175 页。
② ［美］R. C. 霍拉勃：《接受理论》，周宁等译，《接受美学与接受理论》，第 341 页。

有什么决断可言"①。因为,公众的自由选择毕竟是一种审美虚构。只有深入理解接受过程中所揭示和产生的潜在意义,把它们作为检验时代意识的过程来考察,它的意义才会作为"自我概念化的新形式"而出现。

　　布鲁门贝格对审美公众概念的讨论顺水推舟转到了时代意识问题。布鲁门贝格说:"除了浮士德博士现代神话在批评时代所展开的检验力量,没有什么事情在审美上如此富有挑战性。"②浮士德的主题已经扩展到了时代意识的深处。人们在内心深处总会期待,每一次对它的塑造或接受都会使时代意识变得更为清晰。这已是一个"生生不息的神话创作"的过程。浮士德神话的衍变与时代意识的关联,使布鲁门贝格的阐释具有了一种无与伦比的历史哲学品格。尧斯仅把瓦莱里的浮士德形象看作是对歌德的浮士德问题的回答,并一再强调当代诠释者的趣味和视野能够调节从歌德到瓦莱里的历史过程中所创造出来的意义。问答解释学功能在接受过程中居功至伟,布鲁门贝格当然没有轻视这一点。尧斯口口声声强调解释学的历史维度,当代诠释者的解释学又具有什么样的历史呢?尧斯们的逻辑非常奇怪,他们先把作为经验的传统看成一成不变的空间性概念,然后,为了反对空间对时间的压制进而突出接受过程的时间性作用。他们把每一次当下的接受和诠释都看作接受史的组成部分,并一律具有合法的存在理由。这样的历史组成部分何其多耶?历史在尧斯们看来只是一个概念容器,用来装置各式各样的历史内容。这样的历史意识不仅使其历史观念成为非历史的观念,而且,这些乱七八糟的历史意识也无法折射出历史的时代意识来。反之,布鲁门贝格把传统和历史之间的复杂关系置入时代意识的语境中进行考察。他的大手笔使这一解释学事件构思宏大、气象万千。下面两人关于"诗歌正义"问题的讨论,更能说明这个问题。

---

① Hans Blumenberg, *Arbeit am Mythos*(AM), S. 306.
② Hans Blumenberg, *Arbeit am Mythos*(AM), S. 306.

三、关于"诗歌正义"问题的分歧

尧斯起初批评布鲁门贝格不恰当地把浮士德神话置于知识好奇心语境中来讨论,忽视了对知识与内在幸福论之间联系的考察。纵观其文,他的论述始终局限于知识追求和幸福实现的历史溯源框架之中。这种论述框架在布鲁门贝格《现代的正当性》中已有过大致的勾勒。从歌德的自然神学论的罪恶存在到瓦莱里的伊壁鸠鲁的幸福时光论,尧斯认为,在花园的独白场景中,浮士德肉欲苏醒是"笛卡儿迷梦"之后的改写。① 这个观点已为布鲁门贝格充分吸收。但是,无论花园中独白还是最高时刻问题,尧斯都乞灵于 CEM 公式(肉体—精神—宇宙)的帮助。② 无论 CEM 公式的建立、更新或是重新打破,都源于伊壁鸠鲁那只著名的手:它在触摸。"手的触摸"意象一反过去"自然生成"的哲学,转向宇宙为"联系与区别,是躯体、精神与世界之间的关系与非关系"(洛维特语)的哲学。③ 手的触摸功能隐含着哲学功能的转型——从笛卡儿的确定性理性到伊壁鸠鲁肉欲感官的复苏。因此,它为尧斯带来了诗歌正义。

手的触摸功能何以实现诗歌正义呢? 这个问题还是由花园中最高时刻的问题来回答。

花园中最高时刻的问题是主体对虚无的思考。在这样的虚无时刻,浮士德放弃了一切追求,包括技术统治世界的幻想,最后克服了笛卡儿纯粹思维的偶像,推出一种幸福理论:把人堕落神话置于邪恶之中。④ 这种为"主人"带来狂喜的"呼吸—看见—触摸"的功能有力颠覆了实证科学代表的"知识—力量—意志"的功能,或者说,这两者互为他者,在"关系与非关系"之中共同构成整体。并且,浮士德的幸福正在永不满足地追求和最

---

① Hans Blumenberg, *Arbeit am Mythos*(AM), S. s. 314-315.

② [德]H. R. 尧斯:《走向接受美学》,周宁等译,《接受美学与接受理论》,第 146 页。

③ [德]H. R. 尧斯:《走向接受美学》,周宁等译,《接受美学与接受理论》,第 164 页。

④ [德]H. R. 尧斯:《走向接受美学》,周宁等译,《接受美学与接受理论》,第 174 页。

后从"美的一瞬"中获得补偿。① 尧斯的接受美学不无供认这样的态度："拉丝特(Lust)和浮士德的相互调情就已开始了相互理解；两人通过'情欲状态转化为你的状态'而获得救赎的理论。"②诸如此类的轻浮论调引起了布鲁门贝格的不安。在他看来，思考这个"最高时刻"的诗歌正义也许不只是美学(即花园中高峰体验)所能全部承担的伦理责任。

此话怎样？在尧斯看来，花园中"美的一瞬"——绝对唯一性的体验不是已经实现了"诗歌正义"吗？"最高时刻"的现代性虚无体验是一种"关系与非关系"的纯粹意识。这种意识为他者共同参与显现整体创造条件。只有在纯粹的虚无意识中现代臻于满足状态。毕竟，纯粹的虚无意识对于生存体验来说不过是一种境遇或者一种条件，而且，由"花园体验"一手炮制出来的"审美解决"只会造成人的生存幻觉，因为人的真实的生存情境很少是在"花园"度过的。不幸的是，歌德的浮士德的最高时刻问题的"审美解决仍然使他人的存在与命运，非正义性地落入自我欣赏的主体性的救赎的世俗途径"③。尽管尧斯口惠实不至地承认"自我欣赏主体性"非正义的审美解决，但他依然义无反顾地"不爱江山爱美人"——热烈拥抱这种"救赎的世俗途径"。布鲁门贝格缘此为虚无体验的后果做了两种估计：要么是冷漠的犬儒主义，要么是卑贱的纵欲主义。他为此匠心独运，在歌德的浮士德神话创作和瓦莱里神话创作之间插叙了莱辛的浮士德神话。

这种"自我欣赏的主体性的救赎"作为本体论的美学体验，会不会是莱辛笔下的"狂热分子"？ 很有可能是！尽管这些"狂热分子"可以摒弃知识冲动照样获得未来生命的体验，或者说，把知识的追求转化为对内在自然的追求。因为在这种思考之中，即使概念消失了，纯粹的直接经验还是能够获取意识的绵延(即体验)④，所以"狂热分子"常常具有洞察未来的

---

① ［德］H. R. 尧斯：《走向接受美学》，周宁等译，《接受美学与接受理论》，第163页。

② ［德］H. R. 尧斯：《走向接受美学》，周宁等译，《接受美学与接受理论》，第169页。

③ ［德］H. R. 尧斯：《走向接受美学》，周宁等译，《接受美学与接受理论》，第173页。

④ Hans Blumenberg, *Arbeit am Mythos*(*AM*)，S. 311.

眼光。但是,急躁的他们又不愿等待这个姗姗来迟的未来。于是,为了促进未来快点到来,他们纷纷成为这个运动的中坚分子。"几千年自然进化中形成的事物,就在他们的体验之际,进入了成熟状态。"①尧斯的体验美学允诺在某一瞬间臻达巅峰体验,这种瞬间诞生意义的美学不啻一种"高速公路"美学。但是,谁能为这种美学做出"诗歌正义"的担保呢? 莱辛笔下地狱里的第七个精灵告诉浮士德,最快的速度是好向坏的坠落。糟糕的是,诗学的瞬间体验如果就是那个精灵的答案的话,后果将不堪设想。

好在莱辛或布鲁门贝格又告诉我们,全能干预的决断性作用依赖于事态的情境,而"狂热分子"根本就在与全能干预调情。莱辛对此诘难道:"为什么每个人不可以在这个世界上再活一次呢?"现代人不是常常自我标榜这种体验美学唤醒了沉睡的生命意识吗? 如果一次性的美学体验足以使生命意识重生的话,莱辛反诘道:"何用劳驾下次光临?"

布鲁门贝格就是以终结论的视野来辩驳尧斯的瞬间体验美学,并以灵魂轮回神话来矫正体验美学的"一次性消费的接受"。

歌德的《浮士德》只是实现了诱惑者和被诱惑者之间的角色互换,瓦莱里在浮士德故事中发现了伊壁鸠鲁的形象,因此促使浮士德神话最大限度地变形。浮士德不再是一个过度追求知识的形象,他"全神贯注于现代的诱惑、古老的触觉愉悦和官能体验"。② 亦即瓦莱里已经找到其他可能性来终结"渴望知识的神话形象"。它就是"非理论性"的感觉论。不过,这种看法仅得这个结论的一半,另一半还应该包括神秘主义论。理论在其源头上与视觉感知是同一的,它建立在"直观"领域中。哲学用眼睛看,但那只无所事事的手偏要触摸。如是,经那只手触摸的现实,或冰冷的,一如现实对于我们是未知的;或温暖的,一如现实对于我们是已知的。无论冰冷或温暖,都是我们的直接经验。因此我们无法拒绝朦胧晦涩,一如我们无法拒绝清晰明了。在触摸时,"笛卡儿传统的纯粹自我消散于这

---

① Hans Blumenberg, *Arbeit am Mythos*(AM), S. 313.
② Hans Blumenberg, *Arbeit am Mythos*(AM), S. 314.

感觉论和神秘论的汇聚之中"①。在这里,瓦莱里以感觉论和神秘论终结了歌德的知识追求和实现幸福的内在论。

在神话终结之际,神话创作最大程度的变形是通过形式方面体现出来,直言之,神话终结于形式,因为内容的构成因素所发挥的文化功效是千变万化并且绵延不绝,而只有作品的形式可以凝固下来可供我们直观把玩,况且这个形式还蕴涵着庞大的虚空,包孕着动荡激越的文化效能。形式上最大程度的变形催生了不可能性对可能性的终结,这可以在现代文学和艺术中明显见出。"生命的悲剧以及生命本身的高贵性"已被"案头工作的高贵性",即一种内在的、自我指涉的现代主义文学所取代②。在现代处境中,"形式化"意味着从抽象到高度抽象,以新奇的标题取代了古老的命名的功能。古老的命名功能在古代是恰当的,因为它勾勒出整体的意义,因而赋予人们熟悉感和亲近感。按照黑格尔艺术终结论的观点,现代艺术的高度抽象使艺术达到了自我意识的地步。形式化使艺术丧失了对象,而且由它的抽象性所催生出来的理论化解释功能却趋向无限。③

瓦莱里重新恢复了那个古老赌注,即最高时刻问题。浮士德的最高时刻是时间的空缺,是无法超越的当下时刻,因而是瞬时的、飘逝的,并且是不可靠的、不可重复的。"这是形式的元素,在《我的浮士德》中,神话终结了。"因此,神话的终结要求不在于"胁迫我们放弃进一步制造神话的意向,而在于该意向使你有可能第一次体验这种心醉神迷,……"在这里,最高时刻开启了这样的终极问题:浮士德发现了自己的不可能性。不可能性开始了,可能性终结了。这既是一个最后的浮士德,也是唯一的浮士德。这种不可能性不是反浮士德的(否定功能),而是非浮士德的(非否定功能)。孤独的浮士德在最高时刻体验到一切形式化事物中巨大虚无空

---

① Hans Blumenberg, *Arbeit am Mythos*(*AM*), S. 317.
② [美]皮普平:《现代的神话意义》,黄炎平译,刘小枫等主编,《尼采在西方》,第545页。
③ [美]阿瑟·丹托:《艺术的终结》,欧阳英译,江苏人民出版社2001年版,第101—102页。

间。因此,我们不难明白瓦莱里为何让浮士德以隐士的身份碰上了虚无的深渊。虚无的纯粹意识为主体在整体上冲破经验主体的牢笼准备了时机。丧失了对象的不可能性让这个神话的"包孕性"事件得以形成,非否定功能使自身和他者作为一个整体得以理解。因此,"神话确实能够拥抱一些确实不能制造的东西"①。在这里,布鲁门贝格把虚无体验的分析置入终末论视野中,让我们再次领略他的思想博大精深和追根溯源的魅力。比起尧斯学舌于洛维特的 CEM 公式来,两人的理论造诣的高下不是以道里计的。

通过对最高时刻的终结问题的分析,我们知道,神话创作和神话接受过程所拥抱的明显不是尧斯的"狂热分子",那它拥抱的到底是谁呢? 布鲁门贝格是否在提示我们,现代人对审美体验的迷信和崇拜难道就没有问题吗?

无可重复的瞬间审美体验依然是一种生命体验,以生命体验来唤醒幽深晦暗的生命意识,同语反复的思维只会是费尔巴哈所讽刺的"灵魂在原地转圈"。就让我们更换一种视角,求助于生命哲学以外的理论来解决这个问题吧。皮普平认为,同一事物的永恒回归指的是自我或空间中运动的外在事物或存在。② 据此,我们不妨把灵魂轮回确定为空间性的观念,把末世论划分为时间性的观念,这有利于进一步把握灵魂轮回的内在含义。

莱辛就是用灵魂轮回神话回击了这种审美体验论的急躁。有关人类幸福的理论应该建立在审慎思考的基础上。叔本华早已认为,意志轮回可能是最完美的,并且在那个程度上是终末神话(letzte Mythos)③。这个轮回神话的终结性质在哪里呢?

---

① Hans Blumenberg, *Arbeit am Mythos* (*AM*), S294.

② [美]皮普平:《现代的神话意义》,黄炎平译,刘小枫等主编,《尼采在西方》,第 543 页。

③ Hans Blumenberg, *Arbeit am Mythos* (*AM*), S. 313.

与尼采的复返观念相比,它不主张世界毫无变化地回归到它过去的曾是,永远在重复它的老路子。相反,主体不是按老样子回归他的世界,而是依照自己的期待值回归到自尊自重的生存形式。这不是呆板地重复了这个世界的过程——一旦这个过程是由行动产生的话——而在这个过程中,世界已从主体中抽绎出最高责任的形式。他同古代世界的智者一样,对这个世界采取压抑的态度,这确实有助于缓减超重的现实,以至于他从现实中撤退出来。①

毋庸讳言,在叔本华看来,灵魂轮回神话比其他设计出来的总体性计划的故事更接近于哲学真理。

现代自由主体的审美体验方式或许不是一无是处,它在生存偶在意识和怀疑意识的刺激下作为生存体验的一种表征方式,毕竟为启动灵魂轮回神话提供了一种动力。而且这种虚无的纯粹意识的创新能力也不容低估,所以它绝不会走那条单调得不堪承受的隐士所走的永恒复归的老路。因此,如果这个自由的主体不愿是"狂热分子"的话,他必须在"永恒复归"的存在圆圈中承担最高的责任,"依照自己的期待值回归到自尊自重的生存形式"。这需要主体在自由和决断之间形成一种精神张力结构。正如洛维特在分析尼采的永恒复归思想时指出:"在意志自由中,为个人蕴藏着分离的、脱离整体的绝对无限制的原则;但宿命又把人置入同整体发展的有机联系之中,并且试图统治人,迫使人自由地发展反作用力。无宿命的绝对自由使人成为上帝,而宿命论的原则却使人成为自动机器。"②基于这个意志和命运二律背反的生存困境,只有在自由意志是"宿命的最高潜能"的情况下,在它形成永恒复归的意志时,这一问题方可能得到解决。尽管尼采的永恒复归思想复归于希腊的悲剧世界观,而布鲁

---

① Hans Blumenberg, *Arbeit am Mythos* (AM), S. s. 319-320.

② [德]卡尔·洛维特:《世界历史与救赎历史》,李秋零等译,生活·读书·新知三联书店 2002 年版,第 257 页。

门贝格以古代智者抑制主体的世界态度提倡灵魂轮回,但是,两者的"思想或行为结构模式"在功能上都保持一致。

尧斯现代自由主体瞬间审美体验旨在彰显人类对古希腊理性幸福(eudaemonia)遗训的继承,不过,它终究是一纸空文。但是,布鲁门贝格也没有提供现成的答案,他要求我们对幸福的认识态度要谦卑。他审慎地建议:我们要在不朽神话的个体身上实现灵魂轮回神话,换句话说,整合尼采的永恒复归说和超人的"权力意志",并勇敢地跃入隐士的"从虚无中创造"的深渊。

或许,这可能不是一个恰当的类比。如果说尧斯的理论气质属于火成论的话,布鲁门贝格的理论气质无疑则属于水成论。起码,他不是装腔作势地发展一套理论体系,然后稍事踵事增华,而是终身坚定而审慎地思考现代性这个问题,并承负起纠正现代性偏差的解释学重任。另外,布鲁门贝格有心追慕柏拉图式融哲学与神话为一体的思想戏剧,他以神话叙事的文体取代了哲学论证的文体。①

第二节　问答解释学和功能占据说之辩

1967 年,汉斯·罗伯特·尧斯在德国康斯坦茨大学做了教授任职演讲,同年发表的《文学史作为向文学理论的挑战》这一宣言书为接受美学奏响了华丽的序曲。或许,人们为横空出世的接受美学惊讶了良久。后来,人们从尧斯的自传中了解到,接受美学是从 1963 年在吉森大学创建的一个名叫"诗学与阐释学"小组中吸取学术养料受孕而成的。这个小组的领导人员之一便是布鲁门贝格。从此以后,接受美学在文学理论世界舞台上如火如荼、独占风流,当年的宣言书顺理成章扩充为五章篇幅的《走向接受美学》。在这个接受美学的经典文本中,尧斯亮出了两件独门暗器,打遍了文学理论界各路英雄好汉,一时占尽风骚。它们就是问答解

---

① 哈贝马斯:《后形而上学思想》,曹卫东译,译林出版社 2001 年版,第 222、241 页。

释学和三级嬗变的阅读期待视野。现在我们论及的问题是与我们讨论相关的主题——问答解释学。

一、问答解释学

尧斯说，对一部作品的"时代判断"，不仅仅是"其他读者、批评家、观察者，甚至教授积累下来的判断"，而且是一部作品自身不断地展示其所包含的意义潜势，是作品在知性判断面前展示自身现实化的历史接受。由文学作品的接受所产生的作品的现实化有力推动了文学传统的重构，但不知什么原因，人们却忽视了它。而这样的"文学传统是一种问题与回答的辩证法，二者辩证运动常常产生于人们的现实兴趣"[1]。人们的现实的兴趣以问题和回答的对话结构来调节过去的文本和现在的文本阐释的意义范围。"因此，我们可以在意义、问题及回答间的开放性关系中观察文学作品的开放结构。但这样做的代价是在过去的作品和它不断发展的阐释之间产生了主体任意性的裂痕，——一道只能通过对问题及其回答的历史主义调节才能跨越的裂缝。"[2]不过，这代价是值得付出的。尧斯承认过去的作品与当下的作品阐释之间确实存在所谓的"任意性裂痕"，但是，历史性的接受使文本在问答的辩证运动中保持生生不息的意义生产，因而尧斯是能够"顺利"地跨越这些"主体性的裂痕"的，其理由在于两个方面。这一方面体现在以现在和过去的对话来调节艺术的生命："在艺术的历史传统中，一部过去作品不断延续的生命，不是通过永久的疑问，也不是通过恒久的回答，而是通过疑问与回答、问题与解决之间的动态的阐释，才能够激发一种新的理解并允许重新开始过去和现在的对话。"[3]在尧斯看来，一部作品的艺术生命力在于，它开启了问答解释学的动态性的对话和理解。至于这些对话和理解是否与作者意向、作品意向有关，尧

① 　H. R. 尧斯：《走向接受美学》，周宁等译，《接受美学与接受理论》，第81—82页。
② 　H. R. 尧斯：《走向接受美学》，周宁等译，《接受美学与接受理论》，第86页。
③ 　H. R. 尧斯：《走向接受美学》，周宁等译，《接受美学与接受理论》，第88页。

斯则语焉不详。他的意思好像是说，文学接受所生产的多种多样、五花八门的意义总有一种契合作者的意向和作品的意向，因此能够跨越这些"主体性的裂痕"。另一方面，问答解释学生成"文学的能力"："符号的语言学原则不仅能够描述作品意义的多样性和形式构成，而且内容这种阐释在历史中显现的必然结果，也具有一种逻辑，即问题与回答的逻辑。通过问题和回答的逻辑，接受的阐释能被描述为构成传统的内聚力，类似于语言能力或'文学能力'。"①由此可知，问答解释学之所以能够生成"文学能力"依赖于符号的语言学原则和该问答逻辑。其实，这种"文学能力"的生成是以一定的传统为前提的，并且只能在这一传统范围内得以贯彻，并形成一种"传统的内聚力"。"文学能力"这种东西虽是由语言学原则和问答逻辑所产生的，却又能产生"语言能力"，这在尧斯看来，"文学能力"仿佛是个神奇的东西，它既由他者所产生，但又能把他者生产出来，这种语义上的循环论让我们应该注意问答解释活动的前提："原始意义或作品的结构问题，是一个'先在的'内容，构成随后阐释的条件，并提供了证明其他阐释的范例。"②一语泄露天机。尧斯的接受美学把"原始意义或作品的结构问题"作为"随后的阐释条件"，而不是作为阐释的他者。这在某种程度上为重视接受的主体、轻视作品的意向打开了方便之门。

具体到文本分析时，尧斯拈出瓦莱里的新《浮士德》和歌德的《浮士德》两个文本。他认为："它们的对话关系只在于瓦莱里的新《浮士德》表明它自己是对歌德《浮士德》的回答。在瓦莱里看来，歌德的《浮士德》提出了一定的问题，人们认识到瓦莱里从歌德《浮士德》认识到问题和瓦莱里的回答，才能构成两人间的对话。"③在问答解释学展开过程中，尧斯牢牢地抓住阐释者的当代的趣味。在这个过程中，当初他信誓旦旦要重视结构主义的形式化元语言什么的，现在在当代趣味尧斯们眼里，似乎成了一纸空文。没有文本的结构主义的形式化元语言来保证文本的意向，接

---

① ② H. R. 尧斯：《走向接受美学》，周宁等译，《接受美学与接受理论》，第 89 页。

③ H. R. 尧斯：《走向接受美学》，周宁等译，《接受美学与接受理论》，第 142 页。

受者和文本的对话几乎成为接受者一厢情愿的独白。因此,尧斯对"符号的语言学原则""原始意义"和"作品结构"的重视是典型的口惠实不至的态度。在重视文本意向的同时,我们丝毫不怀疑接受主体阐释功能的重要性。真正的接受过程具有删节、价值变换的过程,简单化,同时也再次复杂化。因为接受毕竟是独立的,具有新创的能力,而不是一味地对传统进行依赖性模仿。因此,尧斯认为问答解释学的终点是,"我们还要观察回答是否满足了最后一位诠释者,或者留有没有回答的问题"[①]。接受美学的解释学尽可能拓展接受范围的横向来保证问答解释学的覆盖面,又在深度上保证问答解释学的创新能力:接受过程中所提出的疑问揭示了选择的意义,两个文本揭示出可以想象的内在关系[②],而非影响、模仿或"中介"这样的一维概念。在问答模式的浮士德神话语境中,这些问题在神话的文学接受中表现出来,又在文本的"回答性特征"中获得理解。

　　总结一下,尧斯时刻突出接受的历史性观点,比如突出接受者的当代兴趣。并且,我们在尧斯的问答解释学中无法区别接受过程中文本意义生产出来的乐音和噪音。如果承认噪音和乐音的同等地位,我们就会陷入"劣币驱逐良币"的糟糕局面。并且,尧斯在具体分析"浮士德神话"的对话过程中,一空任何历史的依托,脱开其他文本的历史语境而进行解释。奇怪的是,口口声声讲究历史和语境意识的解释学,最终掉进了一种不是非历史性而是简单历史化的圈套中,而不如布鲁门贝格的神话解释学气势磅礴、雄浑有力。

二、神话解释学质疑问答解释学

　　在早期的基督教义的形成过程中,就有教义问答之类的小册子帮助人们接受基督教义。这时,布鲁门贝格要求我们警惕解释的含义。解释要求解释者把事物推开一定的距离,因此,它可能是一种带有怀疑意识或

---

① 　H. R. 尧斯:《走向接受美学》,周宁等译,《接受美学与接受理论》,第 142 页。
② 　布氏曾以水成论的"话语达尔文主义"批判了这种"想象的内在关系"。

追问意识的认知偏差方式。最为关键的是,解释的归途是什么? 并且,历史上同一母题的两个文本无法构成问答模式时,人们会很难相信问答解释学的功能。问答的模式在尧斯看来是一种对话关系,如果解释的最终目的是解答先在文本的问题的话,这又陷入了历史目的论的反复循环怪圈,又含有科学机械主义的味道,这两者都是违背尧斯开创接受美学的初衷的。

没有被言说这个范畴不同于没有被提问这个范畴。文本的言说是文本无言冰山的一角。布鲁门贝格一针见血地指出这种带有理论意味的解释学弊病。提出问题显然是怀疑意识使然,理论的解释之所以被迫采用下一步的步骤,是因为它不能排除怀疑意识。这会使阐释者和接受者身不由己地卷入一种疲倦的解释学中。那布鲁门贝格的神话解释学又是如何克服怀疑意识的?"神话不回答问题;但它使事物无可置疑。任何产生解释需要的事物可以转化为某些合法拒绝这些要求的事物的立场。"①神话解释学之于问答解释学有一种独特的解释学功能,它能够使接受解释的事物无可置疑,从而超越问答解释学的狭窄范围。毕竟这个世界上一切不是都可以得到解释的,同时,可以得到解释的也不一定是百分之百正确的。英译者华莱士曾为质疑问答解释学曾说过类似的话:"时代变迁背后隐含的连续性是一种质疑(problem)的连续性,而非解答(solution)的连续性;是一种追问(question)的连续性,而非回答(answer)的连续性。我们不应总是紧盯着传统中的'信条'或'观念'不放,而是需要把它们与赋予其相关性和具体含义的人的追问和质询活动联系起来。"②理论鼻祖亚里士多德原则是,相似的总是产生相似的。神话除了坚持这条原则以外,还坚持歌德的知识论,即相似的反抗相似的。"如果一切事物可以来自于一切事物,那么,这就不存在解释并且也无须解释。人们只是讲故

---

① Hans Blumenberg,*Arbeit am Mythos*(*AM*),S. 142.

② Robert M. Wallace,Translator's Introduction P. xviii,Hans Blumenberg,*The Legitimacy of the Modern*.

事。"①"故事无须对根本结论穷根究底。它们服从于唯一的要求：故事不可能匮乏。"②叔本华把神话的这种程序概括为使事物无可置疑。布鲁门贝格的神话研究为了有效地避开怀疑意识的追击，不再踏上这条疲倦的解释学老路，他利用神话的丰富性创作和无可置疑的程序抵制怀疑意识，实现解释学的自我保护。

在布鲁门贝格的神话解释学中，神话的和同力量通过"既肯定又否定"的特征和"整体限定化"的功能，以权力分立的均衡状态，包容了各种不相容的变种和异质因素，并使各种对立、冲突因素处于和解的状态。因此，布鲁门贝格的神话解释充满着慷慨大度的气质。神话的解释学"避免了纯粹理性的辩证法、宇宙学的二元对立，正是它们使它错误地回转为神话的功能化模式"③。准确地说，神话无须为矛盾和二元对立结为一体而冒险，但它显然要包容它们。神话思维首先"从确定性中解放"④。"神话思维模式之于开端叙事的含混和不确定，或许不是它力能所尽那样做到清晰的效果；然而它停止于此；相反，这是一种它的思考方式的表现。"⑤神话思维利用"开端叙事的含混性和不确定性"来拥抱矛盾和二元对立等思维，它源于神话创作（研究）的主体应对现实绝对主义时所产生的关于权力分立的一种内在需要。因此，神话解释学应该对问答解释学的确定性有所警惕，这是解释学的一种健康意识的表现。

神话的意义生产的包孕性与和同力量体现在基础神话中。"神话的基本模式在任何意义上如此确定有效、如此紧凑而为我们把握，那么，它们一再使我们相信，它们在奠基水平上因为追求人类生存的重要性而把自身呈现为最为有用的材料。"⑥因此，"神话的基本模式的稳定性和人类

---

① ② 　Hans Blumenberg, *Arbeit am Mythos*(AM)，S. 143.

③ 　Hans Blumenberg, *Arbeit am Mythos*(AM)，S. 145.

④ 　Hans Blumenberg, *Arbeit am Mythos*(AM)，S. 146.

⑤ 　Hans Blumenberg, *Arbeit am Mythos*(AM)，S. s. 145-146.

⑥ 　Hans Blumenberg, *Arbeit am Mythos*(AM)，S. 166.

的重要性关联"①。人们常言道,与人相关的问题深刻地决定了其所承担的事情的本质。基础神话在奠基水平上与人类生存的重要性相关,它所敞开的问题在特定的历史关头由于其特殊的历史原因而被呈现出来,并使人的生存情境变得紧急严峻又无可回避。如果我们希望理解很好地理解我们的时代和我们自身,就必须重构这一基础神话的过程。因此对它的研究和创作是我们解释学所致力的首要任务。如果一种解释学连解释对象的重要事务和次要事务都分不清的话,那么,这种解释学不仅显然是可疑的,而且对次要事务的分心易使它尽显"疲倦",难逃"疲倦的解释学"坏名声。神话之不变内核导致人们回溯其原初状态,这误导人们把始源神话推上了一种无与伦比的重要性,浪漫主义的神话创作(研究)曾经犯过这样的错误。由于基础神话必定不是始源神话,布鲁门贝格的神话解释学没有回到源头哲学的狂热。尽管如此,布鲁门贝格承认,"神话在它的接受过程中而被改写、变化,在形式上它(并且有权力)与历史相关"②。但是,"普罗米修斯和俄尔甫斯——这些命名同时清楚地显示了,应该根据问答功能这个事实来衡量和解释一个基础神话的意义,这肯定是一个错误。然而,一个基础神话是根据它的实现范围得到评估的:因为它是基础的,所以它能够成为总体性的。"③问答解释学可能会对某些作品具有理论的适用性,但是它的相对性和确定性是无法适用于解释基础神话。经过"话语达尔文主义"自然选择之后,基础神话的典型特征不只是呈现为纯粹的想象的发挥作用,还应该用意义的水成论自然选择来体现神话的基础功能——消除不安和不满,给人安慰,远离不可思议的神秘性质所带来的恐惧。

神话的创作即是讲述故事。讲述故事完全不是为了回答问题,毋宁是为了消除不安和不满,这必定先于发生的问题能够形成自身的开端。

---

①　Hans Blumenberg, *Arbeit am Mythos*(AM), S. 150.

②　Hans Blumenberg, *Arbeit am Mythos*(AM), S. 192.

③　Hans Blumenberg, *Arbeit am Mythos*(AM), S. 193.

讲述故事发生在问题形成之前,神话解释学在起源上先于问答的解释学。神秘主义和神话的共同之处都在于拒绝暗示找问题、提问题和答问题。"神话不必回答各种问题;在这个问题变得尖锐之前,它编织事物,因此,这个问题也不尖锐了。"①通过编织事物、讲述故事,人们渐渐地消磨神话故事所提出问题的尖锐性。因为,黑夜中人们恐惧的心灵得到了故事的安慰,畏惧的眼神不再闪躲。正如,"每一个问题都不可能询问神话的戏拟,也不可能询问神话本身"②。讲述故事对心灵的安慰功能先于其他意识活动的功能。这个事实告诉我们,回答问题的解释学对心灵的知性满足功能在人类的生存意识结构中并不占有一种优先的位置。

此外,我们已在前文指出过,布鲁门贝格的神话研究针对重大的历史问题解释时,一再强调神话研究的解释学责任意识。同时,他也指出神话解释学也不是万能的,它限定于一定的问题域,比如神话研究遭遇"难以解释的岩石"时,就是神话研究已经碰触到了它的限度。布鲁门贝格以卡夫卡为典范,揄扬一种带着问题意识的探索精神去解释不可解释之物。同时他的神话研究的功能化旨趣始终不渝在绝对主义价值观的背景下,坚持相对主义价值观的语境的检验作用。但这一学术上的隐秘用心却引起了皮普平的误解。他在布鲁门贝格与尼采之间进行对照时,认为尼采关于人生的悲剧性肯定态度是从美学上证明人生的正当性,因此尼采是从一种"必须",即"某人必须如此行事,否则他就不成其他"这一论断中③来评价人类的行为的。与此相反,布鲁门贝格的神话研究的功能观对人类行为的评价则是出于好(善)的理由或合适的动机。因此皮普平显然看走了眼,布鲁门贝格绝不是学术上的相对主义投机分子。

三、功能占据说

在神话解释学中,布鲁门贝格设定,历史在人类意识中是一个由各种

---

① Hans Blumenberg, *Arbeit am Mythos*(AM), S. 219.
② Hans Blumenberg, *Arbeit am Mythos*(AM), S. 381.
③ 皮普平:《现代的神话意义》,黄炎平译,刘小枫等编,《尼采在西方》,第 565 页。

功能载体构成的观念系统,其中便有不同的问答的功能载体,一部分问答的功能载体消失了,留下了"空缺",随即便有新的功能载体来填补和占领,以致无穷的历史观念在这个观念系统中进行生生不息的演化和发展。因此,历史不能用科学世界的因果关系加以解释,它是隐喻书写的一种"遭遇"、一种"自我呈现",因而也是一种"天命"。① 并且,在布鲁门贝格看来,解释学应该以历史哲学的品格来涵养自己。然而,布鲁门贝格认为,我们观察神话解释学的历史语境最佳的方式是,历史形成的整体叙述指的是,某个历史纪元具有一个随历史扩展(有时收缩)的精神位置(positionen),这个位置坐标于被观念占据(重新占据)的观念(位置)体系中,而这一观念体系即是人的基本生存态度和思想行动模式。当这个历史位置空缺时,就会有其他一种据信是实在论的决定性的历史思想观念担当起"重新占据……位置"的思想功能。各种历史思想观念之间形成了一种竞争的关系,其间的情形如前文描述过的"话语达尔文主义"的情形,那些具有世界特征的目的论思想观念最后胜出。

兹举两例:

在《现代的正当性》中,最为闻名的功能占据说例子就是进步论。在中世纪的思想观念位置体系中,上帝从无中生有的创世到道成肉身的终末论中建立起一种上帝支配世界的"历史哲学"模式,这种历史哲学模式被一种独特而统一的、以未来为导向的进步观的历史哲学模式所占据。但是,功能占据说的观察和思考的视角往往受到扭曲。在笔者看来,功能占据说之所以被扭曲,原因在于人们疏忽了内容(实质)和功能的区分。如果以实质的视角来看的话,进步论占据基督教所建立起来的位置,这一话语达尔文主义势必就如洛维特所说的,某些核心的现代观念(特别是进步观念)是中世纪/基督教原初固有观念的世俗化版本。但是,如果从布鲁门贝格所言的功能视角来看,他把进步论放回现代诞生时原初情境之

---

① 曹卫东:《布卢门贝格:人类此在关系的解释者》,《国外理论动态》2003 年第 11 期,第 45 页。

中,第一次提出思想专家们所忽视的问题,这个世界历史的意义和模式就会解蔽了:现代的进步论是内在于人类发展过程的结果,而不像基督教那样是超越性介入的结果。

例如,在灵知主义神话中,如果认为创造世界之罪先于世界之罪,那么,人就会走出基督教以原罪为中心的观念,这只不过是从实质角度视之而已。在《神话研究》中,布鲁门贝格以灵知主义神话与基督教神话之间的竞争构成了话语达尔文主义现象。灵知主义的中心问题确实以恶劣和邪恶为基础,它与圣经的堕落故事构成了竞争,引发了基督教正统思想对灵知主义的克服。布鲁门贝格就是运用这一风起云涌的神话解释学的功能占据说来解释这个历史现象,并取得了令人信服的成果。

在《神话研究》一书中,布鲁门贝格把神话解释学的目光对准了普罗米修斯神话演化中时代转折之秋。"当这种寓言的、象征的解释程序——而且,这种病原学的解释把神话追溯到史前事件——不再广为接受时,这个由普罗米修斯材料所定义的位置变得空缺,在功能上缺乏确定性,并且可以为许多方式占据。"①这意味着:在这个寓言的、象征的解释语境中,人们创造一种"自我呈现"的需要,它要求普罗米修斯的情境持续不断地发生,并且,作为一种"天命"而发动持续不断的创作,去占据功能上缺乏确定性的空缺位置。实际上,对该神话的创作与研究构成了西方文化的生存化历史。

普罗米修斯神话创作(研究)表征了两种结构性因素:普罗米修斯的造人以及庇护人类的活动是人的主体性地位发挥作用的标志,也是文化人性的一种内在需要;宙斯则作为一种现实发挥着绝对主义压迫人的功能,以及他具有一种宇宙的普遍性特征,我们因此把他归结为一种世界性的因素。主体和世界之间复杂的互动关系为神话创作(研究)中的普罗米修斯和宙斯带来了这样一种事实痛苦:他们不能彼此征服,但谁也缺不了谁,因为每一个人都是另一个人的可能性条件。由于普罗米修斯神话中

---

① Hans Blumenberg, *Arbeit am Mythos*(AM), S. 609.

世界和人的位置是错开的,并且,正是这个原因,它使基督教作家涉及"重新占据"这种解释功能有机可乘。由于时代趣味发生了重大的变化,这位推翻了最高之神的儿子不是赫拉克勒斯,而是基督。"这位后来的神的儿子以一种不同的方式把人类从这场大破坏中拯救出来,而普罗米修斯曾经筹划过这种方式。宙斯曾想借助地道的希腊文化来摧毁人类。希腊文化任凭模仿的束缚,任凭忌妒,使后来的生命赢弱。这位儿子借助于'憎恨古希腊的一切',借助于愚昧和死亡的恐惧——总之,借助于中世纪,保护人类免受如此厄运。"①基督教文化对希腊文化的重新占据并不是如某些思想家所说的是一场思想的赢弱,或者说文化的蜕变。在某种程度上说,这是一种合理的文化变更。布鲁门贝格目光如炬地告诉我们,希腊文化中的"模仿的束缚"和"忌妒"等文化因子在基督教文化中得到了有效的克服。因此,现代文化在重新占据基督教文化时,我们应该利用以往的文化占据的经验和视界,真正做到对基督教文化中的"愚昧"和"死亡的恐惧"等文化因子进行有效的克服。比如,莱辛那尚未充分展开的灵魂轮回说,歌德的从基督教三位一体思想再生的泛神论思想是现代文化有效克服基督教文化的可资追效的思想典范。同时,要对现代文化在重新占据过程中的失误和偏差予以审慎的思考和及时的纠偏。比如尼采的永恒复返说和超人的权力意志的二元分裂仍是现代灵知主义思想的翻版。除了克服基督教文化中赢弱思想之外,在布鲁门贝格看来,现代文化的重铸使命在于承接基督教对灵知主义主体和世界二元论思想的第一次克服中所产生的灵魂不朽思想,而不是像启蒙运动那样利用正当的自我捍卫,鲁莽而峻急地把它作为蒙昧的迷信抛弃了。科学高举的进步论旗帜永远不会回答形而上学的大问题,也不会拯救我们的灵魂。好在古希腊文化从理论的完成中获得的幸福(eudemonia)作为思想的种子已落地西方文化的土壤,它促使每一个具有博大思想情怀的哲学家能够冷静听从我们历史的命运的召唤。布鲁门贝格从歌德的普罗米修斯的神话研究中采撷三位

---

①　Hans Blumenberg, *Arbeit am Mythos* (*AM*), S. 671.

一体的泛神论思想精华,开展他那雄浑壮阔的第二次对灵知主义思想克服的神话研究。因此,在参与布鲁门贝格的神话研究(神话解释学)的事业中,我们既不抱怨传统文化的限制和束缚作用,也不应为命运而悲观绝望,我们应该以坚忍不拔的"水成论"精神承负起现代文化的重建任务。

布鲁门贝格的功能占据说作为一个隐喻,在人对世界和人自身的解释体系中好像是一个自动的运作体系。其实不然。在《现代的正当性》中,我们知道现代以自我捍卫的问题"重新占据"中世纪基督教的救赎的位置所带来的问题。现代人的自我捍卫行动是一种生存筹划,是应对中世纪基督教世界的精神危机的一种需要。因此,布鲁门贝格以"需要"一词来指代"重新占据"的动机。就需要的本身含义来讲,人的自我捍卫并不是必然的或不可避免的,也不能就此说它是一只错误的意识。因此,需要是一种独特的现象,它既不全然是理性的,对人而言也不是普适的,但是,需要对人的生存来说又是根深蒂固的,它很难被理性根除,在某种程度上说,现代理性很难判定需要为非理性的,他应在现代解释体系中占有一个重要的地位。需要是一种历史现象,它可能在历史中产生,也可能在历史中消失,并且还随着有这种需要的人对它的态度的变化而变化。因此,布鲁门贝格的功能占据说总给人留有相对主义的诟病。解释学除了以逻辑实证主义说明事件发生的因果关系外,还应该从需要的角度来解释事件的成因和结果。功能占据说以需要作为契机,把读者导向对事件背景的关注,而不仅仅只是单方面注重事件发生的前台现象。事件的前台和背景的结合形成一个事件或多个事件所形成的星丛事态的情境化生存的关注,这有益于我们对事件或星丛事态有切身的感同身受的感知,也有利于我们从整体上去理解这个被观念占据的位置体系。功能占据说在《神话研究》中不再狭窄地集中在"历史主义"的形而上学方面,而是扩展为神话研究作为符号形式的功能性解释学,对某些位置的占据的考察更为细致入微,补充了更为详尽的细节,使经验的历史解释学和形而上学领域有效地结合起来。因此,布鲁门贝格的功能占据说始终不渝在绝对主义价值观的背景下,坚持相对主义语境的检验作用。

尧斯和布鲁门贝格曾是当年吉森大学"诗学与解释学"工作小组的合作伙伴。两人在解释学精神气质和思想立场取向上的差别不是一场针锋相对的论辩的结果。尽管尧斯对布鲁门贝格之于浮士德神话的解释腹诽不已,那只是对《现代的正当性》之中的描述有感而发而已。布鲁门贝格在《神话研究》的回答可能会使尧斯心平气和一些。据此,我们进一步看清楚了两人迥异的解释学旨趣。无论如何,问答解释学与神话解释学相比,撇开上述路数和视野上的差别,在材料运用和气度上颇显小家子之气。解释学不是一种工具,它有可能是我们置身于其中的一种"情境感应",是我们的一种"天命":我们的生存对神话叙事来说,非法性大于合法性,因为,我们命定的起源是贫乏的,不充足理由原理的生存是我们命运的一部分。反过来说,人的非法性生存同时意味着:人的自我捍卫的命运必须接受更大的世界命运的规整。这就是我们解释学的命运。

第五章　诗学与解释学完美融合

第一节　伟大诗人歌德的普罗米修斯神话研究

歌德的普罗米修斯神话研究面对的依然是"一切'诗学的东西'（poetische）出现在强大的现实性（realitöten）面前"[①]的问题，由其引发出来的思想框架仍旧是灵知主义：主体与世界的相遇，并对世界的回答。对世界的言说，是诗人与世界关系之必然事务的自然而然的表达：

> 将我们导向此地的第一个认知就是，在其面对世界的塑造形象的基本姿态中，歌德自己并没有看见他文学个体性的特殊性，而是看到了人类此在的全面性。艺术家只是人的被提升的显像。人就是他所是，存在于对世界的不断作用中，也存在于世界对自己不断反作用的经验中。人获得自己本身不是在对立面之在的所分离出来的自由中，而是存在于与世界的每天关联中，在对世界的诸条件限制的接纳中。因此，人也才获得认识的正确状态。这位赫尔德的学生不将我们对世界的认识（erkennen）看作是占有和知识（wissen），而是看作经验和享受，也就是说，出于人的自然本性的彻底性，将人的认识看

[①]　汉斯-伽达默尔：《歌德与道德世界》，吴建广译，《美学与诗学：诠释学的实施》，北京大学出版社 2013 年版，第 69 页。

作是对世界的创造性回答。①

主体和世界相遇后,产生言说的歧义和纷乱。透过言说背后,我们面对的是这样的问题:什么是我们个体性应有的态度;在主体与世界的关联中,我们如何接纳世界对主体的诸种条件限制;最后体现在普罗米修斯神话研究中,歌德的审美创造如何成为对世界的创造性回答。毋庸讳言,本文的论述显然把歌德的普罗米修斯神话研究作为诗学和解释学完美融合的典范,来回答诗学的最终归宿和解释学的道路问题。因此,我们首先碰到的问题是,作为伟大诗人歌德对世界的体验会是一个什么样的问题?

在歌德的普罗米修斯神话研究中,在歌德神话人生之中,我们时时看到花岗岩意象在闪耀。首先,花岗岩意象之于歌德来说,它是主体对世界的立场。歌德的神义论表明,人类的存在并非自然的,只有灵魂不朽是自然的。我们只有在融合水成论和火成论的层面上建立对世界之基础的信靠。其次,花岗岩作为基础的信靠性在现代市民社会里表现为"永恒的根基"被个体的非道德性所侵蚀,我们应"顺乎伟大的生命"为生命不朽创造基础。最后,花岗岩蕴藏的自然奥秘以歌德所谓的"自然兴现"的方式向我们的审美知觉敞开,以此建立一种理解自我与世界的核心形象,倾心呼唤作为生命之根的自然。

诗学与解释学的对话在伽达默尔和布鲁门贝格那里存在着巨大的差别。从前述引文中看出,伽达默尔的诗学是通过文学的个体性扩充为人类此在的全面性而获得解释学的世界性力量。如果主体能够通过自身的力量而不求助其他的力量臻至世界的整体情境的话,它又是如何接纳世界诸条件限制呢? 伽达默尔给出的药方是"与自己和解"(sich-selbst-versöhnen)②,他认为其对泰坦精神(Titanismus)的制约是歌德的道德贡

---

① 汉斯-伽达默尔:《歌德与哲学》,吴建广译,《美学与诗学:诠释学的实施》,第66页。
② 汉斯-伽达默尔:《歌德与道德世界》,吴建广译,《美学与诗学:诠释学的实施》,第74页。

献①。后果如何？我们不难得知。布鲁门贝格旗帜鲜明地利用灵知主义二元论的思想框架，以解释学的世界整体情境来克服诗学的主体性力量，又利用泛神论的一体化思想使灵知主义的二元论得以融构，在歌德的普罗米修斯神话研究中，他的解释学对世界的创造性回答体现在对歌德学中两条著作格言的释义：一条是"政治即命运"；一条是"唯有神自己才可反抗神"。

学者们历来对"政治即命运"的疏解歧义纷陈、莫衷一是。借助于布鲁门贝格普罗米修斯神话研究的视野，我们力求将此一格言的释义推向一种全新的解释。基于此一写作意图，首先，我们从泛神论的整体视野出发，以歌德的审美创造的中间领域来理解拿破仑的神魔的个体性本质。其次，歌德与拿破仑对于"政治即命运"的理解虽建立在神魔个体性的共同基础上，但在世界观、剧场政治、实在论和政治的本质含义出现微妙又重大的分野：拿破仑的个体主义的启蒙政治最终走向本我主义的命运，歌德却以公民的"不可分割的整体形式"使个体自我关照，进而实现共同体的自我关照。最后，为了实现道德启蒙的真正目标，歌德继续以《潘多拉》剧作的残篇继续探索"政治即命运"的核心命题——个体效用必然律的基本生存需要如何转化为由"科学、艺术与壁挂"综合而成的救赎智慧。

有关歌德的诙诡之论"唯有神自己才可反抗神"的释义是歌德学中一桩学术公案。笔者追随布鲁门贝格的思考步伐，把这句诙诡之论置入一神论、多神论和泛神论语境中，依次辨析和疏解灵魂的神圣作用方式的功过得失：一神论能够让人们体会到神圣的普遍性却僵化为道德的专制独断性；多神论的似神意志虽是我们行动世界的闪光点，倘没有泛神论的均衡原则居中协调，多神论以自我为中心的似神欲望则会导致混乱的对抗局面；泛神论虽能以审美方式联合各种普遍性制服个体主义神魔，但无法产生救赎智慧来安慰人类的心灵。因此，布鲁门贝格把亚里士多德的"灵魂遍及万物"嵌入基督教三位一体的教义思想体系之中，实现自然与恩典

---

① 汉斯-伽达默尔：《歌德与道德世界》，吴建广译，《美学与诗学：诠释学的实施》，第74页。

的和解，为现代主体以独立自主律令马首是瞻的唯心主义意志，开启终末论救赎途径。

一、歌德的花岗岩

汉语学界对歌德的短文《论花岗岩》的忽视已太久了。人们容易把歌德的此类文章归入博物学的探索和研究范围，并耽情于歌德的自然科学文章的诗情画意和流光溢彩。其实，此类以散文诗写就的"科学文章（包括《色彩学》《植物形态学》等）"蕴含着伟大的泛神论同情，充溢着对世界中生命与存在的欣然认同的乐趣，但是，其中最为博大深沉的还是自然的观念和永恒宁静的自然精神。这种严肃和沉默的自然的灵魂由地球上"最高处和最深处的花岗岩"①承负起来，在《论花岗岩》中，我们读到了花岗岩所表征的世界的坚实的基底，"它们的存在提升并安顿我的灵魂"②；花岗岩蕴藏的自然奥秘以歌德所谓的"自然兴现"（naturwüchsigkeit）的方式向我们的审美知觉敞开。

本书的思考步伐无意中契合了伽达默尔对歌德核心审美思想的关注和理解："一方面是自我和世界相关联的普遍性问题，尤其是主体的、建构的行动参与世界经验的问题，然后就是自然和艺术之间这个特殊性问题。"③在歌德的普罗米修斯神话研究中，自我与世界相关联的普遍性问题首先是通过主体对世界基础的体验和思考呈现出来，其次在道德的政治基础方面表达主体的建构行动参与世界经验的问题，歌德的神话人生的正当性最后奠定于一种艺术和自然相遇审美创造之中。

---

① Johann Wolfgang von Goethe, Über den Granit, Werke Kommentare und Register Hamburger Ausgabe in 14 Bänden, Band 13, C. H. Beck, 1981, S. 254. (中译文参考莫光华的译文)

② Johann Wolfgang von Goethe, *Über den Granit*, Werke Kommentare und Register Hamburger Ausgabe in 14 Bänden Band 13, S. 257.

③ 汉斯-伽达默尔：《歌德与哲学》，吴建广译，《美学与诗学：诠释学的实施》，第 59 页。

1.世界的体验:关于基础的思考

普罗米修斯素材在歌德的意识中成为一种理解自我与世界关系的核心形象(zentralen konfiguration)。自孩提时代起,"普罗米修斯式反抗"已深深渗透到歌德的生命根基,并成为一股主宰后来一切重要事件走向的决定性力量。年幼的歌德对 1755 年里斯本大地震的发问至今令人震撼:"上帝何以不像《新约全书》所说的那样,对妇女与儿童一点也没有爱心?"他的母亲回答:"里斯本地震掀起了革命的浪潮,两者之间的联系再次显现在'普罗米修斯式反抗'身上。"①冥冥之中,聪颖心灵土壤上播下了普罗米修斯神话形象的种子。

年仅六岁的歌德思考的问题恰恰是,古今以来世界上最为智慧的脑袋企图予以解决但又难以让人信服其解决之道。那就是自莱布尼茨之后流行的神义论(theodizee)。在震惊欧洲大陆的灾难面前,人们习惯使然,从上帝角度来辩护造物主的智慧和善良,比如这样的陈词滥调泛滥一时,中间王国介入了神学与形而上学之间,给上帝的正义蒙上阴影,云云。与此相反,孩子的思维完全挣脱了习惯思维的束缚,年幼的歌德不是从神秘的上帝行为正义的认同角度,而是从受害者神圣不可侵犯的角度来把握问题:"上帝既然允许地震发生,那他一定知道'厄运无伤灵魂不朽问题'。"②这个灵魂不朽的基础性问题贯穿了歌德一生的思想和行动。基础的形象让我们马上联想起《普罗米修斯》颂诗的开篇中"可别动我站立的土地"③,德语的"基础"和"土地"源出 grund 一词。

歌德的回答对神义论的思考有何重大意义? 在阐述这个问题之前,我们有必要追溯一下"有关上帝称义这个戏剧"问题。柏拉图以灵魂选择命运的厄洛斯神话④开启了这个戏剧,奥古斯丁紧随其后系统地建构了这个戏剧的自由主题:人类的自由概念从某种程度上说建立在因果关系

---

①② Hans Blumenberg, *Arbeit am Mythos*(AM), S. 468.

③ 歌德:《普罗米修斯》,《歌德文集》(8),绿原译,人民文学出版社 1999 年版,第 77 页。

④ 柏拉图:《理想国》,郭斌和、张竹明译,商务印书馆 1994 年版,第 418—426 页。

的基础上。如果说人类因自由带来厄运就是其犯罪的结果,那么,这种因果关系定罪方式产生了两个重要后果:一方面可以为上帝免责,另一方面把世界之恶推到人类主体身上。除了上述因果推导的理论自洽外,奥古斯丁的自由概念还是为当时灵知主义将存在基础二分为善与恶的二元论思想的挑战而做出回应。奥古斯丁对灵知主义思想的第一次克服只是部分成功的,在《现代的正当性》中,关于这个观点布鲁门贝格已有详尽论述,现在稍微提及。如果说自由产生于人类的意志的话,那么,自由所带来的罪恶只是主体之恶,奥古斯丁却把世界之恶(weltübel)由主体的自由来负责,显然让主体的自由承担起不应有的两重谴责,这对自由来说没有什么可损失的。世界之恶由什么来克服呢?布鲁门贝格在《马太受难曲》中提出由主体的世界化或者在世界中生成的主体,亦即是一种新型的灵魂不朽来克服,易言之,主体的世界灵魂承担起为己和为世界的责任。尽管如此,奥古斯丁有关自由概念与上帝正义的关系的思想戏剧却为人们带来心灵上的慰藉:"一个对人类友善的更高存在(wesen),用一条不可能实现(自由而正确)的法则,拯救人类从世界和罪的纠缠困境中走出来,而无须承受这样无情的思想——世界的本性(qualität)完全在于人的自由和他最初的堕落生成的。"①令人不可思议的是,奥古斯丁所不能克服的问题,已经在歌德幼小的心灵里萌芽了回答问题的思想苗头。那就是灵魂和存在的二分法,歌德不再坚持人类的存在是神圣不可侵犯的思想,而是坚定地相信"我们的灵魂是一种本质,是一种永远不可能被摧毁的自然……"②

　　灵魂不朽是人类存在神圣不可侵犯的原则,因为"灵魂是自然的",所以它既不可能由康德的第二批判实践理性的绝对效用来确定,也不是康德用谬误推理所能抛弃。歌德思想最初的萌芽——灵魂不朽观也只是把神义论暂时带出了里斯本大地震的诘难,而没有完全系统地解决这个问

---

① Hans Blumenberg, *Arbeit am Mythos*(AM), S. s. 469-470.
② Hans Blumenberg, *Arbeit am Mythos*(AM), S. 469.

题,毕竟一个小孩的心智能力难以承受这样的问题——灵魂不朽是一种
在世界责任中生成主体不朽的思想。但是,小小年纪的他把这个严峻的
人类责任问题与神话错综复杂的情节联系起来:普罗米修斯的反抗就是
用灵魂不朽"对上帝可控权限的一种限制"①。这一艰难又复杂的过程是
如何实现的? 在布鲁门贝格看来,这一切源于巧妙而神奇的神话想象的
居间性质和文化功能。普罗米修斯作为造物主并不是主宰世界的最高掌
权者,这位人类的恩主对宙斯的反抗在神话想象中成为人类和世界之间
的一位居间人物。正是这种神话想象的居间性质引发了这样一种文化功
能:它成功地解决了灵知主义二元论思辨把存在的基础二分为人类和世
界之思想难题,重新将之融为一体,普罗米修斯因此成为审美多神论者,
他把美妙的诗学基本思想与普遍化过程结合起来②,生成一种为己和为
世界的责任的灵魂不朽,并对一种"三元神学"情有独钟:"就我自身而言,
身上总有多种倾向并存,因此不能只满足于一种思想方式;作为诗人和艺
术家,我是一个多神论者,但作为一个自然探索者,我是一个泛神论者,这
些都是我的坚固的信念。如果作为一个道德的人,我需要一个人格化的
上帝,这是题中应有之义。"③

　　同是年幼的歌德,还有一个例子说明他的思想具有基础性的形象。
小时候,歌德跟着他父亲修习拉丁文。可能是为了学以致用的缘故,父子
两人把练习的场景安排在地窖。进入地窖需要经过一段黑暗的下降通
道。年幼的孩子毕竟对黑暗有点恐惧,父亲鼓励他说,进了地窖的入口,
底下的光亮足以照亮黑暗中的神秘事物。父亲的意思是说,明白了万事
万物的基础,亦即明白了整个世界。这是一场以教育方式反转柏拉图洞
穴寓言的思想练习。前一个下降到洞穴的场景指的是关于基础的信仰,
后一个上升到洞口才能真正见到光亮的场景与目的哲学相关,两者对比
分外鲜明。

---

① Hans Blumenberg, *Arbeit am Mythos*(AM), S. 470.
②③ Hans Blumenberg, *Arbeit am Mythos*(AM), S. 471.

　　进入地窖之后,儿子看到了他想看的房子的奠基石和建造地窖的拱心石。在建造酒窖期间凿空地底和支起架构必定存在诸多危险,但是人们仍可在施工期间居住在屋里。这又是如何可能的? 如果我们把房屋的存在与世界本身联系起来的话,亦可明白这样的生存道理,奠定基础即为存在提供稳靠性。与此同时,奠基石和拱心石的隐喻表征了主体对世界的立场①。父亲在地窖酒桶旁向孩子介绍基石和拱石的建造过程,并嘱咐儿子把美酒的芬芳泽被后世。这又是一场美学(美酒)探险,为我们开启往后普罗米修斯神话研究中审美创造的基础的追问,它何以获得自身的正当性? 答案可能在于:"对世界之美的关注由此在某种程度上唤起了个体对他人的道德责任感。"②这里发生的一切预先为歌德普罗米修斯神话研究中美学探险的一场彩排。

　　还有一则逸事颇显歌德的少年心性。他有通过天象预知地震的本领,虽然传说模糊了天才的真实面目,亦能说明灵魂和自然融合的泛神论自然观。这种体物观照方式使他能够以万物互相指涉的方式看待一切反常现象,形成万物一体化泛神论观念。正是这种万物一体化泛神论促使歌德的普罗米修斯神话研究,把在世生命的基础体验和另一种生命体验联系起来,并进行对照:"对于自己脚下根基的忧虑绝非只是对于分裂与深渊的忧虑。害怕昂首问天,仰望苍穹,与日月齐高的过程中丧失根基。"③生年不满百,常怀千岁忧。丧失根基的忧虑使我们时时在歌德的神话研究中感到,"人性(人类)的限度"从"思想的基础"上冉冉升起:"渴望扎根于大地的人,就无法触摸头顶上的晨星。"④扎根大地的信仰与仰望苍穹的理性生活的悖论深深攫取了歌德的心灵,在《人性的界限》一诗中得到淋漓尽致的体现⑤。

　　①　Hans Blumenberg, *Arbeit am Mythos*(AM), S. 473.

　　②　皮埃尔·阿多:《别忘记生活》,孙圣英译,华东师范大学出版社 2015 年版,第 120 页。

　　③④　Hans Blumenberg, *Arbeit am Mythos*(AM), S. 475.

　　⑤　歌德:《人性的界限》,《歌德文集》(8),绿原译,人民文学出版社 1999 年版,第 135—136 页。

对脚下大地是否稳靠的忧虑蔓延到歌德对火成论（Vulkanismus）和水成论（Neptunisums）之争的两难取舍中。水成论与火成论之争源自启蒙运动。《圣经·创世记》确定人类生命的稳固基础于创世第二日上帝将水和土分开。为了与圣经的创世故事展开竞争，水成论和火成论也把理论权威追溯到人类生命的基础和宇宙的内在构造力量，特别是与人类密切相关的地球表层的构造力量。"火成论者提出一种自内而外的暴力构成理论来解决世界起源问题，而这几乎以一种栩栩如生的方式认可了纯粹的内在性。"①与火成论内在性为主体力量相比，水成论者秉承水对地球表面塑造的主导性自然力量，他们以玄武岩的形成过程为例说明地球的形成过程，但是，对他们的理论不利的一个方面是，他们无法准确提供一个科学时间来说明水能够获得和土同等程度的创造力量。时间是我们对世界的一种内在体验，它开启心灵栖息大地、守望天空的精神世界的入口。给予水成论一种时间的体验，意味着水成论和火成论开始走向融合的趋势。

同为启蒙内部的理论建树，水成论和火成论差别导致两派相互攻讦和相互影响，以洪堡为代表的一派虽然对火成论深恶痛绝，但还是吸收了"火山起源于花岗岩"这一学说。这种模棱两可的影响通过洪堡传递给歌德。在喧嚣纷扰的争吵声中，人们大体上都忽略了火成论与浪漫主义之间的隐秘关系。后来，路德维希·费尔巴哈从美学的视角提出火成论美学概念，一时以平民形象占尽风流。但与之形成对抗的是作为"贵族精神"的水成论。歌德就这样徘徊于火成论和水成论的两个基本隐喻："根据我们已知的、以一种充满奥秘的方式构成它的那些成分，我们很难推断出，花岗岩的成因是火还是水。"②歌德大象无形地以万物一体化的泛神论观物体验方式，把水成论和火成论之争收纳于花岗岩的基础隐喻之中，

---

① Hans Blumenberg, *Arbeit am Mythos*（AM）, S. 476.

② Johann Wolfgang von Goethe, *Über den Granit*, Werke Kommentare und Register Hamburger Ausgabe in 14 Bänden Band 13, S. 254.

再一次岿然不动地站立在花岗岩这一我们生活世界基础之稳靠性上。花岗岩作为"最古老、最可敬的时间之纪念碑"①,正如法国当代哲学家阿多所说:"宇宙让我们叹为观止的崇高景观反而会促使我们意识到无时无刻不加诸我们身上的道德义务。"②歌德的朋友波提格尔(Böttiger)曾报道,歌德发现,构成花岗岩成分的奥秘即在于,"花岗岩的组织结构中包含着只能用神秘来解释的神圣三位一体"③。

2.另一种稳定性:道德的政治基础

《论花岗岩》和水成论地理学模式逐渐指向一种对世界体验的最深切忧虑,这种世界的体验(welterfahrung)反映在《普罗米修斯》诗行"可别动我的土地,……"中,神话人物的审美反抗也转为一种获得稳固基础的壮举,同时折射于天才作者的身上。歌德放言:"当我寻求自己独立的保证时,我觉得我的创作才能是自立最稳固的基础。"④他想把自己伟大的一生建筑在他世所罕匹的自然天赋上,正如普罗米修斯与诸神绝缘,两耳不闻窗外事,一心只在作坊创造人类。

《潘多拉》和《浮士德》第二部之序曲"宜人的佳境"中生活世界的"基础稳靠之隐喻",现被另一个领域的基础之稳靠性"撞了一下腰"。它就是"我们的道德政治基础"的问题。对这个问题的认识和思考,歌德既不是启蒙主义的怀疑,也不是浪漫主义的轻信,更不是年幼天真烂漫时"地震的遥感经验",而是一种现实主义的诗意洞见:"我们的道德政治基础正在为地下过道、地下暗室和地下阴沟侵蚀。"⑤大革命这场大地震破坏了这个"地下世界",拿破仑在它基础上重建稳靠根基,但他的遽然衰落又造成第二次政治架构的大地震:"天下大乱、根基不稳、一切正四分五

---

① Johann Wolfgang von Goethe, *Über den Granit*, S. 255.
② 皮埃尔·阿多:《别忘记生活》,孙圣英译,第120—121页。
③ Hans Blumenberg, *Arbeit am Mythos*(AM), S. 477.
④ Hans Blumenberg, *Arbeit am Mythos*(AM), S. 478.
⑤ Hans Blumenberg, *Arbeit am Mythos*(AM), S. 479.

裂……"①所有有关"基础被侵蚀"的隐喻无不指向"重建人间的幸福依赖
于同一性原则"②。如果把历史的进程体验为世界的没落,那么歌德又是
如何来"塑造生命的情感"来实现自我捍卫,度过这段充满危机和混乱的
人生阶段呢?

　　歌德对社会政治现象的思考依然深含基础性形象。早在法国大革命
历史事件发生之前四年,巴黎的项链丑闻把江湖骗术带进政治事务之中,
以至于人们不能完全分辨谁是骗子谁是受害者。这桩可疑事件指出这样
一种现象:"她(自然)似乎将一切都倾注于个体性,却又对个体毫不在
乎。"③它犹如幽灵出没,暗中侵蚀着当前政治的道德基础。从项链事件
中歌德察觉到法国乃至整个欧洲的政治基础开始动摇,一直到拿破仑的
出现为止,欧洲重新形成一个新型的政治基础。当项链丑闻把当时法国
的政治基础敞开了非道德的深渊时,歌德以宿命的乌托邦色彩的终末论
口吻说出:"宇宙眼睁睁地看着自己被毁灭,而且感受到更惬意。"④接受
问题总比解决问题来得容易,也更为心平气和。这种委顿无力的感觉促
使他寻找一种"个体的自我授权"(die Selbstmächtigkeit des
Insivisumms)的人生认识:与强权人士结盟,但又永远不让他们凌驾自己
之上。⑤ 这种"为人之道"的方法说明了,歌德不再是从独一无二的生命
角度去构建生命的幸福,而是从世界的角度"与现实周旋":"一种源自生
命形式的创造力:为自己融化世界,由此让它成为己有,但是仅仅吸收自
己可以融化的那么多。"⑥他需要这种源自生命形式的创造力,并以此发
现同一性原则来建立稳靠感。

　　在过去的岁月里,歌德曾用戏剧的新方法来征服现实,现在总归显得

---

① ②　Hans Blumenberg, *Arbeit am Mythos*(AM), S. 480.

③　Johann Wolfgang von Goethe, *Die Natur*, Werke Kommentare und Register
Hamburger Ausgabe in 14 Bänden Band 13, C. H. Beck, 1981, S. 45.

④　Hans Blumenberg, *Arbeit am Mythos*(AM), S. 481.

⑤　Hans Blumenberg, *Arbeit am Mythos*(AM), S. 482.

⑥　吕迪格尔·萨弗兰斯基:《荣耀与丑闻》,卫茂平译,第45页。

捉襟见肘,令人疑虑重重,但相对于法国革命的流行题材,他的剧作《自然的女儿》(*die natürliche Tochter*)成熟表达了个人对政治不稳定性的真实而深刻的体验。剧本在分别的港口又重现了里斯本大地震的毁灭景象,但其寓含的是另一种人的"背信弃义和低三下四的深渊"①。布道修士深刻指出,这场以大地不稳定的自然迹象指涉政治不稳定的深层原因恐怕是,由于政治最是充满机遇的变数,它运用修辞手段煽动政治的狂热,因此,无论政治结构看上去如何坚固,它注定是要坍塌的。上述一系列缘由酿成的政治命运恐怖,已侵蚀了永恒的生存根基。作为自然的女儿,欧根妮在日常俗务和政治处境之间触类旁通,离开了一直以来作为保护壳的市民婚姻,不再信任本身就岌岌可危的国家,安心踏上通向彼岸世界的道路。因为以市民家庭世界所表征的市民政治"绝对不会出自一种对政治根基的信仰,而只是一种私人的权宜之计"②。"顺乎伟大生命的/各种精粹不复以爱的力量/彼此拥抱,来创造一个生生不息的统一。"③这样不复以"爱的拥抱"来创造"生生不息的统一"就是顺乎自然、从不迷乱的家园的根基,也就为生命的绵延提供了不朽的基础——这是"父国的根基",又是"我的圣所"。

歌德写下诗句不复以爱来创造政治权力的统一,但在现实生活中,他又去拥抱一种"顺乎伟大生命"之形式的稳定性力量——科西嘉皇帝(拿破仑)的政治权力。在博尔内(Lugwig Bonne)眼里,他始终是一个"追求稳定性的傻瓜"④。这是一种自我捍卫(Selbstbehauptung)方式的流转,也就是他还没有找到真正信仰的症候。"所谓的信仰就是对于现在和未来的一种深挚的安全感,而这种安全感源于对某一个无限大的、全能的、

---

① Hans Blumenberg, *Arbeit am Mythos*(AM), S. 483.

② Hans Blumenberg, *Arbeit am Mythos*(AM), S. 485.

③ Johann Wolfgang von Goethe, *Die natürliche*, Tochter V. ed. Ernst Beutler Werke VI, Artemis, 1949-1952, S. s. 401-402.

④ Hans Blumenberg, *Arbeit am Mythos*(AM), S. 486.

而有不可探究的实体的信赖。"①虽然歌德转变自我捍卫方式如变色龙一样多变,但是寻找自我连续体的统一性暗示了他对基础稳定性的追求。我们有必要追溯一下歌德的自我捍卫方式的嬗变:六岁时以灵魂不朽保证神义论的方式被迫自我捍卫,青年时期以反叛诸神的审美形式而实现自我捍卫,他现在以政治取代神魔(Dämon)的自我捍卫方式完成政治基础的稳靠性。

3. 审美创造与自然兴现的相遇

当歌德对魏玛官员烦冗公务心生厌倦时,他"蛰居斗室,做自我最内在的沉思",生存所必需的生命强度变成了隐退的能力②。诗人企图以一己之力顽强抵抗政治的替身——神魔。隐退之中体现出来的力量是一种复杂表现形式:"毁灭已经潜在地充满了创造力。"③这是一种自然的存在状态:"她(自然)总在建设又总在破坏。"④在法国大革命轰隆隆的雷声中,身处魏玛宫廷的歌德重新撤到普罗米修斯神话创作,以抵御外在政治对他思想根基的侵蚀。歌德反讽自称"我的神性是魔鬼的神性",恰恰反映了这个时期普罗米修斯神话创作自相矛盾的精神心态和思想状况。歌德放弃了神性的称号,亦即是放弃了绝对性。但是,普罗米修斯反抗宙斯的行为总是蕴含着这样的内涵:唯有一个神祇对抗另一个神祇。它又在歌德登上布罗肯山峰(Brocken)的具体事例中折射出来。歌德向斯泰因夫人报告当时自我感觉:"……既不是魔鬼,也不是耶稣,我们向上攀登……"⑤我们说他是神,与说他是魔鬼已没有任何区别。然而,魔鬼和神明彼此混合又是如何可能的?

为了解释这一现象,布鲁门贝格求助于反讽概念,因为启蒙可以通过

---

① 歌德:《诗与真》(下),刘思慕译,《歌德文集》(5),人民文学出版社 1999 年版,第 653 页。

②③ Hans Blumenberg, *Arbeit am Mythos*(*AM*), S. 486.

④ Johann Wolfgang von Goethe, Die Natur, Werke Kommentare und Register Hamburger Ausgabe in 14 Bänden Band 13, C. H. Beck, 1981, S. 45.

⑤ Hans Blumenberg, *Arbeit am Mythos*(*AM*), S. 491.

审美的方式解放这些概念进而确立审美概念的自由[1]，尽管它们身上还保持两者的对抗性。显而易见，歌德用审美架设了人与神交通的津梁，由此而来的是，他的普罗米修斯不再是一个反叛的普罗米修斯，而接近于一个和解的普罗米修斯[2]："它是真正的歌德式思想，一个几乎是非基督教的自我肯定和自我和解的思想。"[3]实现这一目的的具体行动体现于歌德匿名出版的第一本名为《论德国建筑艺术》(*Von deutschen Baukunst*)的小册子中。普罗米修斯的名字出现在这本专著的末尾就是明证。

这里与我们相关的重要证据是这座建筑同两年后颂诗之间的联系：《普罗米修斯》颂诗中小屋呈现了哥特式教堂的原型[4]。歌德将斯特拉斯堡教堂的建筑设计大师埃尔温·施泰因巴赫(Erwin Steinbach)与泰坦神祇相提并论。他认为，哥特式尖顶和拱廊建筑风格完美体现于斯特拉斯堡教堂。教堂的造型像帐篷一样，由彼此交叉和前后支撑的廊柱构成，用一根脊梁将它们连成一体。我们完全可以做出推论，其最为简化的原型应该源自树冠状小屋的结构，四根角柱和置于其上的树枝构成的三角屋顶。正是这个最为简化的原型就是普罗米修斯原始小屋，它包含神圣不可侵犯的意蕴，布鲁门贝格将之概括为自然兴现的形式(natürliche wuchsform)，原始又简单，地地道道是自然的。对于歌德的自铸伟辞，法国当代哲学家阿多倒有一段比较贴切的描述适合于表达自然兴现的形式："歌德这样表达，是因为他想到的并非实验知识的运动，即从外部现象出发，发现一种能够解释现象的内在机制，而是直觉思想的运动，它包含产生和生长的运动，即希腊意义上的 phusis，或者从内部到外部的成形努力(nisus formativus)。这里的 form 不是指 Gestalt，即固定不变的结构，

---

① Hans Blumenberg, *Arbeit am Mythos*(AM), S. 492.

② Hans Blumenberg, *Arbeit am Mythos*(AM), S. 493.

③ 汉斯-伽达默尔：《歌德〈浮士德〉中的守塔人之歌》，吴建广译，《美学与诗学：诠释学的实施》，北京大学出版社 2013 年版，第 118 页。

④ Hans Blumenberg, *Arbeit am Mythos*(AM), S. 493.

而是 Bildung,即形成或生长。"[1]伽达默尔曾有言:"只有当素材进入到一个构造中,才对我们具有普遍性和意义,并对我们言说。"[2]这个审美小屋是如何通过自然兴现的构造来获得自身的普遍性和意义呢?一方面,小屋由内自外的兴现形式确保它不会轻易为地震毁坏,另一方面,小屋的自然又简单的形式使它在恶劣天气对其摧毁后便于迅速重建,足以说明普罗米修斯的小屋在最低限度上能够积极应对理性的挑战。综上所述,歌德笔下的普罗米修斯小屋既是自然的也是理性的:歌德一方面"试图将自由和我们自身尽可能地作为自然来对待"[3],另一方面,他又"将自然的本质作为与精神的本质和自由的自我意识的本质统一来把握"[4]。按实存主义的说法,这就是"把自然的生存论意义上的在场当成创作的源泉"[5]。

面对普罗米修斯的原始小屋所含的自然奥秘,歌德曾在《论花岗岩》中抒发过这样深沉的体验:

> 当我此时离开我一贯所处的观察领域,以一种真正充满激情的喜悦转入一个新领域,我绝不畏惧人们的指责:说我必定受到了一种矛盾精神的蛊惑,才从观察和描绘造化之中最年轻、最多样、最活跃、最善变、最易感动的人心,转入了对最古老、最稳重、最深刻、最难撼动的自然之子的观察。因为人们必将乐于向我承认,一切自然的事物之间都存在一种确切的内在联系,并且但凡乐于研究的精神绝不喜欢被排斥在某种可以达到的事物之外。是啊,由于人类思想的变幻多端,由于我自身内部以及他人的思想中所发生的种种剧烈运动,我曾饱经苦楚并仍在受苦;而人们同时赐予我这份庄严的安宁,确保

---

① 皮埃尔·阿多:《伊西斯的面纱》,张卜天译,华东师范大学出版社 2015 年版,第 281 页。
② 汉斯-伽达默尔:《歌德与道德世界》,吴建广译,《美学与诗学:诠释学的实施》,第 71 页。
③ 汉斯-伽达默尔:《歌德与哲学》,吴建广译,《美学与诗学:诠释学的实施》,第 63 页。
④ 汉斯-伽达默尔:《歌德与哲学》,吴建广译,《美学与诗学:诠释学的实施》,第 64 页。
⑤ 皮埃尔·阿多:《伊西斯的面纱》,张卜天译,第 235 页。

我能在孤独和沉默中贴近那宏大的、低声言说着的自然。①

作为自然之子的花岗岩以一种自然兴现的形式存在着：它"剧烈运动"，"矛盾对立"，拥有"确切的内在联系"……我们只有在孤独和沉默中饱经苦楚承受着这份安宁……总之，歌德以一种天才的创造力量"贴近那宏大的、低声言说着的自然"。按歌德的万物一体化泛神论观念来看，普罗米修斯小屋的构造和花岗岩意象所蕴含的精神是一脉相通的。

上文提过，如果说普罗米修斯的原始小屋和哥特式教堂之间能够架设一道桥梁的话，那么，该桥梁非审美莫属。"在歌德看来，能使我们认识自然的唯一有效工具就是人的感官：由理性所引导的知觉，尤其是对自然的审美知觉。正如我们所看到的，他认为艺术是自然的最佳阐释者。"②小屋是自然最为严酷的必然性产物，而大教堂则属于审美创造力爆发的主体力量的确证。两者恰恰反映了"自然与艺术之间的对应性和深层的亲缘关联：我们在自然中看到内在的目的性，内在的目的性我们也能从对美好之物的体验中和天才的创作中经验到"③。因此，小屋和大教堂可以在审美中融合在一起，易言之，审美的合法性亦在于自然的根据。"埃尔温·施泰因巴赫赞美诗中的歌手严格地区分必要之物与审美之物，从而看到了艺术被贬为纯粹的生命装饰的危险，而歌德使用上帝之树的隐喻确定无疑地与装饰生命没有丝毫关系。"④审美与装饰无关。把普罗米修斯小木屋的造型比喻为上帝之树后，歌德进一步指出："天才本身就是创造性自然，他绝对不会去装饰那些使用已久的事物；相反，他以这样的手段创造了形式：先是一间小木屋，然后是教堂的尖顶与拱廊。"⑤天才本身是创造性的自然，因此他的作品才是真正伟大的艺术，而且比美的艺术本

---

① Johann Wolfgang von Goethe，Über den Granit，S. 255.
② 皮埃尔·阿多：《伊西斯的面纱》，张卜天译，第 279 页。
③ 汉斯-伽达默尔：《歌德与哲学》，吴建广译，《美学与诗学：诠释学的实施》，第 59—60 页。
④ Hans Blumenberg，*Arbeit am Mythos*（AM），S. 494.
⑤ Hans Blumenberg，*Arbeit am Mythos*（AM），S. 495.

身更真实、更伟大。笔者对此观点略做两点发挥：其一，当天才的作品以
自然兴现的形式为基础时，天才塑造出一个源自必然性的形式世界，天才
的创造虽然是一种自由，但这种自由含有自我保存的基本需要来担保人
类的自由①。其二，普罗米修斯之所以能够成为造人的陶匠，首先在于他
的土地、木屋和火炉确证了他所具有的神圣不可侵犯的权力意志。

　　布鲁门贝格把歌德普罗米修斯的神话创作推进到最后自然兴现层次
时，泰坦神祇不仅在建筑上与埃尔温·施泰因巴赫联系在一起，而且在文
学上还与莎士比亚联系起来。"如果说自然兴现（naturwüchsigkeit）观念
可能对应于哥特式教堂的古典主义建筑原型，那么，文学上与之对应的原
型就是莎士比亚了。"②1777 年，在歌德的《纪念莎士比亚命名日》的演讲
中，他正式将人类造物（werk）与自然造物（wachstum）等同起来，将狂妄
的创造性整合于自明的自然性中，亦即将实在与理念同一起来：歌德（莎
士比亚）的"客观化的最高方式就是以艺术品的方式呈现，这是既实在
（Reell）又具有理念（ideell），既主观又客观。然后按谢林的看法，哲学思
想以其必然性转化为艺术的天才创造"③。与此同时，他将莎士比亚的自
然风格同提倡"三一律"的古典主义悲剧对立起来："艺术作品不是依据先
天法则创作出来，相反，在创作过程中法则借助于艺术品显示出来。"④
"当歌德说艺术是自然的最佳阐释者时，他的意思是指，审美体验使我们
窥见了可以解释各种自然生命形态的具体法则。"⑤因此，在这种程度上
说，艺术的创造类似于上帝的创世。创造之所以能够具有创世的力量，端
赖于"普罗米修斯的作坊创造行为与业已存在的自然之先天条件及其规
范"⑥建立起联系。如莎士比亚笔下的人物自然而然出现"世界是一个舞
台"上，歌德的普罗米修斯所创造的人类应该是"一个像我的种族……"。

---

①②　Hans Blumenberg, *Arbeit am Mythos*（AM）, S. 495.

③　汉斯-伽达默尔：《歌德与哲学》，吴建广译，《美学与诗学：诠释学的实施》，第 64 页。

④　Hans Blumenberg, *Arbeit am Mythos*（AM）, S. 496.

⑤　皮埃尔·阿多：《伊西斯的面纱》，张卜天译，第 236 页。

⑥　Hans Blumenberg, *Arbeit am Mythos*（AM）, S. 496.

人类的生存方式必得与自然为他们所预设的前提条件一致,也就是说普罗米修斯用自己的灵性气息(自然)赋予人类生命。但是,歌德时代风行一时的洛可可风格让他对时代的艺术趣味皱起了眉头。"这个时代完全丧失了依据自然评判自然的能力。"①因为那个时代的艺术作品不是陈陈相因,就是矫揉造作。歌德通过莎士比亚"倾心呼唤作为生命之根的自然"②,以此匡正时代矫饰风气,诊治艺术弊病。职是之故,莎士比亚证成了歌德的普罗米修斯神话研究:捍卫自然,反对古典主义圭臬,一举扫清了法国古典主义在德国的流风遗毒。

二、"政治即命运"释义

面对人类的崇高壮举和宇宙自然的奥秘,面对这些无从设想、无法探究和难以揣度的超越性,歌德自愿放弃因果解释,因为人类永远无法直接认识它们,但可以通过反思和象征对其有一种预感,将之表达为原则和格言的言说。其中最为著名的两条格言无疑是,"政治即命运"和"唯有神自己才可反抗神"。我们不妨模仿尼采的口吻说,那个时代两个最伟大人物歌德与拿破仑的相遇"不是一个德国事件,而是一个欧洲事件"③。当歌德听到拿破仑大音希声地说出"政治即命运"时,他的整个创作和人生命运由此被决定了:"这样一种自由的精神带着快乐和信任的宿命论置于宇宙之中,置于信仰之中:被摒弃的只是个体,而万物则在整体上得到了拯救和肯定——他不再否定……"④我们对"政治即命运"的认识和理解除了好奇和渴望之外,还有那种面对神秘存在所感到的惊叹、崇敬和痛苦。

1. 神魔:艺术形而上学的泛神论

尼采可能是歌德的知音,也是歌德最大的误读者。原因无他,尼采曾就歌德和拿破仑的关系说过两句话。第一句是:"终其一生他都擅长那种

---

① ② 　 Hans Blumenberg, *Arbeit am Mythos* (AM), S. 497.
③ 　 尼采:《偶像的黄昏》,李超杰译,孙周兴主编,《尼采著作全集》(6),第 190 页。
④ 　 尼采:《偶像的黄昏》,李超杰译,孙周兴主编,《尼采著作全集》(6),第 191 页。

精微的沉默。"①歌德的沉默使我们对他的重大思想和一些如谜般作品的解读带来极大困惑和困难。第二句话乃是："那个使他对自己的浮士德，也就是对整个关于'人'的问题做出重新思考的事件，是拿破仑的出现。"②尼采的意思是，歌德凭借拿破仑现象来反思人性问题。歌德的一生除创作普罗米修斯和浮士德的形象外，在现实生活中成为创作对象而且延续时间最长的就是拿破仑了。反思拿破仑乃出自身份认同，认同无奈引发身份的创伤：歌德如何把埃尔福特会面的清明儒雅形象与远征埃及时冷漠无情的形象统一于拿破仑身上，从而"捍卫生命概念和生命筹划的同一性"③？

　　无论是现实生活还是沉思默想，歌德以拿破仑自居，两个伟大人物共享"一个充满非凡特征和创造本性的中间领域"④——"宏图大志、杰出的灵感和伟大的思想"⑤。这个中间领域盘踞着歌德所命名的神魔（Dämon）：它"以黑暗与光照（erleuchtung）决定着人的命运"⑥。皮埃尔·阿多关于神魔的历史追溯有助于我们对这种自然现象存在的理解：

　　　　在荷马史诗中，"代蒙（Daimon）"一词意为个人的命运。赫拉克利特的一个作品片段模糊隐晦地认为"独特性，人的特征就是他的代蒙"，然而我们无法断定赫拉克利特究竟是想说代蒙决定了人的个体性，还是与此相反，认为代蒙并非其他，正是让每个人特征鲜明的个体性。此外，还应该承认，从柏拉图到马可·奥勒留，代蒙都作为一种事实出现，它既是我们本身又超越我们，既选择我们又被我们选择。他常常被认为是一类守护天使，但同时在某种程度上也是个体

---

①②　尼采：《善恶的彼岸》，赵千帆译，孙周兴主编，《尼采著作全集》（5），第233页。

③　Hans Blumenberg, *Arbeit am Mythos*（AM）, S. 505.

④　Hans Blumenberg, *Arbeit am Mythos*（AM）, S. 507.

⑤　皮埃尔·阿多：《别忘记生活》，孙圣英译，第169页。

⑥　Hans Blumenberg, *Arbeit am Mythos*（AM）, S. 507.

命运的化身。①

我们从上述内容了解到,神魔作为自然现象具有最为核心的特征就是个体性,在某种程度上是个体命运的化身。

与人一样,神魔也有青年和中年之分。年青的神魔是自我创造的天才,"作为一切非凡事物之存在根据的神圣光照总是伴随青春年华的创造能力左右……"②在歌德是写出风靡一时的情诗和《少年维特之烦恼》的年代;在拿破仑总是"永远光彩照人,永远清醒,永远决断"③,是"拥有权力而且善于运用权力"④叱咤风云的政治典范。但是,人到中年,命运叵测,"神魔不仅是一种驱力,而且还是一个背德者"⑤。神魔再世,"人类就必须再次陷入灭顶之灾"⑥。歌德何出此言?

> 我们可以把这个悖论与歌德在《诗与真》第二十节中讲述他关于魔鬼的思想时提出的悖论相比较。他将这个悖论描绘成一种只能通过对抗才能显现的力量,它既不属于神,也不属于人,既不属于魔鬼,也不属于天使,但却代表了一种智力和理性都无法解释的现象。它是一种超人类或者近乎神性的能力,一种具有创造性但同时也具有破坏性、诱惑性的几乎难以抵抗的力量,它存在于整个大自然,但主导着某些人的内心,比如拿破仑。⑦

好坏参半、亦神亦魔又主宰人命运的神魔让歌德一声叹息:"除了他

---

① 皮埃尔·阿多:《别忘记生活》,孙圣英译,第 145—6 页。
② Hans Blumenberg, *Arbeit am Mythos*(AM), S. 509.
③ Hans Blumenberg, *Arbeit am Mythos*(AM), S. 507.
④ Hans Blumenberg, *Arbeit am Mythos*(AM), S. 522.
⑤⑥ Hans Blumenberg, *Arbeit am Mythos*(AM), S. 508.
⑦ 皮埃尔·阿多:《别忘记生活》,孙圣英译,第 167 页。

们与之竞争的宇宙①外,无物可以克服他们。"②它引出了歌德最为著名而充满不详的诙诡之论:"除了神自己以外,谁也不能抗神。"③

1808年10月初埃尔福特的朝觐,与拿破仑的第一次相遇,促使歌德以普罗米修斯神话形象作为生命概念的构想:唯有神自己才能反对神。④拿破仑注视着歌德,平静地说:"你是一位大丈夫!"歌德在心里应答,你是穆罕默德第二!当歌德以艺术技巧(kunstgriff)回应拿破仑针对《维特》中不自然段落的异议时,"天才诗人和最高统帅缔结的亲密关系"⑤使审美和历史互为镜像,共同指向一种没有神义论(Theodizee)的中间创造领域⑥。

歌德和拿破仑之间建立起来的巧合(konstellation)似乎有将风马牛不相及的事情整合起来并产生难以想象意义的力量。比如,歌德生命中至为重要的色彩学贡献居然得到拿破仑的支持。两个伟大人物由此建立起来一种可能的平行性:"拿破仑继承了法国革命……而我则注定要纠正牛顿理论的错误。"⑦所有这些仅凭理智和理性难以解释的事件都焕发出一种不可思议的力量,歌德命名为神魔,这些事件要么具有"神魔之力",要么具有"反神魔之力"。布鲁门贝格认为神魔概念是对狂飙突进时代青春之士"神性"特征的拒绝,宣示了神魔特征不再是一种纯粹的审美形式,而是"这里的'神'一词在'魔力'语境下意味着一种几乎神性的能力,尤其是被神,即大自然或者命运之神所激发的一种能力"⑧。

在布鲁门贝格看来,歌德身上神魔之力是一种神性(gottlichen),与

---

① 从转引的原文来看,"宇宙"应是"Universum",译为"普遍性"更为恰当,与神魔的个体性形成对抗。

② 歌德:《诗与真》(下),《歌德文集》(5),刘思慕译,人民文学出版社1999年版,第838页。

③ 歌德:《诗与真》(下),《歌德文集》(5),刘思慕译,第838页。

④ Hans Blumenberg,*Arbeit am Mythos*(*AM*),S. 509.

⑤ Hans Blumenberg,*Arbeit am Mythos*(*AM*),S. 514.

⑥ Hans Blumenberg,*Arbeit am Mythos*(*AM*),S. 511.

⑦ Hans Blumenberg,*Arbeit am Mythos*(*AM*),S. 518.

⑧ 皮埃尔·阿多:《别忘记生活》,孙圣英译,第168页。

斯宾诺莎主义有着深刻的亲和力。"神性在字面上理解等同于泛神论,它是万物绝对性的标志。"①倘若某一事物具有神性,是指它具有两个方面的特征:一是神性具有绝对性而不是例外状态;二是超然于日常事务,达到神魔地位。

> 神魔绝非反神性——泛神论的神性比起一神论的神性准确地说是另一种乌托邦——因为(一神论的)神性根本上在泛神论中无处安身。只要神性出现在语言维度上,一种多神论的背景就永远存在,我们不妨把它理解为一种"分角色的泛神论(pantheistischer mit verteilten rollen)"。这种形而上学在美学上享有特权,是因为它赋予自然审美的正当性,是因为它没有为人性留下游戏空间因而使人性成为多余的。②

倘若我们将神魔在一神论、多神论和泛神论的语境中进行辨析的话,其概念得到不同含义的理解,但它最终只在泛神论中才能真正把神性充分表达出来。因为泛神论的神性既不是一神论的唯一的神性,也不是多神论并肩齐立的神性。唯有艺术形而上学差可比拟,神魔既具有艺术游戏人性,又具有自然美学的正当性,只不过受困于语言的束缚而表述为"分角色的泛神论"。鉴于其雄厚的艺术形而上学背景,歌德泛神论的神魔性是一个中介领域,具有居间过渡性质。由于泛神论最终不是形而上学,由于与道德领域不相干的范畴最终不是道德哲学,神魔拥有的是一个美学的居间王国。在歌德眼里,神魔在历史上代表人物除拿破仑外还有拉斐尔、莫扎特和莎士比亚等,虚构的人物亦包括普罗米修斯和浮士德,这些人物身上兼具神魔范畴的美学价值。

判断一个伟大人物是否具有神魔之力,是从两个方面着手:一是"有

---

①② Hans Blumenberg, *Arbeit am Mythos* (AM), S. 520.

无神魔之力及其标志,标准在于是否控制各种要素、控制宇宙自然的权力"①。拿破仑的格言"皇帝不知道生病,只知道死亡"无疑神化了他身上超自然的魅力。我们往往对古代巨人式文化精神创造力惊叹不已,却悲哀地发现这种神魔之力在现代人这里一去不复返,一个庸俗的散文世纪哪里还容得下往古时代的诗意!二是"具有神魔之力人物的一个标志,不仅在于他控制了自身诸种要素,而且还在于他能够在别人身上唤起这种能力"②。此外,在神魔人物离去之后,我们深感历史的空白。总而言之,神魔人物是"积极主动的人",他以艺术形而上学泛神论方式控制身外身内各种生存要素,并且唤起他人既控制宇宙自然权力,又控制自身内在权力的能力。

2."政治即命运":歌德与拿破仑的分野

埃尔福特风云际会,龙虎相争。当政治家拿破仑以诗人身份批评法国古典主义悲剧时,命运悲剧的命运含义发生了重大的转变。皇帝的格言"政治即命运"已指出这种事实:"古典主义的审美'命运'已经由帝国意志的诉求取而代之。"③毕竟这个时代已"处于自我操持、自我把握的过程中"④。自我主宰自我的命运,让歌德审美领域的自我与拿破仑市民社会的自我不期而遇,引发了一个大爆发(grossen heraushebung)的情境⑤。有史为证,1806年,歌德把他的家庭状况从宫廷特征改变为市民特征,与拿破仑第二次见面之后,歌德虽视拿破仑为"更高尚的人",但并不认为拿破仑在等级上是比他更高的人,并不像歌德接触过的那些君主一样。⑥歌德和拿破仑达成一种微妙的平衡。所有以他们之间的关系为中心积累起来的一切思想事件,都独立于可靠的事实而存在,无不证明着普罗米修

---

① Hans Blumenberg, *Arbeit am Mythos*(*AM*), S. 522.

② Hans Blumenberg, *Arbeit am Mythos*(*AM*), S. 523.

③④ Hans Blumenberg, *Arbeit am Mythos*(*AM*), S. 511.

⑤ Hans Blumenberg, *Arbeit am Mythos*(*AM*), S. 513.

⑥ 古斯塔夫·赛普特:《歌德与拿破仑》,赵蕾莲译,黑龙江教育出版社2015年版,第155页。

斯神话研究的"意义的孕育"具有不可否定的尊严①。

　　这种自我主宰自我命运的新风气、新思想一时风靡欧洲大陆,所向披靡,令旧制度、旧传统黯然失色。"拿破仑关闭了歌德在项链丑闻时所窥见的那道深渊,但这位法国革命的继承人却在其身后留下一道新的深渊。"②就积极方面而言,这道深渊是以卢梭主义的法国革命为轴心的,是"参与影响国家最高事务"的自强不息的个体主义,拿破仑从炮兵中尉到皇帝奋斗历程即是证明。后来它酿成持久的动乱,演变为灾难性的唯我主义(egoismus)。这一隐匿的时代思潮被"千里眼一般睿智"的尼采看得一清二楚,虽然歌德和拿破仑思想观念的共同基础是"回归自然",但歌德对18世纪及其革命的后果恨之入骨。布鲁门贝格借助尼采的"千里眼"评论道:"歌德的存在是一个欧洲事件,作为'通过回归自然,通过上升到文艺复兴的自然性而克服18世纪的伟大奋斗',同时这也是'18世纪的一种自我克服';毋庸置疑,拿破仑也是'回归自然的一个典范'。"③因此,歌德和拿破仑对自然的理解又判若泥霄。

　　如尼采所说,回归自然保证了,歌德和拿破仑的最伟大的经验——"拿破仑最高真实(realissimum)"是"坚定的实在论者",与时代之非实在性认识形成鲜明对比④。回归自然的经验就是实在论者的经验,绝非是一种历史经验。如果我们看到这种实在论者的经验随它的主人毁灭而消失时,我们就会明白一种命运所昭示的悲剧即将发生。拿破仑的覆灭引起歌德对悲剧的重估,再次引发他对拿破仑名言"政治即命运"的思考。

　　悲剧性当然指"希腊人的命运悲剧观",它是"一种古代的存在观念,不建立在自由的原则上,相反却允许困惑和厄运招致过错来决定一个人的命运"⑤。在本我主义自由观高涨的时代里,由于古代的命运悲剧对自由原则的漠视,这个时代弃之如敝屣。在古代悲剧命运观转变为现代命

---

① Hans Blumenberg,*Arbeit am Mythos*(AM),S. 516.
② Hans Blumenberg,*Arbeit am Mythos*(AM),S. 524.
③④ Hans Blumenberg,*Arbeit am Mythos*(AM),S. 525.
⑤ Hans Blumenberg,*Arbeit am Mythos*(AM),S. 526.

运观的过程中,拿破仑发挥了堪称典范的决定性作用。因为古代的命运观念兹在兹,一个人的命运是由一个人的困惑和过错导致的,而现代的命运观欣然接受"由政治行为决定命运"①。尼采据此判断,自由的现代人更容易接受拿破仑的说法。在歌德眼里,这一代人只讲党派政治,"加入雅各宾派,鼓动谋杀与流血政变"。自由被政治异化为党派的暴力活动。

　　青年德意志欲求自由不得转而坠入整体怨恨的变态心理中,于是,现代命运观又有另一种实实在在的表现,"文学政治化是青年德意志的一种时代姿态"②。德国新潮文人(大多是浪漫派)丝毫不关心政治是否攸关命运,也不曾反思政治的错误和灾难。他们对这个命题的狭隘理解注定是,政治最后是否已经成为诗歌的恰当题材。即使他们不无矫情地把政治纳入诗歌范围,也常常以法国风格来处理这个题材。就他们思想近视而言,政治行动仅只是一种党派立场的选择行为,不会是别的什么。因此,布鲁门贝格的诊断是:"诗人的题材同政治事务所特有的强制和约束毫无关系。"③这句断言简洁有力,但令人费解,同时也带出歌德反对拿破仑形成神反对神格局(konstellation)的另一个原因。上文表过,古代的悲剧命运观并不是建立在自由原则上,而青年德意志将政治理解为一种以自由观念为基础的党派政治,在败坏悲剧的同时败坏政治。诗人的自由题材同政治的强制和约束有何相干?"政治所特有的强制和约束"指向一种实在论的自然,但是,歌德和拿破仑的各自理解又是针锋相对的:歌德认为"政治所特有的强制和约束"是道德对个体的强制和约束,而不是拿破仑所强调的国家对个体的强制和约束。歌德拒绝向拿破仑本人臣服的同时,一口否决青年一代反叛拿破仑所提出的爱国要求,绝不与他们沆瀣一气。布鲁门贝格铿锵有力地引用歌德的诗句剖白他对政治的理解,让"一种道德启蒙之光"④"像雄鹰一样盘旋在国家的上空"⑤。

―――――――――――――

①② 　Hans Blumenberg, *Arbeit am Mythos*(AM), S. 526.

③ 　Hans Blumenberg, *Arbeit am Mythos*(AM), S. 527.

④ 　Hans Blumenberg, *Arbeit am Mythos*(AM), S. 543.

⑤ 　Hans Blumenberg, *Arbeit am Mythos*(AM), S. 527.

首先,歌德与拿破仑对政治理解的差异表现在世界观方面。拿破仑曾邀请歌德创作恺撒之死悲剧,歌德不甘沦为御用诗人,婉拒皇帝的提议。悲剧应该属于帝王将相和列国万邦的题材,是诗人伟大光荣的事业。但这种题材的世界观在拿破仑看来太狭窄了,他许诺歌德的创作之行是,巴黎有更广阔的世界观,它应该属于时代的政治范畴。古典悲剧的历史是由帝王将相创造的列国万邦的历史,但古典的时代已苍然逝去,现今应该"让每一个人都去创造历史"①,这就是拿破仑对歌德说出"召唤每一个人都介入历史"的更为广阔的世界观。它大大僭越了悲剧范畴,也正是这种世界观让政治范畴重新占据(umbesetzung)悲剧在历史体系中的位置②。如果说古典悲剧体现了整体的命运的话,现在占据悲剧范畴的政治俨然成了个体的命运。拿破仑以自身的行为效果迫使每一个人接受这句格言,而每一个人为自己介入历史而欣然接受这一政治命运。古典主义的审美命运已经由帝国意志的诉求取而代之③。

除开担忧沦为政治工具外,歌德还从另一角度深刻反思了这一格言。"政治即命运"不能只从行动的效果去考虑,它还应该从本源的角度予以澄清。政治应该源出一种更高权力(höheren gewalt)本身而非更高事物的权力(gewalt ders höheren)的压力④。歌德对政治的反思是让政治保持在本源的发生当中,政治是更高权力对较低权力的权力意志,同时警戒千万莫让政治物化,异化为更高事物的权力对较低事物的压迫。物化政治使每一个人介入历史的创造时显得无足轻重,成为卑微渺小的存在。拿破仑对此等卑微渺小的人类充满神魔式蔑视之情,即是创造历史、征服历史的神魔人物的冷漠超然的立场。

其次,歌德和拿破仑对政治理解的差异表现在剧场政治方面。魏玛一名中学教师法尔克记录了埃尔福特会晤前他与歌德关于拿破仑的谈

①② Hans Blumenberg, *Arbeit am Mythos*(AM), S. 529.

③ Hans Blumenberg, *Arbeit am Mythos*(AM), S. 511.

④ Hans Blumenberg, *Arbeit am Mythos*(AM), S. 530.

话。这段报道内容大致分为两个方面:一是"歌德向拿破仑建言,按照他自己创作戏剧一样的美学原则来引领世界"。二是"这些公众不能等待时间结束,就迫不及待地用天才的创造物到处惹是生非,令人烦恼"①。从前者来看,歌德显然把拿破仑看成既是政治剧场的一位导演,从后者来看,拿破仑又是戏剧导演眼里的一位观众。剧场的隐喻无疑指出这样的事实,导演本人绝对没有被这个已被糟蹋的世纪和民族所牵累,能够向观众奉上天才的创造物,但是,观众作为剧场的现实,有可能滥用天才创造物到处惹是生非。拿破仑邀约歌德创作新悲剧《恺撒之死》时,他不是作为观众的身份来理解戏剧的,乃是作为法国这个时期戏剧界的杰出代表:"以高度严肃的态度对待一切,尤其法国戏剧,它的罗马风格,它的堂皇词句,必然像罗马帝国的摄政团一样令他神往,必定吸引了像他一样的精神……拿破仑全心全意地坐在恺撒面前,仿佛在主持一场犯罪审判。"②拿破仑神往罗马戏剧典范就是政治即命运的精神体现,是戏剧的最高终审法庭(theatralishe instanz)③。但是,法国戏剧仅止于罗马风格,它与罗马精神是无缘的,有的只是滥用罗马戏剧的政治现实。它让我们想起了柏拉图《理想国》借苏格拉底之口批判的剧场政治:"我们的那个不冷静的部分给模仿提供了大量各式各样的材料。而那个理智的平静的精神状态,因为它几乎是永远不变的,所以是不容易模仿的,模仿起来也是不容易看懂的,尤其不是涌到剧场里来的那一大群杂七杂八的人们所容易了解的。"④《理想国》中模仿和理智的关系在某种程度上与政治和命运的关系是相似的,在笔者看来,歌德仿佛苏格拉底一样睿哲洞穿了拿破仑的现代政治现实。

再次,歌德和拿破仑对政治的理解体现在实在论方面的差异。尼采曾称歌德是个"坚定的实在论者"⑤。现实作为原则永远不曾或不将是非

---

①②③　Hans Blumenberg, *Arbeit am Mythos*(*AM*), S. 531.

④　柏拉图:《理想国》,郭斌和、张竹明译,商务印书馆1994年版,第404页。

⑤　尼采:《偶像的黄昏》,李超杰译,《尼采著作全集》(6),第190页。

现实的,但总是受到快乐原则的遮蔽。"快乐原则已经成功地安置了意愿满足的世界后,现实原则在快乐原则实现的情况下才能实现自身。"①歌德的快乐原则之所以能够实现,原因无它,他以审美方式构想一种具有内在一致性的生命境界,即一种具有普罗米修斯式侫妄的自我创造的生命,但是,实在像某种异己的东西自外而内闯进来。② 按照布鲁门贝格的说法,这种实在出人意料地体现在歌德妻子克里斯蒂安娜身上,"她就是歌德自我理解所拒绝的实在"③,在歌德实现了艺术自我创造的快乐原则之后,这个实在拒斥了母亲的影响,同时提醒他那个自我创造的世界是非现实的。歌德与其他女人的关系反倒是一种以幻想的方式与实在周旋的表现,比如他与斯泰因夫人,等等。这个实在世界是他无法用审美方式加以调节的④。另外,歌德除了从妻子身上体验到实在之外,他的每一次游历也是实在的体验,能使他的思想境界和人生态度前后判若两人。当新的实在与他自身的想象认同构成冲突时,就会迫使他去修复那曾受到重创的身份统一性。

拿破仑的实在应该建立在耶拿的会晤以及后来的命运观之上,而不是从埃尔福特的觐见来理解。拿破仑恰如其分评价歌德"果然是大丈夫"。反过来,歌德几近以神祇来仰视拿破仑,即使如此,他也没有臣服于拿破仑实在论的压迫。歌德之所以能够与拿破仑对峙构成神反对神的格局,端赖于他用"不可分割的整体形式"来保护自己的独特经验:"唯有将瞬间的见证转为'不可分割的整体形式(atomon eidos)',才能获得凛然不可侵犯的经验的稳靠性"⑤。只有在"不可分割的整体形式"帮助下,歌德才能消除拿破仑的实在经验所带来的恐惧和挫折,重获自己的身份认同。耶拿会战以及国家的受辱,使他的生命认同和国家认同的连续性遭到破

---

① Hans Blumenberg, *Arbeit am Mythos*(AM), S. 532.

②③ Hans Blumenberg, *Arbeit am Mythos*(AM), S. 533.

④ Hans Blumenberg, *Arbeit am Mythos*(AM), S. 536.

⑤ Hans Blumenberg, *Arbeit am Mythos*(AM), S. 539.

坏。值得庆幸的是，"圣赫娜岛流放地就等同于实在性的坚固内核"①，拿破仑像普罗米修斯一样的受难的场面拯救了歌德重建的身份认同，甚至连接上他的国家认同的连续性。

最后的差异也是最重要的差异，它揭示了政治的本质含义。上文提过，歌德认为"政治所特有的强制和约束"是道德对个体的强制和约束。当歌德评论圣赫娜岛受难的拿破仑时，心怀几分慈悲心肠，"这段回忆结束于一种道德，然而它无法让人决然将这种道德变成一种借以评价拿破仑的标准"②。歌德虽以道德实行对个体的强制和约束，但绝没有迂腐地以道德说教来评价拿破仑的标准，因为这种道德以"不可分割的整体形式"出现，是对个体主义的一种超越。与此相反，拿破仑的政治观念含有不顾一切把个体性提升到绝对高度③的意涵，尤有甚者，政治的个体性易于与审美的个体性混同，这在歌德看来是何等危险的事情。人们无法也不应该把拿破仑的神魔现象转化为一种道德现象，歌德因此坚称拿破仑的神魔现象为"一种出色的自然现象"而无作他想。据布鲁门贝格评论，"自然"与其说是道德称义，不如说是对自然取消了道德评价的一种描述。④就如对神魔现象加以正面道德评价是一种陈腐的做法，对拿破仑加以道德控诉同样也是非常可疑的。歌德本人对审美神话神魔现象的深刻理解在于，他用陌生的拿破仑实在论震醒审美世界的美梦，因而超越了神魔的个体性审美属性。

种瓜得瓜，种豆得豆。历史理性就像黑格尔的理性狡计一样击破了人们一厢情愿的进步论幻想。但是，历史的吊诡却让歌德从拿破仑身上获取启蒙的真正要义。神魔人物拿破仑与盗火者普罗米修斯汇合在一起，启动了歌德的普罗米修斯神话研究。为何要让这个启蒙世纪的法国大革命继承人拿破仑苦修赎罪呢？他究竟以何馈赠人类而像普罗米修斯

---

① Hans Blumenberg，*Arbeit am Mythos*（AM），S. 540.
② Hans Blumenberg，*Arbeit am Mythos*（AM），S. 541.
③④ Hans Blumenberg，*Arbeit am Mythos*（AM），S. 542.

一样付出此种代价？"也就是光，一种道德启蒙之光。"①正是这种道德启蒙之光照亮歌德为民族前途所寻找的道路。正是这个无法用道德来评价的神魔人物，竟鬼使神差地成了德意志民族的启蒙者。拿破仑曾扬言，"我们必须教会德国人道德上更高的概念！"②拿破仑启蒙了被他征服的民族，使歌德认识到，"每一个人的思想和兴趣的目标在于'确立人的公民地位，人的自由，与人息息相关的他可能的失落、他的自我保存以及他的自我捍卫'"③。公民就是萨弗兰斯基说的个体政治的"整体形式"："政治牵涉到作为整体的社会事务。这要求以这样一种思维方式为前提：它不仅追寻自身的利益，而且能够承担起对整体的责任。"④只有把拿破仑个体性的本我主义道德，放在普罗米修斯那作为"整体形式"的铁砧上，才能锻造为公民的权利和义务，我们才能理解人的自由的真正含义，神魔的自然现象才能演变成一种道德现象，这是歌德汇合了希腊传统和法国启蒙传统⑤，对拿破仑政治即命运的道德启蒙的真正理解。一言蔽之，歌德对启蒙运动最高境界的理解可以总结为一句精粹的话："他（拿破仑）启蒙每一个个体自我关照。"⑥不言而喻，每一个个体的自我关照必须经由公民这个"整体形式"进而转为共同体的自我关照。正如布鲁门贝格借歌德之口说出："神魔范畴归根到底同正义要素存在着不可或缺的联系。"⑦诚哉斯言！

3. 普罗米修斯的洞穴："将最坚固的基础锻造为弹性的东西"

由于《普罗米修斯》手稿遗留在雅可比那里的缘故，歌德曾造成将它与《潘多拉》混为一谈的口误。按弗洛伊德的说法，口误是某种被压抑愿望的隐秘表现。现在的问题是，什么是这位普罗米修斯最为隐秘的愿望？

① Hans Blumenberg, *Arbeit am Mythos*(AM), S. 543.
② 古斯塔夫·赛普特：《歌德与拿破仑》，赵蕾莲译，第107页。
③ Hans Blumenberg, *Arbeit am Mythos*(AM), S. 543.
④ 萨弗兰斯基：《荣耀与丑闻》，卫茂平译，第44页。
⑤⑥ Hans Blumenberg, *Arbeit am Mythos*(AM), S. 544.
⑦ Hans Blumenberg, *Arbeit am Mythos*(AM), S. 578.

易言之,歌德的笔触是如何伸向普罗米修斯的无意识世界? 普罗米修斯在人类造物当中加入"无意识要素"(das moment der unbewusstheit)后,给人类历史带来一种悖论,历史虽然是人类创造的,但历史又不是按照人类的意图创造的。

　　当拿破仑以陌生的实在面目出现在沉浸于审美创造幻觉的歌德面前时,歌德以神反对神的方式进行抵抗。反抗最终的结果就是歌德找到控制实在的办法,并把自己的心路历程投射于创作中。"审美的自我授权并不是作为一种纯粹的幻觉,而是作为真实的机遇而出现,这正是为了弃绝幸与不幸受外在条件制约的缘故。"①歌德以审美天才的创造力量通过自我授权的方式控制了现实,使审美与实在达成一种均衡的状态。

　　从《普罗米修斯》到《潘多拉》,歌德思想和创作的发展过程既不是一马平川,也不是没有经历任何中介环节一蹴而就。前者直接针对"变异与个性",后者"更多涉及一般性"。② 走出狂飙突进时代的歌德遭遇了新的困境:将意志与行为、行为与效果以及意图与现实在审美创造中融为一体的认识遭到了失败。③ 只有将《伊尔美瑙》(Ilmenau)置于《潘多拉》前面,我们才能了解体现在普罗米修斯身上的新难题:只有把拿破仑形象和普罗米修斯形象融合起来,把审美创造力量和现实的自然现象融合起来,才能保持行动与结果的一致,保持创造行为与创造成果的一致。因此,我们在新的普罗米修斯形象身上再也找不到他与宙斯冲突的情节设置,他的内心世界不再顽固地坚守自己的世界而反对现存的世界。职是之故,我们有必要搞清楚普罗米修斯前后形象的转变是怎样发生的。首先碰到的问题是,为什么圣洁的天火熔铸了新鲜的陶土,就不能创造出人类的神圣呢? 这个问题的症结关键在于行动和结果的脱节,历史的悖论造成了普罗米修斯巨大的挫折。布鲁门贝格认为,这一切的原因无非就是,普罗米

---

① Hans Blumenberg, *Arbeit am Mythos*(AM), S. 545.
② 卡西尔:《卢梭·康德·歌德》,吴增定译,《歌德的潘多拉》,生活·读书·新知三联书店 2002 年版,第 185 页。
③ Hans Blumenberg, *Arbeit am Mythos*(AM), S. 545.

修斯给他的造物增添了无意识要素。正是这一原因,导致思想史上最致命的后果,"本源意图与构成要素都决定不了造物的命运"①。一语击中要害,我们应该清算浪漫主义回到源头的狂热症。

首先,在《普罗米修斯》颂诗中,普罗米修斯以诸神的身份向父神宙斯发起挑战的冲锋。但在《潘多拉》歌剧般原始场景中,普罗米修斯却与另一个泰坦神祇厄庇米修斯(Epimetheus)相对峙。宙斯和厄庇米修斯本是两个风马牛不相及的世界。在诸神世界中,普罗米修斯蔑视和反抗宙斯的信仰——盗火取来启蒙之光。在泰坦世界中,他现在以暴政统治他的作坊,对锻工、牧人和武士滥施粗暴的权威,以生产工具和武器为主,让他们从事单调无比的艰辛劳作。比之普罗米修斯一方正在遭受苦难的人们,厄庇米修斯一方则多了一群沉思默想、反求诸己和追求幸福的人。两个泰坦神祇不能和平共处起因于普罗米修斯对潘多拉的深恶痛绝,这种憎恨伴随他们垂暮余生,遥远的青春故事终成前尘幻影的神话。其次,后出的《潘多拉》整个占据了《普罗米修斯》剧本和颂诗的原始构型。歌德以木质廊柱结构建成的山间小屋作为古老的文化原型,原主人普罗米修斯现换做厄庇米修斯。普罗米修斯则委身一个或自然或人工挖掘的洞穴常年艰辛劳作。这是一个蛮荒又凄厉的地下世界:"拥有火种,由此而来的锻造活动就是那些赤裸裸的暴力行径和艰苦枯燥的劳动前提条件。"②

我们从上述《潘多拉》剧作转述内容来看,它的主题内容包括三个方面:一是《普罗米修斯》中"大地神圣不可侵犯"诫命已转为《潘多拉》洞穴中人们制造工具和武器的前提条件。二是普罗米修斯不再是反抗父神宙斯的造人陶匠,而是把火绑在自己身上,用权力统治人类。三是洞穴作为普罗米修斯的创世空间,那里占统治地位的是效用必然律(nutzungszwang)。如果我们的阅读体验是有成效的,那么必须再进一步指出布鲁门贝格论述内容的具体指向,但这肯定要承担误读风险。从第一点来看,普罗米修

---

① Hans Blumenberg, *Arbeit am Mythos*(*AM*), S. 546.
② Hans Blumenberg, *Arbeit am Mythos*(*AM*), S. 547.

斯的造物因添加无意识元素而具有神性，它体现为人类生存的基本需要，这种基本需要可以在工具和武器的载体上得以表征。在《神话研究》第四部第三章的《附记》中，有一段话即可证实第一点的观点，那就是布鲁门贝格对生命无意识世界危险的活跃状态的描述："借助于无意识这匹发动机，重复原则作为生命的高级力量推动了拿破仑。这种力量不息涌动着，充满危险又难以制服，总是伺机爆发。当这种生命一旦形成，就一劳永逸地处于活跃状态。"① 第二点告诉我们，普罗米修斯直接接管宙斯的淫威和武断的统治权力，而厄庇米修斯却用高加索山上的锁链进行恐吓统治："因为，当律法／当父神的意志产生了暴力／你就绝对不是他们的对手。"② 一方面，父系权力的统治表现为权力机关的合法暴力的施压；另一方面，作为一种怀柔规训心灵无意识世界的意识形态，它几乎是阿尔都塞"意识形态国家机器"概念的翻版。所以，一个孝顺（服从统治）的儿子必须敬畏不在场的父亲（统治）。③ 从第三点看，洞穴世界既是柏拉图意义上的影像空间，又是技术造物世界④。在洞穴世界所表征的无意识世界中，一种物质效用必然律从其他需要中脱颖而出，成为最基本的生存需要。普罗米修斯高度赞赏他的造物优先使用这个唯属地下世界的元素。"你们没有欣赏其他元素，而对火情有独钟。"⑤ 借助布鲁门贝格的眼光，我们不难看出，歌德笔下的普罗米修斯之火象征物质效用必然律，这导致《潘多拉》中锻工凸显为一种极端的形象，他用火这个最不稳定元素将最坚固的基础变成有弹性（自由）的东西。⑥ 笔者认为，锻工形象体现了布鲁门贝格

---

① Hans Blumenberg, *Arbeit am Mythos*(AM), S. 562.

② Johann Wolfgang von Goethe, *Pandora*, Goethe Poetische, Werke Berliner Ausgabe 6 Dramatische Dichtungen Ⅱ, Aufbau Verlag, 1973, S. 425.

③ Johann Wolfgang von Goethe, *Pandora*, Goethe Poetische, Werke Berliner Ausgabe 6 Dramatische Dichtungen Ⅱ, Aufbau Verlag, 1973, S. 425.

④ Hans Blumenberg, *Arbeit am Mythos*(AM), S. 549.

⑤ Johann Wolfgang von Goethe, *Pandora*, Goethe Poetische Werke Berliner Ausgabe 6 Dramatische Dichtungen Ⅱ, Aufbau Verlag, 1973, S. 417.

⑥ Hans Blumenberg, *Arbeit am Mythos*(AM), S. 549.

整体学术建构的关键所在,支配了他一生的思考:将最坚固的基础变成有弹性的东西,也就是说将作为自然理性的道德转变为人类的自由,或者说,在世界中让有限生命生成不朽的存在。对于第三点,我们似可继承引申讨论。为什么火所象征的物质效用必然律会从其他需要中脱颖而出呢?为什么它跟无意识生存欲望沆瀣一气呢?为什么这种基本需要发展到一定程度就会采用暴力手段呢?对于第一问和第二问我们无须理论说明就可以从我们的生存事实中察觉到这种情况的存在。对于第三问,布鲁门贝格是这样回答的:"由于工具的权力来自洞穴,这种几乎没有得到驯服的家庭用火将会成为毁灭山间小屋的力量。"①在这里,布鲁门贝格用洞穴和山间小屋指代两种理性之间竞争的譬喻。工具理性若只停留在原初欲望形态,没有经过合理的转化和驯服的话,这头暴兽就会摧毁人类文明筚路蓝缕创造的启蒙理性。这绝不是危言耸听的夸大之辞,它在我们生存中主导了这样的事实,当工具理性发挥效用最为极致时,工具变成了武器。

工具演变为武器的现实被歌德搬进《潘多拉》一剧中,它的剧情按照拿破仑的形象来塑造普罗米修斯,布鲁门贝格洞若观火指出了歌德文学创作的转捩点:早期文学创作的主题是拿破仑成为普罗米修斯,现在普罗米修斯反转为拿破仑。"拿破仑成为普罗米修斯"指的是大革命继承人为人类带来个体主义的新人性,"普罗米修斯化身拿破仑"在歌德的剧作中体现为,拿破仑的个体自我主义以物质效用必然律为武器相互惨烈厮杀,这种情况以及后果被静观默识的厄庇米修斯看在眼里。用什么力量,以何种方式平息人间的争斗?歌德静候潘多拉的归来,用爱的幸福给人间带来真正的礼物。布鲁门贝格认为,这是神话研究的手法,而不是真实的历史事件。②

既然等待潘多拉归来是一个神话事件,那么歌德有可能以神话的方

---

① Hans Blumenberg, *Arbeit am Mythos*(*AM*), S. 550.

② Hans Blumenberg, *Arbeit am Mythos*(*AM*), S. 511.

式让普罗米修斯幡然醒悟，以"博爱的方式普度众生"，复活他的自我惩罚的儿子。[1] 剧终，黎明女神驱逐了人类之父普罗米修斯的结局充满歧义，令人费解。斯泰因夫人向歌德承认，她真的只能指出作品的个别部分；歌德回答她说，整体事实上只能隐秘地影响读者。[2] 面对《潘多拉》的整体神秘，我们大致可以推测，普罗米修斯虽洗心革面但没有与他儿子（人类）的新生联系起来，他的醒悟仍局限于罪与罚的效用必然律思维，而没有走向罪与救赎的恩典原理。出于他所偏爱的万神殿、权力分立的原则以及均衡思想的要求，歌德所塑造的黎明女神很可能是一个神话形象，而潘多拉的归来才是超越于一切的恩典救赎的理念象征。维拉莫维茨充满激情地提示我们，潘多拉的王国与柏拉图的理念王国是一致的。"普罗米修斯和爱洛斯城邦附近的柏拉图学园为歌德提供了决定其整个创作的思想：潘多拉的归来激励人类忘我而热情地研究作为理想财富的科学和艺术。"[3]在《潘多拉》的第二部分和最后一部分的计划中，歌德虽然没有完成《潘多拉的归来》，但他还是写下了关键词：潘多拉的到来乃是"象征的充实"（Symbolische Fülle）[4]，果农、渔夫、种植者和牧羊人，都和她同时来到世界上。她随身携带"幸福与舒适"，最终是"安静的神魔／科学 艺术／壁挂"[5]。在非基督徒歌德眼里，潘多拉的形象既融入了"安静的神魔"的审美思想，又降临幸福的救赎思想，也没有遗忘壁挂所象征的效用必然律。需要强调的是，潘多拉的救赎恩典智慧区别于基督教的救赎思想，是"科学、艺术与壁挂"综合而成的救赎智慧，也就是说，以象征的形式或者以戏剧和抒情诗形式，歌德生动表达了"厄庇米修斯的世界同普罗米修斯

---

① 　Hans Blumenberg，*Arbeit am Mythos*（AM），S. 552.

② 　卡西尔：《卢梭·康德·歌德》，吴增定译，《歌德的潘多拉》，第 186 页。

③ 　卡西尔：《卢梭·康德·歌德》，吴增定译，《歌德的潘多拉》，第 189 页。

④ 　Johann Wolfgang von Goethe，Pandora，Werke Kommentare und Register Hamburger Ausgabe in 14 Bänden Band 5，C. H. Beck，1981，S. 694.

⑤ 　Johann Wolfgang von Goethe，Pandora，Werke Kommentare und Register Hamburger Ausgabe in 14 Bänden Band 5，C. H. Beck，1981，S. s. 694-695.

的世界之间相同的统一相同的协调"①。

歌德静静等待着潘多拉的归来,两百年后的我们依然在等待。

三、花岗岩的基础:自然与恩典的和解

在歌德学中,对"唯有神自己才可反抗神"(Nemo contra deum nisi deus ipse)的解释是一桩争讼纷纭的公案。布鲁门贝格介绍此句箴言的来龙去脉时,既确定了它的思想起源,又把它置于一种终末论的整体视野中进行考察。首先,这句箴言是作为《诗与真》最后部分的题词,在形式上具有终末论的含义。其次,当拿破仑以神魔的自然之力把"自我提升到绝对化程度而具有危险"②时,歌德既深思熟虑又灵光乍现地抛出"唯有神自己才能反抗神"这句箴言,意在用这句"诡诡之论"终结"神魔"概念,从而解答这一"世界与生命的难解之谜"③,故这句诡诡之论的释义具有终末论的实质语义。"这句箴言既非简单纯粹的一神论,因为一神论把反抗上帝的对立地位描述为虚幻,也非排他性的多神论,因为多神论展示一个神反对其他神,而是蕴含着深刻的泛神论:唯有普遍性(universum)才能反抗神魔的自然(eine dämonisch-göttliche natur),唯有普遍性的内在权力才能击败个体的权力。因为普遍性就是绝对性(das absolute),任何发生于其中事物都无法动摇它的统治。"④关于这句诡诡之论释义的思想语境,布鲁门贝格绝无抛开一神论和多神论神话之意,重起炉灶,而是利用了一神论的统一性,把斯宾诺莎的普遍性或绝对性引入神话语境当中,进而超越了异教的万神殿(多神论)神话原则。同时,这句诡诡之论是以和解而非模糊冲突的姿态克服自然的神魔之力,这种思想上的克服是以和解的结果形态而实现自身的。由于神魔之力把自我提升到绝对化地位,这个青春之梦对普通大众具有非凡的影响力,连"一切道德力量的联合"

---

① 卡西尔:《卢梭·康德·歌德》,吴增定译,《歌德的潘多拉》,第 211 页。
② Hans Blumenberg, *Arbeit am Mythos*(*AM*), S. 567.
③ Hans Blumenberg, *Arbeit am Mythos*(*AM*), S. 568.
④ Hans Blumenberg, *Arbeit am Mythos*(*AM*), S. 569.

对之无计可施,奈何不得。我们只有在吸取神魔概念合理成分的基础上,以其普遍性的转化力量制服它,这个过程我们称之为和解形态。

最后,"唯有神自己才能反抗神"这句诡诡之论源自何处? 它的确定的书写形式又是如何? 后人包括歌德著作三位监护人埃克曼、里默尔和缪勒对它的解说众说纷纭,莫衷一是。它本是《诗与真》第三部的题词,后来花落第四部,三位著作监护人的意见都是一致的。它的来源出处也无可考,似乎受青克格列夫(Zinkgräf)的影响但又无实证可据,它的不同的书写形式又增加解释的难度。当时拉丁文大家里默尔认为它随语境变迁有无数应用方法,此说无疑会迷惑我们对其蕴含的解释学核心命题的认识和理解。布鲁门贝格在一神论、多神论和泛神论的三重思想关联语境中一一证明这句诡诡之论的上述难题,堪称一项学术思想考证的奇迹。

1.一神论语境中诡诡之论的辨析

这是里默尔对歌德诡诡之论的一种读法,他把 Deus 大写,去掉了歌德原文与"一个"不确定冠词的联系,将 Deus 当作上帝的名称。翻译出来的意思是,"反对上帝,只有上帝自己"。如果里默尔的理解是对的,那么只有两种情况是可能的:一种是波默(Jocob böhme)式的神性内部的自我纷争,或者在神性奠基处的自我分裂,因为只有上帝才能反对上帝,除上帝之外,任何其他一切都不可能反对上帝,而上帝反对上帝这种情况只能发生在神性内部或神性的奠基处。这就把诡诡之论变成一种一神论语境中的否弃形式。显而易见,他的理解跟歌德的谈话自相矛盾,"一位神只能为另一位神制衡,说一种权力必须自我约束,乃是无稽之谈。一种权力唯有通过另一种权力才能得到约束。这个特定化存在不能自我约束,整体(das Ganze)却不一样,既自我特定化又自我约束,但个体却不能如此"[①]。这段话的第一层意思是,上帝和强力是不可同日而语的,上帝是一种整体,一种特定化的存在,他既自我特定化又自我约束。强力只属于

---

① Johann Wolfgang von Goethe, Gedenkausgabe der Werke Brief und Gespräche ed., Ernst Beutler Werke XXII, Artemis 1949-1952, S. s. 434-435.

个体,个体占有一切而无法达成自身的自我约束。这虽未勾销里默尔的全部解释,但无疑指出里默尔的上帝可能是一种个体存在。第二层意思从反面引出了对"唯有上帝自己才能反对上帝"的理解。在与《普罗米修斯》颂诗相似的语境中,《潘多拉》所表达的正是这种上帝与个体之间不对称的审美反抗:"茫茫世界,无人胜我,因为上帝自为上帝,我自为我。"[①]诗中表达的口吻好像是,上帝的归上帝,自我的归自我。正是这种审美的自我反抗上帝很快遭遇危机,歌德步入低迷阶段,这表明"普罗米修斯式自我塑造走到了尽头"[②]。"唯有一个神,才能反抗神"这句箴言恰恰标志歌德已走出生命的危机,这可以从《潘多拉》剧中新平衡原则见出,以往的泰坦式个体诉求消失了:

> 《潘多拉》剧中的泰坦诸神代表了新的均衡原则。这种深刻的多神论基本思想是,约束的反向效果必然永远来源于一种不同的权力,这就是权力分立的神话原则(das mythische prinzip der gewaltenteilung)。但其中也蕴含着泛神论和解(versöhnung)的可能性,即反过来把一切个体特定权力看作自我实现之际又自我约束的整体特定化。斯宾诺莎主义没有为多神论取代,而是作为审美和历史的自我呈现方式而联系于多神论。[③]

从《普罗米修斯》一神论式审美反抗到《潘多拉》多神论的均衡原则,我们若要理解歌德这种思想演进,就需要结合拿破仑和歌德的关系的转折变化来分析这句诡诡之论。

一是里默尔一神论语境中的解释在某种程度上具有合理的成分。"没有人反对上帝,唯有上帝本人"可以拓展为,"上帝总是同他自己冲突;

---

① Johann Wolfgang von Goethe, *Satyros*, Goethe Poetische, Werke Berliner Ausgabe 5 Dramatische Dichtungen Ⅰ, Aufbau Verlag, 1973, S. 168.

② Hans Blumenberg, *Arbeit am Mythos*(AM), S. 574.

③ Hans Blumenberg, *Arbeit am Mythos*(AM), S. s. 574-575.

人身上的上帝也同人身上的他自己冲突"①。这里的上帝仍是一个人格化的神,虽然远离了自然泛神论,但至少没有排除道成肉身观念②,而且,一神论总会让人感觉到"人身上的上帝",并时刻为道成肉身观念准备着道德感发生的机遇。当我们理解了里默尔的疏解并应用到我们的思想和行动后,"谁就会理直气壮同大人物相提并论并对自己敬重有加"③。

二是《潘多拉》中新的均衡原则是,神话多神论的权力分立原则通过"整体的特定化"实现了泛神论的和解原则。我们知道,当一种权力尚处于个体化状态时,它是不可能实现自我约束的。如果这种个体化状态能够转化为一种整体的性质,那么这种整体就会"既能自我实现又能自我约束"。要言之,这种整体指的是普遍性的世界。世界吸纳了任何个体的功利性目的,并转化为"为己和为他的责任"相结合的世界秩序:"世界秩序被安排得如此井井有条、如此神圣,以至于每一个处在其特定立场、位置和时间的个体与其他一切都能形成均衡状态。"④这种理论上的解释可以在歌德与拿破仑的埃尔福特相遇时的生存体验得到验证。他们之间构成了一种均衡的实在性平等关系。拿破仑能征服整个欧洲大陆,却无法与歌德平起平坐讨论诗歌和悲剧艺术,只得屈尊向歌德请教。"在埃尔福特相遇事件中,平等的正当性不再是个体神圣的正当性,而是普遍神圣的正当性。"⑤由此我们可以放心得出结论,多神论的权力分立原则对人类思想的真正贡献是平等原则。

即使在共同的一神论思想背景下,这句诡诡之论在不同语境中也有不同的含义。布鲁门贝格告诫我们,必须将这句箴言从里默尔一神论单义中分离出一种内在神圣二重化的神秘主义,将之安置在更加包容的参照体系中,同时接纳泛神论与多神论⑥,而不是只要关闭一神论的理解大门就万事大吉。后来的事实表明,里默尔自己也不太相信对这句诡诡之论的一神论理解。

---

① ② ③ 　Hans Blumenberg, *Arbeit am Mythos*(AM), S. 575.

④ ⑤ ⑥ 　Hans Blumenberg, *Arbeit am Mythos*(AM), S. 576.

2. 在多神论语境中对诙诡之论的大讨论

第二次世界大战后，德国学术界重新兴起了对歌德诙诡之论解释的大讨论。其中大名鼎鼎的卡尔·施米特是一个积极发言的活跃分子。这位公法学家对这句箴言感兴趣的地方在于其暗含的政治意味。如果把这句诙诡之论的主张理解为自我对抗上帝，那就有亵渎神圣的含意。当时德国学术界整体氛围弥漫着要求把受希特勒纳粹所污染的神圣找回来的冲动。施米特循此认为歌德的箴言源自基督学，他所运用的证据是伦茨（Jacob Michael Lenz）的戏剧《卡塔琳娜·封·希爱娜》（*Catharina von Siena*）。这也是歌德耳熟能详的剧本。该剧的主题是卡塔琳娜逃脱父亲之爱的暴政，献身于上帝。为此她向另一个神"我主耶稣"伸出双手，祈祷拯救。"神反抗神"的剧中台词指出了歌德的诙诡之论的多神论含义。一神论的疏解"只有上帝自己反对上帝"是波默式上帝（神圣）内在自我破碎，多神论的"神反抗神"展开两个神祇间的对抗，也是基督教教义史极力防范又难以杜绝的二元论：创世者和救世者、创物神和人类神、约束的天父和解放的人子之间的二元对立关系①。

在审美创造期间，歌德把普罗米修斯看作宙斯的儿子形象已露出"神反抗神"的苗头，整个神话创作大都是关于父子冲突的主题。但是，这个主题只停留于改朝换代的现实层面上，还未形成权力分立的神话多神论局面。歌德只有坚定地面对拿破仑的凝视时，才能对这个神魔实现实在性的制衡。实在性均衡状态是多神论与泛神论取得联系的重要标志。

歌德本人对于这句诙诡之论的认识过程也是逐步发展的，其中体现出来的是他把多神论与泛神论联系起来的趋向。在这个发展过程中，里默尔发挥着至关重要的作用。里默尔在阅读海涅的《论德国近代纯文学历史》（后改名为《论浪漫派》）时，曾把这句诙诡之论理解为"歌德关于拿破仑和世界制衡的见解"②。里默尔写道，"事实上，除了上帝本人，就没有人能和拿破仑作对"，换作拉丁文的书写形式是"Nihil contra"（"什么也

---

① ② Hans Blumenberg, *Arbeit am Mythos*（AM）, S. 581.

无法对抗……"），而不是"Nemo"（"无人能对抗……"）。里默尔的非拟人化表达形式更适合于这句箴言的泛神论概念传达，而不是多神论概念①。这还只是从形式方面暗示这句诡诡之论的泛神论倾向。里默尔上述疏解可以进一步改写为："有（一个）上帝本人才能反对一个（像拿破仑一样的）神祇。"②"上帝反对一个神祇"只是多神论表达形式，难以见出它与泛神论的联系。

在里默尔文字遗著中，人们后来发现一张歌德用奥维德的诗句来说明回忆录主旨的卡片。诗句是："当一个神伤害你，总会有另一个神救助你。"③里默尔本人认为它是对诡诡之论的杰出解释④。这一方面是权力分立原则的理解：如果一个神压迫你，另一个神会救助你——但他必须是一个神⑤。"神的救助"另一方面说明了恩典论在发挥作用，救赎神圣是一种整体，它以普遍性征服神魔性质，因为神魔的个体主义所毁灭的恰恰是道德世界秩序⑥。只有把这两个方面结合起来，我们才会看到，世界之内诸种权力既相互协调又有所分立，这样才能形成普遍性制服个体性神魔的均衡的临界情境。正是这个临界情境表征了多神论与泛神论之间的珠联璧合。

3. 泛神论视野中诡诡之论的疏解

歌德曾对诡诡之论的阐释有过方法论上的暗示："我们在探索自然上是泛神论者，在诗歌创作上是多神论者，在伦理道德上是一神论者。"⑦从这个方法论出发，我们现在以斯宾诺莎的立场来阐释这句诡诡之论。

所有与这句诡诡之论有关的疏解都应建立在歌德接触和阅读斯宾诺莎作品这个基础上，舍此多为妄谈。歌德早期颂诗中表现出来的多神论

---

① Hans Blumenberg, *Arbeit am Mythos*(AM), S. 582.

②③④ Hans Blumenberg, *Arbeit am Mythos*(AM), S. 583.

⑤ Hans Blumenberg, *Arbeit am Mythos*(AM), S. 584.

⑥ Hans Blumenberg, *Arbeit am Mythos*(AM), S. 585.

⑦ Johann Wolfgang von Goethe, *Maximen und Reflexion*, Gedenkausgabe der Werke Brief und Gespräche ed. Ernst Beutler Werke IX, Artemis, 1949-52, S. 745.

激发了莱辛曾表白过斯宾诺莎主义立场。资此可证,歌德所学的拉丁文文本当以斯宾诺莎著作为读本的。曾在一次祷告时分,歌德信手翻开斯宾诺莎的《伦理学》,在第五部第 19 条论证中看到这样命题:"谁若爱上帝,谁就不能期望上帝反过来也爱他(qui Deum amat, conari non potest, ut Deus ipsum contra amet)。"①这个命题恰恰成为他的诙诡之论最终成型的胚胎。

斯宾诺莎命题的真谛在于确立矛盾,而不在于得出结论。② 当人们爱上帝却又期望上帝反过来爱他,这样人所期望的上帝就不再是上帝,因为上帝永远高于人,与人是不对等的。③ 爱上帝的同时期望上帝反过来爱他,这就致使他不可能期望上帝存在,这是从一个关于上帝成立的条件推导出上帝观念的不成立,是思维逻辑推导过程的结果,是符合自然理性的。传统的形而上学上帝观认为,上帝是作为思想与爱的完美对象而被爱的,因而上帝能够感化万物,而任何人与物都不能如此行事。如果用传统形而上学上帝观来解释的话,谁要是期望以自己的名义感动上帝,谁就与上帝的本质相矛盾,谁就是不想让上帝成为上帝。其实,传统的形而上学上帝观可以从神学角度来解释斯宾诺莎的命题,因为人被认为能够无私地爱上帝便是享用上帝之爱,上帝之爱的回报早已包含在他的无私地爱上帝之中。但是,中世纪晚期和宗教改革时期出现了一个反自然的神学核心命题,与此构成对立关系:人就其本性而言,无论如何不会期待上帝成为上帝,毋宁如路德所说,人必然期望人自己成为上帝,这是他本性所导致的结果。④ 这种反自然的神学核心命题在当代美国学者吉莱斯皮看来,是拜唯名论革命所赐:"唯名论不仅提出了一种新的对神的看法,而

---

① 中译是:"凡爱神的人绝不能指望神回爱他。"参斯宾诺莎:《伦理学》,贺麟译,商务印书馆 1983 年版,第 250 页。

② Hans Blumenberg, *Arbeit am Mythos*(AM), S. 587.

③ 斯宾诺莎:《伦理学》,贺麟译,商务印书馆 1983 年版,第 250 页。

④ Hans Blumenberg, *Arbeit am Mythos*(AM), S. 587.

且也提出了一种新的对人的看法，它比以前更强调人的意志的重要性。"①对神的新看法强调了神的能力和不可预测性，而不是神的爱和理性②；对人的新看法最终发展为现代存在论层次上的个体主义（individualism）③。因此，我们认为，这则上帝之爱格言中所含的泛神论政治意味即是隐秘地反对中世纪晚期和宗教改革神学所开启的现代神学观念，一言以蔽之，斯宾诺莎的这项命题本质上是反现代的。如果"不是就事论事（im Irrealis）来理解""诙诡之论的话——人不能对抗上帝，唯有其本身也是神的人才能对抗上帝"④，那么，斯宾诺莎的命题与歌德的诙诡之论具有很大程度上的类似性和可比性，也就说我们应该从泛神论角度来理解歌德的诙诡之论。

　　除了正面的论证外，布鲁门贝格还从反面论证斯宾诺莎的命题，期待上帝的互惠之爱可能要求上帝放弃自身独特的存在本质，或者说，可能意味着把上帝变成憎恨的典型。⑤ 传统形而上学的完美者不可能成为憎恨的典型，因为完美者之所以是可欲的和自然的，是因为完美者是无条件被接受的。同理，斯宾诺莎的命题从反面指出，不可能期待上帝的不存在是有利于上帝的真正存在的。因此，不爱上帝或者憎恨上帝既对立于人的本质，也对立于上帝的本质。上帝的本质在于上帝爱人类。⑥ 只有在中世纪晚期和宗教改革家那里才会出现期待人神的互惠之爱，这种出于个人意志的上帝之爱意味着上帝可以变成憎恨的典型。个中原因不难发现，人们认为人类是可以拥有对上帝存在之充分理解的条件，按此类推，如果有人理解了上帝的本质是什么，他就会成为一位神，同时也只有他能够反对上帝。但是，人能够全面理解上帝，这是不可能的事情！另外，上帝已

---

① 米歇尔·艾伦·吉莱斯皮：《现代性的神学起源》，张卜天译，湖南科学技术出版社2012年版，第38页。
② 米歇尔·艾伦·吉莱斯皮：《现代性的神学起源》，张卜天译，第23页。
③ 米歇尔·艾伦·吉莱斯皮：《现代性的神学起源》，张卜天译，第24页。
④ Hans Blumenberg, *Arbeit am Mythos*（AM），S. 587.
⑤⑥ Hans Blumenberg, *Arbeit am Mythos*（AM），S. 588.

经是一切了,不可能出现第二个上帝。从这两个层面上来说,歌德的诙诡之论重述了斯宾诺莎主义的泛神论思想。

是否还有这样的一种情况,神圣自己跟自己相矛盾,如波默所认为神圣的根基深处经历着自我分裂? 这也是不可能的,因为这种看法有违神圣的概念。我们接下来会问,这种神圣又是如何在现实生活中表现出来呢? 当时歌德身处的氛围要么是基督教虔诚主义,要么是无神论的氛围,但他挣脱这两种思想的束缚,用泛神论的目光注意到这么一种"至高无上的愉悦:无私泛爱一切,这种最无私之爱乃是爱情和友谊"①。这种"爱情和友谊"是纯粹的,普施万众不分南北,兼爱无分上下,因此,歌德的泛神论丝毫没有当时流俗的"头巾气",而是将一种形而上学基本倾向具体化为一种诗学力量。这种最无私的爱情让我们想起了朱丽叶的深情告白:"我的慷慨像海一样浩渺,我的爱情也像海一样深沉;我给你的越多,我自己也越是富有,因为这两者都是没有穷尽的。"②同时,这种友谊也让我们想起了哈姆莱特与霍拉旭命运之爱的友谊:"真正的友谊是命运的对立面:真正的朋友稳定、可信且可靠,命运则不然。"③歌德曾说过,他要在斯宾诺莎的亡骨上爆发一场战争④。原来这场战争就是用"上帝之爱"——最无私的"爱情和友谊"来讨伐自私自利的神魔之力,克服梅菲斯特的诱惑。综上所述,扎根于生命历程的上帝之爱格言当之无愧为诙诡之论的形成奠定了泛神论思想基础。

从斯宾诺莎命题到歌德的诙诡之论,我们不应将此看成是一个自由变形的过程,因为两者共享的前提条件早已确定。将人类的"上帝之爱"与无私的爱情和友谊的原型联系起来,即是将神圣与神性的伙伴关系联

---

① Hans Blumenberg, *Arbeit am Mythos*(AM), S. 589.

② 莎士比亚:《罗密欧与朱丽叶》,朱生豪译,《莎士比亚全集》(第四卷),人民出版社 1994 年版,第 639 页。

③ 伊万斯(Robert C. Evans):《〈哈姆雷特〉中的友谊》,罗峰译,刘小枫主编,《丹麦王子与马基雅维利》,华夏出版社 2011 年版,第 185 页。

④ Hans Blumenberg, *Arbeit am Mythos*(AM), S. 590.

系起来，无疑体现了泛神论的前提条件：神性是复数，不是单数。这里需要指出，泛神论的复数既不是"一神的自我分裂"，因为神圣的概念不是自相矛盾的；又不是诸神的那种复数，因为诸神之间存在的憎恨与斯宾诺莎的概念相抵牾。因此，我们不能以陈陈相因的方式来理解这种复数的泛神论，必须另辟蹊径来理解泛神论的神圣概念。

首先，"这个神圣概念是可感可触的，能够成为实在的体验"[①]。这很好地说明了，就如一神论的神恩是能够眷顾人类一样，泛神论之神圣作用于人类亦是自然的。其次，如果我们往往只是抓住亚里士多德的对等原则知识学来理解这个世界和自身，那也就自然而然地用对等原则来理解斯宾诺莎的命题和歌德的诙诡之论。对等知识原则相似相知，现代科学以此为基础形成主客体对等关系理论。就对等知识原则的普遍性而言，至少在两个重要方面有所疏漏：一是相似的可以与相似的相关，但相似的与相似的亦可形成反对关系。二是人们只知亚里士多德的相似相知关系，却忽略了他的"灵魂遍及万物"的命题。"灵魂遍及万物"很好地总结了神圣是可感可触的泛神论原理，因而它是以自然方式与我们人类精神相关的。就第一点"相似的与相似的亦可形成对抗关系"而言，在路德那里将是最危险的。"唯有神自己才能对抗神"预先指出一种诸神的可能性倾向——有多个神存在，否则不能形成神对抗神。路德的下一步推理必定是，人只有使自身成为神才能对抗神，但是，人又是如何成为神呢？如果找不到这种对等关系，思想就会采用灭绝的形式实现自身目的——谋杀上帝。然而，这又是与宗教改革神学家的意图相违背的。宗教改革神学家一直以来曾拟想"基督教义改革"，通过恩典行动取代自然方式达到灭绝自然的目的，以此来取消谋杀上帝的潜在倾向。令宗教改革神学家意想不到的是，以恩典取代自然恰恰酿成谋杀上帝的祸害，因为彼岸的恩典难为人完全理解而神意高深莫测，在中世纪的人看来是上帝的神圣表达，但在现代的唯名论者看来，恩典却是任意性和偶然性的表征。后来的

[①]　Hans Blumenberg, *Arbeit am Mythos* (AM), S. 591.

历史果然证实这种事与愿违的事实。以宗教改革神学家的恩典方式,在对等原则下来理解泛神论是有违它的自然倾向的。

歌德起先是以多神论思维进入诙诡之论的思想语境,但是斯宾诺莎的上帝绝不回报我们"上帝之爱",他只得从亚里士多德的第二条知识原则发展出一套色彩学理论,与牛顿的主客体对等关系原则的认识论形成对抗。由色彩学所标志的"认识论"转向却是通过神圣是可感可触的方式,引申出"诸神嬉戏"的神话倾向。在歌德创作生涯转折时期,诸神的形象和故事千变万化,依然能够产生艰难困顿人生所需要的安慰,又能严肃地服从创造的必然性。

创作过程宛如造物神的创世,秉承了造物神天生反骨的反叛特征。创作的成就和荣耀容易让创作者向绝对神发起一波未平另一波又起的挑战。这既是我们中国人并不陌生的文人相轻现象的原委,同时也在克莱斯特戏剧《安菲特吕翁》(*Amphitryon*)背景中所体现的克莱斯特与歌德惨烈的竞争关系。但是,歌德对创作过程中造物神的关注另有意图所在。

歌德最终领悟到这个道理,任何人都不能被视为与神一样,但是,在多神论的语境下,一个人若能成为神,多半是他放松了神的绝对性标准,以至于他可以成为神①,这样就会带来两种严重恶果。一是一个人成为神与其他神对抗,只要这个人以己为重且藐视神圣,就能让神圣正果很快完蛋。②二是若这个人借他的似神特征为所欲为③,容易挑起诸神对抗的混乱局面。无论是泛神论(斯宾诺莎主义)还是(基督教的)一神论,都不可能出现一个人由于放松绝对性标准而成为神这回事,这两种思想观念为杜绝多神论语境中造物神所带来的副作用起到中流砥柱的作用。1808年,歌德在谈话中宣称"避开神性",无疑表露他对多神论中以自我为中心的似神欲望所导致混乱的对抗局面已有所反省和警惕。但是,多神论中渴望成为一位神的想法也是主体意志实现自身价值行动的起点,是我们身上神圣的闪光点。而且,反对一个神,才会有众多神,这也是泛神论从

---

①②③　Hans Blumenberg, *Arbeit am Mythos*(*AM*), S. 594.

世界中想要的东西。① 这两项富有价值的思想观念是多神论留给我们的宝贵财产。与我们的论题相关的是,把这两项观念结合起来,恰是产生泛神论的契机,我们就是凭此击败拿破仑意义上的神魔。斯宾诺莎的泛神论的上帝之爱是无私之爱,由于憎恨在此无处藏身,故它能够提供激发各种普遍性联合起来的前提条件。在这个前提条件下,艺术家们(多神论的造物神)以审美的方式使神圣变得可感可触,利用各种变形技巧,联合各种普遍性,最后以权力分立的原则形成均衡状态来制服个体主义这个自我绝对膨胀的神魔。

能够制服个体主义神魔的泛神论似乎已臻布鲁门贝格思想的终局,大谬不然! 他坦言泛神论有三个缺陷:其一,在基督教一神论长期占统治地位的情况下,西方文化没有泛神论产生的土壤。"若无宗教宽容,泛神论就根本不能存在。"②这是年青的泛神论的先天不利条件。其二,泛神论时时刻刻有自我泛化蜕变的危险。"如果万物成为上帝,上帝存在这个命题也就丧失了意义:就世界之绝对性而言,泛神论和无神论是等值的。"③其三,泛神论最为致命缺陷在于"泛神论同未来没有绝对关联"④。"如果宇宙就是上帝,那么除了现在可能存在的东西之外,就没有什么东西可能在未来降临。"⑤一言蔽之,泛神论最大的弊病就是无法产生救赎智慧,给予人类心灵上伟大的安慰。

4. 在基督教的三位一体语境中实行一神论、多神论和泛神论的和解

如果从泛神论的角度来理解歌德的诙诡之论,那么,一切其他神祇无法拥有反抗"一神"的权能。"一神"并不指"一个神",因为泛神论的思想基础是,万物存在的实体是一体的(einzigkeit)⑥。这种泛神论的一体化趋势在《诗与真》的第四部中隐约可见端倪。我们经常认为,多神论的诸

---

① Hans Blumenberg, *Arbeit am Mythos* (AM), S. 595.

② Hans Blumenberg, *Arbeit am Mythos* (AM), S. 250.

③④⑤ Hans Blumenberg, *Arbeit am Mythos* (AM), S. 251.

⑥ Hans Blumenberg, *Arbeit am Mythos* (AM), S. 598.

神冲突不过是老生常谈而已。就拿普罗米修斯和朱庇特来说,他们谁也不能征服谁,但谁也不能离开谁,因为他们彼此互为对方的可能性条件①,从某种程度上说,他们可能是一体的,因此布鲁门贝格的结论是对的,"多神论可能是从人类中心论的视角来表达泛神论,而且仍然可能作为泛神论的修辞手法"②。如果按照卡尔·施米特的方式解读歌德的诙诡之论,认为它乃是为基督教神学辩护的话,那么"上帝反抗上帝"无疑就会让我们联想到圣子与圣父的三位一体关系。上文提过,歌德把"爱情和友谊的无私之爱规定为至高无上的愉悦"也让我们做如是之想。最为重要的证据是,波提格尔(Böttiger)曾报道,歌德发现在"花岗岩的组织结构中包含着只能用神秘来解释的神圣三位一体"③。行文至此,我们已经跟随布鲁门贝格的思考步伐到了最后的关键一步:如何将多神论转化为泛神论又能保持神圣的救赎功能?

根据笔者的阅读体验,《"诙诡之论"的解读》是《神话研究》最难以理解的篇章之一。针对上述问题,笔者认为布鲁门贝格是通过两个步骤来实现对这个问题的解决:一是用三位一体的整一性克服多神论的对抗性和一神论神圣的内在分裂,形成泛神论的普遍性;二是使神圣既变成可感可触,又具有救赎性,也就是说神圣作用于我们的灵魂的方式既是自然的,又是恩典的。

我们先来看解决这个问题的第一个步骤:

> 基督教三位一体的历史功能是堵死通往二元论的道路,因此,它通过第三方的权威机关把圣子出现所导致的神圣分裂纳入这种普遍性的"三位一体"的化育(zeugung),因而与源头联系起来,这样既无需取消它们又不会破坏救赎的意义。三位一体教义用这个方法,成

---

① ② Hans Blumenberg, *Arbeit am Mythos*(*AM*), S. 598.
③ Hans Blumenberg, *Arbeit am Mythos*(*AM*), S. 477.

功地完成了新柏拉图主义的未竟之业。①

诚然,基督教的三位一体教义不是三元论,它是通过第三方权威机关即圣灵来克服由于人类委托圣子的使命而与圣父产生的神圣分裂,然后再让两者达成和解而形成一体化。因此,三位一体的化育模式能够生产普遍性,这种普遍性既能与源头联系起来又不会破坏救赎意义。它既不是一神论,也不是二元论,而是泛神论的化育模式。至关重要的是,"三位一体"的化育模式又聚合为"太一"的神圣:"三位一体教义能够从'太一'的根本源头(dem Urgrundes Einen)上产生出来,无非是通过上升和坠落,存在的迷失和源头的遗忘等途径来实现的,最终从多个方面表象这个可见的世界——这可能是唯一可取的途径,它能够从结果追溯源头,又在源头里显示结果。"②三位一体的教义既可以综合生存的多种形态如"上升和坠落,存在的迷失和源头遗忘"等,从中提炼存在的自然神圣——普遍性,又可以从"未降身成人之前圣父身位、降身后的圣子和临在于世人中的圣灵身位"③的意志方面干预这个世界,所以,三位一体的建制形式既能够以开端和终结的涵括能力表征神圣和世界之间的交往关系,又能够以自然和意志和解的形式介入创世和救赎的谐调形态。根据上述形而上学思想,布鲁门贝格可以大胆做出这样的诊断,西方传统的世界形而上学史根基处却发生作为单一存在者与源头偏离的过程,它几乎以一种本质上是诱惑的形式使神圣内在解殖④,而三位一体的泛神论含义可以规避传统形而上学二元论的弊病。

论证上对称美感促使布鲁门贝格在完成三位一体从源头聚合于神圣的论述任务之后,进一步来阐述三个位格聚合于圣灵的终末论论证。三位一体的论证对于经院哲学来说有一大棘手问题就是上帝化身为人的永

---

①② Hans Blumenberg, *Arbeit am Mythos*(AM), S. 599.

③ 刘小枫:《圣灵降临的叙事》,华夏出版社 2008 年版,第 269 页。

④ Hans Blumenberg, *Arbeit am Mythos*(AM), S. s. 599-600.

恒预定论(Prädestination),因为"要求圣子保持人形又是永恒的,这对神圣来说是不可饶恕的"①。如何化解这一难题呢?"不言而喻,即使为三位一体和圣爱招魂,古老的二元论的诱惑依然不会烟消云散。当人们为'三位一体'分配角色时尤其如此:创世归于圣父,救赎归于圣子,以'后终末论'甚至'反—终末论'的方式建制化,将恩典归于圣灵——绝望的圣灵。"②这段引文应该分为两个层面来理解:其一,人们总是习惯于以二元论或传统形而上学思维方式来理解三位一体和圣爱;其二,圣灵虽然拥有位格但不是一个如圣父、圣子那样的实体概念,它是一种建制化,是一种与基督教终末论有所区别的思维整体,渗透于创世和救赎之中。正是圣灵以泛神论"一体化"的建制形式使圣父和圣子在圣爱中和解,它神奇地又打开了传统形而上学张力结构的另一番新天地:普罗米修斯和宙斯在何种圣灵(神圣恩典)中实现和解的?

我们再来看布鲁门贝格解决这个问题的第二个步骤。亚里士多德的"灵魂遍及万物"命题之所以能够成立无非是依赖于两个途径来实现的:一是可感可触的自然方式,二是信仰眷顾的意志方式。在古典思想看来,灵魂的神圣性恰恰在于世界的普遍性,来自于天上的灵魂就像权力一样从高处作用于低处,因此神圣对人类的作用是可感可触的,因而是自然的。基督教思想认为,神恩是眷顾人类的,因为人类在无私地爱上帝时便是在享用上帝之爱了,圣灵的恩典方式作用于人类凭靠的是人们对上帝的信仰,或者是上帝之爱。神圣作用于人类在古典思想和基督教思想是分离的,前者是一种自然方式,后者是一种恩典方式。自然方式发生在多神论思想中,恩典方式发生在一神论中。如果以这两种各自为政的方式来理解和阐释歌德的诙诡之论仅是皮毛之得。思想的综合能力可能是衡量思想境界高低的一种标准。自然与恩典是可以融合统一的:"自然与上帝在歌德看来是不可探究之物,并且始终坚持自然与上帝的融合统一,尤

---

①② Hans Blumenberg, *Arbeit am Mythos*(AM), S. 600.

其反对他的朋友雅可比的基督教的信仰哲学。"①布鲁门贝格把亚里士多德的"灵魂遍及万物"嵌入基督教三位一体的教义思想体系当中：他以泛神论的和解而不是调和的方式，通过"上升和坠落，存在的迷失和源头的遗忘等途径"生成这个世界的神圣普遍性；他以圣灵作为"第三方的权威机关"，在三位一体的化育语境中，辩证综合了自然和恩典的神圣作用方式，为现代主体独立自主律令的唯心主义意志开启终末论救赎途径。这一论证方法的内证是歌德一生与斯宾诺莎哲学的亲近，外证是谢林关于普罗米修斯的神话研究。"我所谈论的普罗米修斯一方面只具有宙斯本身的原则，它与人是对立的，因而具有神圣的部分，这个神圣因素变成人的理智的起源，并且授予人按先前的世界秩序来看是不应得的东西……但是，另一方面，与神圣针锋相对，普罗米修斯拥有的是九死不悔百折不挠的意志，因此能够反抗这个神祇。"②谢林的这段话指出神圣作用于人类是通过理智和意志两种方式发生的。需要强调的是，在现代唯心主义的独立自主律令（postulat der autonomie）支配下，当基督教"恩典眷顾人类"的信仰意志转变为个体的自律的意志时，现代人很快挣脱了上帝的神恩眷顾，福耶？祸耶？

　　如果谢林的神圣作用于人类的方式是满足三位一体的条件的话，那么，一方面，这种神圣就不会形成竞争的局面，另一方面，神圣的多样性可以通过三位一体教义的统一性使之得到整合③。按照谢林的内在逻辑来看，普罗米修斯的反神性和宙斯的神性是同一的，易言之，就谢林的神话研究而言，普罗米修斯的反抗意志与宙斯的意志是同一的。"因此，普罗米修斯在历史上长期以来为人类考虑的普遍性意向即是独立于宙斯。'也就是说，这种意向本源上属于另一种不同的世界秩序。'当普罗米修斯意欲'用一个新人类取代现存人类'时，这种意向最终与宙斯本人的意向

---

①　汉斯-伽达默尔：《歌德与哲学》，吴建广译，《美学与诗学：诠释学的实施》，第 58 页。

②　Friedrich Wilhelm Joseph Schelling, *Philosophie der mythologie* Ⅰ, Ausgewählte Werke, Wissenschaftliche Buchgesellschaft, 1966, S. 481.

③　Hans Blumenberg, *Arbeit am Mythos*(AM), S. 602.

叠合在一起。救赎之神拒绝现已存在的造物,创造了意识上具有神性之自然的人类。"①普罗米修斯的意向即是一种个体性的意志在历史上逐渐综合生成一种整体的人类普遍性意向,这种意向由于"是九死不悔百折不挠的意志",甫一开始独立于宙斯的理性世界,它是对既有实存思想的超越,后来慢慢生长为救赎意志,毋庸讳言,救赎意志的超越并不是无缘无故且无根无底的,它是建立在普罗米修斯的意向与宙斯的意向辩证综合的基础上,创造了既是神圣又是自然的新人性。易言之,将造物神和救赎神统一于一种和解的普遍性之中,将自然和恩典统一于泛神论的绝对神圣之中。因此,对歌德的诙诡之论的疏解只有回到歌德思想事实的轨道上来,才能以歌德的意向来澄清围绕诙诡之论而产生的噪音。

为什么基督教的三位一体可以在现代的斯宾诺莎泛神论视野中得到恰当的理解呢?由三位一体论老调弹出新音来疏解歌德的诙诡之论就不会是一种过度诠释呢?毋庸置疑,布鲁门贝格对基督教思想前提的理解大大迥异于经院思辨,也相异于古典智慧的思考,他在现代泛神论身上赋予了一种辩证综合的使命。在这个基点,布鲁门贝格虽认同谢林的考察,但他认为,基督教不是《旧约》的唯一结果,原因在于,基督教隐秘地背叛了"摩西十诫的第一条诫律"。②也就是说,"基督教三位一体的上帝观不是旧约圣经中的上帝观"③。就这个基点而言,基督教就不是《旧约》意义上严格的一神教,三位一体的教义证明了基督教思想含有泛神论的思想特征,虽然基督教思想在总体上是一神教,但是其教义中某些思想成分依然活跃着现代智慧,就像古典智慧常常在现代思想中重生一样。这是布鲁门贝格赋予我们的智慧的启迪。

---

① Hans Blumenberg, *Arbeit am Mythos*(AM), S. 603.
② Hans Blumenberg, *Arbeit am Mythos*(AM), S. 602.
③ 刘小枫:《圣灵降临的叙事》,第 269 页。

第二节　一个不是结语的结语

由于布鲁门贝格与约阿希姆·里特同为德国明斯特大学哲学系教授,人们一般把他称为里特现代主义圈子人物。事实上,布鲁门贝格与该文化圈若即若离。尽管布鲁门贝格的著作卷帙浩繁,但他不是体系性的思想家,却又是一位充满隐喻风格、文笔极为上乘的文体作家。此人熔古典语文学、基督教经学和现代性理论研究为一炉,因此,他对西方文化的核心组成部分——审美神话的通盘思考,既体大思精,又详备赅实。鉴于我国学界对其人其学的疏忽和漠视,我们亟须引介这样一种卓尔不群又别开生面的审美思想史研究,以填补我国文论建设的空白。

人们通常认为,现代性理论和后现代主义理论与古典及中世文化存在着明显的断裂地带。失去了与古典文化精神联系的后现代主义走向了一种众声喧哗又自言自语的梦呓话语。布鲁门贝格对 acte gratuit(自由非理性行为)的审美核心观念所表征的审美神话理论的反思与批判,能够有效地把后现代主义反主体的碎片化世界,重新整合为神话创作和神话研究之主体化世界。这既显示了他的极强的学术包容能力,又能使为人诟病的后现代主义化腐朽为神奇。我国文论建设面对西方强大为他者话语挤压和同化之时,如何跨越古典性与现代性之间的学术鸿沟,建设自主自立的中国文论身份,研究布鲁门贝格的审美文化理论极具参考和示范的作用,同时也是一项紧迫的任务,因为布鲁门贝格的学术对中国文论建设具有重大的借鉴意义。

一、神话创作和神话研究的关系,或曰诗学与解释学的关系

本书关于诗学与解释学研究在理论上的分疏来自这样一个事实:布鲁门贝格在吉森大学所领导的"诗学和阐释学"研究小组的工作背景。在他们看来,一方面,诗学和解释学应该各具独立自律的学科疆域,另一方面,两者之间又具有天然的亲缘关系,并形成学科之间的对话交往

关系。

布鲁门贝格浸淫基督教学术和灵知主义思想经年,对其有出神入化的研究。诺斯替主义二元论的思想最为显著的特征是:主体和世界之间的位置是可以错开的。主体的位置在神、人和动物或者思想在灵魂、自我和欲望之间波动,与世界形成了复杂的多重关系。这为解释学开拓了前所未有的广阔空间。因此,"意义大于审美"。同时,由于"Arbeit am Mythos"一词语义较为宽泛,如果它表示一个主体的创作行为时,我们称之为"神话创作",这符合主体形而上学的诗学界定;如果它在读者的接受方面得到讨论时,我们把它归之于"神话研究"的解释学范畴。笔者认为,《神话研究》所体现出来的灵知主义二元论的思想结构体现于诗学与解释学之间的互动关系方面。因此,笔者撰写本篇论文的灵感也正是源于这两个方面的启示。作为最为重要的证据是,布鲁门贝格在《神话研究》中亲口说过"我区分了神话和它的接受"①一话,这为笔者树立了信心:本文利用诗学与解释学的二元论来重构《神话研究》一书汪洋恣肆的思想,并以此建立自己的理解体系。

本书曾有过这样的抱负,通过诗学和解释学研究方面的分疏作用,企图达到两个方面的效果:其一,改变文学理论教学中诗学与解释学相混淆的不良现状,有利于诗学和解释学各自健康的发展。其二,在更深层次上区分诗学和解释学的界限,使两者之间形成良性互动和对话关系。诗学只有在解释学的参照下,才能反思自身的主体形而上学性质,才能及时矫正自身难以明了的缺点;反过来,解释学只有通过诗学这个时代精神的传导神经才能给自身带来真正的视界和合理的议题,才能给文化的自身发展注入生生不息的反思活力。

我们可以在布鲁门贝格深邃的神话研究思维的指引下,步履匆匆地回首诗学参与人类曲折漫长的自我理解的过程。古希腊悲剧创造出来的盲目希望应该得到命运合唱队的饶恕;伊索寓言的个体化和都市化的新

---

① Hans Blumenberg, *Arbeit am Mythos*(AM), S. 133.

鲜人性需要在人与自身关系维度上,应该防止无实质化的戏拟炸毁寓言文体本身的危险。奥维德多元化的权力分立使诗行处于运动状况的结构原则决定了欧洲式的想象,但是我们需要铭记他的"人被制作的"和"人举首仰望星空"焊接在一起的主体和世界的二元论知识图景。法国大百科全书派审美神话强调艺术家的描绘和刻画的功能,远远胜过与真理建立类似性联系,他们对影像生产的追逐导致了诗学蜕变为一种真理的剩余。唯心主义青年德意志的审美筹划沉醉于主体自由创造的幻觉,追寻一种"自己创造自己"的"行动的快乐",布鲁门贝格以歌德的基础主义的天才创造观矫正了唯心主义诗学的弊病。

但是,作为时代精神传导神经,诗学给解释学带来有效的经验和真正的视界,这可以从古今的普罗米修斯神话和现代浮士德神话创作中见出。西方文明史上生生不息的普罗米修斯神话创作所体现出来的思想行动模式上的时代观念变迁或思想位置的占据和重新占据,都在某种程度上喻示了时代精神的征候:其儿子反抗父亲的主题演化为两种和声副题:一为儿子们消隐不见了,一切回归到父亲的世界,歌德由前期普罗米修斯戏剧和颂诗的创作转化为后期的《潘多拉回归》即是明证;一为卡夫卡笔下"高加索山上的诸神从父亲转换为儿子"的事变,折射出儿子们用多元论和相对论谋杀了父亲。唯心主义浮士德神话创作呈现出一种星丛状态,透露出这个时代最为隐秘的精神特征:从歌德到海涅和莱辛的浮士德神话创作的终极追求是"主体绝对主义",而这个个体神话的欲望无非是使自身成为一种主体绝对主义;作为唯心主义精神传人,瓦莱里的浮士德神话的最高时刻乃是时间空缺,它终结于形式,是现代文学对形式化过度追求的最为根本的缘由和内在原因。

诗学和解释学之间的对话交往关系所发生的最好平台无疑是审美神话。本书一开篇即把布鲁门贝格《神话研究》一书中所探讨的领域定性为审美神话。审美神话这一概念是笔者受刘小枫先生对伯伦贝格(Peter Behrenberg)一文重拟标题中"审美神话"命名的启发。笔者采用这一术语的理由如下:(1)布鲁门贝格的所提出来的神话概念不同于人种学神话学和历史编纂学的神话形态学概念,体现为一种审美思想史的研究。(2)在论及尼采的部分章节中,布鲁门贝格的审美神话概念指向一种尼采意义上的"艺术的中间世界"。艺术本身是一种神话,而这个中间世界由歌德意义上位列半神的神魔来守护。审美若想成为审美神话,必然由神魔哲学来证成自身,这种神魔哲学是通过"既肯定又否定"的特征和"整体限定化"的功能,并以一种"权力分立"均衡状态把自身呈现出来。从另一个方面来说,审美神话的诗学正义寄托在"智者派的逆反"之上,它以神话反转模式和反讽诗学来揭示自身苦难重重的神话研究过程。(3)诗学和解释学的互动对话关系体现于 am(on)介词上。他的意图无非是让神话创作(研究)形成一种"在而在起来"的存在,一如我们文明无尽的动态发展过程。同时,也表明了他的神话创作(研究)是一个独立和自为的研究领域。(4)最为重要的是,布鲁门贝格所涉及的对象和运用的材料具有独特的审美意味,并形成一种独立的领域,而且,从他的神话研究中体现出来的是一种"人类学的正义",而不是一种神学或者神义论。故此,我们努力把他这条隐藏在主流思想体系中的审美化研究路径拈出来。

目标已立在前面,笔者从事这场学术研究的路程和本书所取得的效果有待时间的检验。

二、对"神话研究"的批判

布鲁门贝格认同智者派的观点,他认为人的本质的起源是贫乏的,但是,人以自我保存为发展动力,以"理论欲望"为精神基底,通过神话创作(研究),逐渐丰富了自身的生存,发展了人类多样化的文化类型。因此,作为基础神话的一种,技艺神话的实践性功能即被制作性是正当的。也可以说,审美神话的不充足理由原理是一种历史性的结果。不难想见,布鲁门贝格所建立的神话解释学的宏大抱负欲与西方主流思想传统——柏拉图、亚里士多德和斯多亚传统——一比高低。这一抱负着实令人惊叹!而且布鲁门贝格的神话解释学功能也令人叹为观止。

故此,布鲁门贝格重新开启了另一种研究西方思想史的视野,据布鲁门贝格说,这是一种审美的思想史,或者说,思想史的审美化路径,更确切地说,是审美的神话创作和研究。布鲁门贝格在这条路途上筚路蓝缕地为我们钩玄提要各种隐匿的材料和失踪的思想,这里最为重要的例子是灵知主义思想。他为我们讲述了另一种西方文明的审美神话。这个神话非常迷人,其学术每于峰回路转之际,向我们展示柳暗花明的风景,其创见多多,其体系也宏大。但当我们每每被他引入那独擅胜场的神话解释学之幽怀胜境时,拊掌赞叹之余始终有一个疑问。这个疑问只能与大家共同商讨。

这个疑问就是:如果思想源头是一种贫乏的起源,那后来的各种相互竞争的因素又何由出之? 神话创作往往追溯其源头,这是被人讥笑为回到源头的狂热。但是,布鲁门贝格的神话思想研究确实是以反转功能和权力分立的程序为其两个基本要点。但是,这两个程序在其贫乏的源头上又是如何可能的? 布鲁门贝格显然没有告诉我们。毋庸置疑,主流的思想传统没有这一思想上的困扰,因为,它把源头假设为一种丰盈的状态。基督教正统思想把创世的上帝和拯救的上帝一样看成是全能、全在和全善的,而作为异端的诺斯替派却把创世的上帝看成低劣的造物神。由此我们看清楚了,基督教和主流的古代思想传统是一致的,而智者派和诺斯替派也是一致的。如果智者派和灵知主义不解决这个问题,人们有权利怀疑他们的思想存在诡辩性。

上述问题又派生出另一个问题,即布鲁门贝格把解释学的真精神寄托于灵魂轮回神话和歌德复活基督教三位一体教义的泛神论思想。灵魂不朽神话最为神奇的地方是建立起为己和为他的责任,歌德的普罗米修斯神话研究的"泛神论乃是将创造的概念与永恒属性联系起来的必然结果"①。这两者的神话研究都带有世界的特征,意味无限悠远,其创造性极为丰富生动,这又与主张人类起源贫乏论的智者派产生了矛盾。

或许,布鲁门贝格会这样回答:古代理性幸福(eudämonia)是一个整

---

① Hans Blumenberg, *Arbeit am Mythos*(AM), S. 449.

体的"一",后来被智者派和灵知主义的先驱卢西安和奥维德等人用二元论的铁锤狠狠地砸了一下,于是,那个"一"裂开了,裂成了主体和世界的多重关系,甚至是裂成了碎片,因为布鲁门贝格屡屡提及,神话创作只能以一种又一种片断性方式来克服现实绝对主义,因此对现实绝对主义的克服是局部的也是暂时的,而且现实绝对主义永远难以被完全征服和消除。如果世界不消失的话,主体的神话创作也不会停止的。如果笔者的阅读观感大致不离谱的话,他的思想创造活动没有太大的缺陷的。作为西方文化建构活动的内在动机,人类的神话研究是为了克服现实绝对主义,问题很可能出在这个现实绝对主义身上,因为现实绝对主义是一种假设的生存临界情境。虽然说现实绝对主义难以被把握之手置于目前细细打量和研究把玩,但我们可在生存中时时感到现实绝对主义对我们的威胁。当我们在某种程度上和某个方面克服了现实绝对主义,它很快又以新的面目出现在我们面前,继续引发我们的生存焦虑。这好像是说现实绝对主义是人类的一个梦魇,是上帝派来和人类玩对手戏的魔鬼撒旦。由于现实绝对主义本身是一种假设,其本身面目难以认清,因此,《神话研究》全书笼罩着一种神秘主义气氛,故难辞神秘主义之咎,也让人们不免怀疑布鲁门贝格著作的学术性力量。比起其他作家来,比如研究意识形态的理论家,布鲁门贝格承诺神话创作能给人带来安慰,而不是那些受意识形态摆布的疲倦的心灵。问题是,灵知主义思想的主体能否和主流思想传统的主体一样强健有力,这需要论证,而不是神话创作和神话研究。如果神话能够把论证思维包容于自身的话,这就会造成神话思维主导一切思想领域的现象,正如他对卡尔·施米特的政治神学的批判一样:"政治无处不在的空疏论断清楚表明:政治的首要性已经终结。因为,所谓政治的首要性并非意味着一切都是政治性的,而是意味着可以把政治的全能理解为对如下问题做出规定:什么东西可以被看成非政治性的。"①把

---

① [德]布鲁门贝格:《〈政治的神学〉及其续编》,吴增定译,刘小枫主编,《施米特与政治法学》,第130页。

上引文字中的政治改成神话，这也适合于用来批评布鲁门贝格的"神话研究"。此外，因为神话创作和神话研究终究在神话思维的圈子里打转，它是否能够超越神话思维而形成论证思维则颇令人怀疑的。目前，这一论证我们似乎还没有从这部著作中找到。但我们往往可以在卡尔·施米特和马丁·海德格尔的著作中找得到。这是我们阅读他的著作的困难，也是对布鲁门贝格理论的质疑。

三、神话解释学的"接受政治"

接受美学受孕于布鲁门贝格领导的"诗学和解释学"小组，但是来到中国的只是康斯坦茨学派以及美国的读者反应批评等诸多变种，而布鲁门贝格所代表的哲学解释学却鲜为人知。可以这么说，接受美学在中国的接受是颇成问题的，"接受"成了一个泛概念，而我们需要的是"解释"的真精神。

近年来，随着国内学界对德国思想的重新引介和再度思考，我们开始对伽达默尔的解释学和康斯坦茨学派的接受美学颇多不满。其实，解释学在德国乃至整个欧洲有深厚的历史传统和复杂的多样化存在现象。如果我们仅以伽达默尔的解释学和接受美学自限的话，那么，我们既无法建立与西方解释学真精神的"视域融合"，又会封闭我们的解释学视野，并有弱化我们的理解能力之虞。此话怎讲？首先要去除观众的"趣味判断"的风向标，即使对精英分子的细读也要加以鉴别分析，为接受过程输入真正的创造潜能。其次，要把伽达默尔从胡塞尔那儿丢弃而捡回来的"合法性偏见"，重新予以现象学的悬隔，以打破由此所造成的解释学循环，不然，我们的解释学就会受到尼采的深刻嘲笑，因为这种阅读无非是：我们先挖一个坑把自己埋进去，待阅读后，重新把自己挖出来。同时，接受美学的期待视野除了上述的弊病外，还在于它的无所不包，使自身成为一种疲倦的解释学，并且它的民主潜势易于与时代意识缺乏关联。为了解决上述问题，综合布鲁门贝格本人的意向，笔者认为有两条途径可以解决这个问题：其一，重新树立作者意向，像乔伊斯所指出来，营造作者神话先在于读者神话。当然,这里有个条件,作者必须达到经典作家的地步,并且数量不会太多,不然会有"你有你的经典我有我的经典"的闹剧。从这个方面来看,说句冒犯接受美学家的话,接受美学可能适用于读者高明于或相等于作者这一阅读现象的解释学。其二,在文本中设置作品意向之谜,使读者的创造性的阅读聚拢于作品的意向轨道上来,消除无谓的游离的意义解读。因此,引介布鲁门贝格的神话解释学有利于我们矫正当年接受美学的偏颇之处,有利于我们打破这种颇成问题的"接受"怪圈,以拿来主义的眼光参与到世界解释学理论的互动之中,使我国文论建设和生长有可能获得一个健康的生态环境。

什么样的解释学精神呢? 布鲁门贝格虽也没有提供现成的答案,但已在某些章节部分做了垂范,而且他还以尼采的永恒复返学说作为批驳的例子,暗示了灵魂轮回说和歌德的泛神论视野中的三位一体性的解释学真精神。布鲁门贝格正告我们,接受的态度很重要。我们既要反对诗学上"调情式"的理解,也要批判"瞬间诞生意义"的急躁论。基于审美神话或诗学自身先天性的缺陷,解释学的精神并非是诗学所能承担的。特别是有诗歌国度之称的我国传统文化,诗学精神的发达使我们缺乏反思审美神话的习惯。这样的教训我们仿佛记忆犹新。远者,我们的民族语文的开端以审美神话为启蒙的源头。其中的例子就有梁启超的"新民"观念和"新小说"等概念连在一起。近者,"文革"之后我国也是审美神话充当反思"十年动乱"的急先锋。以诗学精神作为反思的习惯,这种危险性已受到卡西尔和布鲁门贝格的深刻的批判。因此,诗学并不是包办一切的,它的范围极其有限。

另外,我们要学会甄别解释学的精神。尧斯的接受美学理论作为张扬读者主体的创造能力,按布鲁门贝格的神话功能思维观之,它仍然是一种主体的形而上学。以接受的主体反对作者中心论和文本中心论,尧斯们塑造了一种"读者神话"。有一点我们非常清楚,尧斯的革命姿态仅是在诗学的范围内打转。为了解决"诗学正义"的问题,只有跳出诗学的范围,因此,布鲁门贝格为我们指出了解决这一问题的方向——"意义大于审美",诗学的问题应该在解释学中得到解决。

如今学界兴起了施特劳斯(Leo Strauss)学派的解释学热潮。但是,该学派厚古薄今的立场颇为现代人忤逆。笔者认为,布鲁门贝格"平分今古"的解释学立场着实令人激赏。现代是现代人处身其中的一种命运性环境,我们既不应为现代的错误开端而绝望厌世,也应该避免启蒙理性的自我神化而自高自大。这就是布鲁门贝格的现代人"自我捍卫"的启蒙情怀:为了这属于自己的处境,我们应该学会热爱命运,肩负起为世界和为自己的最高责任,加强自律,掌握自身的命运。

参考文献

一、布鲁门贝格的著作

德语原著：

1.《现代的正当性》(Legitimitaet der Neuzeit［M］. Suhrkamp,1966.)；

2.《神话研究》(Arbeit am Mythos［M］. Suhrkamp,1979.)；

3.《世界的解释》(Die Lesbarkeit der Welt［M］. Suhrkamp,1981.)；

4.《生命时间与世界时间》(Lebenszeit und Weltszeit［M］. Suhrkamp,1986.)；

5.《马太受难曲》(Matthaeuspassion［M］. Suhrkamp,1988.)；

6.《美学与隐喻文集》(Aesthetische und metaphorologische Schriften［M］. Suhrkamp,2001.)；

英文译本：

1.《现代的正当性》(The Legitimacy of Modern Age［M］. Translated by Robert M. Wallace. The MIT Press，1983.)

2.《哥白尼世界的起源》(The Genesis of the Copernican World［M］. Translated by Robert M. Wallace. The MIT Press，1987.)

3.《神话研究》(Work on Myth［M］. Translated by Robert M. Wallace. The MIT Press，1985.)

4.《船只失事的旁观者：一种生存隐喻的范式》(Shipwreck with Spectator：Paradigm of Metaphor for Existence［M］. Translated by

Steven Rendall，The MIT Press，1997.）

中文译本：

1.《〈政治的神学〉及其续篇》，原题为 Politische Theologie I und II，吴增定译自第一部倒数第二节，《克服灵知派的失败使其再生成为可能》，原题为 Die misslungene Abwendung der Gnosis als Vorbehalt ihrer Wiederkehr，张宪译自第二部开首第一节，两小节合并为《施米特与近代的正当性》，都来自 Die Legitimitaet der Neuzeit(施米特与政治法学[C]. 刘小枫选编. 上海：上海三联书店，2002.）。

2. 走向终结的现代审美神话[J].（原题为 To Bring to an End，If Not Myth，Then at Least one Myth)，李包靖，译. 现代哲学，2006(2).

二、布鲁门贝格的研究文献

1. Peter Behrenberg. Endlich Unsterblichkeit：Studien zur Theologiekritik Hans Blumenberg[M]. Verlag Königshausen & Neumann Gmbh，Würzburg，1994.

2. Wetz Franz Josef. Der Mensch ist das Unmogliche. Blumenbergs Phanomenologische Anthropologie im Nachlass[J]. Zeitschrift für Philosophische Forschung，2008(3)：pp. 274-293.

3. Heidenreich Felix. Rationalität als Prävention und Simulation：Hans Blumenberg über die Ursprünge der Vernunft[J]. Philosophische Rundschau，2008(2)：pp. 156-167.

4. Elizabeth Brient. The Immanence of the Infinite：Hans Blumenberg and the Threshold to Modernity[M]. The Catholic University of America Press，2002.

5. Robert M. Wallace. Progress，Secularization and Modernity：The Löwith/Blumenberg Debate[J]. New German Critique，1981，22(4).

6. Robert M. Wallace. Introduction to Blumenberg[J]. New

German Critique 32,Spring/Summer 1984,32(1-2).

7. John Davenport. Blumenberg on History, Significance, and the Origin of Mythology：A Critique of the 'Invisible Hand' Reduction[D]. Department of Philosophy, University of Notre Dame, 1996, http://www. cnphysis. org/text/.

8. David Ingram. Blumenberg and the Philosophical Grounds of Historiography[J]. History and Theory, Vol. XXIX, No. 1 .

9. 曹卫东. 布卢门贝格:现代的合法性[J]. 刘东主编. 中国学术,2001(2).

10. 曹卫东. 布卢门贝格:人类此在关系的解释者[J]. 国外理论动态, 2003(11).

11. [德]许伯特. 现代性历史纹理中的经与纬——施米特与布鲁门贝格[A]. 李秋零,译. 施米特与政治法学[C]. 刘小枫选编. 上海:上海三联书店,2002.

12. [美]皮普平. 现代的神话意义——布卢门伯格反尼采[C]//黄炎平,译. 尼采在西方. 刘小枫,倪为国,选编. 上海:三联书店,2002.

13. [德]贝伦伯格. 神义论失败后的审美神话——布鲁门贝格的《马太受难曲》与尼采[C]//吴增定,译. 尼采与基督教思想. 刘小枫,选编. 香港:道风书社,2001.

14. [德]英格博格·布劳耶尔,彼德·洛伊施,迪特尔·默施. 德国哲学家圆桌[M]. 张荣,译. 北京:华夏出版社,2003.

三、"神话"或"神学"研究的参考文献

1. [德]恩斯特·卡西尔. 语言与神话[M]. 于晓,等译. 北京:生活·读书·新知三联书店,1988.

2. [德]恩斯特·卡西尔. 国家的神话[M]. 范进,等译. 北京:华夏出版社,1990.

3. [德]恩斯特·卡西尔. 卢梭·康德·歌德. 刘东,等译. 北京:生活·

读书·新知三联书店,2002.

4.[德]卡尔·施米特.政治的概念[M].刘宗坤,等译,刘小枫,选编.上海:上海人民出版社,2003.

5.[德]尼采.悲剧的诞生[M].周国平,译.北京:生活·读书·新知三联书店,1986.

6.林国基.神义论语境中的社会契约论传统[C]//启示与理性——哲学问题:回归或转向? 萌萌,主编.中国社会科学出版社,2001.

7.[美]施特劳斯.神学与哲学的相互影响[J].林国荣,译.《道风》基督教文化评论.2001(14).

8.叶秀山.从Mythos到Logos[J].中国社会科学院研究生院学报,1995(2).

9.[法]保罗·里克尔.恶的象征[M].公车,译.上海:世纪出版集团,2003.

10.米歇尔·艾伦·吉莱斯皮.现代性的神学起源[M].张卜天,译.长沙:湖南科学技术出版社,2012.

四、解释学和接受美学参考文献

1.刘小枫.接受美学译文集[C].北京:生活·读书·新知三联书店,1989.

2.[德]H. R. 姚斯等.接受美学与接受理论[C].周宁,等译.沈阳:辽宁人民出版社,1987.

3.[德]沃尔夫冈·伊瑟尔.阅读活动[M].金元浦,等译.北京:中国社会科学出版社,1991.

4.[德]汉斯·罗伯特·尧斯.我的祸福史或:文学研究中的一场范例变化[C]//林必果译.文学理论的未来.[美]拉尔夫·科恩主编.北京:中国社会科学出版社,1993.

5.[德]沃尔夫冈·伊塞尔.走向文学人类学[C]//程锡林,译.文学理论的未来.［美］拉尔夫·科恩,主编.北京:中国社会科学出版社,1993.

6.［德］汉斯·罗伯特·耀斯.审美经验与文学解释学[M].顾建光,等译.上海:上海译文出版社,1997.

7.［德］沃尔夫冈·伊瑟尔.虚构与想象——文学人类学疆界[M].陈定家,等译.长春:吉林人民出版社,2011.

8.［德］汉斯-格奥尔格·加达默尔.真理与方法(上、下)[M].洪汉鼎,译.上海:上海译文出版社,1999.

9.［德］汉斯-格奥尔格·加达默尔.美学与诗学:诠释学的实施[M].吴建广,译.北京:北京大学出版社,2013.

10.莱米·布拉格.世界的智慧.梁卿,夏金彪,译.上海:上海人民出版社,2008.

11.罗姆巴赫.作为生活结构的世界[M].王俊,译,张祥龙,等校.上海:上海书店出版社,2009.

五、审美思想史文献

1.路吉阿诺斯.路吉阿诺斯对话集(上、下)[M].周作人,译.北京:中国对外翻译出版公司,2003.

2.罗念生.罗念生全集(第六卷)[M].上海:上海人民出版社,2004.

3.罗念生.罗念生全集(第二卷)[M].上海:上海人民出版社,2004.

4.［奥］卡夫卡.卡夫卡全集(第一卷)[M].叶廷芳,主编.石家庄:河北教育出版社,1996.

5.张新樟.现代文学中的灵知主义[J].国外文学(季刊),2004(1).

6.缪灵珠.缪灵珠美学译文集(第一卷)[M].章安祺,编.北京:中国人民大学出版社,1998.

7.［法］瓦莱里.文艺杂谈[M].段映红,译.天津:百花文艺出版社,2002.

8.［法］纪德.纪德文集(1、2、3卷)[M].北京:人民文学出版社,2002.

9.[爱尔兰]乔伊斯. 尤利西斯[M]. 萧乾,等译. 南京:译林出版社,2002.

10.[古罗马]奥维德. 变形记[M]. 杨周翰,译. 北京:人民文学出版社,1984.

11. 刘小枫. 现代性中的审美精神[C]. 上海:学林出版社,1997.

12. 黑格尔. 美学. 朱光潜,译. 北京:商务印书馆,1979.

13. 皮埃尔·阿多. 别忘记生活. 孙圣英,译. 上海:华东师范大学出版社,2015.

14. 皮埃尔·阿多. 伊西斯的面纱. 张卜天,译. 上海:华东师范大学出版社,2015.

六、基督教神学研究著作

1.[瑞士]H. 奥特. 不可言说的言说[M]. 林克,等译. 上海:上海三联书店,1994.

2.[德]莫尔特曼. 被钉十字架的上帝[M]. 阮炜,等译. 上海:上海三联书店,1997.

3.[德]卡尔·洛维特. 世界历史与救赎历史[M]. 李秋零,等译. 上海:上海三联书店,2002.

4. 莫尔特曼等. 生存神学与末世论[C]. 刘小枫主编. 上海:上海三联书店,1995.

5. 鲁道夫·奥托. 论"神圣"[M]. 成穷,等译. 成都:四川人民出版社,1995.

6.[美]G.F. 穆尔. 基督教简史[M]. 郭舜平,等译. 北京:商务印书馆,2000.

7.[美]威利斯顿·沃尔克. 基督教会史[M]. 孙善玲,等译. 北京:中国社会科学出版社,1991.

8. 圣经(NRSV)(简化字现代标点和合本). 2000.

9. 张庆熊. 基督教神学范畴历史的和文化比较考察[M]. 上海:上海人民出版社,2003.

10. [法]约安·P. 库里亚诺. 西方二元论灵知论[M]. 张湛,等译. 上海:上海人民出版社,2009.

七、古代与中世纪文献

1. [法]让-皮埃尔·韦尔南. 希腊思想的起源[M]. 秦海鹰,译. 北京:生活·读书·新知三联书店,1996.

2. [法]让-皮埃尔·韦尔南. 希腊思想的起源[M]. 杜小真,译. 北京:生活·读书·新知三联书店,2001.

3. [英]基托. 希腊人[M]. 徐卫翔,等译. 上海:上海人民出版社,1998.

4. [古希腊]赫西俄德. 工作与时日 神谱[M]. 张竹明,等译. 北京:商务印书馆,1997.

5. [德] 斯威特. 古希腊的神话和传说(上、下)[M]. 楚图南,译. 北京:人民文学出版社,2002.

6. [美]伯纳德特. 神圣的罪业[M]. 张新樟,译. 北京:华夏出版社,2005.

7. [法]居代·德拉孔波等. 赫西俄德:神话之艺[M]. 吴雅凌,译. 北京:华夏出版社,2004.

8. [美]C. 沃伦·霍莱斯特. 欧洲中世纪简史[M]. 陶松寿,译. 北京:商务印书馆,1988.

9. [美]特伦斯·欧文. 古典思想[M]. 覃方明,译. 沈阳:辽宁教育出版社,1998.

八、专著

1. 荷马史诗：

罗念生. 罗念生全集(第五卷：荷马史诗)[M]. 上海：世纪出版集团，上海人民出版社，2004.

荷马. 奥德赛[M]. 王焕生，译. 北京：人民文学出版社，1997.

2. 柏拉图：

柏拉图. 理想国[M]. 郭斌和，张竹明，译. 北京：商务印书馆，1994.

柏拉图. 蒂迈欧篇[M]. 谢文郁，译. 上海：世纪出版集团，上海人民出版社，2003.

柏拉图. 文化对话集[M]. 朱光潜，译. 北京：人民文学出版社，2000.

柏拉图. 《对话》七篇[M]. 戴子钦，译. 沈阳：辽宁教育出版社，1998.

3. 亚里士多德著作：

亚里士多德. 诗学[M]. 罗念生，译. 北京：中国戏剧出版社，1986.

亚里士多德. 形而上学[M]. 吴寿彭，译. 北京：商务印书馆，1959.

亚里士多德. 政治学[M]. 吴寿彭，译. 北京：商务印书馆，1997.

亚里士多德. 尼各马可伦理学[M]. 廖申白，译. 北京：商务印书馆，1997，2003.

4. [德]康德著作：

康德. 纯粹理性批判[M]. 邓晓芒，译. 北京：人民出版社，2004.

康德. 实践理性批评[M]. 邓晓芒，译. 北京：人民出版社，2003.

5. [德]叔本华著作：

叔本华. 叔本华论说文集[M]. 范进，等译. 北京：商务印书馆，1999.

叔本华. 叔本华思想随笔[M]. 韦启昌，译. 上海：上海人民出版社，2003.

叔本华. 叔本华美学随笔[M]. 韦启昌，译. 上海：上海人民出版社，2004.

6.［德］歌德著作：

歌德. 浮士德［M］. 董问樵，译. 杭州：浙江文艺出版社，1992.

歌德. 诗与真（上、下）［M］. 刘思慕，译. 北京：人民文学出版社，1999.

歌德. 歌德诗选［M］. 钱春绮，译. 上海：上海译文出版社，1982.

7.［德］尼采著作：

尼采. 悲剧的诞生［M］. 赵登荣，等译. 桂林：漓江出版社，2000.

尼采. 快乐的知识［M］. 黄明嘉，译. 桂林：漓江出版社，2000.

尼采. 权力意志［M］. 贺骥，译. 桂林：漓江出版社，2000.

尼采. 查拉图斯特拉如是说［M］. 黄明嘉，译. 桂林：漓江出版社，2000.

尼采. 尼采著作全集（6）. 孙周兴，等译. 北京：商务印书馆，2015.

8.［奥］弗洛伊德著作：

弗洛伊德. 一个幻觉的未来［M］. 杨韶钢，译. 北京：华夏出版社，1999.

弗洛伊德. 图腾与禁忌［M］. 杨庸一，译. 北京：中国民间文艺出版社，1986.

9.［德］海德格尔著作：

海德格尔. 林中路［M］. 孙周兴，译. 上海：上海译文出版社，1997.

海德格尔. 存在与时间［M］. 陈嘉映，等译. 上海：上海三联书店，1988.

海德格尔. 谢林论人类自由的本质［M］. 薛华，译. 沈阳：辽宁教育出版社，1998.

10.［德］施米特著作：

施米特. 政治的概念［M］. 刘宗坤，等译. 上海：上海人民出版社，2003.

施米特. 政治的浪漫派［M］. 冯克利，等译. 上海：上海人民出版社，2004.

11. ［德］哈贝马斯著作：

Jürgen Habermas. The Philosophical Discourse of Modernity［M］. Transtaled by Frederick Lawrence. Boston：The MIT Press，Fourth Printing，1990.

哈贝马斯. 后形而上学思想［M］. 曹卫东，译. 南京：译林出版社，2001.

哈贝马斯. 交往行为理论（第一卷）［M］. 曹卫东，译. 上海：上海人民出版社，2004.

12. ［法］乔治·索雷尔著作：

索雷尔. 论暴力［M］. 乐启良，译. 上海：世纪出版集团，2005.

13. ［英］培根著作：

培根. 论古人的智慧［M］. 李春长，译. 北京：华夏出版社，2006.

14. 列奥·施特劳斯著作：

施特劳斯. 古今自由主义［M］. 马志娟，译. 南京：江苏人民出版社，2010.

施特劳斯. 古典政治理性主义的重生［M］. 北京：华夏出版社，2011.

Francis Bacon. What Is Political Philosophy? ［M］. Chicago：The University of Chicago Press，1959.

15. 萨弗兰斯基著作：

萨弗兰斯基. 荣耀与丑闻. 卫茂平，译. 上海：上海人民出版社，2014.

萨弗兰斯基. 席勒传［M］. 卫茂平，译. 北京：人民文学出版社，2010.

16. 莱辛著作：

莱辛. 论人类的教育［M］. 朱雁冰，译. 北京：华夏出版社，2008.

17. 谢林著作：

谢林. 对人类自由的本质及其相关对象的哲学研究［M］. 邓安庆，译. 北京：商务印书馆，2008.

18. 西美尔著作：

西美尔. 叔本华与尼采［M］. 朱雁冰，译. 上海：上海人民出版社,2011.

19.海涅著作：

海涅.罗曼采罗[M].钱春绮,译.上海：上海译文出版社,1982.

海涅.论浪漫派[M].薛华,译.上海：上海人民出版社,2003.

20.斯宾诺莎著作：

斯宾诺莎.伦理学.贺麟,译.北京：商务印书馆,1983.

九、其他

1. Derrida Jacques. On Cosmopolitanism and Forgiveness[M]. trans. Mark Dooley and Michael Hughes. London：Routledge，2001.

2.[英]霍布斯.利维坦[M].黎思复,等译.北京：商务印书馆,1996.

3.[德]阿诺德·盖伦.技术时代的人类心灵[M].何兆武,等译.上海：上海科技教育出版社,2003.

4.[德]卡西尔.卢梭·康德·歌德[M].刘东,等译.上海：三联书店,2002.

5.[德]舍勒.舍勒选集[M].刘小枫,选编.上海：上海三联书店,1999.

6.[德]吕迪格尔·萨弗朗斯基.恶或者自由的戏剧[M].卫茂平,译.昆明：云南人民出版社,2001.

7.[德]扬-维尔纳·米勒.危险的心灵[M].张龙,等译.北京：新星出版社,2006.

8.[美]阿瑟·丹托.艺术的终结[M].欧阳英,译.南京：江苏人民出版社,2001.

9.[美]詹姆斯·尼古拉斯.伊壁鸠鲁主义的政治哲学[M].溥林,译.北京：华夏出版社,2004.

10.曹卫东.雪落美因河[M].厦门：鹭江出版社,2002.

11.周濂.现代政治的正当性基础[M].北京：三联出版社,2008.

12. 刘小枫. 丹麦王子与马基雅维利[M]. 北京:华夏出版社,2011.

13. 古斯塔夫·赛普特. 歌德与拿破仑[M]. 赵蕾莲,译. 哈尔滨:黑龙江教育出版社,2015.

14. 刘小枫. 个体信仰与文化理论[M]. 成都:四川人民出版社,1997.

15. 丁耘. 儒家与启蒙[M]. 北京:生活·读书· 新知三联出版社,2011.

16. 伯纳德·威廉斯. 羞耻与必然性[M]. 吴天岳,译. 北京:北京大学出版社,2014.

17. 弗格森. 幸福的终结[M]. 徐志跃,译. 北京:中国人民大学出版社,2003.

18. 乔恩·巴恩斯,约翰·佩里. 情境与态度[M]. 南京:南京大学出版社,2015.

19. 维塞尔. 普罗米修斯的束缚[M]. 上海:华东师范大学出版社,2014.

20. [苏]B.B.拉扎列夫. 辩证法史[M]. 捷·伊·奥伊则尔,主编. 北京:人民出版社,1982.

索　引